普通高等教育“十一五”国家级规划教材
“十二五”江苏省高等学校重点教材

产品造型设计材料与工艺

第2版

主　编　赵占西　黄明宇
副主编　何灿群　于东玖
参　编　陆建华　黄黎清
主　审　江建民　张远明

机械工业出版社

本书是普通高等教育“十一五”国家级规划教材，是工业设计专业的技术基础课用书。

本书以产品造型材料和成形工艺为主线，讲述了设计与材料和成形的关系、造型常用工程材料以及毛坯和零件的各种成形方法，介绍了当今工程材料及成形的新工艺、新技术、新进展，尤其是对近年来发展迅速、在工业设计造型中广泛使用的工程塑料、橡胶、陶瓷、复合材料等内容进行了较多的介绍，并增设了常用工程材料在工业设计中的应用实例分析；为了适应工业设计专门人才培养的需要，增加了最新的快速成形技术和反求工程技术等；在内容描述上，尽可能简洁易懂。

本书共分 11 章，内容包括：概述，工程材料的性能，表面工程与热处理技术，金属材料成形，有机高分子材料及其成形，无机非金属材料及其成形，复合材料及其成形，切削加工与特种加工，逆向工程与快速成形技术，新材料、新技术与新工艺，产品造型材料与工艺实例。本书内容涵盖了工业设计在工程材料和成形工艺方面所需要的基本知识、基本理论和基本技能。

本书可作为工业设计、艺术设计以及其他设计类专业教材，也可供从事工业设计和艺术设计的技术人员和管理人员参考。

图书在版编目（CIP）数据

产品造型设计材料与工艺 / 赵占西，黄明宇主编. —2 版. —北京：机械工业出版社，2016.6（2017.11 重印）

普通高等教育“十一五”国家级规划教材“十二五”江苏省高等学校重点教材

ISBN 978-7-111-54059-5

Ⅰ. ①产… Ⅱ. ①赵… ②黄… Ⅲ. ①工业产品-造型设计-高等学校-教材 Ⅳ. ①TB472

中国版本图书馆 CIP 数据核字（2016）第 136316 号

机械工业出版社（北京市百万庄大街 22 号 邮政编码 100037）

策划编辑：冯春生 责任编辑：冯春生 丁昕祯 责任校对：黄兴伟 肖 琳

封面设计：张 静 责任印制：常天培

保定市中画美凯印刷有限公司印刷

2017 年 11 月第 2 版 • 第 3 次印刷

210mm×285mm • 16.5 印张 • 446 千字

标准书号：ISBN 978-7-111-54059-5

定价：43.00 元

凡购本书，如有缺页、倒页、脱页，由本社发行部调换

电话服务

服务咨询热线：010-88379833

读者购书热线：010-88379649

网络服务

机 工 官 网：www.cmpbook.com

机 工 官 博：weibo.com/cmp1952

教育服务网：www.cmpedu.com

金 书 网：www.golden-book.com

第2版前言

本书从工业设计专业实际出发，强调实用，突出工程实践，内容适度精练，并注意跟踪科技前沿，合理反映时代要求。与第 1 版相比，本书在以下几个方面做了改进：

1）根据读者建议，将材料分类中的木材划分到有机高分子材料类。

2）第 1 版中涉及的国家标准有些已经过时并有新的标准实施，故采用新的国家标准替换了旧标准，以适应技术发展的需求。

3）修订了书中所有图中存在的问题，如指代、标注错位，细节方面的不足等；按照新的图样标注标准标注了加工符号。

4）增加和更换了部分插图。

5）为了使读者更方便、易懂，增减了部分工艺图，简化了部分零件图。

6）将文中别字、错字以及表述错误之处进行了更正。

7）对各种设计材料和成形工艺中非常专业和深奥的部分进行了简化和通俗化处理，以便于设计类专业学生的理解和学习。

8）在第 4 章增加了“金属材料在工业设计中的应用”。

本书在使用过程中受到了兄弟院校的普遍欢迎，同时他们也提出了很多宝贵意见，修订前也征求了工业设计专业学生的一些意见和建议，在此表示衷心的感谢！

本书在 2008 年列入普通高等教育“十一五”国家级规划教材之后，于 2011 年被评为江苏省高校精品教材，2014 年列入“十二五”江苏省高等学校重点教材（编号：2014-1-056）。

感谢机械工业出版社、河海大学、南通大学、江苏大学、广东工业大学在本书编写过程中给予的大力支持。

由于编者水平有限，虽竭尽全力但书中仍难免有错误与欠妥之处，敬请读者批评指正。

编　者

第1版前言

本书是根据教育部高等学校工业设计专业教学指导分委员会2006年全国工业设计专业教育研讨会的精神，为适应我国当前高等教育专业改革和按学科培养学生的需要进行编写的，是普通高等教育“十一五”国家级规划教材。

本书是根据设计学科培养目标，以研究常用工程材料及成形方法为主的综合性技术基础课教材。本书对教学内容进行了精选、拓宽与优化，以常用工程材料性能、用途以及结构设计与成形方法工艺性为主线，讲述工程材料的性能、用途以及各种成形方法，内容包括工程材料的性能，材料表面处理，金属液态成形，金属塑性成形，材料连接成形，塑料、橡胶、陶瓷等非金属材料、复合材料成形以及快速成形技术和反求工程技术等，并介绍了当今材料成形的新工艺、新技术和新进展。

设计是由创意转变为现实的开始。工业设计活动最终要用某种材料、以某种手段创造出某种质感和用途的产品，所以工业设计不仅要合理构思，提出实现特定功能的、切实可行的方案，并寻找符合广大消费者审美情趣、能为广大消费者所接受的形态与质感，而且要用确切的表达方式将设计思想转化为可供生产的图样或软件，最终能够进行成形生产，完成产品制造。因此，工业设计师必须熟悉与设计对象密切相关的材料、成形、结构等基础知识。

为加强对学生能力素质的培养，以适应工业设计发展的需要，针对宽口径专业培养目标，吸收相关院校教改和课程建设的成果，以及其他同类教材的优点，本书在以下几个方面做了探索：

1）取材范围广，比较全面地阐述了常用工程材料及其各种成形方法。

2）注重应用。全书以常用设计造型材料、零件结构工艺性与成形工艺适应性为主线，突出了结构工艺性、成形方法的实施、优缺点比较、适应的零件结构形状特点和适用条件等内容。

3）强化了产品结构设计的要求、常用成形方法的选择思路及实例分析，以及在选择成形方法时应具有的质量、成本、环保等工程意识。

4）内容力求做到深入浅出，文字准确简洁，较少涉及微观和深奥理论与原理的内容。

5）各章后面附有复习思考题，可供学生在学习中思考。

学习本书内容之前，应修完“工程制图”“工程训练”等先行课程。

建议本书理论教学时数为48学时，具体教学内容各学校可根据教学需要进行取舍或指定学生自学，各章的教学学时数建议如下：

章节	1	2	3	4	5	6	7	8	9	10	11	总计
学时	1	4	6	10	6	4	2	6	4	2	3	48

本书可作为普通高等院校工业设计、艺术设计类专业的教科书，也可供相关工程技术人员参考。

本书由赵占西担任主编，黄明宇、何灿群、于东玖担任副主编。第1、2、3、4章由赵占西、于东玖编写，第5、6、7章由何灿群、黄黎清编写，第8、9、10章由黄明宇、陆建华编写，第11章由全体编写人员共同编写。全书由赵占西统稿。

本书由东南大学江建民教授、张远明教授担任主审，多位专家对书稿提出了许多宝贵意见，谨此表示衷心感谢。

感谢机械工业出版社、河海大学、江苏大学、南通大学在本书编写过程中给予的支持。

由于编者水平有限，书中定有许多错误与欠妥之处，敬请读者批评指正。

编　者

目　录

materials & technics

第1章

概 述

- 1.1 产品设计与材料及加工技术
- 1.2 产品设计选材及成形原则

1.1 产品设计与材料及加工技术

1.1.1 产品设计与材料

材料是设计和制造的物质基础，材料已由单一的木材、陶瓷、玻璃和金属发展到越来越丰富的塑料、复合材料等。基本功能相同的产品，由于采用了不同的材料和加工工艺，就可以带来巨大的形态变化，随后是外观和功能的变化。例如音箱外壳，用木质层板来做，因受到材料特性和加工工艺的制约，一般会做成矩形，如果外壳要做出弧度就有一定的难度。但是如果用工程塑料来做音箱外壳的话，就很容易用注塑成形的方法实现曲面造型。

机器、建筑物、交通工具、生活用品等都是由材料构成的。工业设计就是要依据对产品功能和外观的需求选择适当的材料，设计它们的结构与形式，确立它们的组合方式等。因此，在工业设计活动中必须考虑材料的性质与特点。

1. 材料与工业设计的关系

材料与工业设计的关系特点有：**材料是工业设计的物质基础，材料与工业设计相互促进，材料科学是工业设计的基础。**

（1）材料是工业设计的物质基础　由于任何产品都是由材料组合而成，任何设计都必须建立在可选用材料的基础上，因此设计师在提出符合美学的造型设计时，必须同时考虑现有材料是否可以通过特定的制作工艺达到设计要求。

（2）材料与工业设计相互促进　材料的发展常常会给工业设计带来突破性的发展，图1-1所示的自由女神像的设计就是这样的例子，当时人们对金属材料的高强度等性质已有比较清楚的认识，金属材料也步入大规模的工业化生产，能够提供充足、价格合理的各种铜及钢铁型材。雕像高46m，加基座为93m，重达225t，由金属铸造，铜像内部的钢铁支架由建筑师维雷勃杜克（WeiLei Duke）和后来建造巴黎埃菲尔铁塔闻名于世界的法国工程师居斯塔夫·埃菲尔（Gustave Eiffel）设计制作。整座铜像以120t的钢铁为骨架，80t铜片为外皮，以30万只铆钉装配固定在支架上。女神右手高举象征自由长达12m的火炬，左手捧着刻有《独立宣言》，脚下是打碎的手铐、脚镣和锁链。她象征着自由、挣脱暴政的约束。另一方面，新的设计思想的提出，对材料的发展提出了新的要求，也促进材料研究人员探索和发展新材料，如消费者非常喜欢的黄金饰品，它不仅满足人们的审美要求，而且化学稳定性极好，但是价格十分昂贵，难以大批量使用，在市场需求的推动下，研究人员研制了仿金装饰材料，解决了这一问题。所以说工业设计与材料的发展是相互促进的。

图1-1　自由女神像

（3）材料科学是工业设计的技术基础　设计师在进行工业产品设计时，不仅要有造型美学上的考虑，还要考虑设计的合理性和可行性。也就是说材料除了满足美学要求外，能否满足使用性能、加工工艺、价格合理、环境友好等各方面的要求，如移动电话的外壳要考虑一定的韧性，以免不小心掉在地上摔裂，洗衣机的外壳要考虑在潮湿的环境下不会生锈等。对于工业产品还要考虑的性能诸如：强度、硬度、韧性、耐磨性和光泽等。另外，设计能否实现还要看

能否通过一定的成形加工技术完成对材料的加工。

2. 不同材料与产品设计的关系

不同材料的性质不同，如色彩、光泽、形态、成形工艺等，不同材料在产品造型中的应用也不同。

金属材料在产品设计中的应用可以从色彩、光泽、肌理、形态等方面得到体现。金属的色彩可以分为固有色彩和人为色彩。固有色彩是产品的重要因素，设计中必须发挥材料固有色彩的美感属性，而不能削弱和影响材料功能的发挥，可以应用对比、点缀等手法加强固有色彩的美感属性，丰富其表现力。由于金属加工和表面处理的不同，肌理的变化十分丰富，因此在进行设计时要合理运用，充分发挥金属的肌理美等。

因为塑料可以使产品的造型取得良好的艺术效果和经济效果，因而在工业产品造型设计中得到越来越多的应用。塑料的外观可变性大，可塑出不同表面肌理。

木材由于不同的树种会产生不同的特性，不同产地、季节也会产生不同的特性、纹理，有的适合制成桌子，有的适合制成椅子，不同的加工方式、不同的木材有不同的应用方式。

3. 产品设计中的表面处理

材料的表面纹理和质感是工业设计的重要方面，是对工业产品造型设计的技术性、艺术性的总体体现，表面纹理和产品的艺术表现形式有调和与对比等，是指材料表面整体与局部、局部与局部的配比关系，任何工业设计产品的外观结构都是由一系列特定的表面组合而成，工业设计既要对产品的外观进行结构设计，还必须考虑其组成表面的制造特征，好的设计不仅要有好的、合理的外观和结构，其组成表面还必须通过一定的加工工艺制造出来，所以产品设计师必须了解必要的加工工艺的基础知识。如：金属成形工艺的液态成形（铸造）、塑性加工、连接成形（焊接）、粉末冶金等；塑料加工工艺的注射成形、挤出成形、吹塑成形、压制成形、压延成形等；木材加工的凿削、刨削等。不同加工方法适用不同的材料，有不同的特点，制造成本也不同。所以产品设计中还必须考虑整个产品的成形工艺性，并设计合理的、经济的加工方式。

1.1.2　产品设计与加工技术

任何产品都需要经过特定的加工工艺制作才能完成。选用不同的材料就需要采用不同的加工方法，如热加工成形、冷加工成形、注塑和快速原型技术等。为了保证设计的合理性和加工的经济性，在进行产品设计时就应预先考虑到其加工技术问题。

1.2　产品设计选材及成形原则

在产品设计中，当材料性能难以满足产品使用要求时必须改进设计。此外，工程材料往往是各向异性的，因此结合使用材料时的取向和产品力学分析使材料性能得以最优发挥也是设计选材的重要因素。

1. 使用性原则

主要考虑满足产品本身功能、性能。包括材料的常规力学性能、疲劳断裂性能、抗复杂环境侵蚀的性能，对特殊机电产品采用特殊材料，如压电陶瓷材料、功能梯度材料、各种纳米材料等的特殊性能。材料性能指标往往受当前材料科学发展的局限，设计选材时必须了解材料的各种特性。

2. 工艺性原则

在设计阶段考虑材料的可加工性可以提高产品的经济性、减少能耗和制造过程中不利副产品的产生。例如，使用粉末冶金成形技术制造齿轮等外形复杂、加工精度要求高的部件，在强度和寿命要求可以满足的情况下能够显著提高工效、降低成本。

3. 性价比原则

材料的性价比是制约设计选材的一个重要因素。但在全生命周期设计中不能单纯看材料价格，而应当全面分析材料的使用效能。

4. 环保性原则

绿色材料的概念已经得到设计者的认可，材料在使用过程中对环境的影响、废弃后的可降解性等是全生命周期设计中必须考虑的因素。

绿色环保材料应该能够提高效能，延长生命周期，降低产品的淘汰率；减少对环境有破坏和污染材料的使用，避免使用有毒材料；材料的使用单纯化、少量化，尽量避免多种不同材料的混合使用；选用废弃后能自然分解并为自然界吸收的材料；选用可回收或者能重复使用的材料等。

闹钟的环保设计和废旧自行车零件的再利用如图 1-2 所示。

5. 美学性原则

工业产品的美主要体现在两个方面，一个是产品外在的感性形式所呈现的美，称为“形式美”，另一个是产品内在结构的和谐、有序而呈现出的美，称为“技术美”。无论外在易感知的形式美，还是内在不易感知的技术美，两者的要素是相互联系的。当把这两方面的要素有机结合时，就可以达到产品真正的美。

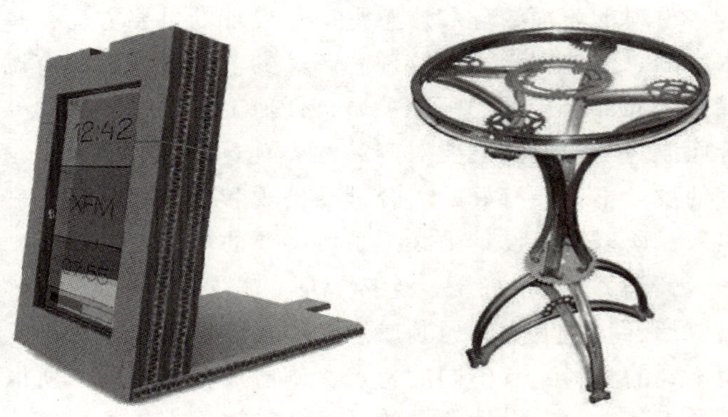

图 1-2　闹钟的环保设计和废旧自行车零件的再利用

形式美是指构成事物的外在属性（如形、色、质等）及其组合关系所呈现出来的审美特性，它是人类在长期劳动中所形成的审美意识。在产品造型设计中必须遵循这些规律，加以灵活运用。任何艺术作品，离开形式美，美就会失去魅力，不能起到感染人的作用。

形式美首先展示的是材质美。在人类社会漫长的发展历史中，人们总是在不断地发现、发明新的材料，并利用它们来创造周围的一切。这些造物材料在人类文明的进程中，往往被赋予了文化内涵和美学属性，不同材质蕴涵着不同的情感，它们构成了五光十色的大千世界。

材料的美学属性包括：材料美的自然属性、材料美的科技属性和材料美的社会属性等。

材料美的自然属性体现在材料的情感联想性和材料的真实性、材料的自然生命性和材料的纯净性等方面；材料美的科技属性体现在材质的光学效应美和材质的工艺美两个方面；材料美的社会属性主要体现在材料的绿色性和材料的亲和性等方面。

例如，在产品设计中材质亲和力较强的是丹麦家具，它十分讲究采用天然材料，如木材、皮革、藤条等。一般木质家具多不上油漆，而采用磨光上蜡的工艺，以保持木材的自然纹理与质感。普通丹麦人的家居设计大都十分简洁而实用。由于偏爱自然色彩与质感，给人一种温馨、宜人的感受，为家庭成员渡过漫长而寒冷的北欧严冬提供了重要的心理依托。

优秀的设计离不开优美的材质，但不是说材质的美感可以凌驾于其他设计要素之上，

产品的美感是造型、材质、功能、风格的平衡与和谐。

技术美是科学技术与美学艺术相融合的新的物化形态。技术美是物质生产领域的直接产物，反映的是物的社会现象，艺术美是精神生产领域的直接产物，反映的是人的社会现象。

归纳起来讲，美学性原则应该体现在功能美、结构美、工艺美、材质美和舒适美五个方面。

(1) 功能美　功能美指产品良好的技术性能所体现的合理性，是科学技术高速发展对产品造型设计的要求。技术上的良好性能是构成产品功能的必要条件。

(2) 结构美　结构美是产品依据一定原理而组成的具有审美价值的结构系统。结构是保证产品物质功能的手段，材料是实现产品结构的基础。同一功能要求的产品可以设计成多种结构形式，若选用不同的材料其结构形式也可产生多种变化。结构形式是构成产品外观形态的依据，结构尺寸是满足人们使用要求的基础。

(3) 工艺美　工艺美指产品通过加工制造和表面涂饰等工艺手段所体现的表面审美特性。工艺美的获得主要是依靠制造工艺和面饰工艺两种手段。制造工艺主要通过机械精整加工后所表露出的加工痕迹和特征。装饰工艺通过涂料装饰或电化学处理以提高产品的力学性能和审美情趣。

(4) 材质美　材质美指选取天然材料或通过人为加工所获得的具有审美价值的表面纹理，它的具体表现形式就是质感美。质感按人的感知特性可分为触觉质感和视觉质感两类。触觉质感是通过人体接触而产生的一种快乐或厌恶的感觉。视觉质感是基于触觉体验的积累，凭视觉就可以判断它的质感而无须再直接接触。

(5) 舒适美　舒适美指人们在使用某产品的过程中，通过人机关系的协调一致而获得的一种美感。舒适美主要是通过人的生理感受（如操作方便、乘坐舒适、不易产生疲劳等）和心理感受（如形态新颖、色调调和、装饰适当等）两方面来体现的，其中更侧重生理上的感受。

材料的美学表现如图 1-3 所示。

图 1-3　材料的美学表现

复习思考题

1-1　阐述材料与工业设计的关系。

1-2　产品设计选材及成形原则有哪些?

1-3　产品的美学原则包括哪些方面?

materials & technics

第2章

工程材料的性能

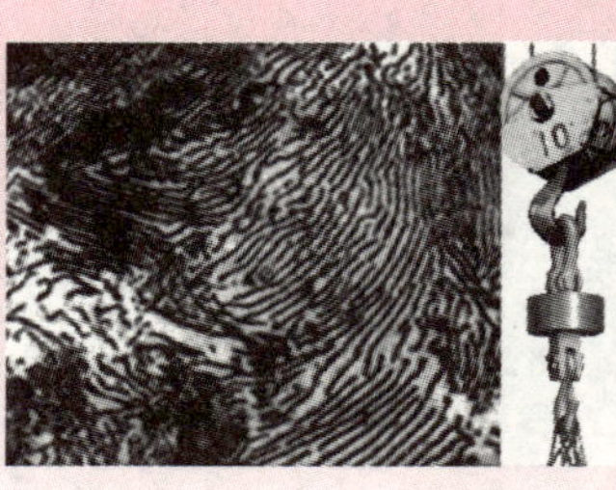

2.1　工程材料的力学性能

生产实践中，由于选材不当可造成产品达不到使用要求或过早失效，因此了解和熟悉材料的性能成为合理选材、充分发挥工程材料内在性能的主要依据。

材料的性能包括使用性能和工艺性能。使用性能是指材料在使用过程中表现出来的性能，它包括力学性能、物理和化学性能等；工艺性能是指材料对各种加工工艺适应的能力，它包括液态成形性（铸造性能）、塑性成形性（锻造性能）、连接成形性（焊接性能）、切削加工性能和热处理工艺性能等。

在机械制造领域选用材料时，大多以力学性能为主要依据。

根据载荷作用性质不同，载荷可分为静载荷、冲击载荷、疲劳载荷三种。

（1）静载荷　大小不变或变动很慢的载荷，例如：机床主轴箱对机床床身的压力。

（2）冲击载荷　突然增加或消失的载荷，例如：空气锤锤头下落时锤杆所承受的载荷。

（3）疲劳载荷　周期性的动载荷，例如：在变载荷作用下工作的各种弹簧等弹性元器件。

力学性能是指材料在载荷作用下表现出来的抵抗力。常用的力学性能指标有：强度、塑性、硬度、韧性和疲劳强度等。

图 2-1 为部分金属部件和建筑钢结构实例。

图 2-1　部分金属部件和建筑钢结构实例

2.1.1　强度

材料在载荷作用下抵抗塑性变形或断裂的能力称为强度。按照载荷作用方式不同，强度可分为抗拉强度、抗压强度、抗弯强度和抗剪强度等。工程上常以屈服强度和抗拉强度作为强度指标。

为了消除受力截面的影响，强度一般用单位面积上所受的力来表示，称为应力。

（1）上屈服强度（R_{eH}）和下屈服强度（R_{eL}）　在外力作用下，材料产生屈服现象的极限应力值，即

$$R_e = F_e / S_o$$

式中，R_e是屈服强度（MPa）；F_e是产生塑性变形时的力（N）；S_o为试样截面积（mm^2）。

屈服强度表示材料由弹性变形阶段过渡到弹-塑性变形的临界应力，是材料对明显塑

性变形的抗力。绝大多数零件，如紧固螺栓、汽车连杆、机床丝杠等，在工作时都不允许产生明显的塑性变形，否则将丧失其自身精度或与其他零件的相互配合，因此屈服强度是其设计与选材的主要依据之一。

（2）抗拉强度（R_m）　材料在受力过程中，所能承受的最大载荷 F_m 处对应的应力值即为抗拉强度，即

$$R_m = F_m / S_o$$

式中，R_m 是抗拉强度（MPa）；F_m 是产生断裂时的力（N）；S_o 为试样截面积（mm^2）。

R_m 是材料最大允许承载能力的度量，且因 R_m 易于测定，故适合于作为产品规格说明或质量控制标志，广泛出现在标准、合同、质量证明等文件资料中。

所有强度指标均可作为设计与选材的依据，为了应用的需要，还有一些从强度指标派生出来的指标：

1）比强度：强度指标与材料密度之比，在对零件自身重量有要求或限制的场合下（如航天航空构件、汽车等运行机械），比强度有着重要的应用意义。

2）屈强比：材料屈服强度与抗拉强度之比，表征了材料强度潜力的发挥利用程度和其零件工作时的安全程度。

合金化、热处理及各种冷热加工可在很大程度上改变材料强度指标的大小。

2.1.2　塑性

（1）塑性　塑性是指材料在外力作用下产生塑性变形而不破坏的能力，即材料断裂前的塑性变形的能力。

在拉伸、压缩、扭转、弯曲等外力作用下材料所产生的伸长、缩短、扭曲、弯曲等都可用来表示材料的塑性。塑性用伸长率 A 和断面收缩率 Z 来表示。

（2）伸长率（A）　试样拉断后，伸长量与原始标距的百分比称为断后伸长率，以 A 表示。

（3）断面收缩率（Z）　试样拉断后，缩颈处横截面积的最大缩减量与原始横截面面积的百分比称为断面收缩率，以 Z 表示。

$$A = [(L_u - L_o) / L_o] \times 100\%$$

$$Z = [(S_o - S_u) / S_o] \times 100\%$$

式中，L_o 是试样的原始标距（mm）；L_u 是试样拉断后标距（mm）；S_o 是试样原始横截面积（mm^2）；S_u 是试样断裂处的横截面积（mm^2）。

伸长率或断面收缩率越高，材料的塑性越好。良好的塑性可使材料顺利成形，还可在一定程度上保证零件或构件的安全性。一般 A 达 5%、Z 达 10% 即可满足绝大多数零部件的使用要求。

材料的塑性与其强度指标一样，也是结构敏感性参数，可通过各种方法改变。金属材料之所以应用广泛，其主要原因是其具有良好的强韧配合。

2.1.3　硬度

硬度是指材料的软硬程度，即抵抗硬物压入或划伤的能力。

测定硬度的方法有很多，主要有压入法、划痕法等。在金属材料中主要采用压入法，在非金属材料表面硬度测试中经常采用划痕法。

常用的布氏硬度（HBW）、洛氏硬度（HR）和维氏硬度（HV）等，均属压入法，即

用一定的压力将压头压入材料表层，然后根据压力的大小、压痕面积或深度确定其硬度值的大小。莫氏硬度是一种划痕硬度，主要用于无机非金属材料，特别是矿物的硬度测试。

1. 布氏硬度（HBW）

布氏硬度试验是用硬质合金球，以相应的试验力压入试样表面，经规定保持时间后卸除试验力，测量试样表面的压痕直径，如图2-2所示。

布氏硬度HBW可用下式计算：

$$HBW=\frac{2P}{\pi D(D-\sqrt{D^2-d^2})}$$

式中，HBW为布氏硬度；P为试验载荷（N）；D为压头直径（mm）；d为卸载后试样表面压痕直径（mm）。

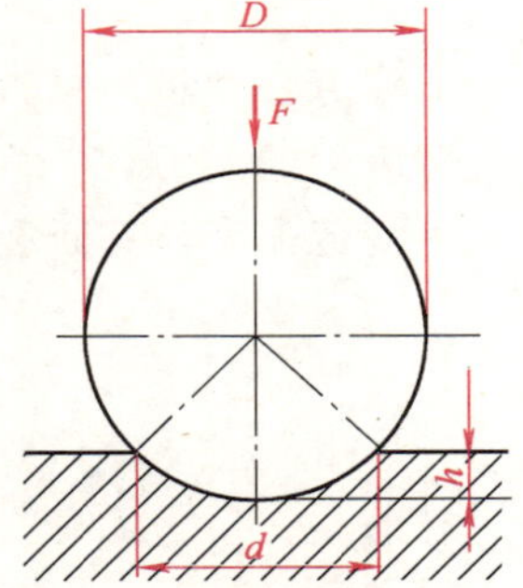

图2-2　布氏硬度测试原理

2. 洛氏硬度（HR）

洛氏硬度常用符号HRC表示，是将金刚石锥体压入试样表面，可以在试验仪器上直接读出。

洛氏硬度的优点是操作迅速简便，压痕较小，几乎不损伤工件表面，故而应用最广；但因压痕较小而代表性、重复性较差，数据分散度也较大。

3. 莫氏硬度

莫氏硬度是以材料抵抗刻划的能力作为衡量硬度的依据。莫氏硬度的标度从软到硬分为10级。如果一种材料不能用硬度标号为n的矿物刻划出划痕，而只能用硬度标号为（n-1）的硬度物刻划出划痕时，它的硬度就在此两种硬度标号之间，即为（n-1/2）级。

2.1.4　韧性

韧性是材料在塑性变形和断裂过程中吸收能量的能力。韧性好的材料在使用过程中不会产生突然的脆性断裂，从而保证零件的安全性。

冲击载荷是动载荷的一种主要类型，很多零部件在动载荷下工作，如变速齿轮、飞机起落架、弹簧等。在冲击载荷作用下，材料的韧性尤为重要。通常采用带缺口的试样使之在冲击载荷的作用下折断，以试样在变形和断裂的过程中所吸收的能量来表示材料的韧性，这种韧性通常称之为冲击韧度。

最常应用的冲击实验方法（GB/T 229—2007金属材料夏比摆锤冲击试验方法）是将具有规定形状和尺寸的试样放在冲击试验机的支座上，然后使事先调整到规定高度的摆锤下落，产生冲击载荷使试样折断，如图2-3所示。

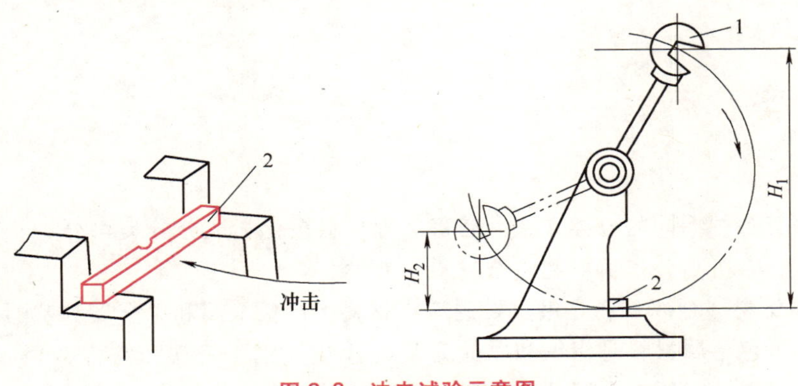

图2-3　冲击试验示意图

1—摆锤　2—试样

测定试样在冲击载荷作用下折断时所吸收的功用 A_K(J) 表示，以冲击吸收功 A_K 除以试样缺口横截面面积 S_o（cm^2）所得的商（$a_K = A_K / S_o$，单位为 J/cm^2）来表征材料的韧性，a_K 值越大材料的冲击韧性越好，冲击韧性的单位为 J/cm^2。

2.1.5　疲劳强度

疲劳强度是指材料在无数次循环应力作用下仍不断裂的最大应力，用以表现材料抵抗疲劳断裂的能力。

疲劳强度与其断裂前的应力循环次数 N 的关系曲线称为疲劳曲线，如图 2-4 所示。

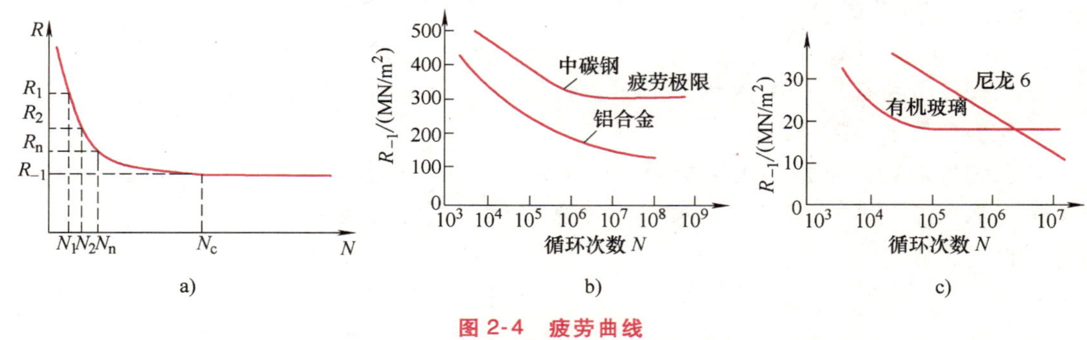

图 2-4　疲劳曲线

a）疲劳曲线示意图　b）实测中碳钢与铝合金　c）实测尼龙 6 与有机玻璃

由图 2-4 可以看出，应力越小，则材料断裂前所能承受的循环次数越多，当应力降低到某一值时，曲线趋于水平，即表示在该应力作用下，材料经无数次应力循环而不断裂。工程上规定，材料在循环应力作用下循环次数达到某一基数 N 而不断裂时，其最大应力就作为该材料的疲劳强度极限，用 R_{-1} 来表示，单位为 MPa。钢铁材料的循环基数取 10^7 次。

2.1.6　蠕变

耐热钢应该具有高的热强性（高温强度），即指钢在高温下抵抗塑性变形和断裂的能力。高温零件长时间承受载荷时，强度将大大下降；与室温力学性能相比，高温力学性能还要受温度和时间的影响。

常用的高温力学性能指标有：

(1) 蠕变极限　材料在高温长期载荷下对缓慢塑性变形（即蠕变）的抗力。

(2) 持久强度　材料在高温长期载荷下对断裂的抗力。

2.2　工程材料的分类及用途

工程材料有各种不同的分类方法。若将工程材料按化学成分分类可分为金属材料、无机非金属材料、有机高分子材料和复合材料四大类。

(1) 金属材料　金属材料是最重要的工程材料，包括金属和以金属为基的合金。可分为两大部分：黑色金属材料是指铁和以铁为基的合金（钢、铸铁和铁合金）；有色金属材料是指黑色金属以外的所有金属及其合金，常用的有铝合金、铜合金、镁合金和锌合金。

(2) 无机非金属材料　常用无机非金属材料包括玻璃和陶瓷等。

（3）有机高分子材料　有机高分子材料为有机合成材料，也称聚合物。它具有较高的强度、良好的塑性、较强的耐蚀性能，很好的绝缘性且具有重量轻等优良性能，在工程上是发展最快的一类新型结构材料。有机高分子材料种类很多，工程上通常根据力学性能和使用状态将其分为：塑料、橡胶、合成纤维和木材。

（4）复合材料　复合材料是用两种或两种以上不同材料组合成的新材料，其性能是其组成的各单质材料所不具备的。复合材料可以由各种不同种类的材料复合组成。它在强度、刚度和耐蚀性方面比单纯的金属、陶瓷和聚合物都要优越，是特殊的工程材料，具有广阔的发展前景。

2.2.1　金属材料

1. 晶体与非晶体

固体金属根据原子排列方式不同可以分为两类：晶体和非晶体。

原子在三维空间中有规则的周期性重复排列的物质称为晶体，否则为非晶体。

由于晶体与非晶体内部结构不同，其性能也有区别。晶体具有固定的熔点（如铁为1538℃），且在不同方向上具有不同的性能，即各向异性。而非晶体没有固定的熔点，是在一个温度范围内熔化或软化，因其在各个方向上的原子聚集密度大致相同，故表现出各向同性。

晶体和非晶体在一定条件下可以互相转化。例如，玻璃经高温长时间加热能变成晶态玻璃；而通常是晶态的金属，如从液态急冷也可获得非晶态金属。

2. 晶体结构

（1）晶体学基本概念

1）晶格。晶体中原子排列的方式称为晶体的结构。组成晶体的物质质点不同，排列的规则或周期性不同，就可以形成各种各样的晶体结构。原子模型如图2-5所示。

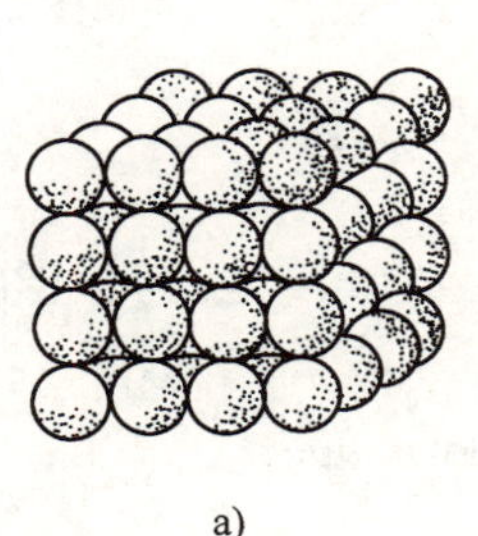

a)

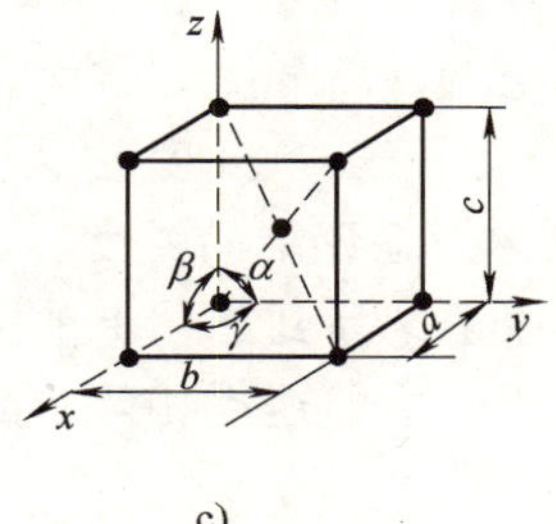

b)

c)

图2-5　晶体中原子排列模型

a）原子排列模型　b）晶格　c）晶胞

2）晶胞。从晶格中选取一个能够完全反映晶格特征的最小的几何单元来分析晶体中原子排列的规律，这个最小的几何组成单元称为晶胞，如图2-5c所示。晶胞在三维空间的重复排列构成晶格并形成晶体。

3）晶格常数。晶胞的棱边长度（图2-5c中的 a、b、c）称为晶格常数。金属的晶格常数大多为0.1~0.7nm。

（2）典型金属的晶体结构　工业上使用的金属，绝大多数的晶体结构比较简单，其中最典型的有三种类型，即体心立方结构、面心立方结构和密排六方结构，如图2-6所示。

1）体心立方晶格。体心立方晶格的晶胞模型如图2-6a所示，原子分布在立方晶胞的八个角上和立方体的体心，如Cr、α-Fe、Mo、W、V等30多种金属具有体心立方晶格。

① 晶胞原子数　晶胞原子数是指一个晶胞内所包含的原子数目。由于晶格是由大量

晶胞堆垛而成，所以晶胞每个角上的原子在空间同时属于 8 个相邻的晶胞，这样只有 1/8 个原子属于这个晶胞，而晶胞中心的原子完全属于这个晶胞。体心立方晶格中的原子数为 2（即 8×1/8+1=2）。

② 致密度　晶胞中原子的体积分数称为晶格的致密度。体心立方晶格的致密度为 68%。

2）面心立方晶格。面心立方晶格的晶胞模型如图 2-6b 所示，金属原子分布在立方晶胞的八个角上和六个面的中心，像 γ-Fe、Cu、Ni、Al、Ag 等约 20 种金属具有这种晶体结构。

面心立方晶格的致密度为 74%，即面心立方晶格的致密度比体心立方晶格高。

3）密排六方晶格。密排六方晶格的晶胞模型如图 2-6c 所示，金属原子分布在六方晶胞的 12 个角上以及上下 2 底面的中心和两底面之间的 3 个均匀分布的间隙里，像 Zn、Mg、Be、Cd 等金属具有密排六方晶格。

对于典型的密排六方晶格金属，其致密度为 74%。

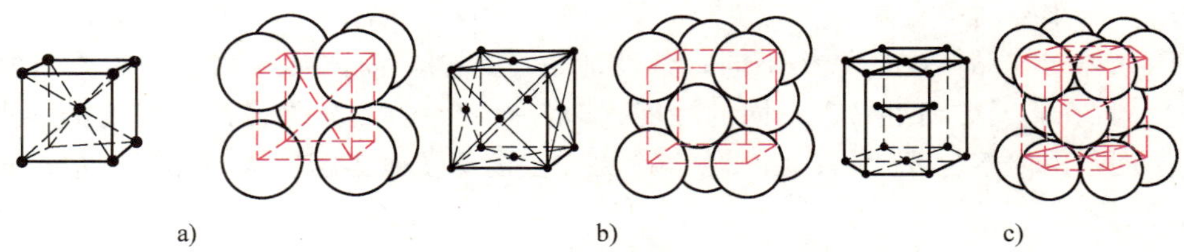

a)　b)　c)

图 2-6　最常见的三种晶体结构

a）体心立方晶格　b）面心立方晶格　c）密排六方晶格

综上所述，不同金属具有不同的晶体结构，不同晶体结构的材料具有不同的性能，在设计选材中可以灵活应用。

3. 纯金属结晶

（1）结晶条件　将温度随时间变化的关系绘制成曲线，称为冷却曲线，如图2-7所示。

从理论上讲，金属的熔化和结晶应在同一温度下进行，这个温度称为平衡结晶温度（T_0），又称为理论结晶温度。在此温度下，液体中金属原子结晶到晶体上的速度与晶体上的原子溶入液体中的速度相等，晶体与液体处于平衡状态。

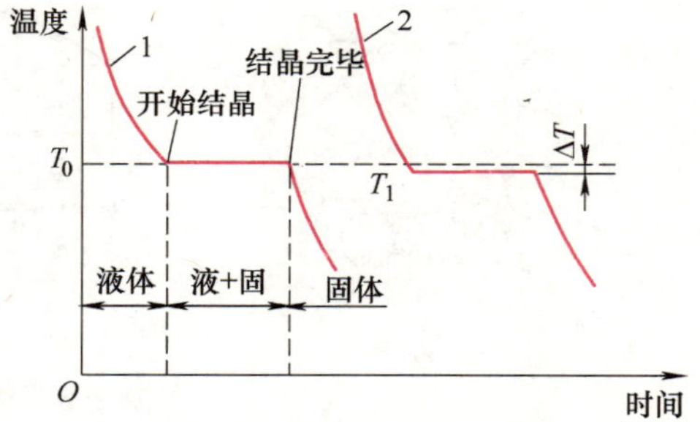

图 2-7　纯金属结晶时的冷却曲线

1—理论冷却曲线　2—实际冷却曲线

从图 2-7 可以看出，金属在结晶之前温度连续下降，当液态金属冷却到理论结晶温度 T_0 时并未开始结晶，而是需要冷却到 T_0 温度之下某一温度 T_1 时才能有效地进行结晶。实际结晶温度低于理论结晶温度的现象，称为过冷，二者之差称为过冷度，用 ΔT 表示，即 $\Delta T=T_0-T_1$。冷却速度越快，过冷度越大，则实际结晶温度越低。

（2）结晶过程　金属的结晶包括形核与长大两个过程，纯金属结晶过程如图 2-8 所示。

随着温度的降低，一些尺寸较大的原子集团开始稳定，从而成为结晶核心，即称为晶核。晶核按各自方向吸收液体中的金属原子逐渐长大，与此同时，在液态中不断产生新的结晶核心，也逐渐长大。如此不断发展，直到相邻晶体相互接触，液体金属耗尽，结晶方才完毕。晶核长大为晶粒，这样就形成一块多晶体金属。

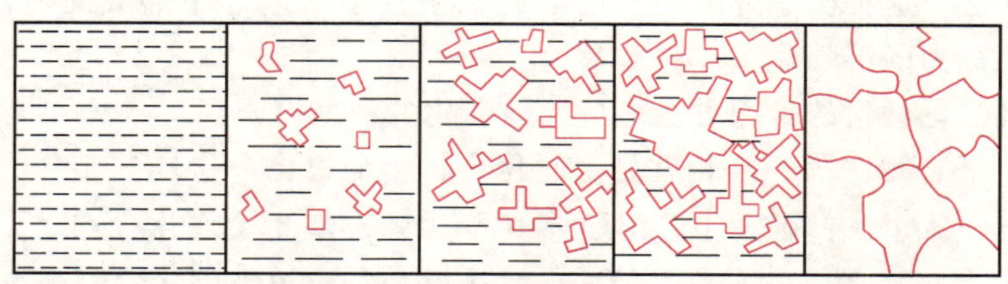

图 2-8　纯金属结晶过程示意图

4. 晶体的同素异构

大多金属只有一种晶体结构，但某些金属在不同温度和压力下呈不同类型的晶体结构，这种现象称为同素异构。常见的元素如铁、钛、锰、锡等都具有同素异构转变。

在金属晶体中，铁的同素异构转变最为典型。铁在结晶后继续冷却至室温的过程中，先后发生两次晶格转变，其转变过程如下：

$$\text{体心立方}\xrightarrow{1394℃}\text{面心立方}\xrightarrow{912℃}\text{体心立方}$$

纯铁的同素异构转变过程如图 2-9 所示。

5. 合金的晶体结构

所谓合金，就是由两种或两种以上的金属元素或金属与非金属元素所组成的具有金属特性的物质。由于纯金属强度较低，工业上多使用合金。工业上广泛使用的碳钢和铸铁，就是由铁和碳两种元素（组元）组成的二元合金。合金的优良性能是由合金各组成相的结构及其形态所决定的。

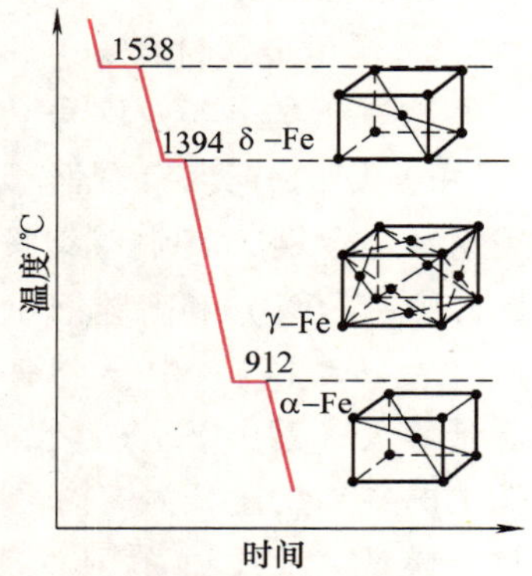

图 2-9　纯铁的同素异构转变

根据合金元素之间相互作用的不同，合金中的相结构可分成两大类：一类是固溶体，另一类是金属化合物。

（1）固溶体　溶质原子溶入金属溶剂中所组成的合金相称为固溶体。固溶体的点阵结构仍保持溶剂金属的结构，只引起晶格参数的改变和晶格畸变。工业上所使用的金属材料，绝大部分以固溶体为基体，有的甚至完全由固溶体所组成。例如碳钢和合金钢，其基体相均为固溶体。

按溶质原子在金属溶剂晶格中的位置，固溶体可分为置换固溶体（图 2-10a）和间隙固溶体（图 2-10b）两种。置换固溶体中溶质原子占据了溶剂晶格的一些结点，在这些结点上溶剂原子被溶质原子置换。合金钢中的锰、铬、镍、硅、钼等各种元素都能与铁形成置换固溶体。

固溶体结构及其晶格畸变如图 2-10 所示。

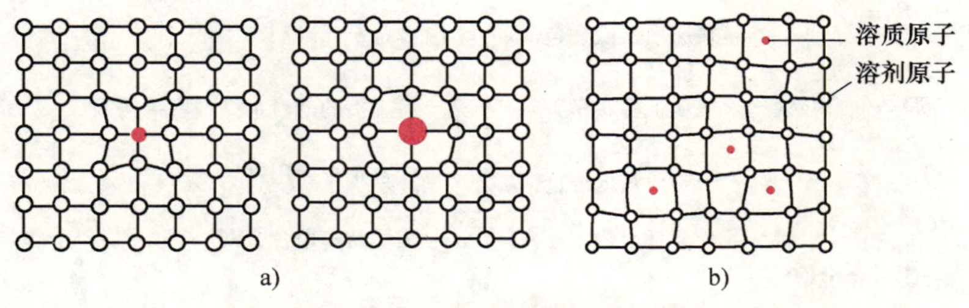

图 2-10　固溶体结构及其晶格畸变

a）置换固溶体　b）间隙固溶体

由于溶质和溶剂的原子大小不同，固体中溶质原子附近的局部范围内必然造成晶格畸变。溶质原子与溶剂原子的尺寸相差越大，所引起的晶格畸变也越严重。晶格畸变可提高金属的强度和硬度。这种由于外来原子（溶质原子）溶入基体中形成固溶体而使其强度、硬度升高的现象称为固溶强化。

固溶强化是强化材料的常用方法之一，但强化的程度有限。

（2）化合物　合金中另一类相就是金属化合物。金属化合物是合金组元之间发生相互作用而形成的一种新相。像碳钢中的渗碳体（Fe_3C）即属于金属化合物。

（3）机械混合物　大多数工业上使用的合金既不是由单纯的化合物组成，也不是由固溶体组成的。由于化合物硬度高，但脆性大，固溶体强度较低，因此多数合金是用固溶体作基体和少量化合物而构成混合物。通过调整固溶体的溶解度和分布于其中的化合物的形态、数量、大小及分布，可使合金的力学性能发生很大的变化，以满足不同的性能需要。

合金钢中碳化物的类型不同，其稳定性不同，熔点、硬度也不同。例如，在工具钢中的 VC，可提高其耐磨性；高速工具钢中的 W_2C、VC 在高温下比较稳定并呈弥散分布，其在高温下能保持高硬度和切削性能；硬质合金中的碳化物（WC、TiC 等）的高硬度保证了其优越的切削性能。

由于不同的金属和合金具有不同的晶体结构，即它们的微观结构不同，事实上在材料成分相同的情况下，不同的微观结构可导致材料具有不同的性能。

6. 常用金属材料

（1）钢的分类及牌号

1）钢的分类。依据分类标准不同，钢的分类方法有多种。如按化学成分不同，分为碳钢和合金钢，其中碳钢按碳含量不同又可分为低碳钢（$w_C \leqslant 0.25\%$）、中碳钢（$w_C = 0.25\% \sim 0.6\%$）和高碳钢（$w_C > 0.6\%$）；合金钢按合金元素含量不同也可分为低合金钢（$w_{合金元素} \leqslant 5\%$）、中合金钢（$w_{合金元素} = 5\% \sim 10\%$）、高合金钢（$w_{合金元素} > 10\%$）。按钢的质量等级（钢中 P、S 含量越低，钢的质量越好）分，有普通钢、优质钢和高级优质钢。按钢的主要用途分为结构钢（包括一般工程结构钢和机器零件结构钢）、工具钢（包括刀具、模具、量具）、特殊性能钢、专业用钢等。

根据国家标准 GB/T 13304.1—2008 和 GB/T 13304.2—2008，我国钢的分类有两部分：第一部分按化学成分分类；第二部分按主要质量等级和主要性能或使用特性分类。图 2-11 为国标钢的分类关系。

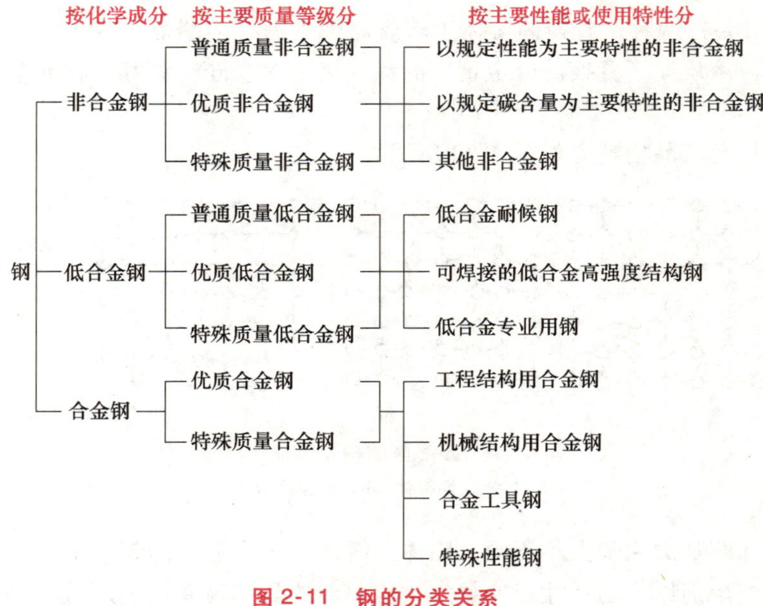

图 2-11　钢的分类关系

2）钢铁及合金牌号统一数字代号体系。我国于1998年发布了《钢铁及合金牌号统一数字代号体系》（GB/T 17616—1998），2013年修订为GB/T 17616—2013。该标准参考了国外ASTME527-1991、EN10027-2-1992和ISO/TR7003：1990标准，同时结合我国钢铁及合金的生产情况和使用特点，规定凡被列入国标和行业标准的钢铁及合金产品应同时列入产品牌号和统一数字代号（ISC），相互对照，并列使用，共同有效。

ISC为Iron and Steel Code的缩写，即钢铁及合金牌号的统一数字代号，ISC代号以固定的6位符号组成，其结构式为□×××××，左边第一位符号为大写拉丁字母，代表不同的钢铁及合金类型，常见钢铁及合金的类型与统一数字代号见表2-1。

表2-1 钢铁及合金的类型与统一数字代号（GB/T 17616—2013）

钢铁及合金的类型	英文名称	首位字母	统一数字代号
合金结构钢	Alloy structural steel	A	A×××××
轴承钢	Bearing steel	B	B×××××
铸铁、铸钢及铸造合金	Cast iron、cast steel and cast alloy	C	C×××××
电工用钢和纯铁	Electrical steel and iron	E	E×××××
铁合金和生铁	Ferro alloy and pig iron	F	F×××××
耐蚀合金和高温合金	Heat resisting and corrosion resisting alloy	H	H×××××
金属功能材料	Metallic functional materials	J	J×××××
低合金钢	Low alloy steel	L	L×××××
杂类材料	Miscellaneous materiais	M	M×××××
粉末及粉末冶金材料	Powders and powder metallurgy materials	P	P×××××
快淬金属及合金	Quick quench matels and alloys	Q	Q×××××
不锈钢和耐热钢	Stainless steel and heat resisting steel	S	S×××××
工模具钢	Tool and mould steel	T	T×××××
非合金钢	Unalloy steel	U	U×××××
焊接用钢及合金	Steel and alloy for welding	W	W×××××

3）钢的牌号

①碳素结构钢和低合金高强度钢。这两类钢的牌号反映钢的屈服强度、钢的质量等级和脱氧方法。牌号由代表屈服强度的汉语拼音字母“Q”（屈）、上屈服强度数值、质量等级、脱氧方法符号顺序排列组成。如：Q235AF表示上屈服强度不小于235MPa、质量等级为A级的碳素结构沸腾钢（F）。

碳素结构钢和低合金高强度钢在牌号上的最主要区别在屈服强度等级上，碳素结构钢的最高强度等级为275MPa，而低合金高强度钢的最低强度等级为295MPa。

②优质碳素结构钢。优质碳素结构钢的牌号反映钢的化学成分（碳的质量分数）。牌号通常由两位数字组成，该数字表示钢中碳的平均质量分数的万分数。如45表示碳的质量分数平均为万分之四十五，即0.45%的优质碳素结构钢。

③合金结构钢。合金结构钢的牌号反映钢的化学成分（碳的质量分数和合金元素质量分数）。牌号组成形式为：数字（两位）+元素符号+数字+元素符号+数字+……，最前面的两位数字表示钢中碳的质量分数的万分数。元素符号和其后的数字表明钢中所含合金元素的种类及其质量分数：合金元素质量分数小于1.5%时，不标明含量；当合金元素质量分数为1.5%~2.5%时标2；合金元素质量分数为2.5%~3.5%时标3；依此类推。高级

优质钢在牌号末尾加 A，特级优质钢在牌号末尾加 E。如 40Cr 表示碳的质量分数为万分之四十（即 0.40%）、$w_{Cr}<1.5\%$的优质合金结构钢。

④ 其他结构钢。铸钢的牌号用强度表示（铸造碳钢），由“ZG”（铸钢）和其后的两组数字组成，第一组数字为最低上屈服强度值，第二组数字为最低抗拉强度值，如 ZG200-400 表示最低上屈服强度为 200MPa、最低抗拉强度为 400MPa 的铸钢。

易切削钢的牌号反映钢的切削加工性能和化学成分特点，牌号用“Y”（易）和碳的质量分数的万分数组成，含 Pb、Ca 或含 Mn 量较高时在末尾加相应的元素符号，如 Y15Pb。

⑤ 碳素工具钢。碳素工具钢的牌号反映钢材的用途和化学成分（碳的质量分数）。牌号由代表碳素工具钢的汉语拼音字母“T”（碳）和其后的数字组成，该数字表示钢中碳的平均质量分数的千分数。如 T10 表示碳的平均质量分数为 1.0%的优质碳素工具钢。

⑥ 合合工具钢和高速工具钢。合金工具钢和高速工具钢的牌号反映钢的化学成分。牌号组成形式与合金结构钢相似，但最前面的一位数字表示钢中碳的质量分数的千分数；当钢的 $w_C \geq 1.0\%$时，不标明碳的质量分数。如 9SiCr 表示碳的质量分数为 0.90%，Si、Cr 的质量分数均小于 1.5%的合金工具钢。

⑦ 滚动轴承钢。滚动轴承钢的牌号反映其用途和化学成分。牌号由代表滚动轴承钢的汉语拼音字母“G”（滚）和其后表示碳的质量分数、合金元素种类及质量分数的数字和元素符号组成。在使用最为广泛的高碳铬轴承钢中，合金元素铬的质量分数用千分数表示，碳的质量分数通常为 0.95%～1.15%，不予标注。如 GCr15 表示碳的质量分数为 1.0%、铬的质量分数为 1.5%的高碳铬轴承钢。

（2）结构钢　结构钢是各种工程构件和机器零件用钢。根据其化学成分、力学性能和冶金质量特点，结构钢可分为碳素结构钢、低合金高强度钢、优质碳素结构钢、合金结构钢等。

1）碳素结构钢。碳素结构钢易于冶炼，价格便宜，性能能满足一般工程结构件的要求，大量用于制造各种金属结构和要求不高的机器零件，也是目前产量最大、使用最多的一类钢。碳素结构钢的牌号、化学成分、力学性能和应用见表 2-2。

表 2-2　（普通）碳素结构钢的牌号、化学成分、力学性能与应用（GB/T 700—2006）

牌号	统一数字代号	等级	化学成分（%）≤					脱氧方法①	力学性能不小于			应用举例
			w_C	w_{Si}	w_{Mn}	w_P	w_S		R_{eH}/MPa（厚度或直径≤16mm）	R_m/MPa	A(%)（厚度或直径≤40mm）	
Q195	U11952	—	0.12	0.30	0.50	0.035	0.040	F、Z	195	315～430	33	承受小载荷结构件、铆钉、垫圈、地脚螺栓、冲压件及焊接件
Q215	U12152	A	0.15	0.35	1.20	0.045	0.050	F、Z	215	335～450	31	
	U12155	B					0.045					
Q235	U12352	A	0.22	0.35	1.40	0.045	0.050	F、Z	235	370～500	26	金属结构件、钢板、钢筋、型钢、螺栓、螺母、短轴、心轴
	U12355	B	0.20				0.045					
	U12358	C	0.17			0.040	0.040	Z				
	U12359	D				0.035	0.035	TZ				
Q275	U12752	A	0.24	0.35	1.5	0.045	0.050	F、Z	275	410～540	22	
	U12755	B	0.21			0.045	0.045	Z				
	U12758	C	0.22			0.040	0.040	Z				
	U12759	D	0.20			0.035	0.035	TZ				

① F—沸腾钢；Z—镇静钢；TZ—特殊镇静钢。

碳素结构钢的质量等级分为 A、B、C、D 四级，A、B 级为普通质量钢，C、D 级为优质钢。这类钢的力学性能随钢材厚度或直径的增大而降低，如 Q235 在钢材厚度或直径≤16mm 时，其上屈服点 R_{eH} 为 235MPa，伸长率 A 为 26%，当钢材厚度或直径>150mm 时，其 R_{eH} 下降到 185MPa，A 下降到 21%。

2）低合金高强度钢。碳素结构钢强度等级较低，难以满足重要工程结构的要求。在碳素结构钢的基础上加入少量合金元素形成的低合金高强度钢，其强度等级较高，加工工艺性能良好，可满足桥梁、船舶、车辆、锅炉、高压容器、输油输气管道等大型重要钢结构对性能的要求，并且能减轻结构自重、节约钢材。

低合金高强度钢中的合金元素主要有 Mn、Si、Ni、Cr、V、Nb、Ti，其中 Mn、Si、Cr、Ni 等元素主要起固溶强化作用，以提高基体固溶体相的强度；V、Ti、Nb 等元素均为强碳化物形成元素，可形成细小弥散分布的碳化物，并可细化晶粒，从而通过弥散强化和细晶强韧化以提高钢的强度、塑性和韧性。常见低合金高强度结构钢的牌号和用途举例见表 2-3。

表 2-3　低合金高强度结构钢的牌号与用途举例

牌号（GB/T 1591—2008）	主要用途
Q345（A～E）	桥梁、车辆、压力容器、化工容器、船舶、建筑结构
Q390（A～E）	桥梁、船舶、压力容器、电站设备、起重设备、管道
Q420（A～E）	大型桥梁、高压容器、大型船舶
Q460（C、D、E）	大型重要桥梁、大型船舶
Q500（C、D、E）	大型工程机械、高强船板、大型低温压力容器
Q550（C、D、E）	
Q620（C、D、E）	
Q690（C、D、E）	

3）优质碳素结构钢。优质碳素结构钢主要用于制造各种重要的机器零件和弹簧。优质碳素结构钢的牌号、性能和用途见表 2-4。

表 2-4　优质碳素结构钢的力学性能和用途（GB/T 699—1999）

序号	统一代号	钢号	力学性能（不小于）					应用举例
			R_e/MPa	R_m/MPa	A_5(%)	Z(%)	KU/J	
1	U20080	08F	175	295	35	60	—	强度、硬度低，塑性、韧性高，冷塑性加工性和焊接性优良，切削加工性欠佳，热处理强化效果不显著。碳含量较低的钢如 08（F）、10（F）常轧制成薄钢板，用于冲压和拉深制品；碳含量较高的钢（15～25）可用作渗碳钢，用于制造表硬心韧、中小尺寸的耐磨零件
2	U20100	08	195	325	33	60	—	
3	U20150	10F	185	315	33	55	—	
4	U20082	10	205	335	31	55	—	
5	U20102	15F	205	355	29	55	—	
6	U20152	15	225	375	27	55	—	
7	U20202	20	245	410	25	55	—	
8	U20252	25	275	450	23	50	71	
9	U20302	30	295	490	21	50	63	中碳钢的综合力学性能较好，热塑性加工和切削加工性较佳，冷变形能力和焊接性中等。多在调质或正火状态下使用，还可用于表面淬火处理以提高零件的疲劳性能和表面耐磨性，其中 45 钢应用最广
10	U20352	35	315	530	20	45	55	
11	U20402	40	335	570	19	45	47	
12	U20452	45	355	600	16	40	39	
13	U20502	50	375	630	14	40	31	
14	U20552	55	380	645	13	35	—	

（续）

序号	统一代号	钢号	力学性能（不小于）					应用举例
			R_e/MPa	R_m/MPa	A_5(%)	Z(%)	KU/J	
15	U20602	60	400	675	12	35	—	高碳钢具有较高的强度硬度、耐磨性和良好的弹性，切削加工性中等，焊接性能不佳，淬火开裂倾向较大。主要用于制造弹簧、轧辊和凸轮等耐磨件与钢丝绳等，其中65钢是一种常用的弹簧钢
16	U20652	65	410	695	10	30	—	
17	U20702	70	420	715	9	30	—	
18	U20752	75	880	1080	7	30	—	
19	U20802	80	930	1080	6	30	—	
20	U20852	85	980	1130	6	30	—	
21	U21152	15Mn	245	410	26	55	—	应用范围基本同于相对应的普通锰含量钢，但因淬透性和强度较高，可用于制作截面尺寸较大或强度要求较高的零件，其中以65Mn最常用
22	U21202	20Mn	275	450	24	50	—	
23	U21252	25Mn	295	490	22	50	71	
24	U21302	30Mn	315	540	20	45	63	
25	U21352	35Mn	335	560	19	45	55	
26	U21402	40Mn	355	590	17	45	47	
27	U21452	45Mn	375	620	15	40	39	
28	U21502	50Mn	390	645	13	40	31	
29	U21602	60Mn	410	695	11	35	—	
30	U21652	65Mn	430	735	9	30	—	
31	U21702	70Mn	450	785	8	30	—	

注：表中所列为优质钢，如果是高级优质钢，在牌号后面加“A”，统一数字代号最后一位改为“3”；如果是特级优质钢，在牌号后面加“E”，统一数字代号最后一位改为“6”；对于沸腾钢，在牌号后面加“F”，统一数字代号最后一位改为“0”；对于半镇静钢，在牌号后面加“b”，统一数字代号最后一位改为“1”。

优质碳素结构钢的力学性能主要取决于碳的质量分数及热处理状态，从选材角度来看，碳的质量分数越低，其强度、硬度越低，塑性、韧性越高；碳的质量分数越高，其强度、硬度越高，塑性、韧性越低；锰的质量分数较高的钢，强度、硬度也较高。优质碳素结构钢用来制造比较重要的机械零件，因此它既保证化学成分又保证力学性能，一般经热处理后使用。

4）合金结构钢。合金结构钢是在优质碳素结构钢的基础上，加入一种或几种合金元素而形成的能满足更高性能要求的钢种。

按冶金质量分类：优质钢、高级优质钢、特级优质钢。

按加工用途分类：压力加工用钢（热压力加工、顶锻用钢、冷拔坯料）、切削加工用钢。

按主要用途分类：合金渗碳钢、合金调质钢和合金弹簧钢。

合金结构钢统一数字代号表示方法见表2-5。

表2-5 合金结构钢统一数字代号表示方法（GB/T 17616—2013）

首位字母	第一位阿拉伯数字		第二位阿拉伯数字		示例	
	数字	代表合金系列分类	数字	代表钢组	ISC代号	牌号
A	0	Mn(X)系钢、MnMo(X)系钢（不包括Cr、Ni、Co等元素）	0	Mn钢	A00407	40Mn2
			1	MnV钢	A01203	20MnVA
			2	MnMo钢	A02202	20MnMo
			3	MnMoW钢	A03306	30Mn2MoWE
			4	MnMoV钢	A04422	42MnMoV
			5	MnMoNb钢	A05188	18MnMoNbR
			6	MnTiCu钢	—	—
			7~9	空位	—	—

（续）

首位字母	第一位阿拉伯数字		第二位阿拉伯数字		示例	
	数字	代表合金系列分类	数字	代表钢组	ISC 代号	牌号
A	1	SiMn(X)系钢、SiMnMo(X)系钢（不包括 Cr、Ni、Co 等元素）	0	SiMn、SiMn2 钢	A10272	27SiMn
			1	Si2Mn、Si2Mn2、Si3Mn 钢	A11603	60Si2MnA
			2	SiMnMo、SiMnW 钢	A12262	26SiMnMo
			3	MnSiV 钢	A13232	23MnSiV
			4	SiMnMoV 钢	A14202	20SiMn2MoV
			5	SiMnTi、SiMnNb 钢	—	—
			6~9	空位	—	—
	2	Cr(X)系钢、CrSi(X)系钢、CrMn(X)系钢、CrV(X)系钢、CrMnSi(X)系钢、CrW(X)系钢（不包括 Ni、Mo、Co 等元素）	0	Cr 钢	A20204	ML20Cr
			1	CrSi 钢	A21382	38CrSi
			2	CrMn 钢	A22402	40CrMn
			3	CrV 钢	A23503	50CrVA
			4	CrMnSi 钢	A24202	20CrMnSi
			5	CrMnV 钢	A25253	25CrMnVA
			6	CrMnTi 钢	A26205	20CrMnTiH
			7	CrWV、CrWVSiMn 钢	A27303	30W4Cr2VA
			8	CrSiV 钢	A28603	60Si2CrVA
			9	CrW、CrWSi、CrWMn 钢	—	—
	3	CrMo(X)系钢、CrMoV(X)系钢、CrMnMo(X)系钢（不包括 Ni 等合金元素）	0	CrMo 钢	A30122	12CrMo
			1	CrMoV、CrMoVSi 钢	A31252	25Cr2MoV
			2	CrMoWV、CrMoWVSi、CrWV 钢	A32213	20Cr3MoWVA
			3	CrMoAl 钢	A33382	38CrMoAl
			4	CrMnMo、CrMnMoSi 钢	A34402	40CrMnMo
			5	CrMoVSiMn、CrMoVSiMnAl 钢	A35403	40CrMnSiMoVA
			6	CrMnMoV 钢	A36403	40CrMnMoVA
			7	CrWMo、CrWMoSiMn、CrMoWMoV 钢	—	—
			8	CrMoWVNb 钢	—	—
			9	CrMoVCo 钢	—	—
	4	CrNi(X)系钢（不包括 Mo、W 等元素）	0	CrNi 钢	A40206	20CrNiE
			1	CrNi2 钢	A41123	12CrNi2A
			2	CrNi3 钢	A42123	12CrNi3A
			3	CrNi4 钢	A43125	12Cr2Ni4H
			4	CrNiV、CrNiVSi 钢	A44203	20CrNi4VA
			5	CrNiSi(Mn)钢	A45303	30CrMnSiNi2A
			6	CrNiTi(Mn)钢	A46153	15Cr2MnNi2TiA
			7~9	空位	—	—
	5	CrNiMo(X)系钢、CrNiW(X)系钢、CrNiCoMo(X)系钢	0	CrNiMo 钢	A50202	20CrNiMo
			1	CrNiMoV、CrNiMoVSi、CrNiMoVTiAl 钢	A51303	30CrNi2MoVA

（续）

首位字母	第一位阿拉伯数字		第二位阿拉伯数字		示例	
	数字	代表合金系列分类	数字	代表钢组	ISC 代号	牌号
A	5	CrNiMo(X)系钢、CrNiW(X)系钢、CrNiCoMo(X)系钢	2	CrNiW 钢	A52182	18Cr2Ni4W
			3	CrNiWV 钢	A53313	30Cr2Ni2WVA
			4	CrNiMoCu、CrNiMoTi 钢	A54106	10CrNi2MoCu
			5	CrNiMoMn、CrNiMoSiMn、CrNiMnVSiMo 钢	A55143	14CrMnSiNi2MoA
			6	CrNiCoMo 钢	A56203	20Ni9Co5Mo2Cr2VA 钢
			7	CrNiMnAl 钢	—	—
			8～9	空位	—	—
	6	Ni(X)系钢、NiMo(X)系钢、NiCoMo(X)系钢、Mo(X)系钢、MoWV(X)系钢（不包括 Cr 等元素）	0	Ni 钢	A60068	06Ni9DR
			1	NiMn、NiMnV、NiMnNb、NiMnCuAl 钢	A61142	14MnNi
			2	NiSi 钢	A62603	60Si2Ni2A
			3	NiMo(Mn、Si)钢	A632078	07MnNiMoVDR
			4	NiCoMo 钢	A64250	00Ni18Co8Mo5TiAl
			5	Mo 钢	A65158	15MoG
			6	MoWV 钢	A66102	10MoWVNb
			7～9	空位	—	—
	7	B(X)系钢、MnB(X)系钢、SiMnB 系钢（不包括 Cr、Ni、Co 等元素）	0	B 钢	A70452	45B
			1	MnB 钢	A71202	20Mn2B
			2	MnMoB 钢	A72202	20MnMoB
			3	MnVB 钢	A73152	15MnVB
			4	MnTiB 钢	A74206	20MnTiBE
			5	MnMoVB 钢	A75272	27MnMoVB
			6	SiMnB 钢	A76552	55Si2MnB
			7	SiMnVB 钢	A77206	20SiMnVBE
			8～9	空位	—	—
	8	W 系	0	W	—	—
	9	空位				

注：第三、四位阿拉伯数字代表碳含量特性值，一般采用牌号中表示碳含量的两位特征数字，即碳含量中间值的1万倍；第五位阿拉伯数字代表不同质量等级和专门用途，其中：0：空位；1：渗氮钢；2：优质钢；3：高级优质钢（符号 A）；4：冷镦和冷挤压用钢（符号 ML）；5：保证淬透性钢（符号 H）；6：特级优质钢（符号 E）；7：兵器专用钢；8：锅炉和压力容器用钢（符号 Q 或 R）；9：超细晶粒钢

① 合金渗碳钢。渗碳钢是指经渗碳、淬火和低温回火后使用的结构钢。渗碳钢基本上都是低碳钢和低碳合金钢，主要用于制造高耐磨性、高疲劳强度和要求具有较高韧性的零件，如各种变速齿轮及凸轮轴等。

低碳渗碳钢淬透性低，经渗碳、淬火和低温回火后虽可获得高的表面硬度，但心部强度低，只适用于制造受力不大的小型渗碳零件，而对性能要求高，尤其是对整体强度要求高或截面尺寸较大的零件则应选用合金渗碳钢。

常见渗碳钢的牌号、热处理、力学性能及用途见表 2-6。

表 2-6　常见渗碳钢的牌号、热处理、力学性能与用途

种类	钢号	热处理工艺/℃			力学性能(不小于)					用途举例
		渗碳	第一次淬火	第二次淬火	R_{eL}/MPa	R_m/MPa	A_5(%)	Z(%)	K/J	
低淬透性	15	900~950	~920 空气	—	225	375	27	55	—	形状简单、受力小的小型渗碳件
	20Cr		880 水、油	780~820 水、油	540	835	10	40	47	机床齿轮、轴、蜗杆、活塞销及汽门顶杆等
	20MnV		880 水、油	—	590	785	10	40	55	代替 20Cr
中淬透性	20CrMnTi		880 油	870 油	853	1080	10	45	55	工艺性优良,汽车、拖拉机的齿轮、凸轮
	20Mn2B		880 油	—	785	980	10	45	55	代替 20Cr、20CrMnTi
	20CrMnMo		850 油	—	885	1175	10	45	55	代替高镍渗碳钢作大型拖拉机齿轮、活塞销
高淬透性	12Cr2Ni4		860 油	780 油	835	1080	10	50	71	大齿轮、轴
	20Cr2Ni4		880 油	780 油	1080	1175	10	45	63	大型渗碳齿轮、轴及飞机发动机齿轮
	18Cr2Ni4WA		950 空气	850 空气	835	1175	10	45	78	同 20Cr2Ni4,作高级渗碳件

注：力学性能试验用试样尺寸碳钢直径 25mm，合金钢直径 15mm，回火温度 200℃。

② 合金调质钢。合金调质钢适用于对强度要求高、截面尺寸大的重要零件。

合金调质钢为中碳合金钢，碳的质量分数通常为 0.25%~0.50%，合金元素主要有 Mn、Si、Cr、Ni、B、Ti、V、W、Mo 等。合金元素提高钢的淬透性、产生固溶强化、形成高稳定性碳化物，起细晶强韧化作用，Mo、W 还能防止产生高温回火脆性。合金元素还可明显提高钢的抗回火能力，使钢在高温回火后仍能保持较高强度。

常用调质钢的牌号、热处理、力学性能和用途见表 2-7。

表 2-7　常用调质钢的牌号、热处理、力学性能和用途

种类	钢号	热处理/℃		力学性能(不小于)					用途举例
		淬火	回火	R_{eL}/MPa	R_m/MPa	A_5(%)	Z(%)	K/J	
低淬透性调质钢	45	840 水	600 空	335	600	16	40	39	形状简单、尺寸较小、中等韧性零件,如主轴、曲轴、齿轮
	40Mn	840 水	600 水、油	355	590	15	45	47	比 45 钢强韧性要求稍高的调质件
	40Cr	850 油	520 水、油	785	980	9	45	47	重要调质件,如轴类、连杆螺栓、齿轮
	45Mn2	840 油	550 水、油	735	885	10	45	47	代替 ϕ<50mm 的 40Cr 作重要调质件
	40MnB	850 油	500 水、油	785	980	10	45	47	
	40MnVB	850 油	520 水、油	785	980	10	45	47	可代替 40Cr 及部分代替 40CrNi
	35SiMn	900 水	570 水、油	735	885	15	45	47	除低温韧性稍差外,可全面代替 40Cr 和部分代替 40CrNi

（续）

种类	钢号	热处理/℃		力学性能（不小于）					用途举例
		淬火	回火	R_{eL} /MPa	R_m /MPa	A_5 (%)	Z (%)	K /J	
中淬透性调质钢	40CrNi	820 油	520 水、油	785	980	10	45	55	作较大截面和重要的曲轴、主轴、连杆
	40CrMn	840 油	550 水、油	835	980	9	45	47	代 40CrNi 作冲击载荷不大零件
	35CrMo	850 油	550 水、油	835	980	12	45	63	代 40CrNi 作大截面重要零件
	30CrMnSi	880 油	520 水、油	885	1080	10	45	39	高强度钢，作高速载荷轴、齿轮
	38CrMoAlA	940 水、油	640 水、油	835	980	14	50	71	高级氮化钢，作重要丝杆、镗杆、蜗杆、高压阀门
高淬透性调质钢	37CrNi3	820 油	500 水、油	980	1130	10	50	47	高强韧性的大型重要零件
	25Cr2Ni4WA	850 油	550 水	930	1080	11	45	71	受冲击载荷的高强度大型重要零件，也可作高级渗碳钢
	40CrNiMoA	850 油	600 水、油	835	980	12	55	78	高强度韧性大型重要零件，如飞机起落架、航空发动机轴
	40CrMnMo	850 油	600 水、油	785	980	10	45	63	部分代替 40CrNiMoA

注：力学性能试验用毛坯试样直径尺寸：除 38CrMoAlA（30mm）外均为 25mm。

③ 合金弹簧钢。合金弹簧钢因主要用于制造弹簧而得名。弹簧钢应具有高的弹性极限、高的疲劳强度和足够的塑性与韧性。

弹簧钢一般为高碳钢和中碳合金钢、高碳合金钢。高碳弹簧钢（如 65 钢、70 钢、85 钢）的碳含量通常较高，以保证高的强度、疲劳强度和弹性极限，但其淬透性较差，不适于制造大截面弹簧。合金弹簧钢碳的质量分数通常为 0.45%～0.70%，碳的质量分数过高会导致塑性、韧性下降较多。合金弹簧钢含有 Si、Mn、Cr、B、V、Mo、W 等合金元素，由于有合金元素的强化作用，既可提高淬透性又可提高强度和弹性极限，可用于制造截面尺寸较大、对强度要求高的重要弹簧。常用的弹簧钢的牌号、性能特点及用途见表 2-8。

表 2-8　常用弹簧钢的牌号、性能特点及用途

种类		钢号	性能特点	产要用途
碳素弹簧钢	普通 Mn 含量	65	硬度、强度、屈强比高，但淬透性差，耐热性不好，承受动载荷和疲劳载荷的能力低	价格低廉，多应用于工作温度不高的小型弹簧（<12mm）或不重要的较大弹簧
		70		
		85		
	较高 Mn 含量	65Mn	淬透性、综合力学性能优于碳钢，但对过热比较敏感	价格较低，用量很大，制造各种小截面（<15mm）的扁簧、发条、减振器与离合器簧片等
合金弹簧钢	Si-Mn 系	55Si2Mn	强度高、弹性好，抗回火稳定性佳；但易脱碳和石墨化。含 B 钢淬透性明显提高	主要的弹簧钢类，用途很广，可制造各种中等截面（<25mm）的重要弹簧，如汽车、拖拉机板簧、螺旋弹簧等
		60Si2Mn		
		55Si2MnB		
		55SiMnVB		
	Cr 系	50CrVA	淬透性优良、回火稳定性高、脱碳与石墨化倾向低；综合力学性能佳，有一定的耐蚀性，含 V、Mo、W 等元素的弹簧具有一定的耐高温性；由于均为高级优质钢，故疲劳性能进一步改善	制造载荷大的重型大尺寸（50～60mm）的重要弹簧，如发动机阀门弹簧、常规武器取弹钩弹簧、破碎机弹簧；耐热弹簧，如锅炉安全阀弹簧、喷油嘴弹簧、气缸胀圈等
		60CrMnA		
		60CrMnBA		
		60CrMnMoA		
		60Si2CrA		
		60Si2CrVA		

图 2-12 为弹簧钢制造的部分零部件。

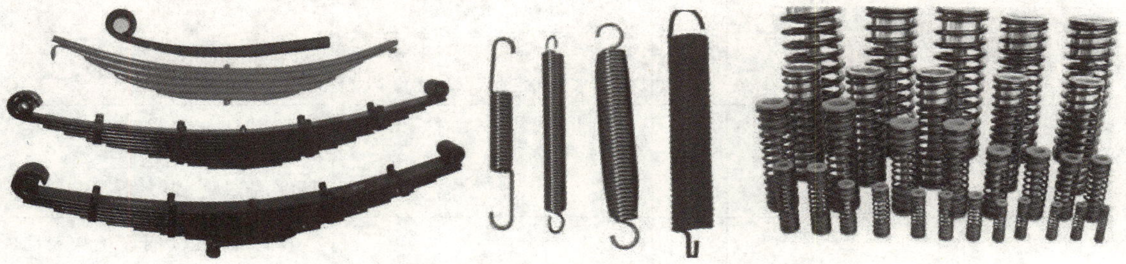

图 2-12　弹簧钢制造的部分零部件

④ 滚动轴承钢。滚动轴承钢是指主要用于制造各类滚动轴承的内圈、外圈以及滚珠、滚柱、滚针等滚动体的专用钢，简称为轴承钢。滚动轴承钢应具有高的抗压强度和接触疲劳强度、高的硬度和耐磨性，同时应具有一定的韧性和耐腐蚀性。

高碳铬轴承钢约占滚动轴承钢总量的 90%，其碳的质量分数为 0.95%~1.15%，可保证高强度、高硬度和高耐磨性。

在高碳铬轴承钢中以 GCr15 最为常用；GCr15 也常用于制造量具和冷作模具，均在淬火后低温回火状态下使用。

用轴承钢生产的轴承件如图 2-13 所示。

图 2-13　轴承钢生产的轴承件

5）铸钢。铸钢是指用铸造方法成形的结构钢。按铸钢的化学成分可将铸钢区分为碳素铸钢（常为铸造碳钢）和合金铸钢。

碳素铸钢碳的质量分数通常在 0.12%~0.62%，为提高铸钢的力学性能可在碳素铸钢的基础上加入 Mn、Si、Cr、Ni、Mo、Ti、V 等合金元素形成合金铸钢。当要求特殊的物理、化学和力学性能时，可加入较多的合金元素形成特殊铸钢，如耐蚀铸钢、耐热铸钢、耐磨铸钢（如 ZGMn13）等。

铸钢常用于制造结构件（如机座、箱体等），通常不进行热处理。用于制造机器零件的铸造碳钢（如 ZG200-400、ZG230-450、……、ZG340-640）和铸造合金钢（如 ZG20SiMn、ZG40Cr、ZG35CrMo 等）一般应进行正火或退火处理，以改善组织、消除残余应力，重要零件还应进行调质处理，要求表面耐磨的零件可进行表面淬火、低温回火处理。

碳素铸钢按用途分为一般工程用碳素铸钢和焊接结构用碳素铸钢，牌号中的“ZG”为“铸钢”二字的汉语拼音字首，其后的两组数字分别表示最低屈服强度与最低抗拉强度（MPa），“H”为“焊”字的汉语拼音字首，表示焊接结构用碳素铸钢。表 2-9 列举了碳素铸钢的牌号、力学性能及用途举例。

表 2-9　碳素铸钢的牌号、力学性能及用途（摘自 GB/T 11352—2009 和 GB/T 7659—2010）

种类	牌号	上屈服强度 $R_{eH}(R_{p0.2})$/MPa	抗拉强度 R_m/MPa	伸长率 A_5(%)	根据合同选择			用途举例
					断面收缩率 Z(%)	冲击吸收能量 KV/J	冲击吸收能量 KU/J	
一般工程用	ZG200-400	200	400	25	40	30	47	良好塑性、韧性，用于受力不大、要求高韧性零件，如机座、变速箱壳等

（续）

种类	牌号	上屈服强度 $R_{eH}(R_{p0.2})$ /MPa	抗拉强度 R_m/MPa	伸长率 A_5(%)	根据合同选择			用途举例
					断面收缩率 Z(%)	冲击吸收能量 KV/J	冲击吸收能量 KU/J	
一般工程用	ZG230-450	230	450	22	32	25	35	一定强度和较好韧性，用于受力不太大、要求高韧性零件，如砧座、轴承盖、阀门等
	ZG270-500	270	500	18	25	22	27	较高强韧性，用于受力较大且有一定韧性要求零件，如连杆、曲轴、机架、缸体、轴承座、箱体等
	ZG310-570	310	570	15	21	15	24	较高强度和较低韧性，用于载荷较高的零件，如大齿轮、制动轮
	ZG340-640	340	640	10	18	10	16	高强度、硬度和耐磨性，用于齿轮、棘轮、联轴器、叉头等

种类	牌号	上屈服强度 $R_{eH}(R_{p0.2})$ /MPa	抗拉强度 R_m/MPa	伸长率 A_5/%	根据合同选择		用途举例
					断面收缩率 Z(%)	冲击吸收能量 KV/J	
焊接结构用	ZG200-400H	200	400	25	40	45	含碳量偏下限，焊接性能优良，其用途基本同于 ZG200-400、ZG230-450 和 ZG270-500 等
	ZG230-450H	230	450	22	35	45	
	ZG270-480H	270	480	20	35	40	
	ZG300-500H	300	500	20	21	40	
	ZG340-550H	340	550	15	21	35	

图 2-14 为部分铸钢件。

图 2-14　部分铸钢件

（3）工具钢　用于制造各种工具的钢称为工具钢。工具钢按用途分为刃具钢、模具钢和量具钢。

1）刃具钢。刃具钢是制造各种切削工具的钢，如车刀、钻头、丝锥和锯条等。刃具钢应具有高硬度、高耐磨性、热硬性，并具有一定的强度和韧性，因此刃具钢通常为高碳钢和高碳合金钢。常用的刃具钢有碳素工具钢、合金工具钢和高速工具钢。

① 碳素工具钢。碳素工具钢中碳的质量分数为 0.65%～1.35%，属高碳钢，经淬火、低温回火后使用。

碳素工具钢的回火稳定性小，热硬性差，而且其淬透性低，淬火变形大。因此，碳素工具钢适宜制作尺寸小、形状简单的低速切削刃具，如丝锥、板牙、锉刀、钻头等。常用碳素工具钢的牌号、成分及用途见表 2-10。

表 2-10 碳素工具钢的牌号、成分及用途（GB/T 1298—2008）

牌号	化学成分(%)			退火 HBW≤	水淬/℃ HRC≥	用途举例
	w_C	w_{Si}	w_{Mn}			
T7 T7A	0.65~0.74	≤0.35	≤0.40	187	800~820 62	承受冲击、韧性较好、硬度适当的工具，如扁铲、手钳、大锤、改锥、木工工具
T8 T8A	0.75~0.84	≤0.35	≤0.40	187	780~800 62	承受冲击，要求较高硬度的工具，如冲头、压缩空气工具、木工工具
T8Mn T8MnA	0.80~0.90	≤0.35	0.40~0.60	187	780~800 62	同上，但淬透性较大，可制造断面较大的工具
T9 T9A	0.85~0.94	≤0.35	≤0.40	192	760~780 62	韧性中等、硬度高的工具，如冲头、木工工具、凿岩工具
T10 T10A	0.95~1.04	≤0.35	≤0.40	197	760~780 62	不受剧烈冲击，高硬度耐磨的工具，如车刀、刨刀、冲头、丝锥、钻头、手锯条
T11 T11A	1.05~1.14	≤0.35	≤0.40	207	760~780 62	不受冲击，高硬度耐磨的工具，如车刀、刨刀、冲头、丝锥、钻头
T12 T12A	1.15~1.24	≤0.35	≤0.40	207	760~780 62	不受剧烈冲击，要求高硬度耐磨的工具，如锉刀、刮刀、精车刀、丝锥、量具
T13 T13A	1.25~1.35	≤0.35	≤0.40	217	760~780 62	同 T12，要求更耐磨的工具，如刮刀、剃刀

注：淬火后硬度不是指用途举例中各种工具硬度，而是指碳素工具钢材料在淬火后的最低硬度，淬火介质为水。

② 合金工具钢。合金工具钢中碳的质量分数一般为 0.85%~1.50%，加入的合金元素常为 Cr、Mn、Si、W、V 等。主要用于制造截面尺寸较大、形状复杂、要求变形小的较低切削速度的刃具，以及冷作模具与精密模具。部分常用低合金工具钢的牌号、热处理工艺、性能及用途见表 2-11。

表 2-11 部分常用低合金工具钢的牌号、热处理工艺、性能及用途（GB/T 1299—2000）

统一代号	序号	牌号	试样淬火		退火 HBW	性能特点	用途举例
			淬火/℃	HRC≥			
T30060	1-3	Cr06	780~810 水	64	241~187	低合金铬工具钢，Cr06 含 C 最高，含 Cr 最低，硬度耐磨性高但较脆；9Cr2 含 C 较低，韧性好	Cr06 可用作锉刀、刮刀、刻刀、剃刀；Cr2 和 9Cr2 除用作刀具外，还可用作量具、模具、轧辊等
T30201	1-4	Cr2	830~860 油	62	229~179		
T30200	1-5	9Cr2	820~850 油	62	217~179		
T30100	1-1	9SiCr	830~860 油	62	241~197	应用最广泛的低合金工具钢，其淬透性较高，回火稳定性较好；8MnSi 可节省 Cr 资源	常用于制造形状复杂、切削速度不高的刀具，如板牙、梳刀、搓丝板、钻头及冷作模具
T30000	1-2	8MnSi	800~820 油	62	≤229		
T20111	3-6	CrWMn	800~830 油	62	255~207	淬透性高、变形小、尺寸稳定性好，是微变形钢。缺点是易形成网状碳化物	可用作尺寸精度要求较高的成形刀具，但主要适用于量具和冷作模具
T20110	3-7	9CrWMn	800~830 油	62	241~197		

合金工具钢锻造后应进行球化退火，以改善切削加工性能，并为淬火做好组织准备。

③ 高速工具钢。高速工具钢主要用来制造高速切削刃具，如车刀、铣刀、钻头等。经热处理后所获得的高硬度（63~66HRC）与高耐磨性，在 600℃ 左右仍具有良好的热硬性。高速工具钢的淬透性很高，淬火加热后，在空气中冷却也能淬硬，故俗称“风钢”。

常用部分高速工具钢的牌号、成分、热处理及主要性能见表 2-12。

表 2-12 高速工具钢的牌号、成分、热处理和主要性能（GB/T 9943—2008）

序号	统一数字代号	牌号	化学成分(质量分数)(%)										热处理/℃		硬度	
			C	Mn	Si	S	P	Cr	V	W	Mo	Co	淬火	回火	退火≤HBW	淬火≥HRC
1	T63342	W3Mo3Cr4V2	0.95~1.03	≤0.40	≤0.45	≤0.030	≤0.030	3.80~4.50	2.20~2.50	2.70~3.00	2.50~2.90	—	1180~1120	540~560	255	63
2	T64340	W4Mo3Cr4VSi	0.83~0.93	0.20~0.40	0.70~1.00	≤0.030	≤0.030	3.80~4.40	1.20~1.80	3.50~4.50	2.50~3.50	—	1170~1190	540~560	255	63
3	T51841	W18Cr4V	0.73~0.83	0.10~0.40	0.20~0.40	≤0.030	≤0.030	3.80~4.50	1.00~1.20	17.20~18.70	—	—	1260~1280	550~570	255	63
4	T62841	W2Mo8Cr4V	0.77~0.87	≤0.40	≤0.70	≤0.030	≤0.030	3.50~4.50	1.00~1.40	1-40~2.00	8.00~9.00	—	1180~1120	550~570	255	63
5	T62942	W2Mo9Cr4V2	0.95~1.05	0.15~0.40	≤0.70	≤0.030	≤0.030	3.50~4.50	1.75~2.20	1.50~2.10	8.20~9.20	—	1200~1220	540~560	255	64
6	T66541	W6Mo5Cr4V2	0.80~0.90	0.15~0.40	0.20~0.45	≤0.030	≤0.030	3.80~4.40	1.75~2.20	5.50~6.75	4.50~5.50	—	1210~1230	540~560	255	64
7	T66542	CW6Mo5Cr4V2	0.86~0.94	0.15~0.40	0.20~0.45	≤0.030	≤0.030	3.80~4.50	1.75~2.10	5.90~6.70	4.70~5.20	—	1200~1200	540~560	255	64
8	T66642	W6Mo6Cr4V2	1.00~1.10	≤0.40	≤0.45	≤0.030	≤0.030	3.80~4.50	2.30~2.60	5.90~6.70	5.50~6.50	—	1190~1210	550~570	262	64
9	T69341	W9Mo3Cr4V	0.77~0.87	0.20~0.40	0.20~0.40	≤0.030	≤0.030	3.80~4.40	1.30~1.70	8.50~9.50	2.70~3.30	—	1220~1240	540~560	255	64
10	T66543	W6Mo5Cr4V3	1.15~1.25	0.15~0.40	0.20~0.45	≤0.030	≤0.030	3.80~4.50	2.70~3.20	5.90~6.70	4.70~5.20	—	1200~1220	540~560	262	64
11	T66545	CW6Mo5Cr4V3	1.25~1.32	o.15~0.40	≤0.70	≤0.030	≤0.030	3.75~4.50	2.70~3.20	5.90~6.70	4.70~5.20	—	1190~1210	540~560	262	64
12	T66544	W6Mo5Cr4V4	1.25~1.40	≤0.40	≤0.45	≤0.030	≤0.030	3.80~4.50	3.70~4.20	5.20~6.00	4.20~5.00	—	1200~1220	550~570	269	64
13	T66546	W6Mo5Cr4V2Al	1.05~1.15	0.15~0.40	0.20~0.60	≤0.030	≤0.030	3.80~4.40	1.75~2.20	5.50~6.75	4.50~5.50	Al:0.8~1.20	1230~1240	550~570	269	65
14	T71245	W12Cr4V5Co5	1.50~1.60	0.15~0.40	0.15~0.40	≤0.030	≤0.030	3.75~5.00	4.50~5.25	11.75~13.00	—	4.75~5.25	1230~1250	540~560	277	65
15	T76545	W6Mo5Cr4V2Co5	0.87~0.95	0.15~0.40	0.20~0.45	≤0.030	≤0.030	3.80~4.50	1.70~2.10	5.90~6.70	4.70~5.20	4.50~5.00	1200~1220	540~560	269	64
16	T76438	W6Mo5Cr4V3Co8	1.23~1.33	≤0.40	≤0.70	≤0.030	≤0.030	3.80~4.50	2.70~3.20	5.90~6.70	4.70~5.30	8.00~8.80	1170~1190	550~570	285	65
17	T77445	W7Mo4Cr4V2Co5	1.05~1.15	0.20~0.60	0.15~0.50	≤0.030	≤0.030	3.75~4.50	1.75~2.25	6.25~7.00	3.25~4.25	4.75~5.75	1190~1210	540~560	269	66
18	T72948	W2Mo9Cr4VCo8	1.05~1.15	0.15~0.40	0.15~0.65	≤0.030	≤0.030	3.50~4.25	0.95~1.35	1.15~1.85	9.00~10.00	7.75~8.75	1180~1200	540~560	269	66
19	T71010	W10Mo4Cr4V3Co10	1.20~1.35	≤0.40	≤0.45	≤0.030	≤0.030	3.80~4.50	3.00~3.50	9.00~10.00	3.20~3.90	9.50~10.50	1220~1240	550~570	285	66

注：表中牌号 W18Cr4V、W12Cr4V5Co5 为钨系高速工具钢，其他牌号为钨钼系高速工具钢；淬火温度为箱式炉中。

高速工具钢的强化热处理为淬火与回火，由于高速工具钢导热性差、塑性低，而淬火温度又很高，因此在淬火之前要进行预热。高速工具钢淬火回火后，还可进一步施以表面

处理，如蒸汽处理、液体氮碳共渗、离子渗氮、气相沉积等，以提高其表面硬度、耐磨性、热硬性和耐蚀性。

图 2-15 为高速工具钢制造的部分刀具。

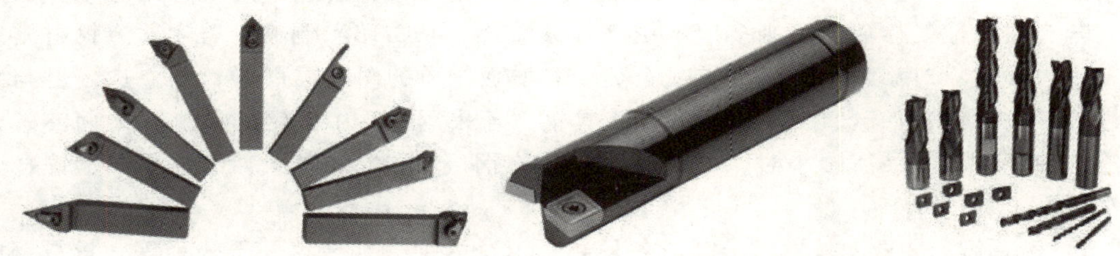

图 2-15 高速工具钢制造的部分刀具

2）模具钢。用于制造各种模具的钢称为模具钢，如冷冲模、冷挤压模、热锻模等。模具钢根据其用途可分为冷作模具钢、热作模具钢和塑料模具钢等。

① 冷作模具钢。冷作模具钢是指主要用于制造冷冲模、冷挤压模、拉丝模等使被加工材料在冷态下进行塑性变形的模具用钢。冷作模具钢应具有高强度、高硬度和高耐磨性，一定的韧性和较高的淬透性，因此冷作模具钢通常为高碳钢和高碳合金钢。

常用的模具钢有碳素工具钢和合金工具钢。碳素工具钢用于制造要求不太高、尺寸较小的模具，合金工具钢中的 9Mn2V、CrWMn 主要用于制造要求较高、尺寸较大的模具。Cr12、Cr12MoV 用于制造要求更高的大型模具。

② 热作模具钢。热作模具钢是指用于制造热锻模、热挤压模等使被加工材料在热态下发生塑性变形的模具用钢。热作模具钢应具有较高的强度、良好的塑性和韧性、较高的热硬性和高的热疲劳抗力。

热作模具钢为中碳合金钢。中碳成分可保证较高的强度、硬度，较好的塑性、韧性以及热疲劳抗力；Cr、Ni、Mn、Mo、W、V 等合金元素可提高钢的淬透性、强度和回火稳定性，Mo 可防止高温回火脆性，W、Mo、V 还能产生二次硬化，提高钢的热硬性。

热作模具钢在淬火后中温或高温回火状态下使用，以获得较高的强度、硬度和良好的塑性、韧性。

③ 塑料模具钢。无论是热塑性塑料还是热固性塑料，成形过程都是在加热加压条件下完成的；但一般加热温度不高（150~250℃），成形压力也不大（大多为 40~200MPa），故与冷、热模具相比，塑料模具用钢的常规力学性能要求不高。然而塑料制品形状复杂、尺寸精密、表面光洁，成形加热过程中还可能产生某些腐蚀性气体。因此要求塑料模具钢具有优良的工艺性能（切削加工性、冷挤压成形性和表面抛光性等），较高的硬度（约 45HRC）和耐磨、耐蚀性以及足够的强韧性。

常用塑料模具钢包括工具钢、结构钢、不锈钢和耐热钢等。通常按模具制造方法分为：切削成形塑料模具钢和冷挤压成形塑料模具钢。

a. ①切削成形塑料模具钢。这类模具钢主要是通过切削加工成形，故对钢的切削加工性能有较高要求，它包括三小类：①调质钢：其碳的质量分数为 0.30%~0.60%，典型钢种有 3Cr2Mo（美国牌号 P20）；②易切削预硬钢：典型牌号 8Cr2MnWMoS（代号 8Cr2S）、5CrNiMnMoVSCa（代号 5NiSCa）；③时效硬化型：典型牌号有马氏体时效钢（如 18Ni）和低镍时效钢（如 10Ni3MoCuAl，代号 PMS）。

b. ②冷挤压成形塑料模具钢。此类钢是低碳、超低碳或无碳，以保证高的冷挤压成形性；经渗碳淬火后提高表面硬度和耐磨性。典型牌号有工业纯铁、低碳钢或低碳合金钢以及专用钢 0Cr4NiMoV（代号 LJ）等，这类钢适合于制造形状复杂的塑料模。

由于塑料模用钢涉及面广，它几乎包括了所有钢材：从纯铁到高碳钢，从普通钢到专用钢，甚至还可用非铁合金（如铜合金、铝合金、锌合金等）。实际生产中应根据塑料制品的种类、形状、尺寸大小与精度以及模具使用寿命和制造周期来选用。如塑料成形时若有腐蚀性气体放出，则多用不锈钢（30Cr13、40Cr13）制模，若用普通钢材则须进行表面镀铬；对添加有玻璃纤维或石英粉等增强物质的塑料成形时，则应选硬度与耐磨性较好的钢材，如碳素工具钢或合金工具钢，若采用低、中碳钢则须进行表面渗碳或渗氮处理；塑料制品产量小时，可采用一般结构钢（如 45、40Cr 钢）甚至铝、锌合金制造模具。

3）量具钢。量具钢是指用于制造各种测量工具的钢，如卡尺、千分尺等。量具钢应具有高硬度、高耐磨性和高的尺寸稳定性。

量具钢多为高碳钢和高碳合金钢。很多碳素工具钢和合金刃具钢都可作为量具钢使用。低碳钢（如 20 钢）经渗碳、淬火和低温回火，中碳钢（如 50 钢）经表面淬火和低温回火后也可用于要求不太高的量具。

图 2-16 为刃具钢制造的量具。

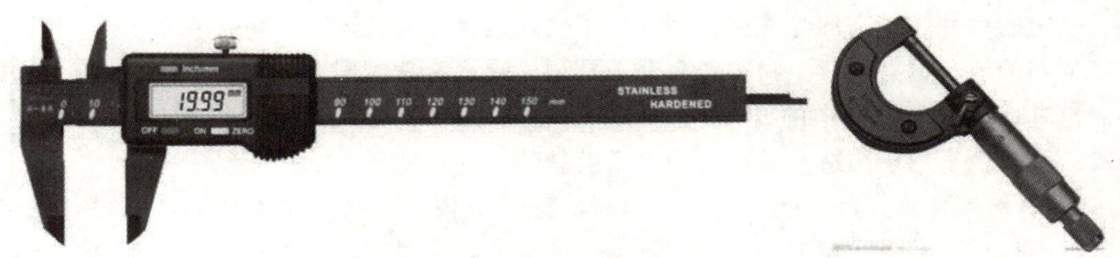

图 2-16　刃具钢制造的量具

（4）不锈钢　不锈钢通常是不锈钢（耐大气、蒸汽和水等弱腐蚀介质腐蚀的钢）和耐酸钢（耐酸、碱、盐等强腐蚀介质腐蚀的钢）的统称，全称不锈耐酸钢。广泛用于化工、石油、卫生、食品、建筑、航空、原子能等行业。

1）性能要求

① 优良的耐蚀性。耐蚀性是不锈钢最重要的性能。应指出的是：不锈钢的耐蚀性对介质具有选择性，即某种不锈钢在特定的介质中具有耐蚀性，而在另一种介质中则不一定耐蚀，故应根据零件的工作介质来选择不锈钢的类型。

② 合适的力学性能。

③ 良好的工艺性能（如冷塑性加工、切削加工、焊接性等）。

2）成分特点

① 碳含量。不锈钢的碳含量范围很宽，$w_C=0.03\%\sim0.95\%$。从耐蚀性角度考虑，碳含量越低越好，因为碳易于与铬生成碳化物（如 $Cr_{23}C_6$），这样将降低基体的 Cr 含量进而降低了电极电位并增加微电池数量，从而降低了耐蚀性，故大多数不锈钢的碳为 $w_C=0.1\%\sim0.2\%$；若从力学性能角度考虑，增加碳含量虽然损害了耐蚀性，但可提高钢的强度、硬度和耐磨性，可用于制造要求耐蚀的刃具、量具和滚动轴承。

② 合金元素。不锈钢是高合金钢，其合金元素的主要作用有提高钢基体的电极电位、在基体表面形成钝化膜及影响基体组织类型等，这些是不锈钢具有高耐蚀性的根本原因。

3）不锈钢分类与常用牌号。不锈钢按其正火组织不同可分为马氏体型、铁素体型、奥氏体型、奥氏体-铁素体双相型及沉淀硬化型五类，其中以奥氏体型不锈钢应用最广泛，约占不锈钢总产量的 70%。不锈钢的类型、牌号、成分、性能及应用举例见表 2-13。

表 2-13　常用不锈钢的类型、牌号、成分、性能及应用举例（摘自 GB/T 20878—2007）

类别	序号	统一数字代号	牌号	主要化学成分 w(%)			热处理/℃	力学性能					应用举例
				C	Cr	Ni		R_m /MPa	R_{eL} /MPa	A_5 (%)	Z (%)	HRC	
马氏体型	98	S41010	12Cr13	≤0.15	11.5~13.5	—	1000~1050 油或水 700~790 回火	≥600	≥420	20	60		制作能抗弱腐蚀性介质、能承受冲击载荷的零件，如汽轮机叶片、水压机阀、结构架等
马氏体型	101	S42020	20Cr13	0.16~0.25	12~14	—	1000~1050 油或水 700~790 回火	≥660	≥450	16	55		
马氏体型	112	S44090	95Cr18	0.90~1.00	17~19	—	950~1050 油淬 200~300 回火					55	不锈切片机械刃具、剪切刃具、手术刀片等
铁素体型	85	S11710	10Cr17	≤0.12	16~18	—	750~800 空冷	≥400	≥250	20	50		制作硝酸设备，如吸收塔、热交换器、酸槽、输送管道等
奥氏体型	17	S30408	06Cr19Ni10	≤0.08	18~20	8~11	1050~1100 水淬（固溶处理）	≥500	≥180	40	60		具有良好的耐蚀及耐晶间腐蚀性能，耐蚀性良好
奥氏体型	13	S30210	12Cr18Ni9	≤0.15	17~19	8~10	1100~1150 水淬（固溶处理）	≥560	≥200	45	50		制作耐硝酸、冷磷酸、有机酸及盐、碱溶液腐蚀的零件

图 2-17 所示为不锈钢产品。

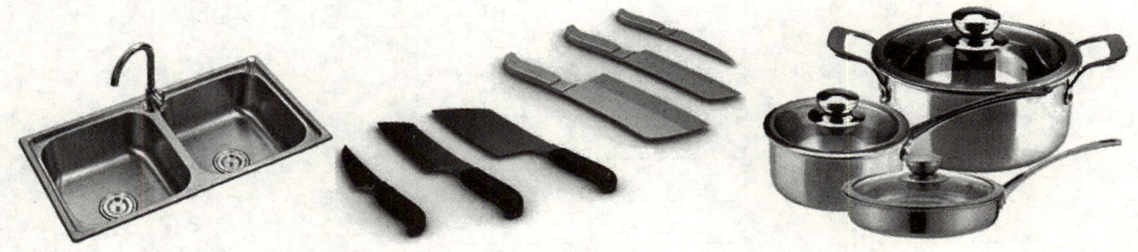

图 2-17　不锈钢产品

（5）铸铁　铸铁是碳的质量分数大于 2.11% 的铁碳合金。铸铁的抗拉强度、塑性和韧性不如钢，无法进行锻造，但它具有良好的铸造性、减摩性、减振性和切削加工性，且熔炼简便，成本低廉，在工业上应用较广。

图 2-18 所示为铸铁产品。

1）常见铸铁的类型。根据铸铁中碳的存在形态不同，分为灰口铸铁和白口铸铁。根据铸铁中石墨存在的形态不同，又可分为灰铸铁、可锻铸铁、球墨铸铁和蠕墨铸铁等。

① 白口铸铁。白口铸铁中的碳大多以渗碳体（Fe_3C）的形式存在，断口呈银白色。其性硬而脆，很难进行切削加工，工业上很少用来直接加工零件，主要用于制造可锻铸铁。

② 灰铸铁。灰铸铁中的碳以片状石墨存在。由于石墨存在尖角作用，造成其力学性

图 2-18 铸铁产品

能降低很多，塑性、韧性低，呈脆性。然而正因为石墨的存在，才使铸铁具有耐磨、减振、缺口敏感性低等优良性能。

灰铸铁牌号的表示方法为：我国灰铸铁的牌号为 HT×××，其中“HT”表示“灰铁”二字的汉语拼音字首，而后面的×××为最低抗拉强度值，单位为 MPa。灰铸铁牌号共八种，其中 HT100、HT150、HT200、HT225 为普通灰铸铁；HT250、HT275、HT300、HT350 为孕育铸铁，灰铸铁的牌号和力学性能见表 2-14。

表 2-14 灰铸铁牌号和性能（摘自 GB/T 9439—2010）

牌号	铸件壁厚/mm		最小抗拉强度 R_m/MPa（强制性值）(min)		铸件本体预期抗拉强度/MPa	应用举例
	>	≤	单铸试棒	附铸试棒或试块		
HT100	5	40	100	—	—	低负荷零件，如外罩、手轮、支架等
HT150	5	10	150	—	155	承受中等负荷零件，如机座、支架、箱体、带轮、飞轮、刀架、轴承座、法兰、泵体、阀体等
	10	20		—	130	
	20	40		120	110	
	40	80		110	95	
	80	150		100	80	
	150	300		90	—	
HT200	5	10	200	—	205	承受较大负荷的重要零件，如气缸体、气缸套、活塞、齿轮、机座、床身、刹车轮、联轴器、齿轮箱、轴承座、液压缸、阀体等
	10	20		—	180	
	20	40		170	155	
	40	80		150	130	
	80	150		140	115	
	150	300		130	—	
HT225	5	10	225	—	230	
	10	20		—	200	
	20	40		190	170	
	40	80		170	150	
	80	150		155	135	
	150	300		145	—	
HT250	5	10	250	—	250	
	10	20		—	225	
	20	40		210	195	
	40	80		190	170	
	80	150		170	155	
	150	300		160	—	

（续）

牌号	铸件壁厚/mm		最小抗拉强度 R_m/MPa（强制性值）(min)		铸件本体预期抗拉强度/MPa	应用举例
	>	≤	单铸试棒	附铸试棒或试块		
HT275	10	20	275	—	250	承受高负荷的重要零件，如重型机床床身、压力机机身、高压液压件、车床卡盘、活塞环、齿轮、凸轮、滑阀壳体等
	20	40		230	220	
	40	80		205	190	
	80	150		190	175	
	150	300		175	—	
HT300	10	20	300	—	270	
	20	40		250	240	
	40	80		220	210	
	80	150		210	195	
	150	300		190	—	
HT350	10	20	350	—	315	
	20	40		290	280	
	40	80		260	250	
	80	150		230	225	
	150	300		210	—	

③ 球墨铸铁。球墨铸铁中的石墨呈球状。球墨铸铁具有较高的强度，并具有一定的塑性和韧性。可用来制造受力复杂、力学性能要求高的零件，如曲轴、凸轮轴等。

球墨铸铁牌号的表示方法为："QT"表示球墨铸铁，后面的第一组数字表示最低抗拉强度（MPa），第二组数字表示最低伸长率（%），如 QT600-2，表示抗拉强度和伸长率分别不小于 600MPa 和 2%的球墨铸铁。球墨铸铁的牌号和力学性能见表 2-15。

表 2-15 球墨铸铁的牌号和力学性能（摘自 GB/T 1348—2009）

材料牌号	抗拉强度 R_m/MPa(min)	屈服强度 R_{eL}/MPa(min)	伸长率 A(%)(min)	布氏硬度 HBW	主要基体组织	应用举例
QT350-22L	350	220	22	≤160	铁素体	铸铁管、曲轴和汽车底盘零件等
QT350-22R	350	220	22	≤160	铁素体	
QT350-22	350	220	22	≤160	铁素体	
QT400-18L	400	240	18	120~175	铁素体	风电设备轮毂、底座、齿轮箱等；收割机及割草机上的导架、差速器壳、护刃器等
QT400-18R	400	250	18	120~175	铁素体	
QT400-18	400	250	18	120~175	铁素体	汽车、拖拉机后桥壳、轮毂、离合器壳、拨叉，电动机壳，阀体、阀盖，压缩机气缸，农机具上的犁托、犁柱等
QT400-15	400	250	15	120~180	铁素体	
QT450-10	450	310	10	160~210	铁素体	
QT500-7	500	320	7	170~230	铁素体+珠光体	机油泵齿轮，铁路机车车辆轴瓦，水轮机的阀体等
QT550-5	550	350	5	180~250	铁素体+珠光体	
QT600-3	600	370	3	190~270	珠光体+铁素体	内燃机曲轴、凸轮轴、气缸套、连杆，部分磨床、铣床、小型水轮机主轴，空压机、制氧机、泵的曲轴、缸体、缸套，桥式起重机大小车滚轮等
QT700-2	700	420	2	225~305	珠光体	
QT800-2	800	480	2	245~335	珠光体或索氏体	

（续）

材料牌号	抗拉强度 R_m/MPa(min)	屈服强度 R_{eL}/MPa(min)	伸长率 A(%)(min)	布氏硬度 HBW	主要基体组织	应用举例
QT900-2	900	600	2	280~360	回火马氏体或屈氏体+索氏体	汽车、拖拉机传动齿轮，柴油机凸轮轴、农机具上犁铧、耙片等

注：字母“L”表示有低温（-20℃或-40℃下冲击性能要求；字母“R”表示有室温（23℃）下冲击性能要求。

④ 可锻铸铁。可锻铸铁中石墨呈团絮状。由于石墨有较大程度的改善，减弱了石墨对基体的割裂作用，使力学性能，尤其是塑性韧性显著提高。

⑤ 蠕墨铸铁。碳全部或大部分以蠕虫状石墨方式存在的铸铁，性能介于球墨铸铁和灰铸铁之间。

2）铸铁的热处理。对铸铁可进行热处理，以改善其性能，如去应力退火、石墨化退火、正火、淬火和回火、等温淬火。其中石墨化退火是为了消除铸件表层和壁厚较薄的部位可能出现的白口组织，便于切削加工。

（6）铝及其合金

1）工业纯铝。铝是一种轻金属，密度约为 $2.7g/cm^3$。纯铝的熔点为660℃，具有良好的导电性能。铝在大气中易于形成致密的三氧化二铝保护膜，故具有良好的耐大气腐蚀性。

固态的铝强度、硬度很低（R_m 仅为80~100MPa），塑性很好（A 为30%~40%）。工业纯铝主要用于制造电缆和强度要求不高的日用器皿等。

2）铝合金。铝与Si、Cu、Mg、Mn、Zn等元素组成的铝合金，具有比纯铝较高的强度。铝合金由于其质量较轻，在航空工业中得到了广泛应用，还可用于制造承受较大载荷的结构件和机器零件。铝合金分为变形铝合金（GB/T 3190—2008）和铸造铝合金（GB/T 1173—2013）两类。变形铝合金经压力加工后，制成板、管、棒等型材，用于制造螺旋桨、螺栓、螺钉等；铸造铝合金一般用于制造形状复杂、耐蚀的零件，如内燃机汽缸体、活塞等。常用铸造铝台金的牌号、代号、化学成分和力学性能见表2-16。

表2-16　常用铸造铝合金的牌号、代号、化学成分及力学性能（GB/T 1173—2013）

合金类别	牌号	代号	化学成分 w(%)					状态代号	铸造方法	力学性能（不低于）		
			Si	Cu	Mg	Mn	其他			R_m/MPa	A(%)	HBW
铝硅	ZAlSi12	ZL102	10.0~13.0					T2	J	135	2	45
								T6	SB	235	1	70
	ZAlSi9Mg	ZL104	8.0~10.5		0.17~0.35	0.2~0.5		T1	J	200	1.5	65
								T6	J、JB	240	2	70
	ZAlSi5Cu1Mg	ZL105	4.5~5.5	1.0~1.5	0.4~0.6			T5	J	235	0.5	70
								T7	S、J、R、K	175	1	65
	ZAlSi2Cu1Mg1Ni1	ZL109	11.0~13.0	0.5~1.5	0.8~1.3		Ni0.8~1.5	T1	J	195	0.5	90
								T6	J	245	—	100
铝铜	ZAlCu5Mn	ZL201		4.5~5.3		0.6~1.0	Ti0.15~0.35	T4	S、J、R、K	295	8	70
								T5	S、J、R、K	335	4	90
	ZAlCu10	ZL202		9.0~11.0				F	S、J	104	—	50
								T6	S、J	163	—	100
铝镁	ZAlMg10	ZL301			9.5~11.0			T4	S、J、R	280	9	60
	ZAlMg5Si	ZL303	0.8~1.3		4.5~5.5	0.1~0.4		F	S、J、R、K	143	1	55

（续）

合金类别	牌号	代号	化学成分 w(%)					状态代号	铸造方法	力学性能（不低于）		
			Si	Cu	Mg	Mn	其他			R_m/MPa	A（%）	HBW
铝锌	ZAlZn11Si7	ZL401	6.0~8.0		0.1~0.3		Zn9.0~13.0	T1	J	245	1.5	90
	ZAlZn6Mg	ZL402			0.5~0.65	0.2~0.5	Ti0.15~0.25; Cr0.4~0.6; Zn5.0~6.5	T1	J	235	4	70

注：J为金属型铸造，S为砂型铸造，R为熔模铸造，K为壳型铸造，B为变质处理；F为铸态，T1为人工时效，T2为退火，T4为固溶处理加自然时效，T5为固溶处理加不完全人工时效，T6为固溶处理加完全人工时效，T7为固溶处理加稳定化处理，T8为固溶处理加软化处理。

① 铝硅系。铝硅系只含铝和硅元素的简单铝硅合金，具有良好的铸造性能，但强度较低。可加入Cu、Mg等元素提高强度。

② 铝镁系。铝镁系合金具有密度小、耐蚀性好、强度较高等优点，铸造性能较差。

③ 铝铜系。铝铜系合金具有较高的强度和塑性，在300℃以下使用时仍能保持较高的强度，但铸造性能和耐蚀性差。

④ 铝锌系。铝锌系合金具有良好的铸造性能和较高的强度。

图2-19所示为铝合金产品。

图2-19　铝合金产品

（7）铜及其合金

铜及其铜合金分类和成分范围要求符合GB/T 5231—2012加工铜及铜合金牌号和化学成分，主要分为纯铜、黄铜和青铜等。

1）纯铜。纯铜加工材按成分可分为：普通纯铜（T1：w_{Cu} = 99.95%，T2：w_{Cu} = 99.90%，T3：w_{Cu} = 99.70%）、无氧铜（TU00、TU0、TU1、TU2、TU3；w_{Cu+Ag}分别≥99.99%、99.97%、99.97%、99.95%）、脱氧铜（TP1、TP2、TP3、TP4）、添加少量合金元素的特种铜（砷铜、碲铜、银铜等）四类。

纯铜的电导率和热导率仅次于银，广泛用于制作导电、导热器材。纯铜在大气、海水和某些非氧化性酸（盐酸、稀硫酸）、碱、盐溶液及多种有机酸（醋酸、柠檬酸）中，有良好的耐蚀性，用于化学工业。另外，纯铜有良好的焊接性，可经冷、热塑性加工制成各种半成品和成品。

纯铜表面形成的氧化膜外观呈紫红色，故也称紫铜。纯铜的密度为8.9g/cm³，熔点为1083℃。

2）铜合金。工业中广泛应用的是铜的合金。按照化学成分，常用的铜合金有黄铜和青铜两大类。

① 黄铜。黄铜是以锌为主要添加元素的铜合金，其加工性能好，主要用于制造弹簧、衬套及耐蚀零件等。

常用的黄铜有 H80、H70 等。“H” 为 “黄” 的汉语拼音字首，数字表示平均含 Cu 量。常用于制作冷轧板材、管材、形状复杂的深冲零件、镀层、工艺美术装饰品等。

黄铜不仅有良好的变形加工性能，而且有优良的铸造性能。由于结晶温度间隔很小，它的流动性很好，易形成集中缩孔，铸件组织致密，偏析倾向较小。

② 青铜。青铜是以锡为主要添加元素的铜合金，习惯上称锡青铜。青铜主要用于制造轴瓦、蜗轮、雕塑及要求耐磨、耐蚀的零件等。

锡青铜在铸造凝固时，由于结晶温度范围很宽，冷凝后体积收缩很小，充满铸模型腔的能力很强，能获得完全符合铸模内形的铸件，但其致密程度较差，故一般仅用于制造形状复杂、气密性差的铸件。

图 2-20 所示为铜合金产品。

图 2-20 铜合金产品

2.2.2 有机高分子材料

有机高分子材料由大量的大分子构成，而大分子是由一种或多种低分子化合物通过聚合连接起来的链状或网状大分子。因此有机高分子化合物又称高聚物或聚合物。由于分子的化学组成及聚集状态的不同而形成性能各异的高聚物。常用有机高分子材料主要有塑料、橡胶和胶粘剂等。

1. 有机高分子化合物的力学性能

有机高分子材料的性能主要包括高弹性、粘弹性（蠕变和应力松弛、滞后和内耗）、强度、韧性以及耐磨性等。

2. 有机高分子化合物的物理化学性能

有机高分子化合物的物理化学性能主要包括：电学性能、热性能、化学稳定性等。

3. 有机高分子化合物的老化及防止

有机高分子化合物在长期存放和使用过程中，由于受光、热、氧、机械力、化学介质和微生物等因素的长期作用，性能逐渐变差，如变硬、变脆、变色，直到失去使用价值的过程称为老化。老化的主要原因是在外界因素作用下，大分子链的结构发生交联或裂解。

2.2.3 无机非金属材料

1. 陶瓷材料

陶瓷材料一般由晶相、玻璃相和气相组成。其显微结构由原料、组成和制造工艺决定。

陶瓷材料的性能包括：力学性能、物理化学性能等。

陶瓷的熔点很高，大多在 2000℃ 以上，因此具有很高的耐热性能。陶瓷的线膨胀系数

小，导热性和抗热震性都较差，受热冲击时容易破裂。陶瓷的化学稳定性高，抗氧化性优良，对酸、碱、盐具有良好的耐腐蚀性。陶瓷有各种电学性能，大多数陶瓷具有高电阻率，少数陶瓷具有半导体性质。许多陶瓷具有特殊的性能，如光学性能、电磁性能等。

2. 玻璃

玻璃是熔融物冷却凝固所得到的非晶态无机材料。工业上大量生产的普通玻璃是以石英为主要成分的硅酸盐玻璃。在生产过程中若加入适量的硼、铝、铜、铬等金属氧化物，可制成各种性质不同的高级特种玻璃，如石英玻璃、微晶玻璃、光敏玻璃、耐热玻璃等。

玻璃具有坚硬、透明、气密性、装饰性、化学耐蚀性、耐热性及电学、光学等性能；能用吹、拉、压、铸、槽沉等多种成形和加工方法制成各种形状和大小的制品。

玻璃的主要性质主要包括：强度、硬度、光学性质、电学性质、热性质、化学稳定性等。

2.2.4　复合材料

目前常用的复合材料主要是以聚合物、金属和陶瓷为基体，加入各种增强纤维或增强颗粒而形成的。其力学性能、耐热性能均优于基体材料。因此，复合材料的研制和应用越来越广泛。

1. 复合材料的力学性能

(1) 比强度和比模量大　复合材料的强度与密度之比（比强度）和弹性模量与密度之比（比模量）均较大，如碳纤维增强环氧树脂复合材料的比强度高达 1.03×10^5 MPa；比模量可达 0.97×10^7 MPa，超过一般的钢材和铝合金。

(2) 抗疲劳性能好　多数金属的疲劳极限是抗拉强度的40%~50%，而碳纤维增强聚合物复合材料则可达70%~80%，这是由于在应力状态下裂纹扩展过程完全不同，纤维增强复合材料在应力状态下，裂纹扩展方向要改变，裂纹尖端的应力状态也发生变化，在一定程度上阻止了裂纹的扩展。此外，由于纤维对基体的分割作用，使裂纹扩展路程更为曲折，对疲劳强度的提高也有显著影响。

(3) 耐磨和自润滑性能好　当选用合适的塑料与钢构成复合材料时，钢具有较高的强度，而塑料摩擦因数比较低，有的还对油有吸附作用和自润滑性能，这样形成的复合材料就具有塑料与钢的共同优点。如聚四氟乙烯或聚甲醛和多孔青铜层、钢板组成的三层复合材料，便具有聚四氟乙烯的自润滑性及钢、青铜的高强度和高耐磨性等性能，成为滑动轴承的良好材料。

2. 复合材料的应用

纤维增强复合材料是以树脂、金属等为基体，以无机纤维为增强材料。这种材料既有树脂的化学性能、电性能和密度小、易加工等特性，又有无机纤维的高弹性模量、高强度的性能。常用的有玻璃纤维、碳纤维和硼纤维增强复合材料。

由陶瓷颗粒与金属结合的颗粒增强复合材料称为金属陶瓷。材料中的陶瓷为氧化物、碳化物、硼化物和氯化物，起强化作用，金属 Ti、Cr、Ni、Co 及其合金起粘结作用。陶瓷和金属的类型及相对量决定金属陶瓷的性能，以陶瓷为主的多为工具材料，金属含量较多的多为结构材料。目前应用较多的是氧化物基和碳化物基金属陶瓷。

材料以层状的金属与塑料相复合，具有金属的力学、物理性能和塑料的表面耐摩擦、磨损性能。如塑料-青铜-钢形成的复合材料，在钢与塑料之间以青铜网为媒介，使三者获得可靠的结合力。一旦塑料磨损，露出青铜亦不致严重磨伤轴颈，因为许多滑动轴承都是由耐磨性优良的青铜制成。应用较多的有以聚四氟乙烯为表面层的 SF-1 型和以聚甲醛为表面层的 SF-2 型两种。这种材料已用于制造各种机械、车辆等无润滑或少润滑的轴承。

复习思考题

2-1　简述工程材料的分类及各种材料的主要用途。

2-2　简述金属材料的主要力学性能指标。

2-3　简述金属材料常用热处理方法及其在零件制造中的作用。

2-4　在零件设计与选材时，如何合理选择材料的 R_{eL}、R_m 性能指标？各举一例说明。

2-5　实际生产中，为什么零件设计图或工艺卡上一般提出硬度要求而不是强度或塑性值？

2-6　常见的金属晶体结构有哪几种？它们的原子排列和力学性能有何特点？

2-7　如果其他条件相同，试比较在下列铸造条件下，所得铸件晶粒的大小：

①金属型浇注与砂型浇注；②高温浇注与低温浇注；③薄壁铸件与厚壁铸件；④浇注时采用震动与不采用震动；⑤厚大铸件的表面部分与中心部分。

2-8　为自行车的下列零件选择合适的材料：

①链条；②座位减振弹簧；③大梁；④链条罩；⑤前轴。

2-9　试分析选择模具材料时应考虑的主要因素。

2-10　有形状和尺寸完全相同的灰铸铁和低碳钢棒料各一根，如何用简便方法区分？

2-11　机床的床身和箱体为什么宜采用灰铸铁铸造？

2-12　简述纯铝及各类铝合金的牌号表示方法、性能特点及应用。

2-13　简述纯铜及各类铜合金的牌号表示方法、性能特点及应用。

materials & technics

第3章

表面工程与热处理技术

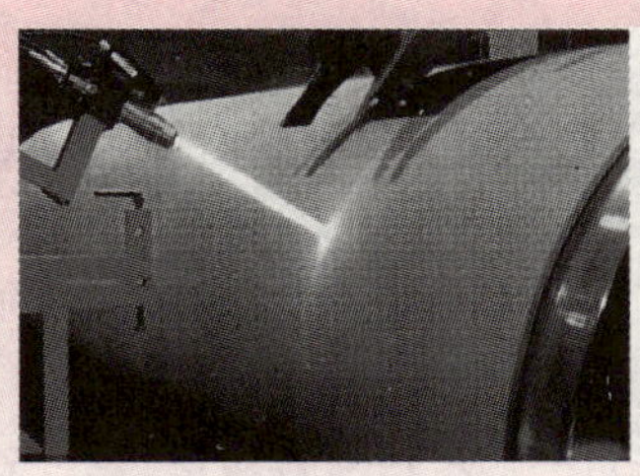

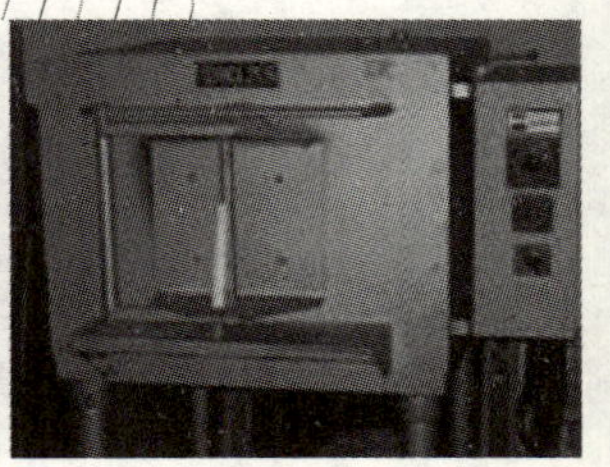

3.1　表面工程概述

表面工程是经表面预处理后，通过表面涂覆金属或非金属，以改善表面性能的系统工程。其目的是在物体表面获得装饰性、耐蚀、抗高温氧化、减摩、耐磨性能及光、电、磁等多种表面特殊功能。在工程上，它针对产品典型服役条件，应用表面加工、表面涂覆、表面改性等单一或复合技术，实现基体、界面及表面三者的优化组合，获得最佳表面性能。

对产品表面进行一系列形、色、质、光等处理，使之更加宜人、更加完美、更能满足人们多方面的使用要求，是工业设计中必不可少的重要方面。常用的表面处理技术有涂装、电镀、氧化着色等。这些表面处理技术的应用，可以提高产品的外观质量，并且给产品带来更高的附加值。

表面工程按照功能分类如下：

（1）表面装饰　不同光亮、色泽、纹理的组合，使外观精美、多样化，增加美感与耐用。

（2）耐腐蚀　耐环境气氛腐蚀，耐淡水、海水腐蚀，耐化学介质浸渍、腐蚀等。

（3）耐磨损　耐腐蚀磨损、微动磨损、磨粒磨损等。

（4）热功能　耐热、抗高温氧化、热绝缘等。

（5）光、电、磁等特种功能　反光、消光、超导、导电、绝缘、半导体、电磁屏蔽、吸波、红外反射、太阳能吸收、辐射屏蔽功能等。

3.2　热处理

3.2.1　热处理概述

1. 热处理基本概念

热处理是将材料在固态下进行加热、保温和冷却以获得所需组织与性能的工艺。

热处理通过改变金属材料的组织和性能来满足工程中对材料的性能要求，选择正确的热处理工艺对于挖掘金属材料的性能潜力、改善零件使用性能、提高产品质量、延长零件的使用寿命、节约材料具有重要意义，因此，热处理在制造行业中应用很广，例如：汽车、拖拉机行业中需要进行热处理的零件占70%~80%；机床行业中占60%~70%；工具、轴承及各种模具则达到100%。

2. 热处理的分类

热处理工艺分为三大类：

（1）整体热处理　对工件进行整体加热，以改善整体组织和性能的处理工艺，分为退火、正火、淬火、回火等。

（2）表面热处理　仅对工件表层进行热处理，以改变其组织和性能的工艺，分为表面淬火和回火等。

（3）化学热处理　将工件置于一定温度的活性介质中保温，使一种或几种元素渗入工

件的表层，以改变其表层化学成分、组织和性能的热处理工艺，根据渗入成分的不同分为渗碳、碳氮共渗、渗氮、氮碳共渗等。

尽管热处理的种类很多，但通常所用的各种热处理过程都由加热、保温、冷却三个阶段组成。图 3-1 所示为最基本的热处理工艺曲线和热处理设备。

图 3-1　热处理工艺曲线及热处理设备

3. 热处理在零件制造过程中的作用

绝大部分零部件在制造过程中都需要进行热处理，以提高材料性能，满足零件的使用要求。

以下为高速钢 W18Cr4V 刀具的制造过程：

下料→球化退火（降低硬度到 207~255HBW，便于切削加工）→机械加工→淬火（提高硬度）→冷处理（-80℃左右，减少残留奥氏体）→高温回火（550~570℃高温回火 2~4 次，二次硬化）→成品

从以上零件的制造过程来看，热处理起着极其重要的作用。

3.2.2　退火和正火

1. 退火

退火是将工件加热到适当温度，保持一定时间，然后缓慢冷却的热处理工艺。

（1）完全退火　完全退火是将钢加热到临界温度以上保温，随之缓慢冷却，获得接近平衡状态组织的退火工艺。

完全退火的目的是细化组织、降低硬度、改善可加工性能、去除内应力。

完全退火主要适用于中碳及中碳合金钢的铸件、锻件、轧制件及焊接件。

（2）去应力退火　去应力退火是为了去除由于液态成形、塑性加工、焊接、热处理及机械加工等造成的残余应力而进行的。如果这些应力不消除，将会使工件在一定时间后或在随后的切削加工过程中产生变形或裂纹；或者在使用过程中产生变形，降低机器的精度，甚至发生事故。

对于钢铁材料，去应力退火的加热温度一般为 500~650℃。

去应力退火过程中工件内部不发生组织转变，应力消除在加热、保温和缓冷过程中完成。

2. 正火

正火是将钢加热到临界温度以上 30~50℃，保温适当时间后，在空气中冷却的热处理工艺。正火冷却速度比退火快，金属组织细小，正火后的强度、硬度、韧性都高于退火，且塑性基本不降低。

正火的主要目的是调整锻、铸钢件的硬度，细化晶粒。通过正火细化晶粒，钢的韧性可显著改善，对焊接件则可以通过正火改善焊缝及热影响区的组织和性能。

钢的退火、正火加热温度范围如图 3-2 所示。

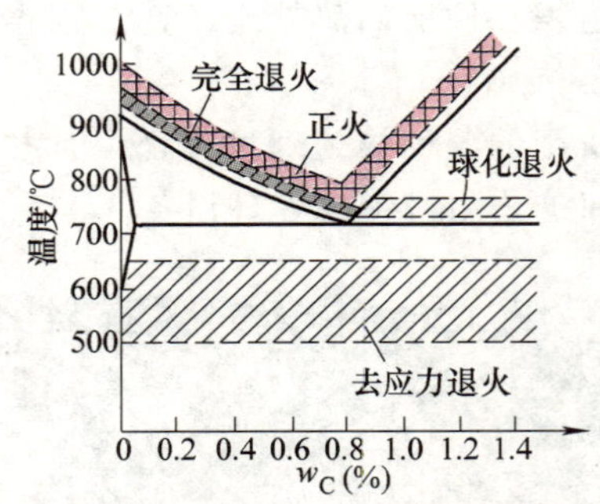

图 3-2 钢的退火和正火的加热温度范围

3.2.3 淬火和回火

1. 淬火

淬火是将钢件加热到临界温度以上，保持一定时间后快速冷却，获得高硬度组织的热处理工艺。例如：用于制作锉刀的 T10 钢，退火态的硬度小于 20HRC，不能作为锉削工具。如果将 T10 钢淬火后配以低温回火，硬度可提高到 60～64HRC，可以切削金属材料，包括退火态的 T10 钢。

最常用的淬火介质为水及水基液体。

2. 回火

回火是指钢件淬硬后加热到临界温度以下某一温度，保温一定时间，然后冷却到室温的热处理工艺。其主要目的：①降低脆性、消除或降低残余应力，如不及时回火，往往会使工件变形甚至开裂；②赋予工件所要求的力学性能。工件经淬火后，硬度高、脆性大，不宜直接使用。为了满足工件的不同性能要求，可以通过适当的回火配合来调整硬度、降低脆性，得到所需要的韧性、塑性。

根据回火温度的不同，回火可以分为三类：

（1）低温回火　淬火钢件在 250℃ 以下的回火称为低温回火。回火后的硬度为 58～64HRC。低温回火的目的是在尽可能保持高硬度、高耐磨性的同时降低淬火应力和脆性。适用于高碳钢和合金钢制作的各类刀具、模具、滚动轴承、渗碳及表面淬火的零件，如 T12 钢锉刀采用 760℃ 水淬+200℃ 回火。

（2）中温回火　淬火钢件在 350～500℃ 的回火称为中温回火。回火后的硬度为 35～50HRC。中温回火的目的是获得较高的弹性极限和屈服强度，同时改善塑性和韧性。适用于各种弹簧及锻模，如 65 钢弹簧采用 840℃ 油淬+480℃ 回火。

（3）高温回火　淬火钢件在 500～600℃ 的回火称为高温回火。回火后的硬度为 25～35HRC。将钢件淬火加高温回火的复合热处理工艺称为调质。高温回火的目的是在降低强度、硬度及耐磨性的前提下，大幅度提高塑性、韧性，得到较好的综合力学性能，适用于各种重要的中碳钢结构零件，特别是在交变载荷下工作的连杆、螺栓、齿轮及轴类等，如 45 钢小轴采用 830℃ 水淬+600℃ 回火。调质后的屈服强度、塑性和冲击韧度显著高于正火。

图 3-3 为钢的力学性能随回火温度的变化情况。

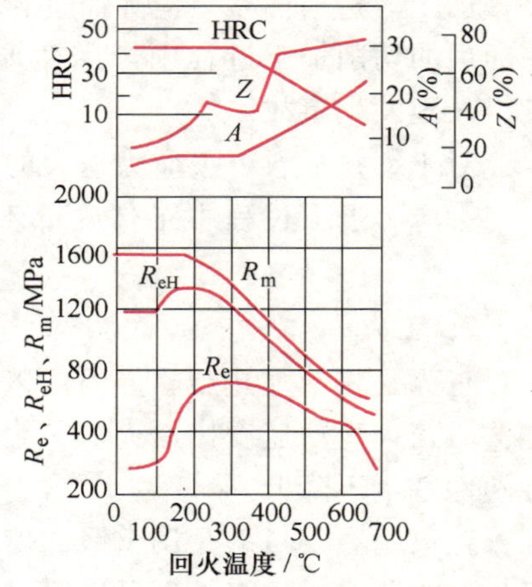

图 3-3 40 钢的力学性能随回火温度的变化

3.2.4　表面淬火和化学热处理

1. 概述

机械上很多零件是在动载荷和摩擦条件下工作的，它们要求其表面具有高硬度和高耐磨性；而心部则要求具有足够的塑性和韧性。例如汽车、拖拉机上的传动齿轮，为保证其表面有高的耐磨性，其硬度要求为58~62HRC，而为使心部有足够的韧性及一定的强度，其硬度则要求为33~38HRC。针对机械零件的这种表面和心部相互矛盾的性能要求（即表硬心韧），解决问题的途径是采用表面热处理或化学热处理等表面强化处理方法。

表面热处理是指仅对工件表面进行热处理以改变其组织和性能的工艺。其中表面淬火工艺最常用，它是通过快速加热与立即淬火冷却相结合的方法来实现的，即利用快速加热使工件表面很快加热到淬火温度，在热量传到心部之前即迅速冷却，使表层得到马氏体而被淬硬，而心部仍保持未淬火状态的组织，即原来塑性、韧性较好的退火、正火或调质状态的组织。

化学热处理是将金属或合金工件置于一定温度的活性介质中保温，使一种或几种元素渗入它的表层，以改变其化学成分、组织和性能的热处理工艺。

2. 表面淬火

常用的表面淬火方法有感应淬火及火焰淬火等。

（1）感应淬火　感应淬火是利用感应电流通过工件所产生的热效应，使工件表面、局部或整体加热并进行快速冷却的淬火工艺。

感应淬火工件的常用工艺路线为：

锻造→退火或正火→粗加工→调质或正火→精加工→感应淬火→低温回火→磨削。

（2）火焰淬火　火焰淬火是应用氧-乙炔（或其他可燃气）火焰对零件表面进行加热，随后冷却的工艺。

火焰淬火零件的常用材料为中碳钢和中碳合金钢，如35、45、40Cr、65Mn等；还可用于灰铸铁、合金铸铁件等。

火焰淬火的淬硬深度一般为2~6mm。主要适用于单件或小批量生产的大型零件和需要局部淬火的工具及零件等。

3. 化学热处理

化学热处理最常用的是渗碳、渗氮和碳氮共渗，可提高钢的硬度、耐磨性及疲劳性能等。

（1）钢的渗碳　渗碳是将钢件在渗碳介质中加热并保温使碳原子渗入表层的化学热处理工艺，其目的是使低碳（w_C = 0.10% ~ 0.25%）钢件表面得到高碳（w_C = 1.0% ~ 1.2%），经适当的热处理（淬火+低温回火）后获得高硬度、高耐磨性的表面；而心部仍保持一定强度及较高的塑性、韧性，适用于同时受磨损和较大冲击载荷的低碳、低合金钢零件，如齿轮、活塞销、套筒等。

要使渗碳层发挥出应有的作用，渗碳后还需进行淬火+低温回火处理。

渗碳工件的一般工艺路线为：

锻造→正火→机械加工→渗碳→淬火+低温回火→精加工。

（2）钢的渗氮　渗氮是指在一定温度下使活性氮原子渗入工件表面的化学热处理工艺。其目的是提高工件表面硬度、耐磨性、疲劳性质、耐蚀性及热硬性。目前应用较多的有气体渗氮和离子渗氮。

渗氮件表面具有高硬度（1000~1100HV）、高耐磨性、高的耐蚀性能的特点，主要作用是表面强化和表面保护。主要应用于在交变载荷下工作并要求耐磨的重要结构零件，如高速传动的精密齿轮、高速柴油机曲轴、高精度机床主轴及在高温下工作的耐热、耐蚀、耐磨零件，如齿轮套、阀门等。

渗氮零件的一般工艺路线为：

锻造→正火→粗加工→调质→精加工→去应力→粗磨→氮化→精磨或研磨。

3.3　表面工程技术方法与工艺

3.3.1　电镀

电镀工艺最初主要是为了满足人们防腐和装饰的需要。近年来，随着现代工业和科学技术的发展，人们不断开发出新的工艺技术方法，极大地拓展了这项表面处理技术的应用领域，并使其成为现代表面工程技术的重要组成部分。

1. 电镀基本原理

电镀是通过电解的方法在固体表面上获得金属沉积层的过程。其目的在于改变固体材料的表面特性，改善外观，提高耐蚀性、抗磨性、减摩性能；制成特定成分和性能的金属覆盖层，提供特殊的电、磁、光、热等表面特性和其他物理性能等。目前电镀已经应用于机械、交通、能源、航空、船舶、仪表行业以及轻工日用品的生产制造中。

将待镀工件和直流电源的负极相连，将电镀金属和直流电源的正极相连，然后把它们一起放入盛有含欲镀覆的金属离子盐溶液的镀槽中，当工件和电镀金属间通入直流电流时，镀液中的金属离子将移向阴极，在阴极金属离子得到电子产生还原反应，沉积在工件表面上。作为阳极的电镀金属将逐渐溶解，不断补充镀液中的金属离子，使电镀继续下去，电镀原理及电镀产品如图 3-4 所示。

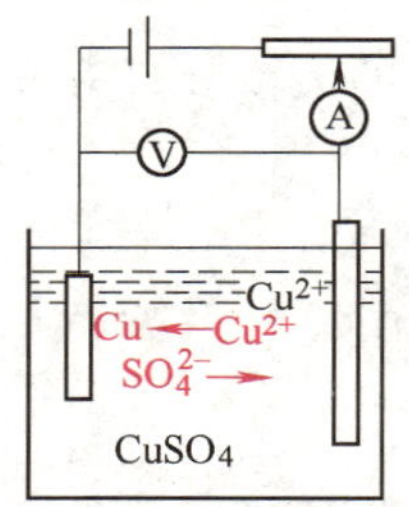

图 3-4　电镀原理及电镀产品

2. 镀层的主要特性及用途

（1）防护性镀层　电镀金属有锌、镉、锡及其合金，如锌镍、锌铁、锌锡、锌钛、锡镍等，主要用于钢铁件在大气和其他环境中的防锈及防腐蚀。其作用和涂装相似，但镀层有金属感，而且具有导电性和可摩擦性。例如螺纹类产品只能用电镀而不能用油漆来防腐蚀，这类镀层大都为阳极镀层，有较好的防锈能力。随着光亮电镀的实现，这类镀层经处理后也具有一定的装饰性。防护性镀层占全部电镀层的 60% 以上，主要用于标准紧固件、仪器仪表底板和零件等。

（2）装饰性镀层　这类镀层除要求有较高的耐蚀性外，对表面装饰性也有较高要求，如汽车、摩托车、机床、日用品等表面电镀铜镍铬、镍铬、双层镍铬、三层镍铬和镍镀层上镀仿金等。最终的镀层既要保证带有装饰性，还需要镀层在大气中能稳定和具有一定的

耐蚀性。除镀铬层、镀金层和少数贵金属及少量合金层外，最后一层往往是有机覆盖层。防护装饰性镀层在电镀产品中约占30%。

(3) 功能性镀层　这类镀层除了有一定的耐蚀性和装饰性外，主要要求镀层本身的特殊性质和功能，因此称为功能性镀层，主要有以下几种：

1) 耐磨和减摩镀层。前者采用电镀硬铬镀层、电镀及化学镀镍磷镀层和复合镀镍镀层等提高工件表面硬度，以增加工件抗磨损能力，例如气缸、活塞环、轴、模具和量具等。后者多用于滑动接触面，在这些接触面上镀上能起固体润滑剂作用的韧性金属（减摩合金）就可以减小滑动摩擦，这种镀层多用在轴瓦或轴套上，常使用锡、铅锡合金、银铅合金以及铅锡锑三元合金等。

2) 导电性镀层。在无线电及通信技术中大量使用提高表面导电性能的镀层，一般有镀铜、镀银，如同时要求耐磨则镀银锑合金、银金和金、金钴合金等。

3) 磁性镀层。用于提高某些金属工件的磁性要求，一般镀以镍铁、镍钴、镍钴磷等合金镀层。

4) 高温抗氧化镀层。用于保护金属工件在高温下不被腐蚀，如转子发动机内腔用镀铬来防护，喷气发电机转子叶片也采用铬合金镀层，在更特殊场合下甚至采用铂铑合金镀层做耐高温抗氧化层。

5) 修复性镀层。用于重要的机械零部件的修复，如汽车、拖拉机的曲轴、键、纺织机的压辊等都可进行电镀修复。用于修复性的镀层有铜、铁、硬铬等。

3. 电镀的镀前处理和镀后处理

电镀工艺过程一般包括镀前预处理、电镀及镀后处理三个阶段。

(1) 镀前预处理　镀前预处理是为了得到干净的金属表面，为最后获得高质量镀层做准备，主要进行脱脂、去锈蚀、去灰尘等工作。步骤如下：

1) 使表面粗糙度达到一定要求，可通过表面磨光、抛光等工艺方法来实现。

2) 去油脱脂可采用溶剂溶解以及化学、电化学等方法来实现。

3) 除锈。可用机械、酸洗以及电化学方法除锈。

4) 活化处理。一般在弱酸中浸蚀一定时间进行镀前活化处理。

(2) 镀后处理

1) 钝化处理。钝化处理是指在特定的溶液中进行化学处理，在镀层上形成坚实细密、稳定性高的薄膜表面的处理方法。钝化使镀层耐蚀性大大提高，并增加表面光泽和提高抗污染能力。这种方法用途很广，镀锌、镀铜及镀银等后，都可进行钝化处理。

2) 除氢处理。有些金属如锌，在电沉积过程中，除自身沉积外，还会析出氢，这部分氢渗入镀层中，使镀件产生脆性，甚至断裂，所以镀后应进行除氢处理，防止氢脆。

4. 常用金属表面装饰电镀

(1) 镀铬

1) 铬镀层的性质和用途。铬在大气中有强烈的钝化能力，能经久不变色。铬又有极高的硬度和优良的耐磨性及耐热性，加热到500℃时其外观和硬度仍无明显变化。铬镀层的反光能力仅次于银镀层，它在碱液、硫酸、硝酸和有机酸中很稳定，但能溶于盐酸、氢氟酸和加热的浓硫酸中。

根据使用要求，铬层可分为防护装饰性镀铬和镀硬铬两种类型。

① 防护装饰性镀铬是在预先经过抛光的镀件表面上镀铬，可以获得结晶细致、具有美丽光泽的镀层，广泛应用于自行车、汽车、机床等各种机械零件的装饰层上。经过抛光的镀铬层，具有良好的反光性能，因此很多反光镜都采用铬镀层。适当改变电解液成分及电解操作条件，可以镀出黑铬，其为一种装饰性镀层，黑铬镀层具有硬度高和耐磨及耐温性好的特点，可用在光学仪器、照相机、天线杆等轻工业产品和太阳能集热器上。

② 镀硬铬是在各种镀件表面上镀较厚的铬层，镀层厚度一般在20μm以上。由于镀层较厚，能发挥镀铬层的硬度高、耐磨性好的特点，故镀硬铬常应用于成形玻璃制品和塑料制品的模具、游标卡尺等量具、气缸活塞环、枪管和炮筒的内壁、旋转的轴和往复运动的机械滑块等。此外还用于对轴类零件的尺寸修复，经过镀硬铬修复后可大大延长使用期限。

2）镀铬液的配方及工艺条件。镀铬液的配方及工艺条件见表3-1。镀硬铬工艺主要控制镀液的温度和电流密度。

表3-1　镀铬液的配方及工艺条件

溶液各组成的质量浓度/g·L^{-1}	防护性装饰镀层	镀硬铬	操作条件	防护性装饰镀层	镀硬铬
铬酐	250~400	240			
硫酸	2.50~4.00	1.2	温度/℃	50~55	50~60
氟硅酸	—	2.25	电流密度/A·dm^{-2}	15~30	15~60

（2）镀镍

1）镀镍层的性质和用途。镍是一种微黄色的金属，具有良好的强度和韧性，能抵抗大气腐蚀，与强碱不发生作用，在稀硫酸和稀盐酸溶液中溶解得非常缓慢，但不耐稀硝酸的腐蚀。镍镀层结晶细致平滑，容易抛光，在镀液中加入各种添加剂后，能得到镜面光亮的镀层，是防护装饰性的主要镀层，用作汽车、自行车、机床、钟表、照相机、五金工具和塑料制品的防护装饰性镀层。

由于镍的电位比铁高，所以镍镀层对钢铁基体来说是阴极性的镀层。在镀层与基体形成的电化学腐蚀中，基体的铁作为阳极，如果镍镀层有孔隙，基体的铁就会加快腐蚀，因此应尽可能减少孔隙来提高镍镀层的质量。镀镍的价格较贵，除了汽车、摩托车、精密机床和国防上的特殊用途以及一些附加值较高或较重要的部件外，往往采用多层镀的方法来降低镍镀层的厚度。例如采用厚铜薄镍镀层，铜锡合金层上再镀以薄的镍镀层。还可采用双层镀银或三层镀镍的工艺，减少镍镀层的孔隙，提高镍镀层的防护性能。

用于装饰性表面处理还有镀黑镍。镀黑镍是利用镀液中含有锌时会使镍发黑的特性，在镀液中加入一定量的锌盐和含硫物质而获得。钢铁零件镀黑镍前最好喷砂处理，而且以镀铜或镀锌作底层。铜零件上镀黑镍比钢铁零件上镀黑镍的效果好。镀黑镍主要作为装饰性镀层，多用于光学仪器、仪器仪表工业等精密机械装置上的某些特殊零件的装饰。黑镍层色泽柔和，不反光，又能表现金属的质感，适当的应用能获得良好的装饰效果。

2）镀镍液的配方及工艺条件。镀镍液的配方及工艺条件见表3-2。

表3-2　镀镍液的配方及工艺条件

溶液各组成的质量浓度/g·L^{-1}	pH	温度/℃	电流密度/A·dm^{-2}	备　注
硫酸镍 250~350 氯化镍 40~50 硼酸 30~45	4.1~4.6	50~60	3~4	加入光亮剂，镀得光亮镍层
硫酸镍 240~330 氯化镍 37~52 硼酸 30~45	3~5	45~65	2.5~10	瓦特(Watts)镀液
氨基磺酸镍 500~600 氯化镍 5~10 硼酸 40	3.8~4.2	60~70	5~20	可获得无应力镀层

影响镍镀层质量的因素主要有pH、温度、电流密度、搅拌和杂质等。一般来说镀液浓度和温度高，pH低，可采用大的电流密度，反之应小。搅拌能促使镍离子迅速向阴极

区扩散，还有利于氢气的逸出，减少镀层针孔。镀镍电解液对杂质非常敏感，当存在某些杂质时，会严重影响镍镀层的质量，铁、铜、锌、铬等金属离子是镀液中常见的有害杂质。

（3）镀银

1）银镀层的性质和用途。银是一种白色光亮、可塑及具有极强反光能力的金属，其硬度比铜稍差、比金高。银在碱液和某些有机酸中十分稳定，但易溶于硝酸和微溶于硫酸。在一般大气中，银是较稳定的，但是在含有氧化物和硫化物的空气中，银表面会很快变色，并迅速失去反光能力。在所有的金属中，银的导电性最好。由于银的价格较高，一般不适于作为防护镀层，但常用于装饰的目的，主要用于仪器仪表、灯具、反光镜等作为防护装饰的电镀层和反光面镀层。

镀银的物体一般多是铜或铜合金件。钢铁基体镀银，必须先镀上一层能使金属免受腐蚀的其他金属或合金层。经常与硬橡胶（含有硫）接触的零件不宜镀银。

2）防止镀银变色的方法。银镀层在大气中硫化物、卤化物等腐蚀介质的作用下，很快就会使银层表面生成浅黄色、黄褐色，甚至黑褐色的硫化银薄膜，特别是在工业空气中，与含硫的橡胶、胶木、油漆等物接触的状态下，或者在高温高湿度条件下，变色更迅速。

若银镀层的表面清洗不净，留有电镀残液，或银镀层中有铁、铜、锌等低电位金属杂质，也会使镀层变色。另外，若银镀层表面粗糙或孔隙较多，也是造成银镀层容易变色的重要原因。

银镀层变色会严重影响装饰的外观，并使接触电阻增大，妨碍导电性能，造成焊接困难，降低了实用价值，特别是电子设备中的高频微波元件由于银镀层变色而造成的导电性能下降更为突出。

防止银镀层变色的工艺主要有：① 在银镀层上形成一层保护膜，如化学钝化、电解钝化等；②在银镀层上沉积一层薄贵金属，如镀金、铑、钯等；③覆盖有机材料薄膜法，这种方法是在银表面上覆一层薄而透明的有机材料与空气隔开，防止银镀层变色；④电镀具有一定抗变色能力的银基合金镀层，如银金合金等。

（4）镀金　金是一种黄色、可塑性极好的金属，质软，易于抛光，具有极高的化学稳定性，在碱及各种酸中都较稳定，但金溶解于王水，也溶解于盐酸及铬酸的混合液，硫化氢及其他硫化物对金都不起作用，因而金在空气中不氧化也不变色，是理想的表面装饰镀层。

由于金的价格昂贵，因而镀金的应用受到限制。就其本身的装饰性能来看，金表面的化学钝化作用极强，并有精美的外观，因此金镀层比其他金属镀层都好，所以镀金广泛用于装饰性电镀，如用于精密仪器、钟表、首饰等作为装饰性表层。

镀金一般在铜或银镀层上进行，为克服金镀层的质软和不耐磨的弱点，在氰化镀金电解液中加入银、镍、钴等金属离子或采用酸性光亮镀金溶液，能提高金镀层的硬度和光泽度，减少金的消耗。

5. 非金属材料上的电镀

（1）概述　工程塑料的应用，可以大大减轻设备的自重，这在航空航天、通信及家电行业方面有很大意义。这些材料的使用可以大量节省各种金属材料和机械加工费用，降低产品的成本，提高劳动生产率。但是，非金属材料本身存在着不耐磨、不导热、易变形以及不抗污染等缺陷，限制了它的使用范围。然而，可以采用给非金属材料施加一层金属镀层的方法，来满足不同应用场合对产品性能的要求，特别是塑料在各个领域里的应用。

目前已能够在各种非金属制品上镀覆导电层、焊接层、导磁层、耐磨层和防护装饰性镀层。非金属材料的电镀与金属的电镀相比，最大的难点是非金属材料系绝缘体，无法直接电镀。给非金属材料制品表面施加导电层的途径主要有涂刷金属或石墨粉、烧渗导电层、涂导电胶以及化学镀等，其中比较好的方法是化学镀法。

非金属材料制品在进行电镀前的主要工序为：

机械粗化→化学脱脂→化学粗化→敏化处理→活化处理→还原处理→化学镀覆。

（2）非金属电镀工艺简介　非金属材料制品必须经过镀前的表面处理，才能进行常规的电镀。

1）化学脱脂。除去工件表面的油污，使表面粗化均匀，从而提高镀层的结合力，延长粗化液的使用寿命。化学脱脂的方法主要分有机溶剂脱脂和碱液脱脂两种。

2）粗化。粗化是使非金属表面微观粗糙，增加镀层和基体间的接触面积，达到提高基体与镀层结合力的目的。粗化的方法有机械粗化和化学粗化两种。

3）敏化。敏化是使非金属表面吸附一些容易氧化的物质，为后续的活化处理和化学镀覆金属打下基础。常用的敏化剂有氯化亚锡、三氯化钠、硫酸亚锡等水溶液。

4）活化。非金属制品经过敏化处理后，紧接着要进行活化处理。活化的目的是使工件表面生成一层贵金属膜，并以此作为化学沉积时氧化还原反应的催化剂，使化学镀覆的反应加速。银、金、钯、铂等是能起催化作用的贵金属，它们的盐溶液是常用的活化剂，硝酸银、氧化钯应用较广。

5）化学镀。化学镀的目的是在需要镀覆的非金属制品表面形成一层导电金属层，为非金属制品下一步电镀创造条件，所以化学镀是非金属材料电镀的关键。目前，最常用的是化学镀铜和化学镀镍。

非金属材料制品经化学镀覆后，表面形成一层导电膜，就可以根据需要继续镀其他金属了。

（3）塑料电镀　塑料电镀制品具有塑料和金属两者的特性，它的密度小，耐腐蚀性能良好，成形简单，具有金属光泽和金属感，还有导电、导磁和焊接等性能。它可以省去复杂的精加工，节省金属材料，而且外表美观，同时还提高了塑料件的强度。由于金属镀层对大气等外界因素具有较高的稳定性，因而塑料电镀金属后可防止塑料老化，延长塑料件的使用寿命。

塑料电镀在新型设备，电子、光学仪器以及家用电器等的某些零件和外观装饰件上得到了广泛应用，也成为工业设计中塑料表面装饰的重要手段之一。目前国内外在ABS塑料、聚丙烯、聚碳酸酯、尼龙、酚醛玻璃纤维增强塑料、聚苯乙烯等的表面上进行电镀已广泛使用。

3.3.2　化学镀

化学镀是指在没有外加电流通过的情况下，利用化学方法使溶液中的金属离子还原为金属，并沉积在基体表面形成镀层的一种表面加工方法。工件浸入镀液中，化学还原剂在溶液中提供电子使金属离子还原沉积在工件表面。化学镀是一个催化还原过程，还原作用仅仅发生在催化表面上，如果被镀工件本身是反应的催化剂，则化学镀的过程就具有自催化作用。反应生成物本身对反应的催化作用，使反应不断继续下去。化学镀又称自催化镀、无电解镀。

由于化学镀层具有耐磨、耐蚀、硬度高、焊接性好等优点，因此，化学镀在电子、石油、化学化工、航空航天、核能、汽车、机械等工业中得到了广泛的应用。

1. 化学镀镍

用还原剂将镀液中的镍离子还原为金属镍并沉积到基体表面的方法称为化学镀镍。还原剂有次磷酸盐、硼氢化物、胺基硼烷等，以次磷酸盐为还原剂的化学镀镍溶液有酸性镀

液和碱性镀液两种。其中使用次磷酸盐作还原剂的酸性镀液是使用最广泛的化学镀镍液。

化学镀镍层具有优良的耐磨性、耐热性及电磁学特性，广泛应用于模具制造、石油化工及汽车制造等行业。例如采用化学镀镍强化模具，既能保证硬度和耐磨性，又能起到固体润滑的效果，使脱模容易，延长模具的使用寿命。由于化学镀镍层兼有优良的耐蚀和耐磨两大特点，加之其厚度均匀，能满足精密尺寸的要求，即使在管件和复杂的内表面也能获得均匀的镀层，因此化学镀镍层是石油化工设备保护方面最新发展起来的一种材料。

2. 化学镀铜

化学镀铜的主要目的是在非导电体材料表面形成导电层，目前，在印制电路板孔金属化和塑料电镀前的化学镀铜已广泛应用。化学镀铜层的物理化学性质与电镀法所得铜层基本相似。

化学镀铜的主盐通常采用硫酸铜，使用的还原剂有甲醛、肼、次磷酸钠、硼氢化钠等，但生产中使用最普遍的是甲醛。

化学镀铜是为了给非金属制品施加一层导电膜，因此一般只进行20~30min，要想继续施加其他镀层，要先用电镀铜将化学镀铜层加厚。

3.3.3 热浸镀

1. 概述

热浸镀是一种将整体金属浸在熔融状态的另一种低熔点金属中，在其表面形成一层金属保护膜的方法。钢铁是最广泛使用的基体材料，铸铁及铜等金属材料也有采用热浸镀的。镀层金属主要有锌、锡、铝、铅及其合金等。常见热浸镀层种类见表3-3。

表3-3 常见热浸镀层种类

镀层金属	熔点/℃	浸镀温度/℃	比热容/J·(kg·K)$^{-1}$	镀层特点
镉	231.9	260~310	0.056	美观的金属光泽，耐蚀性、附着力、韧性均好
锌	419.5	460~480	0.094	耐蚀性好，粘附性好，焊接条件要适当
铝	658.7	700~720	0.216	优异的耐蚀性和耐热性，对光、热有良好的反射性

热浸镀锌、热浸镀铝的钢材作为耐蚀材料的主要用途见表3-4。

表3-4 热浸镀钢材的主要用途

种　类	用　途
热浸镀锌板、带	建筑业、交通运输业、机器制造、器具方面
热浸镀锌钢板	石油化工、建筑、管道等
热浸镀锌钢丝	通信与电力工程、一般用途
热浸镀铝钢板	耐热、耐蚀
热浸镀铝钢丝	低碳钢丝、高碳钢丝
热浸镀铝钢管	石油工业、焦炭工业、化学工业

根据热浸镀前处理方法的不同，其工艺可分为溶剂法和保护气法两大类。

2. 热浸镀锌

热浸镀锌是世界各国公认的一种经济实惠的保护工艺。热浸镀锌镀层的形成大致可分成以下三个步骤：

1）铁基表面被锌液溶解形成铁锌合金层。

2）合金层中的锌原子进一步向基体扩散，形成锌铁互溶层。

3）合金层表面包络着一薄层锌。

热浸镀锌镀层的结合牢固性、覆盖性都远比电镀锌好。

钢铁的热浸镀锌工艺要求及技术参数见表3-5。

表3-5 钢铁热浸镀锌工艺要求及技术参数

工艺		目的	工艺要求	
镀前处理	碱洗	清除表面油污、中和酸洗后的残渣和灰泥	氢氧化钠 100~200g/L 硅酸钠 70~80 g/L 温度 70~90℃ 时间 0.5~1h	
	酸洗	除去预镀件表面的氧化皮	钢	硫酸 100~200g/L 盐酸 100~200g/L 若丁 0.3~0.5g/L 温度 常温 时间 约30min
			铁	硫酸（ρ=1.84g/cm³） 180~200g/L 氢氟酸（HF的质量分数为40%） 20~50g/L 食盐 40~50g/L 若丁 5~8g/L 温度 约60℃ 时间 20~30min
	水洗	洗去被镀件表面的余酸、铁盐、残渣等	常温，最好为流动水	
	稀盐酸处理	防止预镀件被二次氧化，去除预镀件表面残存的铁盐	0.5%~1.5%的盐酸水溶液	
熔剂处理	熔融熔剂法（湿法）	提高镀层对基体材料的附着力，清除预镀件表面的铁盐	氯化铵:氯化锌=2:3，浮在锌液上	
	烘干熔剂法（干法）	清除熔融金属表面的氧化物，降低金属表面张力	氯化铵水溶液（ρ=1.014~1.028g/cm³）100~250g/L或氯化锌300~500g/L，在溶液中浸渍后，在80~100℃下烘干	
热浸镀锌		在表面镀上一层锌或锌合金	温度 460~480℃ 时间 30~300s 加热 煤、重油、天然气、感应电流	
冷却		避免未凝固的锌镀层被损伤而降低制品质量	立即在清水中进行冷却	

（1）镀前处理　镀前处理主要是通过碱洗、酸洗、水洗等工序除去镀件表面残留的油污、锈蚀、型砂微粒、氧化皮等，使钢件在洁净状态下进行热浸镀锌。

（2）助镀处理　经表面处理的工件，已获得较清洁的金属表面，然后再进行溶剂处理，烘干后进入镀锌锅。使用较普遍的助镀剂为氯化锌和氯化铵的复合盐。

（3）热浸镀锌工艺　经过严格前处理的工件立即送入熔融的锌液中浸镀。镀锌温度控制在460~480℃范围内，最高不得超过490℃。浸镀时间根据工件的不同，一般为0.1~5min。工件浸入之前以及从锌锅中取出时，要求除净锌液表面的锌灰，以免影响镀层质量。

（4）镀后处理　从锌锅中取出的工件要经过除去多余的锌、水冷和钝化处理等步骤。工件从锌锅中取出后，要在5~10s内除去镀层上多余的锌，否则会产生结瘤。

除锌后的工件要立即进行冷却和钝化处理，以提高钢件镀锌层的耐蚀性并防止锌层变色。冷却时先在空气中冷却，然后再放入冷水中冷却，冷水温度保持在20~50℃，最好采用流动水。

钝化处理主要是防止锌层产生白锈。常用锌层钝化液是以铬酸或重铬酸盐为主配成的水溶液。几种常用锌层钝化液的配方及工艺见表 3-6。

表 3-6 常用锌层钝化液的配方及工艺

配方	钝化液组成	溶液温度/℃	浸渍时间
1	质量分数为 1%的重铬酸钠加少量稀硫酸的水溶液	常温	15min
2	5g/L 铬酐加 1g/L 硫酸(98%)的水溶液	常温	20~30s
3	18~22g/L 铬酐加 6~10g/L 硫酸钠(无水)和硝酸(ρ=1.4g/cm^3)的水溶液	15~20	1~3s

3. 热浸镀铝

镀铝钢材是钢基体的高强度和镀铝层良好耐蚀性结合起来而构成的一种新材料，因而具有强度高、耐蚀性好、耐热性高的特性。

热浸镀铝是将表面净化的工件浸于熔融铝或铝合金中并保持一定时间，这时便发生铝液对钢表面浸润、铁的溶解以及铁原子与铝原子的相互扩散和反应，从而形成 Fe-Al 金属间化合物中间层，并在工件从铝液中提出时在此合金层的表面粘附一层铝液或铝合金液，在其冷却凝固后便形成包括 Fe-Al 合金层和表面纯铝层或铝合金层的镀层。与其他镀铝工艺相比，钢材热浸镀铝层的形成过程进行的很快，在几十秒到几分钟内即可形成厚度为 20~50μm 的合金层。镀铝时铝液的温度一般为 680~750℃。

镀铝钢材的用途如下：

(1) 镀铝钢板

1) Ⅰ型镀铝钢板（Al-Si 合金镀层）主要用于高温耐热。它包括：

① 汽车工业。汽车底盘等。

② 耐热器具。热交换器、烘烤箱、燃烧炉内衬、烟筒、通热风管道、粮食烘干机、炉用反射板、焚烧器、食品烤炉内衬、淋浴器等。

③ 容器方面。储粮筒仓、冷藏容器、储槽、水槽、暖气片、各种包装箱等。

2) Ⅱ型镀铝钢板（纯铝镀层）主要用于耐常温大气腐蚀。它包括：

① 建筑方面。大型建筑的屋顶板、外壁、集水槽沟、落水管、门窗框、活动卷帘门等。

② 交通运输。汽车库、飞机库、高速公路护栏、道路标牌、灯具壳、露天设施等。

③ 冶金方面。退火炉罩、高炉钟罩、炼钢炉耐热闸板等。

(2) 镀铝钢丝　较软的低碳钢镀铝丝主要用于编织网、篱笆、围栏、海岸护堤网、渔网、防鲨网、山道及矿井巷道的防落石安全网、球场网、牧场围墙、舰船钢丝绳等。

(3) 镀铝钢管　热浸镀铝管主要用于以下各部门：

1) 石油化工业。石油管式加热炉炉管、热交换用冷凝器、石油管道等。

2) 化学工业。生产硫酸、邻苯二甲酸酐的管式接触器和管式热交换器，用于含硫气体、氯气、溴、氧化氮、浓醋酸、柠檬酸、丙酸、苯甲酸、甘油、酚类等化工产品的输送管道等。

3) 焦化工业。各种热交换器装置、苯和吡啶车间的分馏塔和冷凝器、煤气初冷器、清洗炼焦煤气中硫化氢及二氧化碳的热交换器和管道等。

4) 食品工业。由于铝不受有机酸的作用，对生物体无毒，不会改变食品味道、颜色和气味。因此可用于各种酒类酿造厂、酒精厂的各种设备及管道。

3.3.4 热喷涂

热喷涂技术是采用气体、液体燃料或电弧、等离子弧、激光等作为热源，将金属、合金、金属陶瓷、氧化物、碳化物、塑料以及它们的复合材料等喷涂材料加热到熔融或半熔融状态，通过高速气流使其雾化，然后喷射、沉积到经过预处理的工件表面，从而形成附着牢固的表面层的加工方法。

采用热喷涂技术不仅能使零件表面获得各种不同的性能，如耐磨、耐热、耐腐蚀、抗氧化和润滑等性能，而且在许多材料（金属、合金、陶瓷、水泥、塑料、石膏、木材等）表面上都能进行喷涂，喷涂工艺灵活，喷涂层厚度达 0.5～5mm，而且对基体材料的组织和性能影响小。目前，热喷涂技术已广泛应用于航空航天、国防、冶金、石油、化工、水利、电力等部门。

热喷涂技术按涂层加热和结合方式不同，可分为喷涂和喷熔两种。前者是基体不熔化，涂层与基体形成机械结合；后者是涂层经再加热重熔，涂层与基体互熔并扩散形成冶金结合。按照加热喷涂材料的热源种类分为火焰喷涂、电弧喷涂、等离子弧喷涂、爆炸喷涂、激光喷涂和重熔、电子束喷涂等。

热喷涂有以下主要特点：

（1）适用范围广　涂层材料可以是金属、非金属以及复合材料，被喷涂工件也可以是金属和非金属，用复合粉末喷成的复合涂层可以把金属和塑料或陶瓷结合起来，获得良好的综合性能，而其他方法则难以达到。

（2）工艺灵活　施工对象小到 10mm 内孔，大到铁塔、桥梁等大型结构。热喷涂既可在整体表面上进行，也可在指定区域内进行，既可在真空或控制气氛中喷涂活性材料，也可在野外现场作业。

（3）喷涂层的厚度可调范围大　涂层表面光滑，加工量少，不经研磨即可使用。

（4）工件受热程度可以控制　除喷熔外，热喷涂是一种冷工艺，如氧-乙炔焰喷涂、等离子喷涂，工件受热程度均不超过 250℃，工件不会发生变形和再结晶软化。

（5）生产率高　大多数工艺方法的生产率可达到每小时喷涂数千克喷涂材料，有些工艺方法可高达 100kg/h 以上。

（6）可赋予普通材料以特殊的表面性能　可使材料满足耐磨、耐蚀、抗高温氧化、隔热等性能要求，达到节约贵重材料，提高产品质量，满足多种工程和尖端技术需求的目的。

热喷涂材料按用途分类见表 3-7。

表 3-7　热喷涂材料按用途分类

目的	热喷涂材料	
耐蚀	金属	锌、铝、锌-铝合金、不锈钢、镍及其合金、铜及其合金等
	非金属	陶瓷、塑料
耐热	金属	耐热铝、耐热合金
	非金属	陶瓷、金属陶瓷
耐磨损	金属	碳钢、低合金钢、不锈钢、镍-铬合金
	非金属	陶瓷

3.3.5　高能束技术

高能束技术是采用激光束、离子束、电子束对材料表面进行改性或合金化的技术。用这些束流对材料表面进行改性的技术主要包括两个方面：

1）利用脉冲激光器可获得极高的加热和冷却速度，从而可制成微晶、非晶及其他一些奇特的、热平衡相图上不存在的亚稳态合金，从而赋予材料表面以特殊的性能。目前的激光束、电子束发生器已有足够的能量在短时间内加热和熔化大面积的表面区域。

2）利用离子注入技术可把异类原子直接引入表面层中进行表面合金化，引入的原子种类和数量不受任何常规合金化热力学条件的限制。

这些束流用于材料表面加热时，由于加热速度极快，所以整个基体的温度在加热过程中可以不受影响。用这些束流加热材料表层的深度一般为几微米，加热熔化这些微米级的表层所需能量一般为几焦耳每平方厘米。电子束、离子束的脉冲宽度可短至 10^{-9}s，激光的脉冲宽度可短至 10^{-12}s。它们的能量沉积功率密度可以相当大，在被照物体上由表面向里能够产生 10^6~10^8K/cm 的温度梯度，使表面薄层迅速熔化。正因为达到了这样高的温度梯度，冷的基体又会使熔化部分以 10^8~10^{11}K/s 的速度冷却，致使固液界面以几米每秒的速度向表面推进，使凝固迅速完成。

3.3.6　化学转化膜技术

化学转化膜技术，就是通过化学或电化学手段，使金属表面形成稳定的化合物膜层的方法。其特点是膜层的结合力好。

根据形成膜介质的不同，化学转化膜可以分为：

1）氧化物膜——在含有氧化剂的溶剂中形成（氧化）。

2）磷酸盐膜——金属在磷酸中形成（磷化）。

3）铬酸盐膜——在铬酸或铬酸盐溶液中形成（钝化）。

几乎所有的金属表面均能成膜，工业上以 Fe、Al、Zn、Cu、Mg 为主。

1. 钢铁的化学氧化

钢铁材料在氧化剂中生成蓝、黑膜层，称为“发蓝”或“发黑”，分为高温化学氧化和常温化学氧化。

（1）钢铁高温化学氧化（传统发黑方法）　基本工艺过程：在浓碱性 $NaNO_2$、140℃、15~90min 后，生成 Fe_3O_4 膜，厚度为 0.5~1.5μm（2.5μm），通过浸油（吸附性好）后，钢铁材料的耐蚀性大大提高。

（2）钢铁常温化学氧化（常温发黑）　钢铁常温发黑工艺：将工件置于以硫酸和硫酸铜为主要组成物的溶液中，2~10min 后，用脱水缓蚀剂、石蜡封闭，钢铁材料的表面耐蚀性大大提高。用途：精密仪器、光学仪器、武器等。

2. 铝及铝合金的阳极氧化

在适当的电解液中，以金属作为阳极，在外加电流的作用下，使其表面生成氧化膜的方法。膜层厚可达几十到几百微米，而一般铝的自然氧化膜厚度仅为 0.010~0.015μm。

（1）阳极氧化膜的性质

1）膜层多孔。蜂窝状，吸附能力很强，可吸附树脂、蜡、涂料等。

2）耐磨性好。硬度高，吸附润滑剂后，进一步提高耐磨性。

3）耐蚀性好。在大气中很稳定，并与厚度、孔隙率有关，可采用封闭处理，进一步提高耐蚀性。

4）电绝缘性。电阻大，击穿电压高，可作为电容器电介质层或电器绝缘层。

5）绝热性。良好的绝热层，承受 1500℃ 瞬时高温，导热系数很低［0.419~1.26W/(m·K)］。

6）结合力。结合力很强，难以用机械的方法将它分离。

（2）铝合金阳极氧化工艺流程　铝制品的阳极氧化工艺流程为：

铝工件→机械预处理→上挂具→脱脂→水洗→碱洗→水洗→中和→水洗→阳极氧化→水洗→着色→去离子水洗→封闭→烘干→下挂具。

（3）铝合金阳极氧化的应用　铝合金阳极氧化的应用主要为：建筑铝材的防护与装

饰；铝合金零件的防护，如果零件的使用条件恶劣，还应涂油漆；为了装饰和作识别标志而要求具有特殊颜色的零件；要求外观光亮并有一定耐磨性的零件；$w_{Cu} \geqslant 4\%$的铝合金的防护；形状简单的对接气焊零件。

图 3-5 为铝合金氧化着色产品实例。

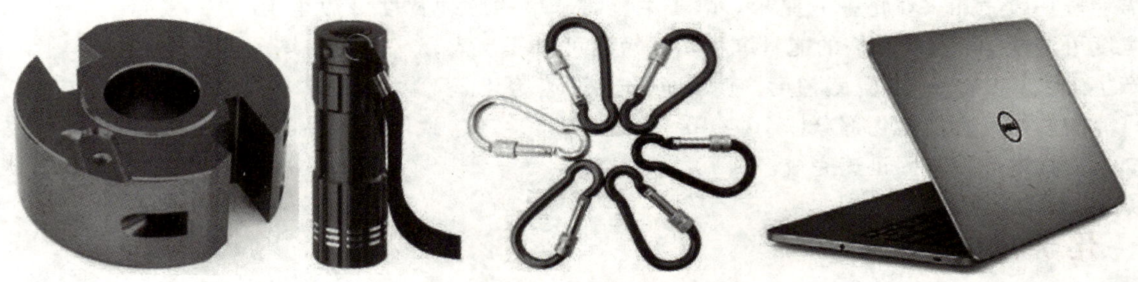

图 3-5　铝合金氧化着色产品实例

3.3.7　涂料与涂装

用有机涂料通过一定方法涂敷于材料或制件表面，形成涂膜的全部工艺过程称为涂装。涂装用的有机涂料，是涂于材料或制件表面而能形成具有保护、装饰或特殊性能（如绝缘防腐等）固体涂膜的一类液体或固体材料的总称。早期大多以植物油为主要原料，故又称之为“油漆”；后来合成树脂逐步取代了植物油，因而统称为“涂料”。

1. 涂料的性能及特点

1）对基体有良好的保护作用，这种作用主要体现在两个方面：首先，减少各种环境介质下的锈蚀，延长物件的使用寿命；其次，可以保护物件表面不受机械外力摩擦和碰撞而损坏。

2）用于装饰外观，可赋予材料表面各种色彩，美化生活。

3）具有特殊性能的涂料都具有其独特的作用。

4）涂料选材范围广、工艺简单、适用性强，大部分情况下无须昂贵的涂装设备。

5）涂料工业生产过程比较简单，工艺设备简单，且在同一套工艺设备上可生产多个品种的涂料；涂料的价格不一，但总的来说成本较低。

6）涂料的性能评价包括很多方面，诸如涂料的作业性，涂膜的形成性、附着性、耐蚀性和耐久性、可修补性、经济性、环境保护性等。其中的“耐久性”所包括的内容也很多，诸如耐水性、耐热性、耐湿性、耐酸性、耐碱性、耐油性、电绝缘性、非褪色性、防毒性等。所以可根据工程需要选择性能合适的涂料和涂装技术。

在目前的金属表面处理工程中，涂料涂装工程量远大于其他表面处理工程量，并且属于最终表面处理工序。

2. 涂料的主要组成及分类

（1）涂料的主要组成　涂料由成膜物质、颜料、溶剂和助剂四部分组成。

1）成膜物质。成膜物质一般是天然油脂、天然树脂和合成树脂。它们是在涂料组成中能形成涂膜的主要物质，是决定涂料性能的主要因素。它们在储存期间相当稳定，而涂敷于制件表面后在规定条件下固化成膜。

2）颜料。颜料能使涂膜呈现颜色和遮盖力，还可增强涂膜的耐老化性、耐磨性以及增强膜的耐蚀、防污等能力。颜料呈粉末状，不溶于水或油，且能均匀分散于介质中。大部分颜料是某些金属氧化物、硫化物和盐类等无机物。有的颜料是有机染料。按其作用不同可分为着色颜料、体质颜料、发光颜料、荧光颜料、示温颜料等。

3）溶剂。溶剂使涂料保持溶解状态，调整涂料的粘度，以符合施工要求，同时可使涂膜具有均衡的挥发速度，使涂膜平整和光泽，还可消除涂膜的针孔、刷痕等缺陷。溶剂要根据成膜物质的特性、粘度和干燥时间来选择。一般常用混合溶剂或稀释剂。按其组成和来源，常用的有植物性溶剂、石油溶剂、酯类、酮类和醇类等。

4）助剂。助剂在涂料中的用量虽小，但对涂料的储存性、施工性以及对所形成涂膜的物理性能有明显作用。常用的助剂有催干剂、固化剂、增韧剂、表面活性剂、防结皮剂、防沉淀剂、防老化剂以及紫外线吸收剂、润湿助剂、防霉剂、增滑剂、消泡剂等。

（2）涂料的分类　根据成膜干燥机理不同，涂料分为溶剂挥发类和固化干燥类。

1）溶剂挥发类。它在成膜过程中不发生化学反应，而仅是溶剂挥发使涂料干燥成膜。这类涂料一般为自然干燥型涂料，具有良好的修补性，易于重新涂装，如硝基漆、乙烯漆类。

2）固化干燥类。这类涂料的成膜物质一般是相对分子质量较低的线性聚合物，可溶解于特定的溶剂，经涂装后待溶剂挥发，就可通过化学反应交联固化成膜，因已转化成体型网状结构，以后不能再溶解于溶剂中。

涂料的其他分类方法有：按有无颜料分为清漆和色漆；按形态可分为水性涂料、溶剂型涂料、粉末涂料、高固体分涂料等；按用途分为建筑漆、汽车漆、飞机蒙皮漆、木器漆等；按施工方法分为喷漆、烘漆、电泳漆等；按使用效果分为绝缘漆、防锈漆、防污漆、防腐漆等。

3. 涂装工艺方法

使涂料在被涂表面形成涂膜的全部工艺过程称为涂装工艺。具体的涂装工艺要根据工件的材质、形状、使用要求、涂装用工具、涂装时的环境、生产成本等加以合理选用。涂装工艺的一般工序是：涂前表面预处理→涂布→干燥固化。

（1）涂前表面预处理　涂前表面预处理主要有以下内容：①清除工件表面的各种污垢；②对清洗过的金属工件进行各种化学处理，以提高涂层的附着力和耐蚀性；③若前道切削加工未能消除工件表面的加工缺陷和得到合适的表面粗糙度，则在涂前要用机械方法进行处理。

（2）涂布　涂布主要包括：手工涂布法（刷涂、滚刷涂及刮涂等）；浸涂、淋涂法；空气喷涂法；无空气喷涂法。

（3）干燥固化　涂料主要靠溶剂蒸发以及熔融、缩合、聚合等物理或化学作用而成膜。

图 3-6 为涂装过程及涂装后产品实例。

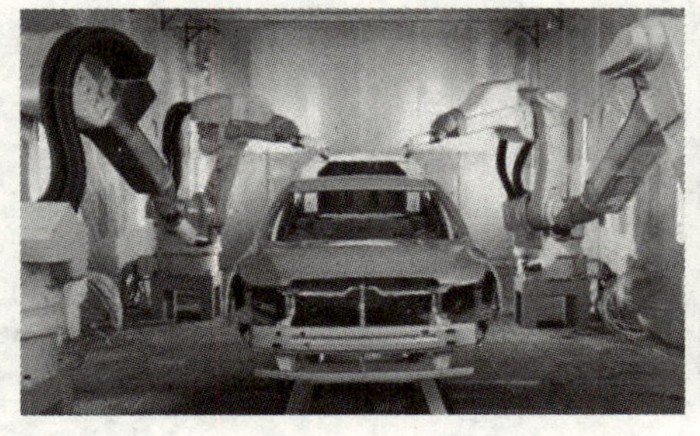  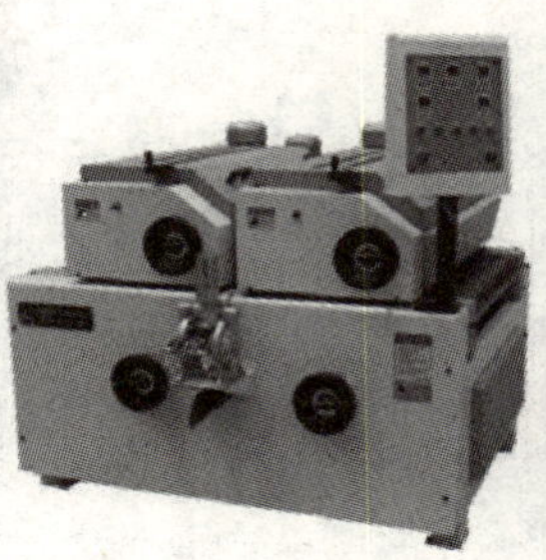 

图 3-6　涂装过程及涂装后产品实例

4. 涂装表面的预处理

涂装表面的预处理是涂装施工前必须进行的准备工作，由于工件材质不同，如金属、木材、塑料等，在施工前的准备工作也不同。

（1）金属材料的表面处理　工件的表面预处理，须将工件表面的杂物，如污垢、尘

埃、水分、铁锈、氧化皮、旧面不坚固的旧涂膜等，影响涂料附着力的因素清除，并使工件具有一定的粗糙度，这样可提高涂料的附着力。

金属工件的表面处理包括脱脂、去锈、磷化、钝化、表面整形等内容。

（2）塑料制品的表面处理　对塑料制品进行涂装，能提高塑料制品的耐候性、耐溶剂性和耐磨性等表面性能，可增强塑料制品的装饰性，并使其获得导电、难燃等特性。

塑料制品常用的表面处理方法有：

1）手工或机械方法。用砂纸打磨或采用喷砂法，是塑料制品在不受化学物品作用的情况下清除污物并获得粗糙表面的方法。

2）溶剂处理方法。对于聚丙烯塑料，可用丙酮溶液或蒸气进行表面处理。

3）化学处理。采用强氧化剂对塑料表面进行轻微的腐蚀，使表面具有一定的粗糙度，并软化表面。施工中可按硫酸150、重铬酸钾75、水12（体积比）的比例，配成溶液清洗塑料。

（3）木材的表面处理　木材在加工过程中会形成粗糙不平的表面，同时也难免会沾上污物、油迹等，从而会影响涂料干燥和涂膜的附着力、涂膜色泽的均匀性等，所以在木材制成木器白坯后，不可能处处都符合涂装施工的要求，为保证涂装质量，必须在涂装前对木器白坯进行表面处理，主要包括除木毛、清除污物及松脂、漂白、上色和表面补嵌等。

（4）水泥制件的表面处理　水泥制件含有碱性物质和水分，会严重影响涂层的质量，涂料直接涂于水泥制件表面而发生变色、起泡、脱皮和碱性物质的皂化、腐蚀。为克服上述弊病，需在涂装前对水泥表面进行处理。

新水泥制件，一般不可立即进行涂装，需自然放置3周以上，使水分挥发，盐分固化后才可涂装。如急需涂装，则必须用质量分数为15%~20%的硫酸锌或氯化锌溶液，在工件表面涂刷几遍，待干燥后，扫除停留在水泥面上的析出物，即可进行涂装。对于砖墙面上的纸筋石灰，用氟硅酸镁溶液，或锌与铝的氟硅酸盐溶液进行中和处理，清除墙面上的粉质浮粒，即可涂装。

（5）玻璃的表面处理　玻璃表面特别光滑，如果不进行表面处理，涂料不易附着，往往会出现流痕及剥落现象。对玻璃表面的处理，除了清除油污、水迹等污物外，重要的是使其表面具有一定的粗糙度，常用的方法是用棉纱头拌磨料（如砂轮粉末）后在玻璃表面反复、均匀地擦拭，或用氢氟酸涂于玻璃表面进行轻度腐蚀，直至具有一定的表面粗糙度为止，然后用大量的水清洗后，即可进行涂装。

复习思考题

3-1　确定下列钢件的退火方法，并指出退火的目的及退火后的组织：

1）冷轧后的15钢钢板，要求降低硬度。

2）ZG270-500的铸造齿轮。

3）锻造过热的60钢锻坯。

4）具有片状渗碳体的T12钢坯。

3-2　比较45钢分别加热到700℃、750℃和840℃再水冷后硬度值的高低，并说明原因。

3-3　现有丝锥原定由T12钢制成，要求硬度为60~64HRC。但生产时材料中混入了45钢，若混入的45钢在热处理时：

1）仍按T12钢进行处理，问能否达到要求？为什么？

2）按45钢进行处理后能否达到要求？为什么？

3-4　某一用45钢制造的零件，其加工路线如下：

备料→锻造→正火→粗机械加工→调质→精机械加工→高频感应加热淬火+低温回火→磨削

请说明各热处理工序的目的及热处理后的组织。

3-5 与材料整体改性技术相比，材料表面技术有哪些特点？

3-6 试述表面工程的基本涵义及其分类。

3-7 为什么施工前要对工件表面进行预处理？如何选择表面预处理方法？

3-8 什么是涂料？试述涂料的组成及其作用。

3-9 试述涂装的主要工艺程序。

3-10 试述塑料电镀的特点及其工艺过程。

materials & technics

第4章

金属材料成形

4.1 金属材料成形概述

中国已是制造大国，仅次于美、日、德，居世界第4位，但与工业发达国家相比，仍有很大差距，表现在：①制造业的劳动生产率低，不到美国的5%；②技术含量低，以CAD为例，仍停留在绘图功能上；③重要关键产品基本上没有自主创新开发能力。

材料成形加工行业是制造业的重要组成部分，材料成形加工技术是汽车、电力、石化、造船及机械等支柱产业的基础制造技术，新一代材料加工技术也是先进制造技术的重要内容。金属液态成形、塑性成形及连接成形等材料加工技术是国民经济可持续发展的主体技术。据统计，全世界75%的钢材经塑性加工成形，45%的金属结构用连接成形。汽车结构件中65%以上仍由钢材、铝合金、铸铁等材料通过以上几种加工方法成形。

但是，我国的材料成形加工技术与工业发达国家相比仍有很大差距。重大工程的关键铸锻件（如长江三峡水轮机的第一个叶轮）仍从国外进口；航空工业发动机及其他重要动力机械的核心成形制造技术尚有待突破。因此，要加强和重视材料成形加工制造技术的发展。

高速发展的工业设计技术要求加工制造产品精密化、轻量化、集成化；国际竞争更加激烈的市场要求产品性能高、成本低、周期短；日益恶化的环境要求能源消耗低、污染少。为了生产高精度、高质量、高效率的产品，材料正由单一的传统型向复合型、多功能型发展；材料成形加工制造技术逐渐综合化、多样化、柔性化、多学科化。因此，必须十分重视材料加工成形技术的技术进步。

4.2 液态成形工艺基础

金属液态成形又称铸造，是将液态金属在重力或外力作用下充填到型腔中，待其凝固冷却后，获得所需形状、尺寸和精度的毛坯或零件的方法。

金属材料在液态下一次成形，具有很多优点：

（1）适应性广，工艺灵活性大　工业上常用的金属材料如铸铁、碳素钢、合金钢、非铁合金等，均可在液态下成形，特别是对于不宜压力加工或焊接成形的材料，该生产方法具有特殊的优势。铸件的大小、形状几乎不受限制，质量从零点几克到数百吨，壁厚从1mm到1000mm。

（2）最适合形状复杂的铸件　复杂内腔的毛坯或零件的成形，如复杂箱体、机架、阀体、泵体、缸体等适宜铸造成形。

（3）成本较低　铸件与最终零件的形状相似、尺寸相近，节省材料和加工工时。

大多数铸件是毛坯件，需经过切削加工才能成为零件。

4.2.1 砂型铸造

铸造可分为砂型铸造和特种铸造两大类。砂型铸造工艺流程图如图4-1所示。

1. 熔融合金的流动性及充型

液态合金充满型腔，形成轮廓清晰、形状和尺寸符合要求的优质铸件的能力，称为液态合金的流动性。

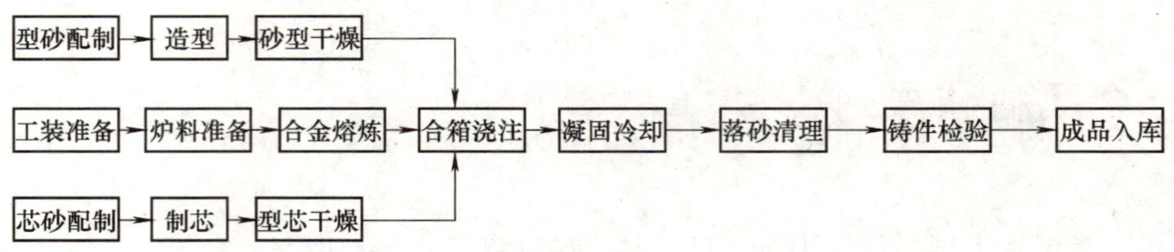

图 4-1　砂型铸造工艺流程图

当合金的流动性差时，铸件易产生浇不足、冷隔、气孔和夹杂等缺陷。流动性好的合金，易于充满型腔，利于液态金属中的气体和非金属夹杂物上浮，也有利于对铸件进行补缩。

2. 液态合金的收缩

（1）收缩的概念　液态合金在凝固和冷却过程中，体积和尺寸减小的现象称为合金的收缩。收缩是绝大多数合金的物理本性之一。收缩可使铸件产生缩孔、缩松、裂纹、变形和内应力等缺陷，影响铸件质量。

合金的收缩经历如下三个阶段，如图 4-2 所示。

1）液态收缩。从浇注温度（$T_{浇}$）到凝固开始温度（液相线温度 T_L）间的收缩。

2）凝固收缩。从凝固开始温度（T_L）到凝固终止温度（固相线温度 T_S）间的收缩。

3）固态收缩。从凝固终止温度（T_S）到室温间的收缩。

合金的收缩率为上述三个阶段收缩率的总和。

因为合金的液态收缩和凝固收缩表现为合金体积的缩减，故常用单位体积收缩量（即体收缩率）表示。合金的固态收缩不仅引起体积上的缩减，同时还使铸件在尺寸上减小，因此常用单位长度上的收缩量（线收缩率）来表示。

常用合金中，铸钢的收缩率最大，灰铸铁最小。

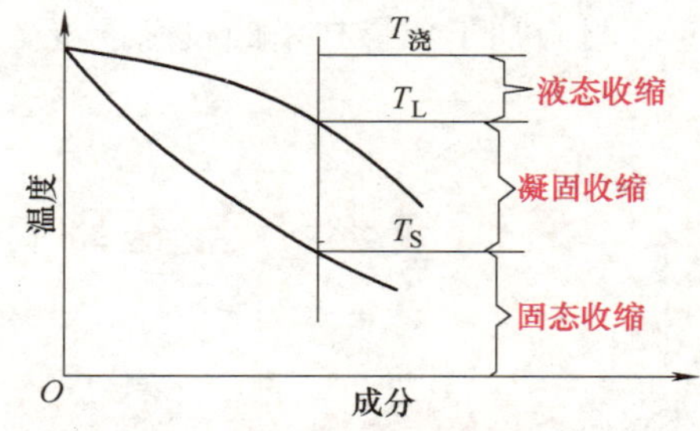

图 4-2　合金收缩的三个阶段

（2）铸件的缩孔和缩松　液态合金充满型腔后，在冷却凝固过程中，若液态收缩和凝固收缩所缩减的体积得不到补足，则铸件的最后凝固部位会形成一些孔洞，按照孔洞的大小和分布，可将其分为缩孔和缩松两类。

缩孔是指集中在铸件上部或最后凝固部位、容积较大的孔洞，缩孔多呈倒圆锥形，内表面粗糙；缩松是指分散在铸件某些区域内的细小缩孔。

3. 砂型铸造造型（造芯）方法

制造砂型的工艺过程称为造型。造型通常分为手工造型和机器造型两大类。

（1）手工造型方法　手工造型时，填砂、紧实和起模都用手工完成。其优点是操作灵活、适应性强，模样生产准备时间短。但生产率低，劳动强度大，铸件质量不易保证。故手工造型只适用于单件、小批量生产。

实际生产中，由于铸件的尺寸、形状、生产批量、使用要求以及生产条件的不同，可以采用不同的造型方法。各种常用手工造型方法的特点及其适用范围见表 4-1。

图 4-3 所示壳体为砂型铸造的产品。

（2）常用机器造型方法　机器造型是将加砂、紧砂、起模等工序用造型机来自动完成的造型方法，是大批量生产砂型的主要方法。常用机器造型方法包括：震压造型、抛砂造型、微震压实造型、高压造型、射压造型等。

表 4-1　常用手工造型方法的特点及其适用范围

造型方法		主要特点	适用范围
按模样特征区分	整模造型	模样是整体的，多数情况下，型腔全部在下半型内，上半型无型腔。造型简单，铸件不会产生错型缺陷	适用于一端为最大截面，且为平面的铸件
	挖砂造型	模样是整体的，但铸件的分型面是曲面。为了起模方便，造型时用手工挖去阻碍起模的型砂。每造一件，就挖砂一次，费工、生产率低	用于单件或小批量生产，且分型面不是平面的铸件
	假箱造型	为了克服挖砂造型的缺点，先将模样放在一个预先制好的假箱上，然后放在假箱上造下型，省去挖砂操作。操作简便，分型面整齐	用于成批生产，且分型面不是平面的铸件
	分模造型	将模样沿最大截面处分为两半，型腔分别位于上、下两个半型内。造型简单，节省工时	常用于最大截面在中部的铸件
	活块造型	铸件上有妨碍起模的小凸台、肋板等。制模时将此部分做成活块，在主体模样起出后，从侧面取出活块。造型费工，要求操作者的技术水平较高	主要用于单件、小批量生产带有突出部分、难以起模的铸件
	刮板造型	用刮板代替模样造型。可大大降低模样成本，缩短生产周期。但生产率低，要求操作者的技术水平较高	主要用于有等截面或回转体的大、中型铸件的单件或小批量生产

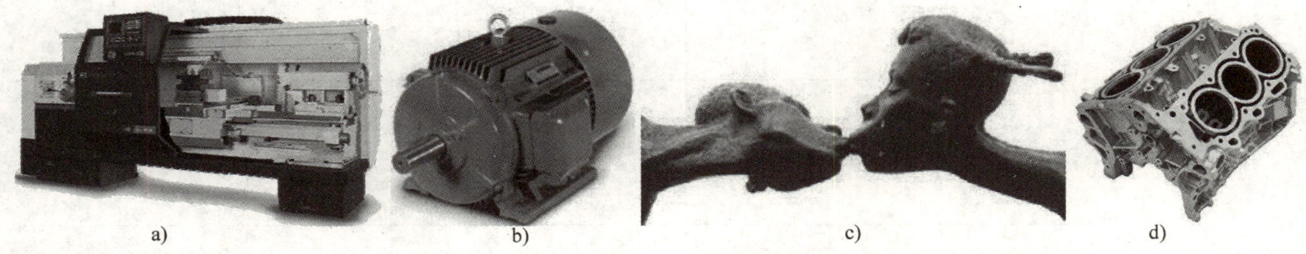

图 4-3　砂型铸造的产品

a）数控车床　b）电动机　c）情侣雕塑　d）发动机缸体

机器造型生产率高，制出的铸型尺寸精确、表面粗糙度值小、加工余量小，同时，还可改善工人的劳动条件。但机器造型对厂房结构要求高，机器设备、模具、砂箱的一次性投资大，生产周期长，同时，还必须使其他工序（如配砂、运输、浇注、落砂等）全面实现机械化才便于生产协调，因此，只有在大批量生产时才经济。

（3）造芯　当制作空心铸件、铸件的外壁内凹或铸件具有影响起模的外凸时，经常要用到型芯，制作型芯的工艺过程称为造芯。

为了提高型芯的刚度和强度，需在型芯中放入芯骨；为了提高型芯的透气性，需在型芯的内部制作通气孔；为了提高型芯的强度和透气性，一般型芯需烘干使用。

4. 铸件结构工艺性

进行铸件结构设计时，不仅要保证其使用性能和力学性能要求，还必须考虑铸造工艺和合金铸造性能对铸件结构的要求，铸件结构设计合理与否，对铸件的质量、生产率及其成本有很大的影响。

（1）砂型铸造工艺对铸件结构设计的要求　铸件结构应尽可能使制模、造型、造芯、合箱和清理等过程简化，避免不必要的浪费，防止废品的产生，并为实现机械化、自动化生产创造条件。因此，进行铸件结构设计时，必须考虑有关砂型铸造工艺对铸件结构设计的要求，见表 4-2。

表 4-2　砂型铸造工艺对铸件结构设计的要求

对铸件结构的要求		不好的铸件结构	较好的铸件结构
铸件的外形必须力求简单、造型方便	铸件应具有最少的分型面，从而避免多箱造型和不必要的型芯	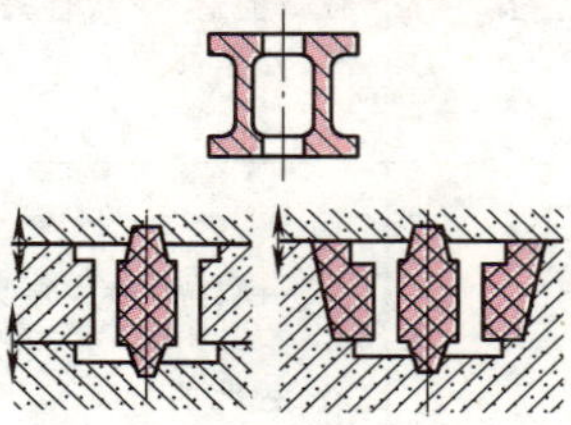	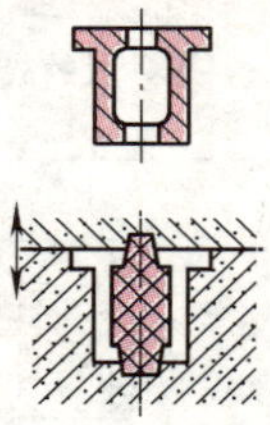
	铸件加强肋的布置应有利于起模	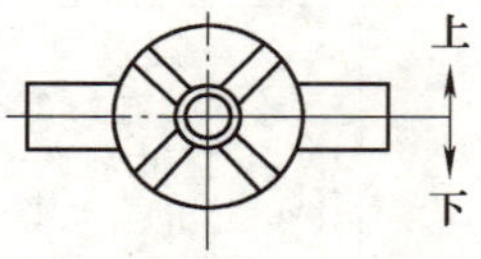 上 下	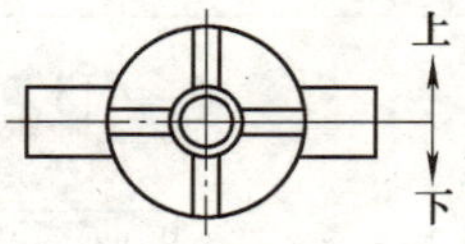 上 下
	铸件侧面的凹槽、凸台的设计应有利于起模，尽量避免不必要的型芯和活块	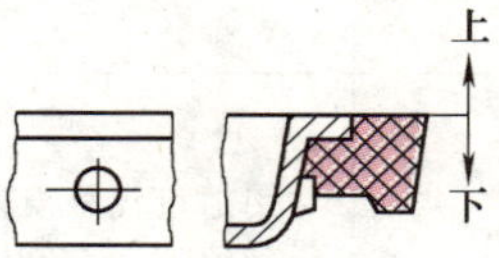 上 下	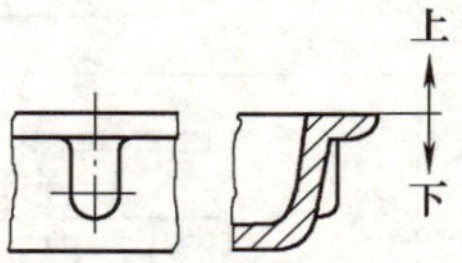 上 下
	铸件设计应注意避免不必要的曲线和圆角结构，否则会使制模、造型等工序复杂化	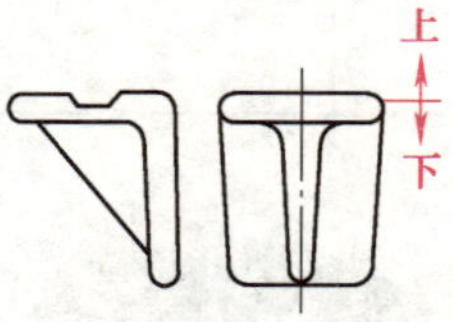 上 下	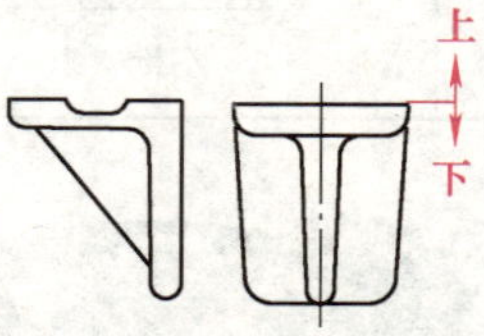 上 下
	凡沿着起模方向的不加工表面，应给出结构斜度，其设计参数见表 4-3	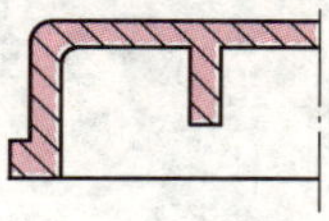	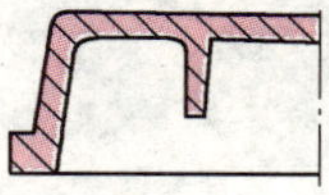
铸件的内腔必须力求简单、尽量少用型芯	尽量少用或不用型芯	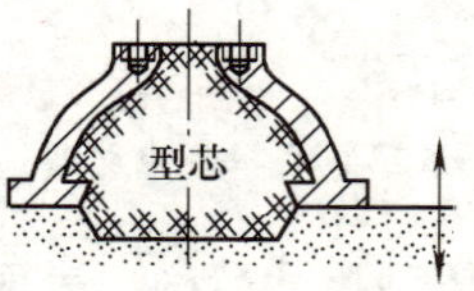 型芯	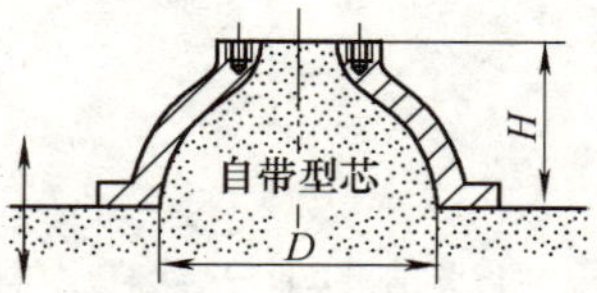 自带型芯 H D
	型芯在铸型中必须支撑牢固和便于排气、定位和清理（图中 A 处需放置型芯撑）	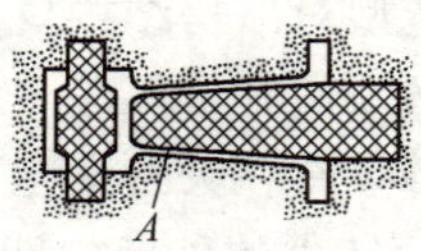 A	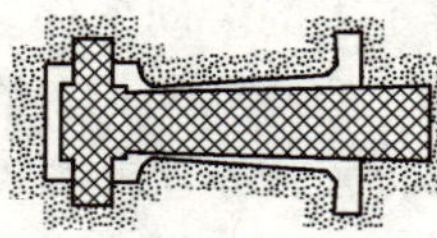

（续）

对铸件结构的要求		不好的铸件结构	较好的铸件结构
铸件的内腔必须力求简单、尽量少用型芯	为了固定型芯，以及便于清理型芯，应增加型芯头或工艺孔		

表 4-3 铸件的结构斜度

	斜度（$a:h$）	角度（β）	使用范围
	1 : 5	11°30′	$h<25$mm 的铸钢和铸铁件
	1 : 10	5°30′	$h=25\sim500$mm 的铸钢和铸铁件
	1 : 20	3°	$h=25\sim500$mm 的铸钢和铸铁件
	1 : 50	1°	$h>500$mm 的铸钢和铸铁件
	1 : 100	30′	非铁合金铸件

（2）合金铸造性能对铸件结构设计的要求 缩孔、裂纹、气孔和浇不足等铸件缺陷的产生，有时是由于铸件结构设计不够合理、未能充分考虑合金铸造性能的要求所致。因此，在结构设计时，除考虑造型工艺等方面的要求外，同时还必须满足合金铸造性能的要求，否则铸件质量不能保证。合金铸造性能与铸件结构之间的关系见表 4-4。

表 4-4 合金铸造性能与铸件结构之间的关系

对铸件结构的要求	不好的铸件结构	较好的铸件结构
铸件的壁厚应尽可能均匀，否则易在厚壁处产生缩孔、缩松、内应力和裂纹	缩松	
铸件内表面及外表面转角的连接处应为圆角，以免产生裂纹、缩孔、粘砂和掉砂缺陷。铸件内圆角半径 R 的尺寸见表 4-5	裂纹	
铸件上部大的水平面（按浇注位置）最好设计成倾斜面，以免产生气孔、夹砂和积聚非金属夹杂物		出气口
为了防止裂纹产生，应尽可能采用能够自由收缩或减缓收缩受阻的结构，如轮辐设计成弯曲形状		
在铸件的连接或转弯处，应尽量避免金属的积聚和内应力的产生，厚壁与薄壁相连接要逐步过渡，并不能采用锐角连接，以防止出现缩孔、缩松和裂纹。几种壁厚的过渡形式及尺寸见表 4-6		

（续）

对铸件结构的要求	不好的铸件结构	较好的铸件结构
对细长件或大而薄的平板件，为防止弯曲变形，应采用对称或加肋的结构。灰铸铁件壁及肋板厚的参考值见表 4-7		

表 4-5　铸件的内圆角半径 R 值　　（单位：mm）

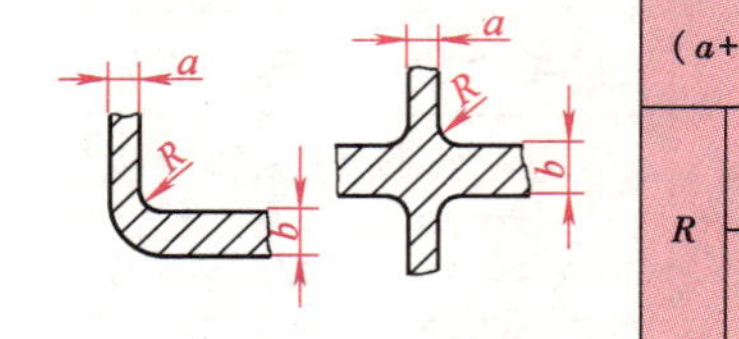		$(a+b)/2$	<8	8~12	12~16	16~20	20~27	27~35	35~45	45~60
	R	铸铁	4	6	6	8	10	12	16	20
		铸钢	6	6	8	10	12	16	20	25

表 4-6　几种壁厚的过渡形式及尺寸

图例	尺寸		
	$b \leq 2a$	铸铁	$R \geq (1/6 \sim 1/3)(a+b)/2$
		铸钢	$R \approx (a+b)/4$
	$b > 2a$	铸铁	$L > 4(b-a)$
		铸钢	$L > 5(b-a)$
	$b > 2a$	$R \geq (1/6 \sim 1/3)(a+b)/2$；$R_1 \geq R+(a+b)/2$； $C \approx 3(b-a)^{1/2}$，$h \geq (4 \sim 5)c$	

表 4-7　灰铸铁件壁厚及肋厚参考值

铸件质量/kg	铸件最大尺寸/mm	外壁厚度/mm	内壁厚度/mm	肋的厚度/mm	零件举例
5	300	7	6	5	盖、拨叉、轴套、端盖
6~10	500	8	7	5	挡板、支架、箱体、闷盖
11~60	750	10	8	6	箱体、电动机支架、溜板箱、托架
61~100	1250	12	10	8	箱体、液压缸体、溜板箱
101~500	1700	14	12	8	油盘、带轮、镗模架
501~800	2500	16	14	10	箱体、床身、盖、滑座
801~1200	3000	18	16	12	小立柱、床身、箱体、油盘

（3）砂型铸造铸件最小壁厚的设计　每种铸造合金都有其适宜的壁厚，如果选择适当，既能保证铸件的力学性能，又能防止某些铸造缺陷产生。

由于铸造合金的流动性各不相同，所以在相同的砂型铸造条件下，不同铸造合金所能浇注出铸件的“最小壁厚”也不相同。若所设计铸件的壁厚小于该“最小壁厚”，则铸件容易产生浇不足和冷隔等缺陷。铸件的“最小壁厚”主要取决于合金的种类和铸件的大小，见表 4-8。

表 4-8　砂型铸造铸件最小壁厚的设计　（单位：mm）

铸件尺寸	铸钢	灰铸铁	球墨铸铁	可锻铸铁	铝合金	铜合金
<200×200	5~8	3~5	4~6	3~5	3~3.5	3~5
200×200~500×500	10~12	4~10	8~12	6~8	4~6	6~8
>500×500	15~20	10~15	12~20	—	—	—

4.2.2　特种铸造

砂型铸造因适应性广而应用最为普遍，但砂型铸件的精度低，表面粗糙。对薄壁非铁合金铸件、高尺寸精度铸件、管状铸件和高温合金飞机叶片等特殊零件，往往难以用砂型铸造来生产，或者生产效率低，为解决这类零件的制造，出现了用砂较少或不用砂、采用特殊工艺装备的铸造方法，如熔模铸造、金属型铸造、压力铸造、低压铸造、离心铸造、陶瓷型铸造和实型铸造等，这些铸造方法统称为“特种铸造”。

1. 熔模铸造

熔模铸造也称失蜡铸造，因为熔模铸件具有较高的尺寸精度和较好的表面质量又称为精密铸造。

（1）熔模铸造工艺过程

1）制造蜡模。蜡模材料常用 50%石蜡和 50%硬脂酸（质量比）配制而成。首先将 45~48℃的糊状蜡料压入用钢或黄铜制造的母模中，冷凝后取出，即为蜡模，如图 4-4a 所示。一般常把数个蜡模熔焊在蜡棒上，成为蜡模组，如图 4-4b 所示。

2）制造型壳。在蜡模组表面浸挂一层以水玻璃和石英粉配制的涂料，然后在上面撒一层较细的硅砂，并放入饱和氯化铵水溶液中硬化。重复多次，蜡模组外面形成由 4~10 层耐火材料组成的坚硬型壳，其厚度一般为 5~7mm，如图 4-4c 所示。

3）脱蜡。把带有蜡模组的型壳放在 80~90℃的热水中，使蜡料熔化后从浇注系统中流出。

4）型壳的焙烧。把脱蜡后的型壳放入 800~950℃焙烧，保温 0.5~2h，烧去型壳内的残蜡和水分，并提高型壳强度。

5）浇注。将型壳从焙烧炉中取出，放入干砂中，趁热（600~700℃）浇入合金液，冷却凝固。

6）脱壳和清理。用人工或机械方法去掉型壳、切除浇冒口，清理后即可得铸件。

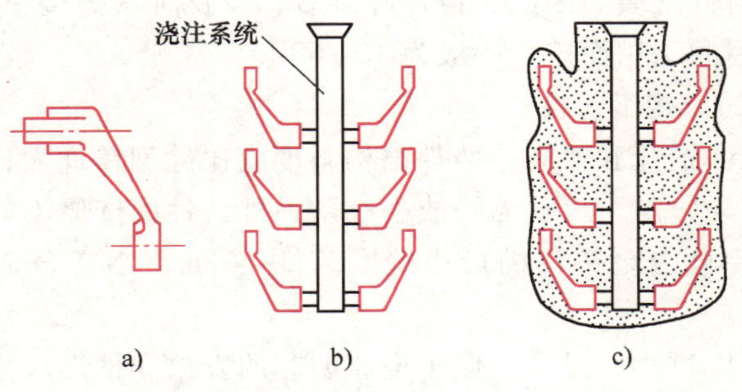

图 4-4　熔模铸造工艺过程

a）蜡模　b）蜡模组　c）壳型

（2）熔模铸造的特点和应用　熔模铸造的特点是：

1）铸件尺寸精度高、表面质量好，是少、无切削加工工艺的重要方法，表面粗糙度为 $Ra12.5\sim1.6\mu m$。如熔模铸造的涡轮发动机叶片，铸件精度已达到无加工余量的要求。

2）可制造形状复杂的铸件，其最小壁厚可达0.3mm，最小铸出孔径为0.5mm。对由几个零件组合成的复杂部件，可用熔模铸造一次铸出。

3）铸造合金种类不受限制，用于生产高熔点和难切削合金铸件，更具显著优越性。

4）生产批量基本不受限制，既可成批、大批量生产，又可单件、小批量生产。

但熔模铸造也有一定的局限性，工序繁杂，生产周期长，生产成本较高。另外，受蜡模与型壳强度、刚度的限制，铸件的重量一般限于25kg以下。

熔模铸造主要用于生产汽轮机及燃气轮机的叶片，泵的叶轮，切削刀具，以及飞机、汽车、拖拉机、风动工具和机床上的小型零件。

2. 金属型铸造

金属型铸造是将液体金属在重力作用下浇入金属铸型获得铸件的方法。

（1）金属型的结构与材料　根据分型面位置的不同，金属型分为垂直分型式、水平分型式和复合分型式三种结构，其中垂直分型式金属型开设浇注系统和取出铸件比较方便，易实现机械化，应用较广，如图4-5所示。

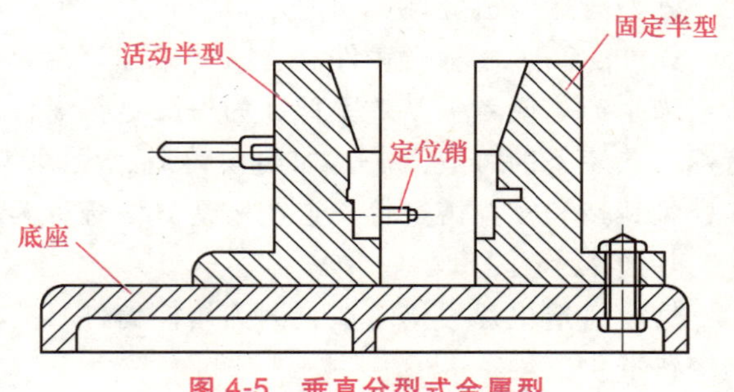

图4-5　垂直分型式金属型

制造金属型的材料熔点一般应高于浇注合金的熔点。如浇注锡、锌、镁等低熔点合金，可用灰铸铁制造金属型；浇注铝、铜等合金，则要用合金铸铁或钢制金属型。金属型用的型芯有砂芯和金属芯两种。

（2）金属型的铸造工艺特点　金属型导热速度快，没有退让性和透气性，为了确保获得优质铸件并延长金属型的使用寿命，金属型铸造有其特殊的工艺特点：

1）铸型排气。在金属型腔上设排气孔、通气塞（气体能通过，金属液不能通过），在分型面上开通气槽等。

2）铸型涂料。金属型与高温金属液直接接触的工作表面上应喷刷耐火涂料，以保护金属型，并可调节铸件各部分的冷却速度，提高铸件质量。涂料一般由耐火材料（石墨粉、氧化锌、石英粉等）、水玻璃粘结剂和水组成，涂料层厚度为0.1~0.5mm。

3）铸型预热。为防止金属液冷却过快而造成浇不到、冷隔和气孔等缺陷，浇注前需把金属型预热到200~350℃。

4）开型时间。因金属型无退让性，浇注后的铸件在铸型中停留时间过长，易引起过大的铸造应力而导致铸件开裂。因此，铸件冷凝后，应及时从铸型中取出。开型时间随铸造金属种类、铸件壁厚和结构而定，一般为10~60s。

（3）金属型铸件的结构工艺性

1）由于金属型无法退让和溃散，铸件结构斜度应比砂型铸件大，以便顺利取出铸件。

2）铸件壁厚应均匀，防止出现缩松或裂纹。另外铸件的壁厚不能过薄，防止浇不到、冷隔等缺陷产生，如铝硅合金铸件的最小壁厚为2~4mm，铝镁合金为3~5mm，铸铁为2.5~4mm。

3）铸件的铸孔不能过小、过深，便于金属型芯的安放和抽出。

（4）金属型铸造的特点及应用范围　金属型铸造的特点是：

1）有较高的尺寸精度（IT12~IT16）和较小的表面粗糙度值（*Ra*12.5~6.3μm），加工余量小。

2）金属型的导热性好，冷却速度快，因而铸件的晶粒细小，力学性能好。

3）实现一型多铸，提高了劳动生产率，节约造型材料，减轻环境污染，改善劳动条件。

金属型也有其局限性，由于金属型的特点和制造成本高，不宜生产大型、形状复杂和薄壁铸件，并且要求铸件有一定的批量；受金属型材料熔点的限制，高熔点合金铸件不适宜用金属型铸造；铸铁件表面易产生白口，切削加工困难。

金属型铸造主要用于铜合金、铝合金等非铁金属铸件的大批量生产，如活塞、连杆、气缸盖等。

3. 压力铸造

压力铸造（简称压铸）是将熔融合金在高压条件下高速充型，并在高压下凝固成形的精密铸造方法。一般来说，压铸的压射比压为30~70MPa，充型时间为0.01~0.2s，高压和高速是压力铸造的重要特点。

（1）压铸机和压铸工艺过程　压铸机是压铸生产的基本设备，根据压室工作条件的不同，可分为冷压室压铸机和热压室压铸机两种。热压室压铸机的压室与坩埚连成一体，冷压室压铸机的压室与坩埚分开。冷压室压铸机又可分为立式和卧式两种，目前以卧式冷压室压铸机应用较多，其工作原理如图4-6所示。压铸所用的铸型都是金属型，由定型和动型两部分组成，分别固定在压铸机的定模板和动模板上，动模板可作水平移动。动型与定型合型后，将定量金属液浇入压室，柱塞向前推进，金属液经浇道压入压铸模型腔中，经冷凝后开型，由推杆将铸件推出。

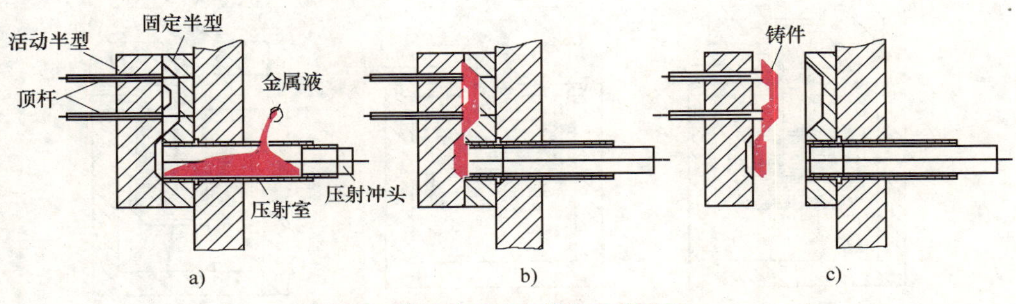

图4-6　卧式冷压室压铸机工作原理

a）合型　b）压铸　c）开型

（2）压铸件的结构工艺性

1）压铸件不应有内侧凹，以保证压铸件顺利取出。

2）壁厚应薄而均匀。压铸件适宜的壁厚与金属种类有关：一般来说，锌合金为1~4mm，铝合金为1.5~5mm，铜合金为2~5mm。这是因为压铸时金属充型速度和冷却速度快，厚壁处难以补缩而易形成缩孔、缩松缺陷。

3）可采用嵌铸法生产复杂而无法取芯的铸件或局部有特殊性能（如耐磨、导电、导磁和绝缘等）要求的铸件。

（3）压力铸造的特点及其应用　压力铸造特点如下：

1）压铸件尺寸精度高，表面质量好，表面粗糙度 Ra 值为6.3~1.6μm，可不经机械加工直接使用，而且互换性好。

2）可以压铸壁薄、形状复杂以及具有细小螺纹、孔、齿和文字的铸件，如锌合金的压铸件最小壁厚可达0.8mm，最小铸出孔径可达0.8mm、最小可铸螺距达0.75mm。

3）压铸件的强度和表面硬度较高。由于压力下凝固和高的冷却速度，铸件表层晶粒细密，其抗拉强度比砂型铸件高25%~40%。

4）生产率高，可实现自动化生产。

但压铸也有一定的局限性。由于充型速度快，型腔中的气体难以排出，在压铸件皮下易产生气孔，故压铸件不能进行热处理，也不宜在高温下工作，否则气孔内空气膨胀产生压力，可使铸件开裂；金属液凝固快，厚壁处来不及补缩，易产生缩孔和缩松；设备投资

大，铸型制造周期长、造价高，不宜小批量生产；压铸件的尺寸受设备能力的限制。

压力铸造广泛用于生产锌合金、铝合金、镁合金和铜合金等铸件。其中，铝合金压铸件最多，其重量占总压铸件产量的30%~50%，其次为锌合金压铸件，铜合金和镁合金的压铸件产量很小。压铸件广泛应用于汽车、摩托车、仪表和电子仪器工业等领域。

4. 低压铸造

低压铸造是液体金属在压力作用下由下而上充填型腔形成铸件的生产方法。相对压力铸造的充型压力，这种铸造方法的充型压力低（0.02~0.06MPa），故称为低压铸造。

（1）低压铸造工艺过程　低压铸造装置如图4-7a所示。其下部是一个密闭的保温坩埚炉，用于储存熔炼好的金属液。坩埚炉的顶部放置铸型（通常为金属型或砂型），垂直升液管使金属液与浇注系统相通。

（2）低压铸造的工艺过程　浇注前先向铸型型腔内喷刷涂料，并把铸型预热到工作温度。压铸时，向坩埚炉内通入干燥的压缩空气，金属液在气体压力的作用下由下而上沿升液管和浇注系统充满型腔，如图4-7b所示。充型完成后，增加气体压力，铸件在压力下结晶。铸件完全凝固后，释放充型压力，使坩埚炉与大气相通，升液管及浇注系统中尚未凝固的金属液因重力作用而流回到坩埚中；开启铸型，顶出铸件，如图4-7c所示。

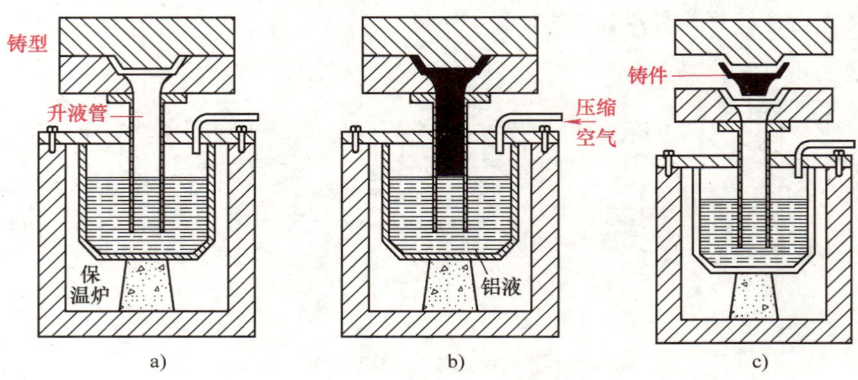

图4-7　低压铸造过程示意图

a）合型　b）压铸　c）取出铸件

（3）低压铸造的特点及应用　低压铸造的特点是：

1）浇注时的压力和速度可以调节，故适用于各种不同铸型（如金属型、砂型等），铸造大小不同的各类合金铸件。

2）采用底注式充型，金属液充型平稳，无飞溅现象，避免卷入气体及金属液体对型壁和型芯的冲刷，提高了铸件的合格率。

3）铸件在压力下结晶，铸件组织致密、轮廓清晰、表面粗糙度值小，力学性能较高，尤其利于生产大尺寸薄壁铸件。

4）省去补缩冒口，金属利用率提高到90%~98%。

5）劳动强度低，劳动条件好，设备简易，易实现机械化和自动化。

低压铸造广泛应用于铝合金铸件的生产，如汽车发动机缸体、缸盖、活塞，叶轮和轮毂等。还可用于铸造各种铜合金铸件以及小型球墨铸铁曲轴等。

5. 消失模铸造

用聚苯乙烯发泡的塑料模代替木模，用干砂（或树脂砂、水玻璃砂等）代替普通型砂进行造型，并直接将高温液态金属浇到铸型中的塑料模上，使塑料模燃烧、气化、消失而形成铸件的方法称为消失模铸造。

（1）消失模铸造工艺过程　消失模模样的制造→模样与浇冒口的粘合→消失模涂挂涂料和干燥→填干砂并震动紧实→浇注→落砂清理。

（2）消失模铸造分类　消失模铸造分两种，一种是用聚苯乙烯发泡板材分块制作，然后粘合成消失模样，采用水玻璃砂或树脂砂造型。这类方法主要适用于单件小批量中大型铸件的生产，如汽车覆盖件模具、机床床身等。另一种是将聚苯乙烯颗粒在金属模具内加热膨胀发泡，形成消失模，并采用干砂造型（Expendable Casting Proces，简称 ECP 法），它主要适用于大批量、中小型铸件的生产，如汽车、拖拉机、铸件管接头、耐磨件等。

（3）消失模铸造的特点及应用

1）消失模是一种少、无切削余量，精确成形的工艺。由于采用了遇金属液即气化的泡沫塑料制作模样，无须起模，无分型面，无型芯，因而无飞边毛刺，减小了由型芯组合而引起的铸件尺寸误差。铸件的尺寸精度和表面粗糙度接近熔模铸造，但铸件的尺寸可大于熔模铸件。

2）为铸件结构设计提供了充分的自由度。各种形状复杂的铸件模样均可采用泡沫塑料模粘合，整体成形，减少了加工装配时间，铸件成本可下降 10%～30%。

3）消失模铸造的工序比砂型铸造及熔模铸造大大简化。

消失模在浇注过程中会对低碳钢产生增碳作用，使低碳钢的含碳量增加，因此不适合生产低碳钢铸件。消失模适用于铝、铸铁（灰铁和球铁）、铜及中高碳铸钢件的生产。铸件壁厚在 4mm 以上，形状只要有利于砂子将消失模紧实，结构几乎无特殊限制。重量范围从几千克到几十吨，可单件小批也可成批大量生产。

图 4-8 为消失模铸造产品、模样和铸型图。

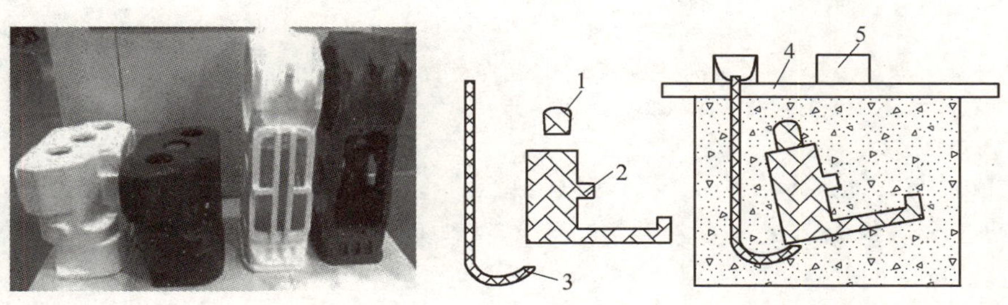

图 4-8　消失模铸造产品、模样和铸型图

1—球形冒口　2—模样　3—浇口　4—带孔盖板　5—压重

6. 其他特种铸造方法

除以上五种常用的特种铸造方法外，实际生产中还经常用到离心铸造、陶瓷型铸造、挤压铸造和连续铸造等多种铸造工艺方法。其中离心铸造原理及产品如图 4-9 所示，多用于生产铸铁管、铸钢管和铜套等回旋体铸件。

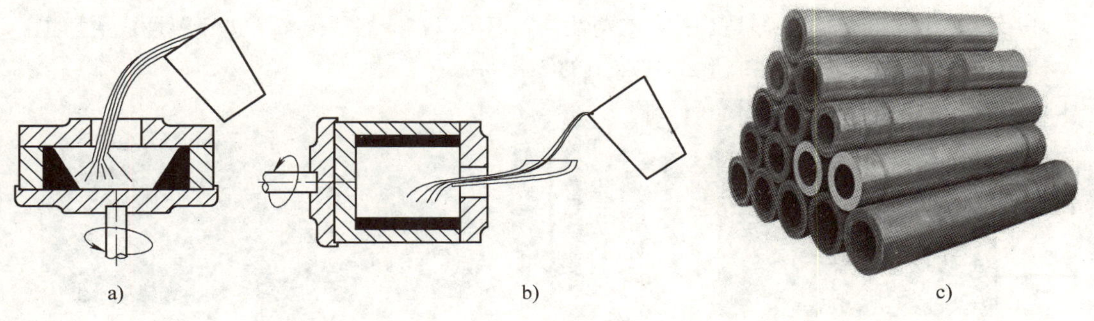

图 4-9　离心铸造原理及产品

a）立式离心铸造　b）卧式离心铸造　c）离心铸造产品

4.3　塑性成形工艺

金属塑性成形是在外力作用下通过塑性变形，获得具有一定形状、尺寸、精度和力学性能的零件或毛坯的加工方法。金属塑性成形可分为：自由锻、模锻、板料冲压、挤压、拉拔和轧制等，成形方式如图 4-10 所示。

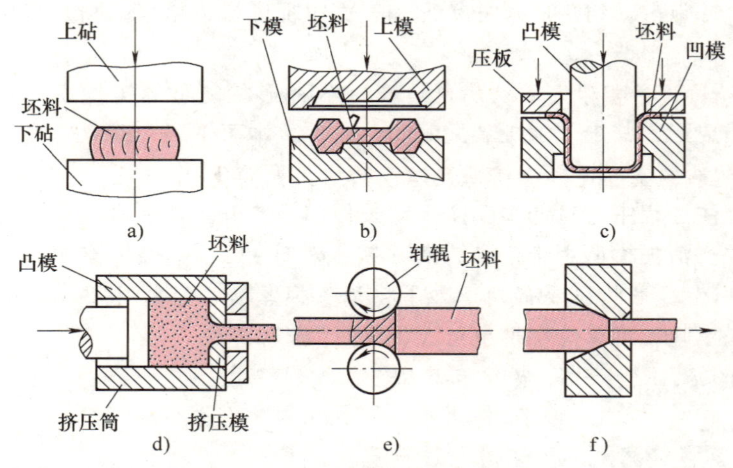

图 4-10　常用塑性成形工艺

a）自由锻　b）模锻　c）板料冲压　d）挤压　e）轧制　f）拉拔

塑性成形与其他成形方法比较具有以下特点：

1）改善金属组织、提高力学性能。金属材料经塑性成形后，其组织、性能都得到改善和提高。

2）提高材料的利用率。金属塑性成形主要靠金属在塑性变形时改变形状，使其体积重新分配，而不需要切除金属，因而材料利用率高。

3）具有较高的生产率。塑性成形加工一般是利用压力机和模具进行成形加工，生产效率高。

4）可获得精度较高的毛坯或零件。压力加工时坯料经过塑性变形获得较高的精度，可实现少或无切削加工。

根据以上特点可知，重要的、对性能要求很高的零部件一般采用塑性成形方法来生产其毛坯。

由于各类钢和非铁合金都具有一定的塑性，它们可以在冷态或热态下进行塑性成形加工。

图 4-11 为部分采用塑性成形工艺加工的零部件。

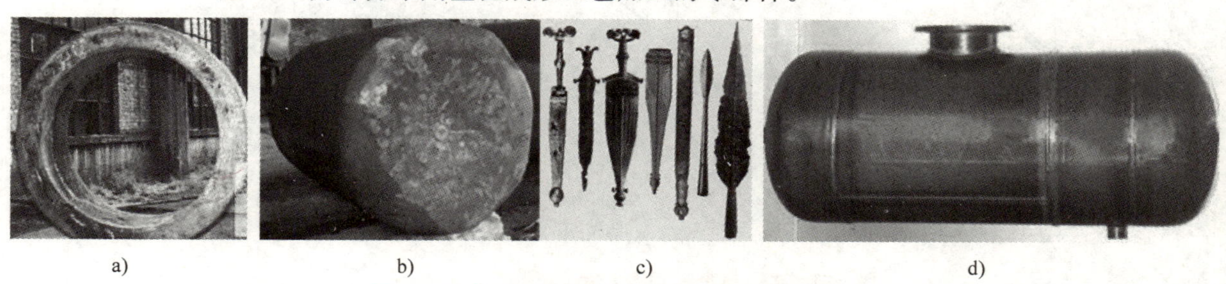

a)　b)　c)　d)

图 4-11　部分采用塑性成形工艺加工的零部件

a）齿轮圈　b）光轴　c）宝剑　d）压力容器

4.3.1　金属塑性成形基础

1. 金属塑性成形的基本概念

材料的塑性越好，变形抗力越小，则材料的塑性成形性越好，越适合塑性成形。

材料的塑性好坏不仅与材料自身的性质有关，而且还与变形方式（应力、应变状态）和变形条件（例如变形温度、变形速度）有关。

常用材料的伸长率 A 和断面收缩率 Z 来表示塑性指标。

金属塑性变形遵循的基本规律主要有最小阻力定律、加工硬化和体积不变规律等。

（1）最小阻力定律　最小阻力定律是指金属在塑性变形过程中，金属各质点将向阻力最小的方向移动。最小阻力定律符合力学的一般原则，是塑性成形加工中最基本的规律之一。

（2）加工硬化规律　在常温下金属随着变形量的增加，变形抗力增大，塑性和韧性下降的现象称为加工硬化。材料的加工硬化不仅使变形抗力增加，而且使继续变形受到影响。

（3）体积不变规律　金属材料在塑性变形时，变形前与变形后的体积保持不变。根据体积不变规律，可以确定毛坯的尺寸和确定变形工序。即塑性变形时，只有形状和尺寸的改变，而无体积的变化。

2. 金属塑性变形对组织和性能的影响

（1）变形程度的影响　压力加工时，塑性变形程度的大小常用锻造比 $Y_{锻}$ 来表示，拔长时的锻造比 $Y_{锻}=S_0/S$（S_0、S 分别表示拔长前后金属坯料的横截面积）；镦粗时的锻造比 $Y_{锻}=H_0/H$（H_0、H 分别表示镦粗前后金属坯料的高度）。锻造比越大，毛坯的变形程度也越大。生产中以铸锭为坯料锻造时，碳素结构钢的锻造比在 2~3 范围选取，合金结构钢的锻造比在 3~4 范围选取。以钢材为坯料锻造时，因材料轧制时组织和力学性能已经得到改善，锻造比一般取 1.1~1.3 即可。

（2）冷变形与热变形　在再结晶温度（$T_{再}=0.4T_m$）以下的塑性变形称为冷变形，因冷变形有加工硬化现象产生，故每次的冷变形程度不宜过大，否则会使金属产生裂纹。冷变形加工的产品具有表面质量好、尺寸精度高、力学性能好等优点。常温下的冷镦、冷挤压、冷拔及冷冲压都属于冷变形加工。

热变形是在再结晶温度以上的塑性变形，热变形时加工硬化与再结晶同时存在，而加工硬化又几乎同时被再结晶消除。热变形可使金属保持较低的变形抗力和良好的塑性，可以用较小的力和能量产生较大的塑性变形而不会产生裂纹，同时还可获得具有较高力学性能的再结晶组织。但是，热变形是在高于再结晶温度下进行的，在加热过程中金属表面易产生氧化皮，精度和表面质量较低。自由锻、热模锻、热轧、热挤压等工艺都属于热变形加工。

3. 常用合金的压力加工性能

各种钢材、大部分非铁金属都可以塑性成形。其中 Q195、Q235、10、15、20、35、45、50 钢等中低碳钢，20Cr、铜及铜合金、铝及铝合金等的锻造性能较好。

冷冲压是在常温下加工，对于分离工序，只要材料有一定的塑性就可以进行；对于变形工序，例如弯曲、拉深、挤压、胀形、翻边等，则要求材料具有良好的冲压成形性能，Q195、Q215、08、08F、10、15、20 等低碳钢，奥氏体不锈钢，铜、铝等都有良好的冷冲压成形性能。

4.3.2　常用塑性加工方法

1. 自由锻

自由锻是利用冲击力或压力，使金属在上、下砧铁之间，产生塑性变形而获得所需形

状、尺寸以及内部质量锻件的一种加工方法。

自由锻分为手工锻造和机器锻造两种。手工锻造只能生产小型锻件，生产率也较低。机器锻造是自由锻的主要方法。

自由锻件的质量范围可由不及1kg到二三百吨，对于大型锻件，自由锻是唯一的加工方法，这使得自由锻在重型机械制造中具有特别重要的作用，例如水轮机主轴、多拐曲轴、大型连杆、重要的齿轮等零件在工作时都承受很大的载荷，要求具有较高的力学性能，常采用自由锻工艺。

由于自由锻件的形状与尺寸主要靠人工操作来控制，所以锻件的精度较低，加工余量大，劳动强度大，生产率低。自由锻主要应用于单件小批量生产，修配以及大型锻件的生产和新产品的试制等。

自由锻工序可分为基本工序、辅助工序和修整工序三大类。

（1）基本工序　基本工序包括镦粗、拔长、弯曲、冲孔、切割、扭转和错移等。实际生产中最常用的是镦粗、拔长和冲孔三个工序。

1）镦粗。沿工件轴向进行锻打，使其长度减小、横截面积增大的操作过程。常用来锻造齿轮坯、圆盘等零件，也可用来作为锻造环、套筒等空心锻件冲孔前的预备工序。

镦粗时，坯料不能过长，高度与直径之比应小于2.5，以免镦弯，或出现细腰、夹层等现象。坯料镦粗的部位必须均匀加热，以防止出现变形不均匀。

2）拔长。拔长是沿垂直于工件的轴向进行锻打，使其截面积减小而长度增加的操作过程，常用于锻造轴类和杆类等零件。

拔长时工件要放平，锻打要准，力的方向要垂直，并且拔长过程中要不断翻转和送进工件。

3）冲孔。利用冲头在工件上冲出通孔或不通孔的操作过程。常用于锻造齿轮、套筒和圆环等空心锻件，对于直径小于25mm的孔一般不锻出，而是采用钻削的方法进行加工。

冲孔工艺如图4-12所示。

（2）辅助工序　为使基本工序操作方便而进行的预变形工序称为辅助工序，例如，为方便夹持工件而进行的压钳口、局部拔长时先进行的切肩等工序都属于辅助工序。

（3）修整工序　用以减少锻件表面缺陷而进行的工序，如校正、滚圆、平整等。修整工序的变形量一般很小，而且为了不影响锻件的内部质量，一般多在终锻温度或接近终锻温度下进行。

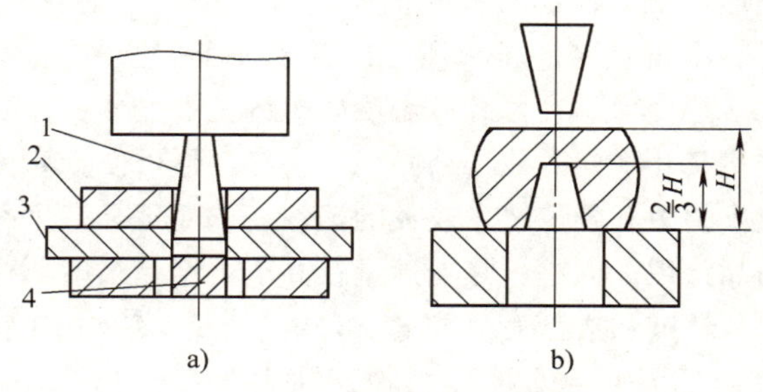

图4-12　冲孔工艺

a）薄坯料冲孔　b）厚坯料冲孔

1—冲头　2—坯料　3—垫环　4—芯料

2. 模锻

使金属坯料在模膛内受压产生塑性变形，获得所需形状、尺寸以及内部质量锻件的加工方法称为模锻。由于模膛对金属坯料流动的限制，锻造终了时可获得与模膛形状相符的模锻件。

模锻具有如下优点：

1）生产效率较高。模锻时，金属变形在模膛内进行，故能较快获得所需形状。

2）能锻造形状复杂的锻件，并可使金属流线分布更为合理，从而进一步提高零件的使用寿命。

3）模锻件的尺寸较精确，表面质量较好，加工余量较小。

4）模锻件减少切削加工工作量。在批量足够的条件下，能降低零件成本。

5）模锻操作简单，劳动强度低。

但模锻生产受模锻设备吨位限制，模锻件的质量一般在 150kg 以下。模锻设备投资较大，模具费用较昂贵，工艺灵活性较差，生产准备周期较长。因此，模锻适合小型锻件的大批大量生产，不适合单件小批量生产以及中、大型锻件的生产。

模锻按所使用的设备不同，分为锤上模锻、压力机上模锻、胎模锻等。

（1）锤上模锻的工艺特点　锤上模锻是将上模固定在锤头上，下模紧固在模垫上，通过随锤头做上下往复运动的上模，对置于下模中的金属坯料施以直接锻击，来获取锻件的锻造方法。

锤上模锻在模锻生产中占据着重要的地位，其工艺特点是：

1）金属在模膛中以一定速度，经多次连续锤击而逐步成形。

2）锤头的行程、打击速度均可调节，能实现轻重缓急不同的打击。

3）由于惯性作用，金属在上模模膛中具有更好的充填效果。

4）锤上模锻的适应性广，可生产多种类型的锻件，可以单膛模锻，也可以多膛模锻。

（2）锤上模锻工艺规程的制订　锤上模锻工艺规程的制订主要包括绘制模锻件图、计算坯料尺寸、确定模锻工步、选择锻造设备、确定锻造温度范围等。

1）绘制模锻件图。模锻件图是设计和制造锻模、计算坯料以及检验模锻件的依据。根据零件图绘制模锻件图时，应考虑以下几个问题：

① 恰当的分模面、预留加工余量和锻件公差。模锻时金属坯料是在模锻模膛中成形的，因此模锻件尺寸较为精确，其公差和余量比自由锻件小得多。模锻件内、外表面的加工余量见表 4-9。

表 4-9　内、外表面的加工余量 Z_1（单面）　　（单位：mm）

加工表面最大宽度或直径		加工表面的最大长度或最大高度					
		≤63	>63~160	>160~250	>250~400	>400~1000	>1000~2500
大于	至	加工余量 Z_1					
—	25	1.5	1.5	1.5	1.5	2.0	2.5
25	40	1.5	1.5	1.5	1.5	2.0	2.5
40	63	1.5	1.5	1.5	2.0	2.5	3.0
63	100	1.5	1.5	2.0	2.5	3.0	3.5

② 模锻斜度。为便于从模膛中取出锻件，模锻件上平行于锤击方向的表面必须具有斜度，称为模锻斜度。对于锤上模锻，模锻斜度一般为 5°~15°。模锻斜度还分为外壁斜度 α 与内壁斜度 β，如图 4-13 所示。内壁斜度值一般比外壁斜度大 2°~5°。生产中常用金属材料的模锻斜度范围见表 4-10。

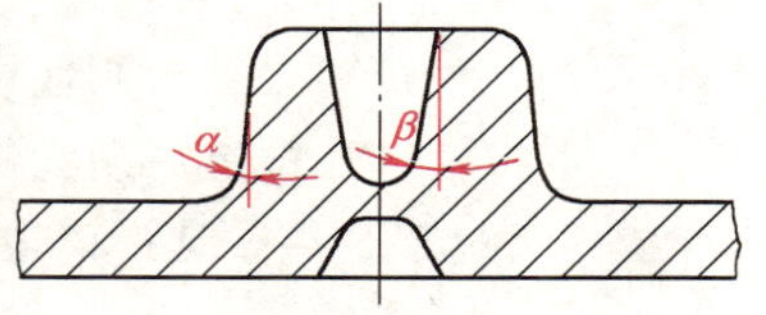

图 4-13　模锻斜度

表 4-10　各种金属锻件常用的模锻斜度

锻件材料	外壁斜度	内壁斜度
铝、镁合金	3°~5°	5°~7°
钢、钛、耐热合金	5°~7°	7°、10°、12°

③ 模锻圆角半径。模锻件上所有两平面转接处均需圆弧过渡，此过渡处称为锻件圆角，如图 4-14 所示。圆弧过渡有利于金属的流动，锻造时使金属易于充满模膛，提高锻件质量，并且可以避免在锻模上的内角产生裂纹，减缓锻模外角处的磨损，提高锻模使用寿命。

圆角的大小，用圆角半径表示，它受到许多因素的影响，如肋高、锻造方法、锻件材料以及操作条件等。钢的模锻件外圆角半径（r）一般取 1.5~12mm，内圆角半径（R）比外圆角半径大 2~3 倍。模膛深度越深，圆角半径值越大。为了便于制模和锻件检测，圆角半径尺寸已经形成系列，其标准是 1、1.5、2、2.5、3、4、5、6、8、10、12、15、20、25 和 30 等，单位为 mm。

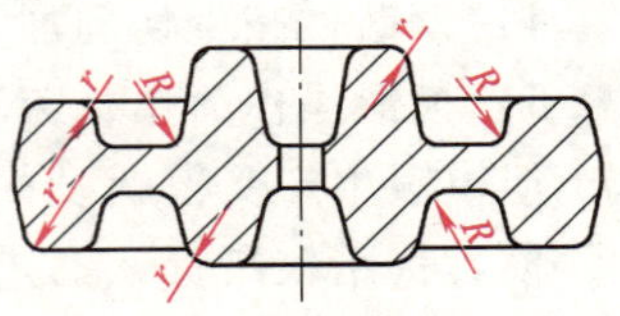

图 4-14 模锻圆角半径

④ 冲孔连皮。对于具有通孔的锻件，由于锤上模锻时不能靠上、下模的凸起部分把金属完全排挤掉，因此不能锻出通孔，终锻后，孔内留有金属薄层，称为冲孔连皮，其利用压力机上的切边模将其去除。冲孔连皮可起到减轻锻模刚性接触的缓冲作用，避免锻模损坏，并使金属易于充型，减小打击力，因此冲孔连皮不能太薄。常用的连皮形式是平底连皮，如图 4-15 所示，连皮的厚度 s 通常在 4~8mm 范围内。

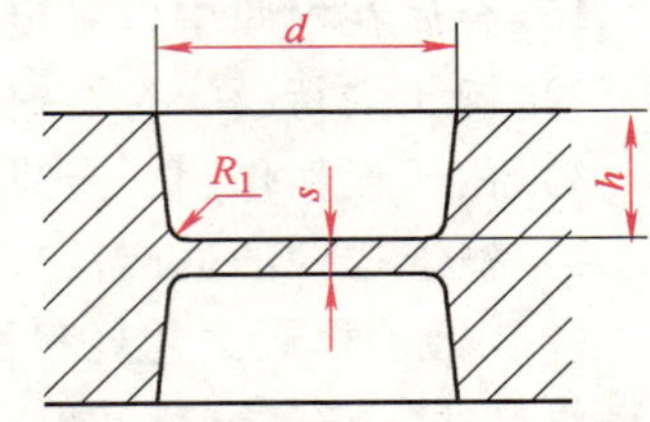

图 4-15 模锻件常用冲孔连皮

上述各参数确定后，便可绘制锻件图。图 4-16 所示为齿轮坯模锻件图。图中双点画线为零件轮廓外形，分模面选在锻件高度方向的中部。由于零件轮辐部分不加工，故无加工余量。图中内孔中部的两条直线为冲孔连皮切掉后的痕迹。

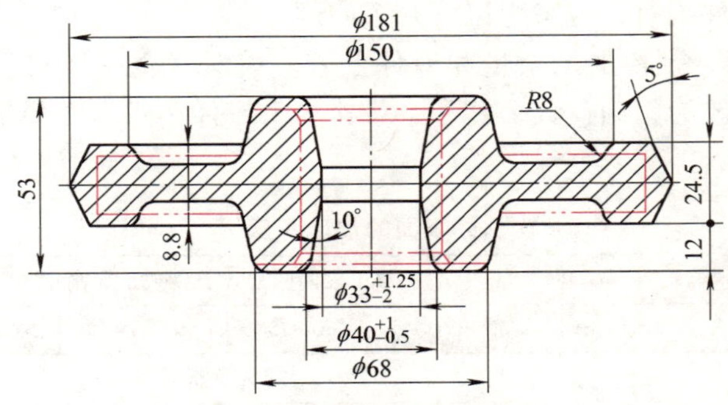

图 4-16 齿轮坯模锻件图

2）计算坯料质量与尺寸。模锻件坯料质量与尺寸的计算步骤与自由锻件类似。坯料质量包括锻件、飞边、连皮、钳口料头以及氧化皮等的质量。通常，氧化皮占锻件和飞边总质量的 2.5%~4%。

3）确定模锻工序。模锻工序主要根据锻件的形状与尺寸来确定。根据已确定的工序即可设计出制坯模膛、预锻模膛及终锻模膛。

锻造后期为修整工序，包括切边与冲孔，校正，热处理，清理及精压。

4）选择锻造设备。锤上模锻所用的设备有蒸汽—空气锤、无砧座锤、高速锤和压力机等。

模锻设备的选择应结合模锻件的大小、质量、形状复杂程度及所选择的基本工序等因素确定，并充分考虑到工厂的实际情况。

5）确定锻造温度范围。模锻件的生产在一定温度范围内进行，碳钢上限为液相线以下 200℃，下限为 800℃左右。

3. 板料冲压

利用冲模在压力机上使板料分离或变形，从而获得冲压件的加工方法称为板料冲压。板料冲压的坯料厚度一般小于 4mm，通常在常温下冲压，故又称为冷冲压。用于冲压的原材料可以是具有塑性的金属材料，如低碳钢、不锈钢、铜或铝及其合金等，也可以是非金属材料，如胶木、云母、纤维板、皮革等。

板料冲压具有以下特点：

1）冲压生产操作简单，生产率高，易于实现机械化和自动化。

2）冲压件尺寸精确，表面光洁，质量稳定，互换性好，可作为零件使用。

3）冲压塑性变形产生冷变形强化，使冲压件具有质量轻、强度高和刚性好的优点。

4）冲模结构复杂，精度要求高，制造费用相对较高，故冲压适合在大批量生产条件下采用。

冲压生产常用的冲压设备主要有剪床和压力机两大类。剪床是完成剪切工序，为冲压生产准备原料的主要设备。压力机是进行冲压加工的主要设备，按其传动方式不同，有机械式压力机与液压压力机两大类。

图 4-17 所示为开式机械式压力机的工作原理及实例。电动机 10 通过带轮 9、离合器 8 带动偏心轴 7 转动，偏心轴通过偏心套 5 和连杆 4 带动滑块 3 上下往复运动，冲模的下模部分装在工作台垫板 13 上，冲模的上模部分装在滑块 3 上，操作者通过脚踏板 1 控制操作机构 12 完成对板料的冲压。冲床的主要技术参数是以公称压力来表示的，公称压力（kN）是以压力机滑块在下止点前工作位置所能承受的最大工作压力来表示的。我国常用开式压力机的规格为 63～2000kN，闭式压力机的规格为 1000～5000kN。

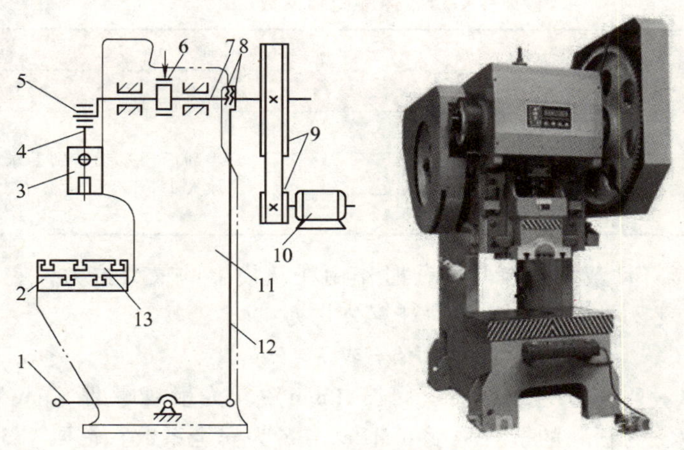

图 4-17　开式机械式压力机工作原理实例

1—脚踏板　2—工作台　3—滑块　4—连杆　5—偏心套　6—制动器　7—偏心轴
8—离合器　9—带轮　10—电动机　11—床身　12—操作机构　13—垫板

冲压基本工序可分为分离和变形工序两大类。分离工序包括落料、冲孔、切断等；变形工序包括拉深、弯曲、翻边和胀型等。

（1）分离工序　分离工序统称为冲裁，它是使板料的一部分与另一部分分离的加工工序。使板料按不封闭轮廓线分离的工序叫切断；使板料沿封闭轮廓线产生分离的工序叫冲孔或落料，冲孔和落料又统称为冲裁。落料是从板料上冲出一定外形的零件或坯料，冲下部分是成品。冲孔是在板料上冲出孔，冲下部分是废料。冲裁既可直接冲出成品零件，也可为后续变形工序准备坯料，应用十分广泛。

1）冲裁变形过程。冲裁可分为普通冲裁和精密冲裁。普通冲裁的刃口必须锋利，凸模和凹模之间留有间隙，板料的冲裁可分为弹性变形、塑性变形和剪裂分离三个阶段，图 4-18 所示为冲裁过程及冲压产品。

如果间隙 c 过大，会使圆角带和毛刺加大，板料的翘曲也会加大；如果冲裁间隙过小，会使冲裁力加大，不仅会降低模具寿命，还会使冲裁件的断面形成二次光亮带，在两个光面间夹有裂纹，因此，选择合理的冲裁间隙对保证冲裁件质量、提高模具寿命、降低冲裁力都是十分重要的。

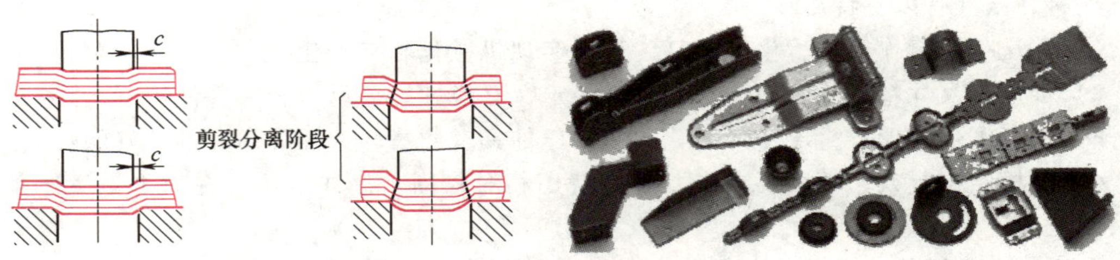

图 4-18　冲裁过程及冲压产品

2）冲裁工艺设计。冲裁工艺设计包括：冲裁件的结构工艺性分析、冲裁间隙的选择、冲裁模精度的确定及刃口尺寸计算、冲裁力计算和排样设计等。

① 冲裁间隙的选择。设计冲裁模时，可以按相关设计手册选用冲裁间隙或利用经验公式选择合理的间隙值。

$$Z=2mt$$

式中，Z 为凸模与凹模间的双面间隙（$2c$）（mm）；m 为与材料厚度、性能有关的系数，见表 4-11；t 为板料厚度（mm）。

表 4-11　冲裁间隙系数 m 值

材料	板厚 t/mm	
	$t\leq3$	$t>3$
软钢、纯铁	0.06～0.09	当断面质量无特别要求时，将 $t\leq3$ 的相应 c 值放大 1.5 倍
铜、铝合金	0.06～0.10	
硬钢	0.08～0.12	

② 冲裁力计算。冲裁力是板料冲裁时作用在凸模上的最大抗力，它是合理选择冲压设备的主要依据。平刃冲裁时，冲裁力计算公式为：

$$F=KLt\tau \text{ 或 } F=LtR_m$$

式中，F 为冲裁力（N）；L 为冲切刃口周长（mm）；t 为板料厚度（mm）；τ 为板料的抗剪强度（MPa）；R_m 为板料的抗拉强度（MPa）；K 为安全系数，常取 1.3。

③ 排样设计。冲裁件在条料上的布置方法称为排样。排样设计包括选择排样方法、确定搭边值、计算送料步距和条料宽度，画排样图等。

不同的排样方法材料的利用率不同，冲压件的精度也不相同，如图 4-19 所示。

3）冲裁件结构工艺性。冲裁件的结构工艺性是指冲裁件结构、形状、尺寸对冲裁工艺的适应性。主要包括以下几方面：

① 冲裁件形状应力求简单、对称，有利于排样时合理利用材料，尽可能提高材料的利用率。

② 冲裁件转角处应尽量避免尖角，以圆角过渡。一般在转角处应有半径 $R\geq0.25t$（t 为板厚）的圆角，以减小角部模具的磨损。

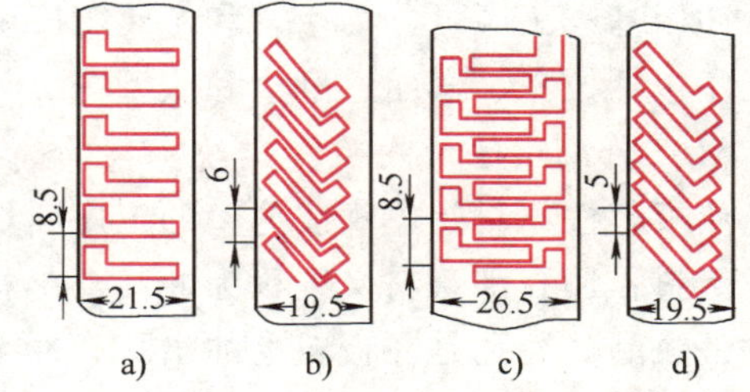

图 4-19　不同排样方法材料消耗对比

a）183mm^2　b）117mm^2　c）113mm^2　d）98mm^2

③ 由于受到凸、凹模强度及模具结构的限制，冲裁件应避免长槽和细长悬臂结构，对孔的最小尺寸及孔距间的最小距离等，也都有一定限制。对冲裁件的有关尺寸要求如图 4-20 所示。

（2）弯曲工序　将金属材料弯曲成一定角度和形状的工艺方法称为弯曲。

1）弯曲变形过程与特点。弯曲开始时，凸模与板料接触产生弹性变形，随着凸模的

下行，板料产生程度逐渐加大的局部弯曲塑性变形，直到板料与凸模完全贴合，这一过程称为自由弯曲。弯曲变形过程如图 4-21 所示。

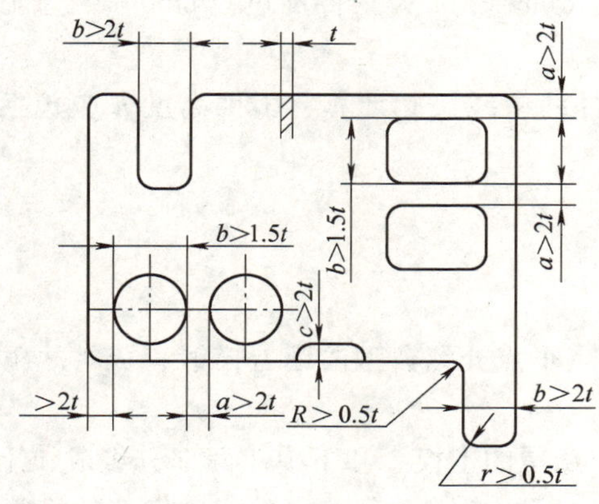

图 4-20　冲裁件的有关尺寸

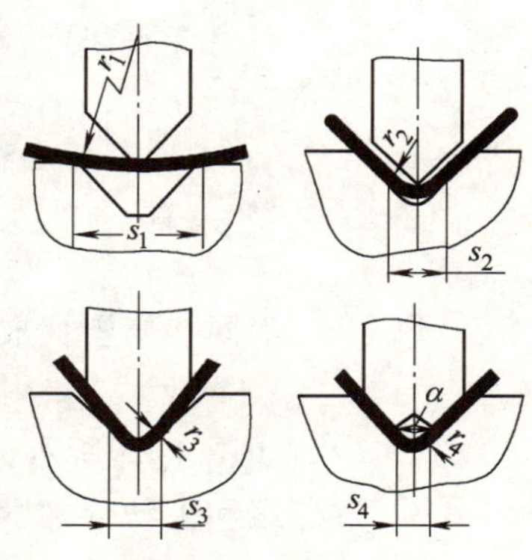

图 4-21　弯曲过程

2）弯曲工艺设计。弯曲工艺设计包括：弯曲件的结构工艺性分析、弯曲件的毛坯展开尺寸计算、弯曲力的计算和弯曲件的工序安排等。

（3）拉深　拉深是使平面板料成形为中空形状零件的冲压工序。

1）拉深变形过程与质量控制。拉深变形过程及拉深件如图 4-22 所示，原始直径为 D 的板料，经过凸模压入到凹模孔口，拉深后变成内径为 d、高度为 h 的筒形零件。

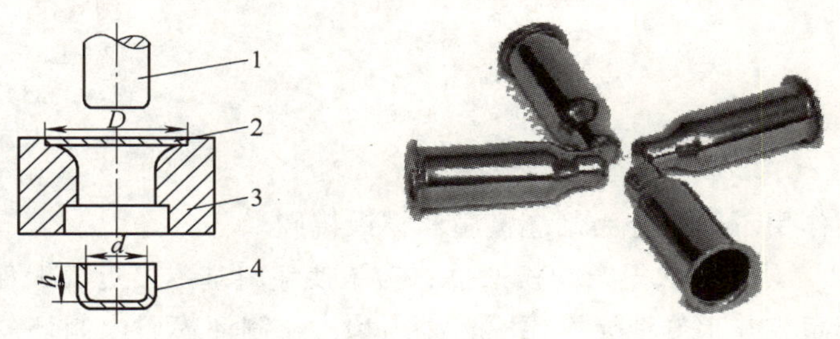

图 4-22　拉深变形过程及拉深件

1—凸模　2—毛坯　3—凹模　4—工件

拉深主要缺陷是起皱和拉裂，如图 4-23 所示。生产中常采用加压边圈的方法防止起皱。拉裂一般出现在直壁与底部的过渡圆角处，当拉应力超过材料的抗拉强度时，此处将被拉裂。为防止拉裂，应采取如下工艺措施：

① 拉深系数。拉深系数是衡量拉深变形程度大小的主要工艺参数，用拉深件直径 d 与毛坯直径 D 的比值 m 表示，即 $m=d/D$。拉深系数越小，表明变形程度越大，拉深应力越大，容易产生拉裂废品。能保证拉深正常进行的最小拉深系数，称为极限拉深系数。

② 凹凸模工作部分，必须加工成圆角。一般凹模圆角半径为 $R_{凹}=(5\sim10)t$，凸模圆角半径为 $R_{凸}=(0.7\sim1)t$（t 为板料厚度）。

③ 合理的凸凹模间隙。间隙过小，容易拉穿；间隙过大，容易起皱。一般凸凹模之间的单边间隙 $Z=(1.0\sim1.2)t_{max}$（t 为板料厚度）。

④ 减小拉深时的阻力。例如，压边力要合理，不应过大；凸、凹模工作表面要有较小的表面粗糙度值；在凹模表面涂润滑剂来减小摩擦。

2）拉深件毛坯尺寸计算。筒形拉深件毛坯尺寸根据面积不变和相似原则确定。为了补偿在变形时由于材料各向异性引起的变形不均匀，在计算毛坯时应加上修边余量 δ，如

图 4-24 所示。筒形件的毛坯为圆，直径 D 可按下式计算：

$$D=\sqrt{d^2+4dh-1.72dr-0.56r^2}$$

式中，D 为毛坯直径（mm）；d 为工件直径（mm）；h 为工件高度（mm）；r 为工件底部圆角半径（mm）。

当板厚 $t \geqslant 1$mm 时，工件直径 d 按拉深件的中线尺寸计算，工件高度 h 应包括修边余量 δ。

4.3.3　塑性成形模具

不同金属塑性成形工艺需要不同的模具，重点介绍典型的锤上模锻和板料冲压模具。

1. 锤上模锻的锻模结构

如图 4-25 所示，锤上模锻用的锻模由带燕尾的上模 2 和下模 4 两部分组成，上下模通过燕尾和楔铁分别紧固在锤头和模垫上，上、下模合在一起在内部形成完整的模膛。

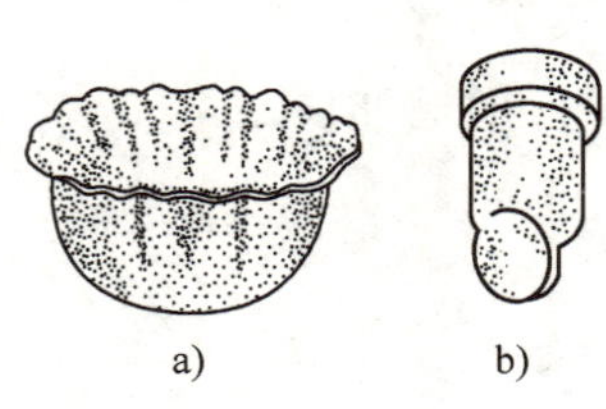

图 4-23　拉深件废品

a）起皱　b）拉裂

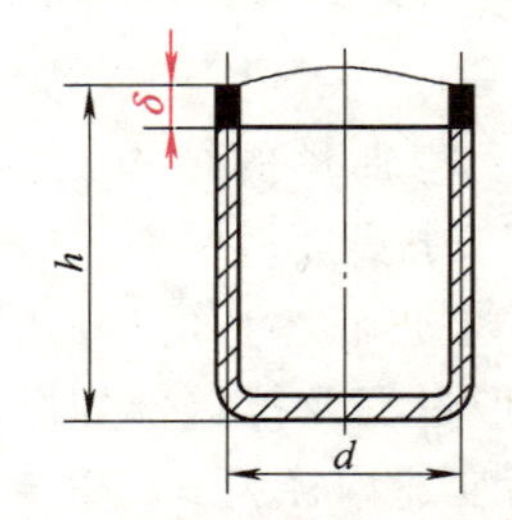

图 4-24　筒形件的修边余量

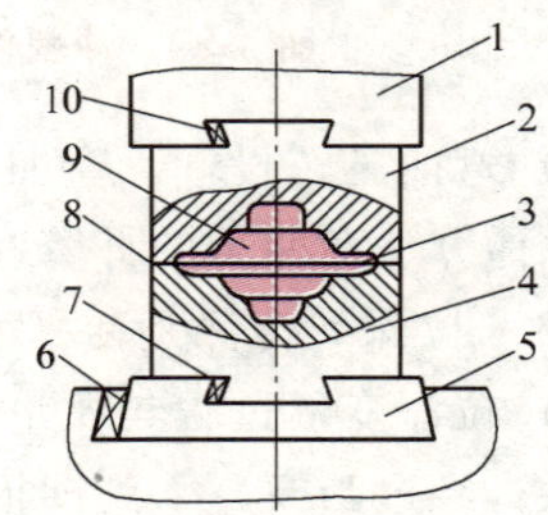

图 4-25　锤上锻模

1—锤头　2—上模　3—飞边槽　4—下模　5—模垫　6、7、10—紧固楔铁　8—分模面　9—模膛

模锻模膛按其作用不同可分为制坯模膛和模锻模膛。

（1）制坯模膛　对于形状复杂的模锻件，为了使坯料基本接近模锻件的形状，以便模锻时金属能合理分布，并很好地充满模膛，必须预先在制坯模膛内制坯。制坯模膛有以下几种：

1）拔长模膛。其作用是用来减小坯料某部分的横截面积，以增加其长度。拔长模膛分为开式和闭式两种，如图 4-26 所示。

2）滚挤模膛。用它来减小坯料某部分的横截面积，以增大另一部分的横截面积。滚挤模膛如图 4-27 所示。

3）弯曲模膛。用它来使坯料弯曲，如图 4-28 所示。适用于有弯曲的杆类模锻件等。坯料可直接或先经其他制坯工步后进行弯曲变形。

4）切断模膛。在上模与下模的角部组成一对刃口，用来切断金属，如图 4-29 所示。可用于从坯料上切下锻件或从锻件上切钳口，也可用于多件锻造后分离成单个锻件。

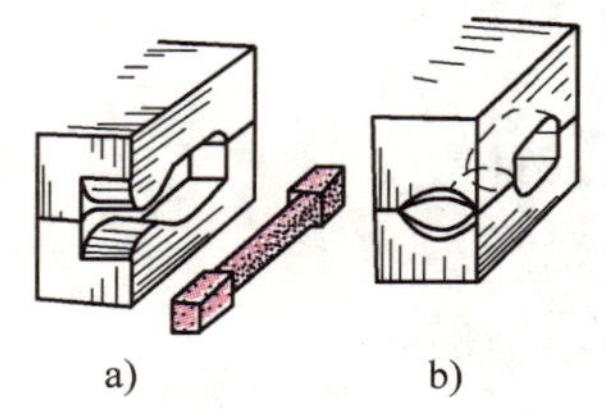

图 4-26　拔长模膛

a）开式　b）闭式

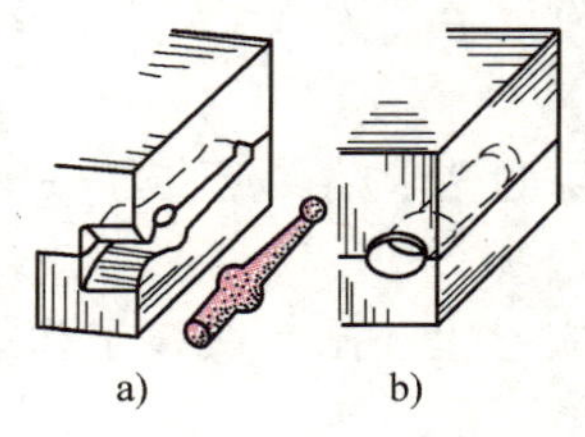

图 4-27　滚挤模膛

a）开式　b）闭式

图 4-28　弯曲模膛

图 4-29　切断模膛

此外，还有成形模膛、镦粗台及击扁面等制坯模膛。

（2）模锻模膛　模锻模膛包括预锻模膛和终锻模膛。

1）预锻模膛。用于预锻的模膛称为预锻模膛。对于外形较为复杂的锻件，在制坯的基础上，常采用预锻工步，使坯料先变形到接近锻件的外形与尺寸，以便合理分配坯料各部分的体积，避免折叠产生，并有利于金属的流动，易于充满模膛，同时可减小终锻模膛的磨损，延长锻模寿命。

根据模锻件的复杂程度，可将锻模设计成单膛锻模或多膛锻模。单膛锻模是在一副锻模上只有一个模膛，如齿轮坯模锻件就可将截下的圆柱形坯料直接放入单膛锻模中成形。多膛锻模是在一副锻模上安排两个及以上的模膛，常用于形状复杂的锻件。弯曲连杆模锻件所用多膛锻模如图 4-30 所示。

2）终锻模膛。其作用是使金属坯料最终变形到所要求的形状与尺寸，因此，它与终锻件的形状、尺寸相同（图4-25）。由于模锻需要加热后进行，锻件冷却后尺寸会有所缩减，所以终锻模膛的尺寸应比实际锻件尺寸放大一个收缩量，对于钢锻件收缩量可取 1.5%。

模膛分模面周围通常设有飞边槽（图 4-25），用于增加金属从模膛中流出的阻力，使金属充满整个模膛，同时容纳多余的金属，还可以起到缓冲作用，减弱对上下模的打击，防止锻模开裂。

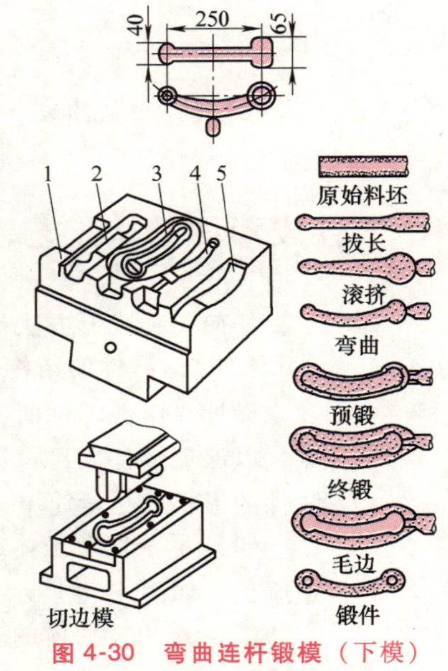

图 4-30　弯曲连杆锻模（下模）与模锻工序图

1—拔长模膛　2—滚挤模膛　3—终锻模膛　4—预锻模膛　5—弯曲模膛

2. 板料冲压模具

冷冲压模是实现冲压工艺的专用工艺装备，冲模的结构是否合理，对冲压件的质量、冲压生产效率、生产成本和模具寿命等都有很大影响。常用的冷冲模按工序组合可分为简单冲模、连续冲模和复合冲模三类。

（1）简单冲模　在一个冲压行程只完成一道工序的冲模，如图 4-31 所示。

（2）连续冲模　在一副模具上有多个工位，在一个冲压行程同时完成多道工序的冲模，如图 4-32 所示。

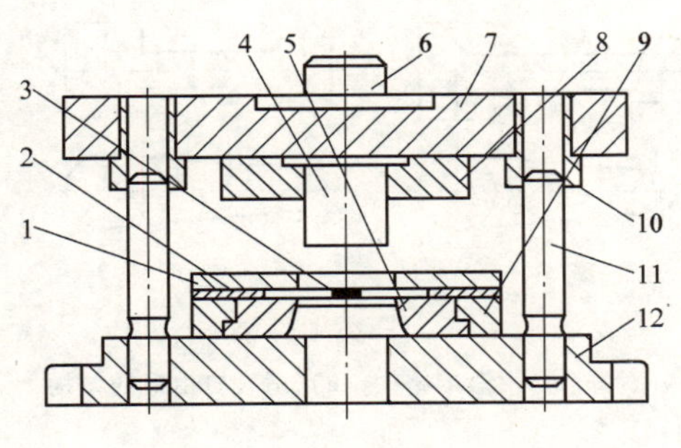

图 4-31　简单冲模

1—固定卸料板　2—导料板　3—挡料销　4—凸模　5—凹模　6—模柄　7—上模座　8—凸模固定板　9—凹模固定板　10—导套　11—导柱　12—下模座

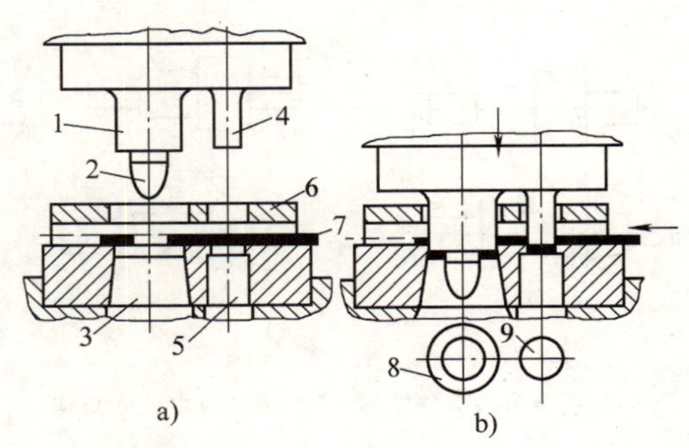

图 4-32　连续冲模

a）起始位置　b）落料冲孔

1—落料凸模　2—定位销　3—落料凹模　4—冲孔凸模　5—冲孔凹模　6—卸料板　7—坯料　8—成品　9—废料

（3）复合冲模　在一副模具上只有一个工位，在一个冲压行程同时完成多道冲压工序的冲模，图 4-33 所示为复合冲模示意图和模具实例。

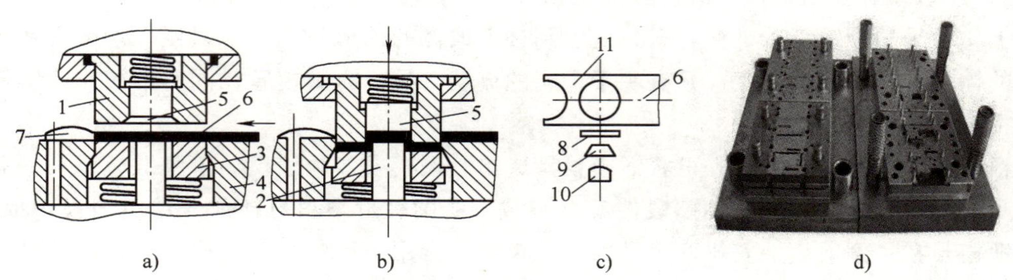

图 4-33　复合冲模

a）起始位置　b）落料拉深　c）落料拉深件　d）模具实例

1—凸凹模　2—拉深凸模　3—压板（卸料器）　4—落料凹模

5—顶件板　6—条料　7—挡料销　8—坯料　9—拉深件　10—零件　11—切余材料

4.3.4　塑性成形件结构工艺性

任何一种成形方法都有其局限性，也称之为结构工艺性。

1. 自由锻件的结构工艺性

设计自由锻零件时，除满足使用性能要求之外，还必须考虑自由锻设备和工艺的特点，以保证锻件质量，提高生产率。自由锻件的设计原则是：在满足使用性能的前提下，锻件的形状应尽量简单，易于锻造。

（1）尽量避免锥体或斜面结构　自由锻不适合锻造具有锥体或斜面结构的锻件，应尽量避免，如图 4-34 所示。

（2）避免几何体的交接处形成空间曲线　如图 4-35a 所示的圆柱面与圆柱面相交，锻件成形十分困难。改成如图 4-35b 所示的平面相交，消除了空间曲线，使锻造成形容易。

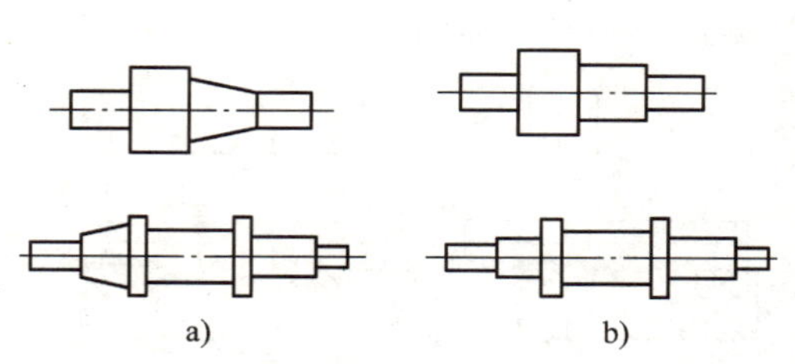

图 4-34　轴类锻件结构

a）不适合自由锻的结构　b）适合自由锻的结构

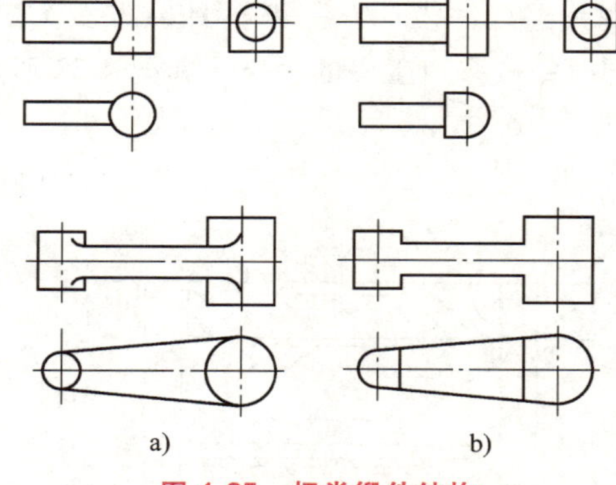

图 4-35　杆类锻件结构

a）不适合自由锻的结构　b）适合自由锻的结构

（3）避免加强肋、凸台，工字形、椭圆形或其他非规则截面及外形　如图 4-36a 所示的锻件结构，难以用自由锻的方法获得，改进后的结构如图 4-36b 所示。

（4）合理采用组合结构　锻件的横截面积有急剧变化或形状较复杂时，可设计成由数个简单件构成的组合体，如图 4-37 所示。每个简单件锻造成形后，再用焊接或机械连接方式构成整体零件。

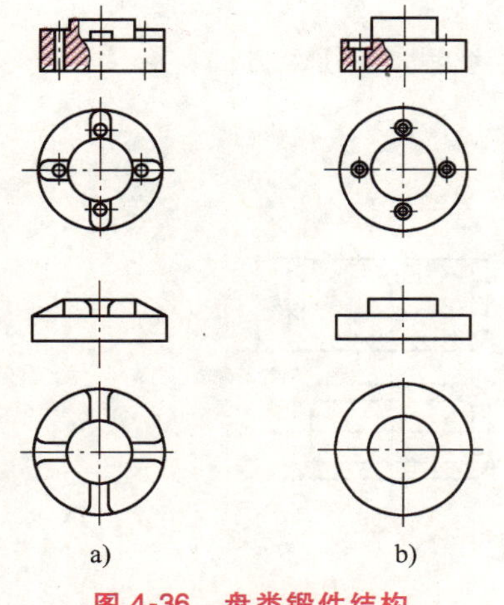

a)　b)

图 4-36　盘类锻件结构

a）不适合自由锻的结构　b）适合自由锻的结构

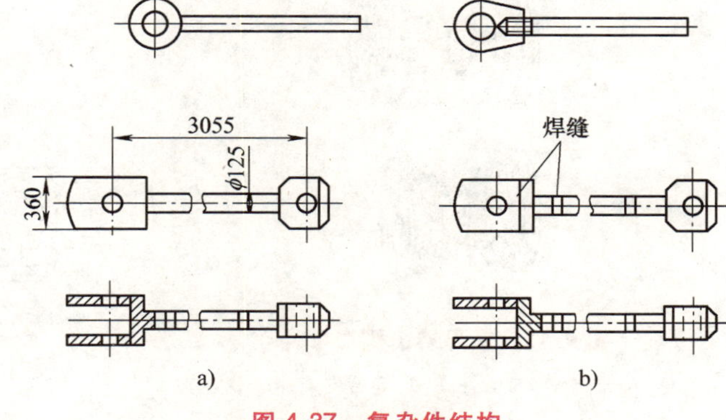

a)　b)

图 4-37　复杂件结构

a）不适合自由锻的结构　b）适合自由锻的结构

2. 锤上模锻件的结构工艺性

设计模锻零件时，应根据模锻特点和工艺要求，使其结构符合下列原则，以便于生产并降低成本。

1）模锻零件应具有合理的分模面，使金属易于充满模膛，模锻件易于从锻模中取出，且敷料最少，锻模容易制造。

2）模锻零件上，除与其他零件配合的表面外，均应设计为非加工表面。模锻件的非加工表面之间形成的角应设计为模锻圆角，与分模面垂直的非加工表面，应设计出模锻斜度。

3）零件的外形应力求简单、平直、对称，避免零件截面间差别过大，或具有薄壁、高肋等不良结构。图 4-38a 所示零件的凸缘太薄、太高，中间下凹太深，金属不易充型；图 4-38b 所示零件过于扁薄，薄壁部分金属模锻时容易冷却，不易锻出，对保护设备和锻模也不利；图 4-38c 所示零件有一个高而薄的凸缘，使锻模的制造和锻件的取出都很困难，改成如图 4-38d 所示形状则较易锻造成形。

4）孔径小于 30mm 或孔深大于直径两倍时，锻造困难。如图 4-39 所示齿轮零件，为保证纤维组织的连贯性以及更好的力学性能，常采用模锻方法生产，但齿轮上四个 ϕ20mm 的孔不方便锻造，只能采用机加工成形。

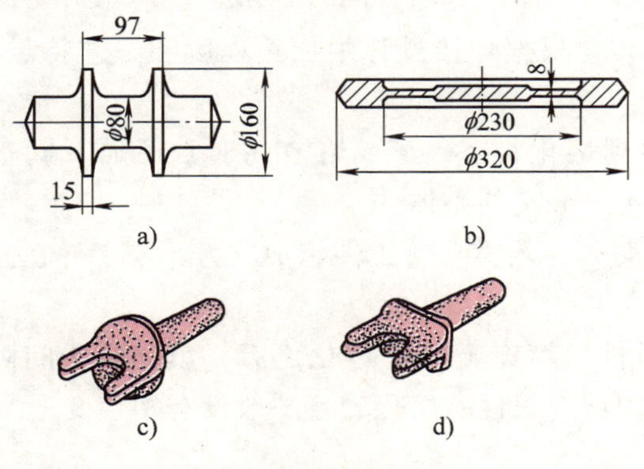

a)　b)

c)　d)

图 4-38　模锻件结构工艺性

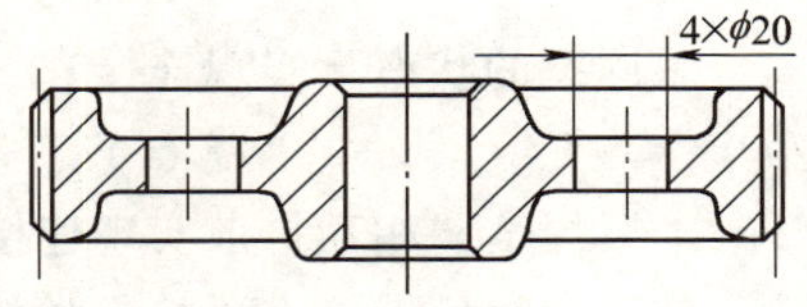

图 4-39　模锻齿轮零件

5）对复杂锻件，为减少敷料，简化模锻工艺，在可能的条件下，应采用锻造-焊接或锻造-机械连接组合工艺，如图 4-40 所示。

3. 拉深件的结构工艺性

拉深件的有关尺寸要求如图 4-41 所示，设计时主要考虑以下几个方面：

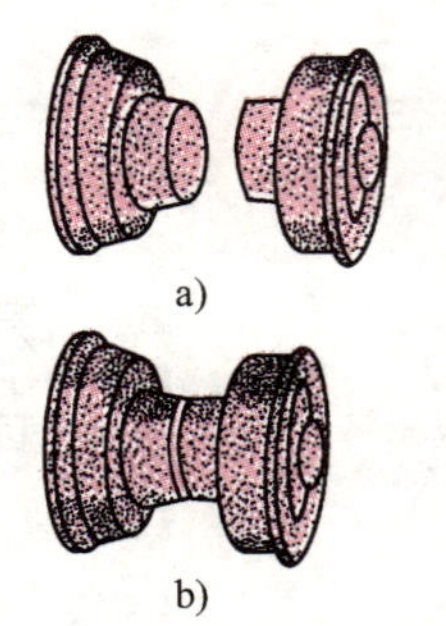

图 4-40　锻焊结构模锻零件

a）模锻件　b）焊合件

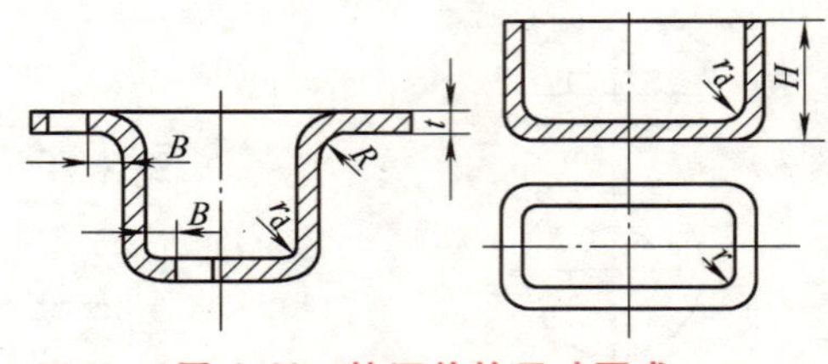

图 4-41　拉深件的尺寸要求

1）拉深件的形状应力求简单、对称。拉深件的形状以回转体形状，尤其是直径不变的杯形件最易拉深，模具制造也方便。

2）尽量避免直径小而深度过大的拉深件，否则不仅需要多副模具进行多次拉深，而且容易出现废品。

3）拉深件的底部与侧壁，凸缘与侧壁应有足够的圆角，一般应满足 $R>r_d$，$r_d \geqslant 2t$，$R \geqslant (2\sim4)t$，方形件 $r \geqslant 3t$。拉深件底部或凸缘上的孔边到侧壁的距离，应满足 $B \geqslant r_d+0.5t$ 或 $B \geqslant R+0.5t$（t 为板厚）。

4）不对拉深件提出过高的精度或表面质量要求。拉深件直径方向的经济精度一般为 IT9～IT10，经整形后精度可达到 IT6～IT7。拉深件的表面质量一般不超过原材料的表面质量。

4.4　连接成形

在工业生产中通过连接实现成形的工艺方法多种多样，常见的连接成形工艺主要有焊接、胶接和机械连接等。

焊接通常是指金属的焊接。是通过加热、加压或两者同时并用，使两个分离的物体产生原子间结合力而连接成一体的成形方法。根据焊接过程中加热程度和工艺特点的不同，焊接方法可以分为三大类：

（1）熔焊　将工件焊接处局部加热到熔化状态，形成熔池（通常还加入填充金属），冷却结晶后形成焊缝，被焊工件结合为不可分离的整体。

（2）压焊　在焊接过程中无论加热与否，均需要对工件施加压力，使工件在固态或半固态的状态下实现连接。

（3）钎焊　熔点低于被焊金属的钎料（填充金属）熔化之后，填充接头间隙，并与被焊金属相互扩散实现连接。钎焊过程中被焊工件不熔化，且一般没有塑性变形。

常见焊接方法的分类如图 4-42 所示。

焊接生产的特点主要表现在以下几个方面：

1）节省金属材料，结构重量轻。

2）能以小拼大，化大为小，制造重型、复杂的机器零部件，简化铸造、锻造及切削加工工艺，获得最佳技术经济效果。

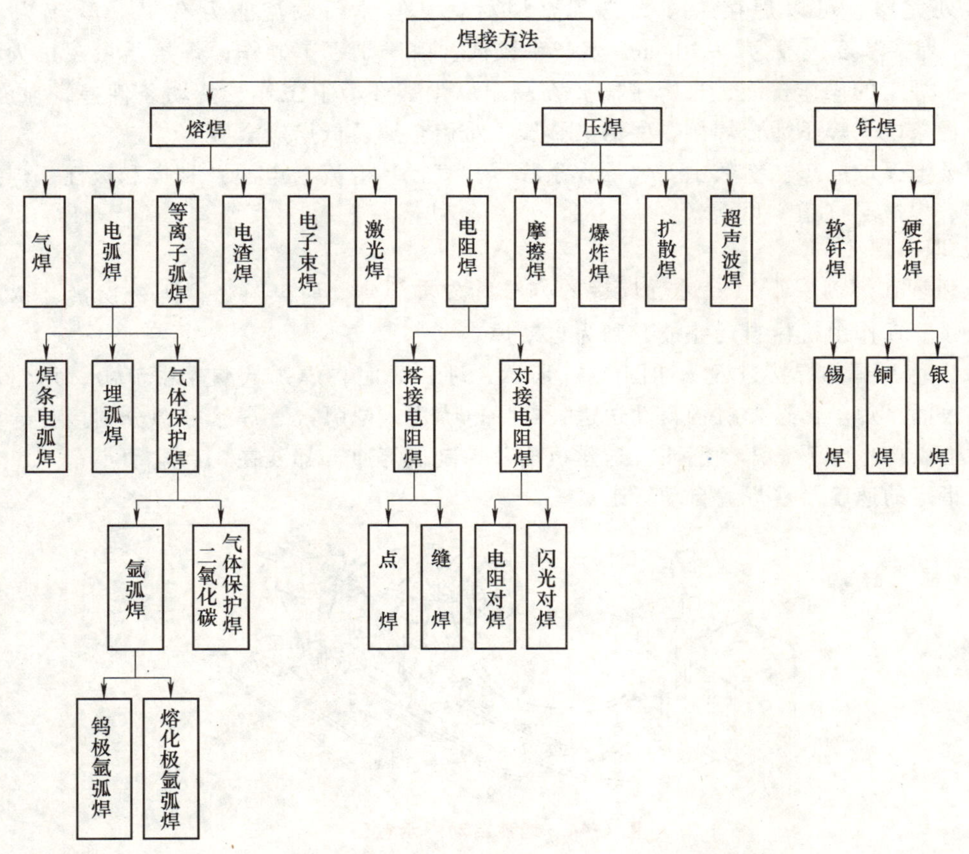

图 4-42　常见焊接方法的分类

3）焊接接头不仅具有良好的力学性能，还具有良好的密封性。

4）能够制造双金属结构，使材料的性能得到充分利用。

目前，焊接技术在国民经济各部门中的应用十分广泛，机器制造、造船、建筑工程、电力设备生产、航空及航天工业等都离不开焊接技术。

图 4-43 为焊接钢结构实例。

a)　b)　c)　d)

图 4-43　焊接钢结构实例

a）建造中的奥利匹克运动场（鸟巢）　b）芜湖长江大桥　c）弧形闸门　d）钢结构厂房

4.4.1　常用焊接方法与工艺

常用焊接方法包括焊条电弧焊、埋弧焊、气体保护焊、电阻焊和钎焊等。

1. 焊条电弧焊

焊条电弧焊是由焊工手工操作焊条进行焊接的电弧焊。

焊条电弧焊设备简单，应用灵活方便，可以进行各种位置及各种不规则焊缝的焊接；

焊条系列完整，可以焊接大多数常用金属材料。但焊条载流能力有限（电流为20~500A），焊接厚度一般为3~20mm，生产率较低。由于是手工操作，焊接质量在很大程度上取决于焊工的操作技能，且焊工需要在高温、尘雾环境下工作，劳动条件差，强度大。另外，焊条电弧焊不适合焊接一些活泼金属、难熔金属及低熔点金属。

焊条电弧焊的工艺参数主要包括焊条牌号和直径、电流（电源）种类和极性、焊接电流大小、焊接层（道）次等。

2. 埋弧焊

电弧埋在焊剂层下燃烧进行焊接的方法称为埋弧焊，如果引弧、焊丝送进、移动电弧、收弧等动作由机械自动完成，则为自动焊。

（1）埋弧焊的焊接过程　如图4-44所示，埋弧焊时，焊剂从漏斗中流出，均匀堆敷在焊件表面，焊丝由送丝机构自动送进，经导电嘴进入电弧区，焊接电源分别接在导电嘴和焊件上以产生电弧，焊剂漏斗、送丝机构及控制盘等通常都装在一台电动小车上，小车可以按指定的速度沿着焊缝自动行走。

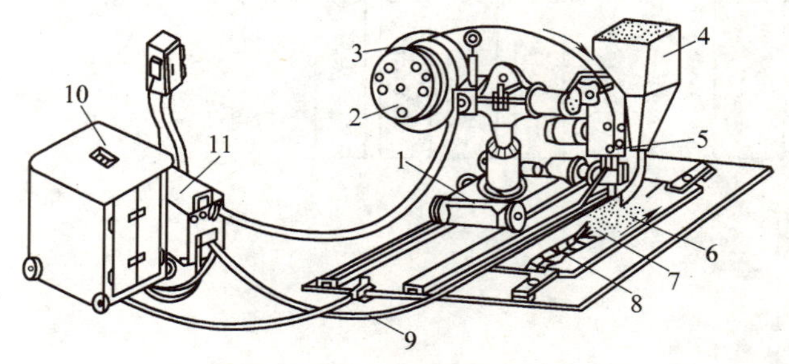

图4-44　埋弧自动焊示意图

1—焊接小车　2—控制盘　3—焊丝盘　4—焊剂漏斗　5—焊接机头　6—焊剂
7—渣壳　8—焊缝　9—焊接电缆　10—焊接电源　11—控制箱

电弧在颗粒状的焊剂层下燃烧，电弧周围的焊剂熔化形成熔渣，工件金属与焊丝熔化成较大体积的熔池，熔池被熔渣覆盖，熔渣既能起到隔绝空气保护熔池的作用，又阻挡了弧光的对外辐射和金属飞溅，焊机带着焊丝均匀向前移动，熔池金属被电弧气体排挤向后堆积形成焊缝。

（2）埋弧焊的特点　与焊条电弧焊相比，埋弧焊有以下优点：

1）生产率高。埋弧焊时，焊接电流比焊条电弧焊要大得多，可以高达1000A，一次熔深大，焊接速度大，且焊接过程可连续进行，无须频繁更换焊条，因此生产率比焊条电弧焊高5~20倍。

2）焊接质量好。熔渣对熔化金属的保护严密，冶金反应较彻底，且焊接工艺参数稳定，焊缝成形美观，焊接质量稳定。

3）劳动条件好。埋弧焊时没有弧光辐射，焊接烟尘小，焊接过程自动进行。

但埋弧焊一般只适用于水平位置的长直焊缝和直径250mm以上的环形焊缝，焊接的钢板厚度一般在6~60mm，适焊材料局限于钢、镍基合金、铜合金等，不能焊接铝、钛等活泼金属及其合金。

（3）埋弧焊的焊接材料　**埋弧焊使用的焊接材料包括焊剂和焊丝。**

埋弧焊焊剂有熔炼焊剂和非熔炼焊剂两大类。熔炼焊剂主要起保护作用，非熔炼焊剂除了保护作用外，还可以起脱氧、去硫、渗合金等冶金处理作用。我国目前使用的绝大多数焊剂是熔炼焊剂。焊剂牌号为“焊剂”或大写拼音“HJ”和三个数字表示，如“焊剂430”或“HJ430”。

埋弧焊的焊丝是直径1.6~6mm的实芯焊丝，它除了作为电极和填充金属外，还可以

有脱氧、去硫、渗合金等冶金处理作用。

(4) 埋弧焊工艺　埋弧焊的焊前准备要求保证坡口间隙均匀一致，高低平整。对于厚度在 14mm 以下的板材，可以不开坡口一次焊成；双面焊时，不开坡口的可焊厚度达 28mm；当厚度较大时，为保证焊透，最常采用的坡口形式为 V 形、双 V 形。

埋弧焊的工艺规范参数包括焊接材料的牌号、直径，焊接电流和焊接速度等，只有正确选择焊接工艺规范参数，才能保证电弧稳定，焊缝成形好，内部无缺陷，并在保证质量的前提下，以较少的能源和材料消耗，获得较高的生产率。

3. 气体保护电弧焊

气体保护电弧焊是用气体将电弧、熔化金属与周围的空气隔离，防止空气与熔化金属发生冶金反应，以保证焊接质量。保护气体主要有 Ar、He、CO_2、N_2 等。与埋弧焊相比，气体保护焊具有以下特点：

1）采用明弧焊，熔池可见性好，适用于全位置焊接，有利于焊接过程的机械化、自动化。

2）电弧热量集中，熔池小，热影响区窄，焊件变形小，尤其适用于薄板焊接。

3）可焊材料广泛，可用于各种黑色金属和非铁合金的焊接。

按电极材料的不同，气体保护电弧焊可分为两大类：一类是非熔化极气体保护焊，通常用钨棒或钨合金棒作电极，以惰性气体（氩气或氦气）作保护气体，焊缝填充金属（即焊丝）根据情况另外添加，其中应用较广的是氩气为保护气的钨极氩弧焊；另一类是熔化极气体保护焊，以焊丝作为电极，根据采用的保护气不同，可分为熔化极惰性气体保护焊、熔化极活性气体保护焊和 CO_2 气体保护焊。

钨极氩弧焊的焊接过程如图 4-45 所示。

钨极氩弧焊的优点是：

① 采用纯氩气保护，焊缝金属纯净，特别适合于非铁合金、不锈钢、钛及钛合金等材料的焊接。

② 焊接过程稳定，所有焊接参数都能精确控制，明弧操作，易实现机械化、自动化。

③ 焊缝成形好，特别适合 3mm 以下的薄板焊接、全位置焊接和不用衬垫的单面焊双面成形。

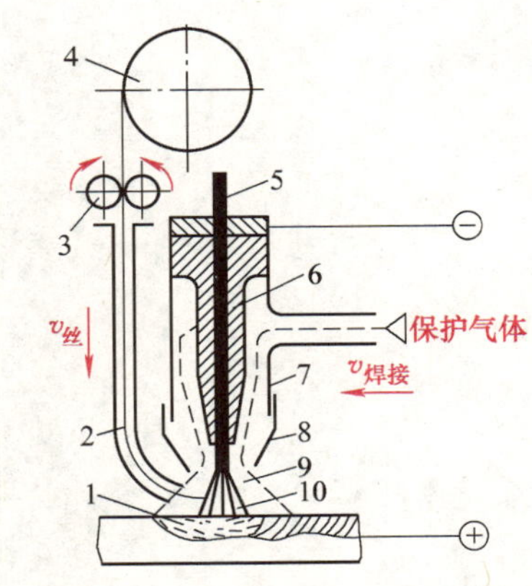

图 4-45　钨极氩弧焊焊接过程

1—熔池　2—焊丝　3—送丝滚轮　4—焊丝盘　5—钨极　6—导电嘴　7—焊炬　8—喷嘴　9—保护气体　10—电弧

在焊接钢、钛合金和铜合金时，焊件应接直流焊机的正极，这样可以使钨极处在温度较低的负极，减少其熔化烧损，同时也有利于焊件的熔化；在焊接铝镁合金时，通常采用交流电源，这主要是因为只有在焊件接负极时（即交流电的负半周），焊件表面接受正离子撞击，使焊件表面的 Al_2O_3、MgO 等氧化膜被击碎，从而保证焊件的焊合，但这样会使钨极烧损严重，而交流电的正半周则可使钨极得到一定的冷却，从而减少其烧损。由于钨极的载流能力有限，为了减少钨极的烧损，焊接电流不宜过大，所以钨极氩弧焊通常只适用于 0.5~6mm 的薄板焊接。

钨极氩弧焊的焊接参数主要包括：钨极直径、焊接电流、电源种类和极性、喷嘴直径和氩气流量、焊丝直径等。

4. 等离子弧焊接与切割

等离子弧是一种压缩的、能量更为集中的电弧，其发生装置如图 4-46 所示，它是借助于水冷喷嘴、保护气流等外部拘束条件，使弧柱受到压缩，弧柱气体完全电离而得到的电弧，其温度可达到 30000K。由于等离子弧具有热量集中、温度高、电弧挺度好等特点，广泛应用于焊接、切割等领域中。

等离子弧焊接时工作气体为氩气，电极一般用钨极，有时还需要填充焊丝，与钨极氩弧焊有相似之处，它除了具有钨极氩弧焊的一些特点外，还具有以下特点：

1）等离子弧能量密度大，弧柱温度高，一次熔深大，热影响区小，焊接变形小，焊接质量高。

2）电流可小到0.1A，电弧仍能稳定燃烧，并保持良好的挺度和方向性，因而可以焊接金属薄箔，最小厚度可达0.025mm。

但等离子弧焊存在设备复杂、投资高、气体消耗大等局限，目前生产上主要应用于国防工业及尖端技术中，焊接一些难熔、易氧化、热敏感性强的材料，如Mo、W、Cr、Ti及其合金、不锈钢等，也用于焊接质量要求较高的一般钢铁材料和非铁合金。

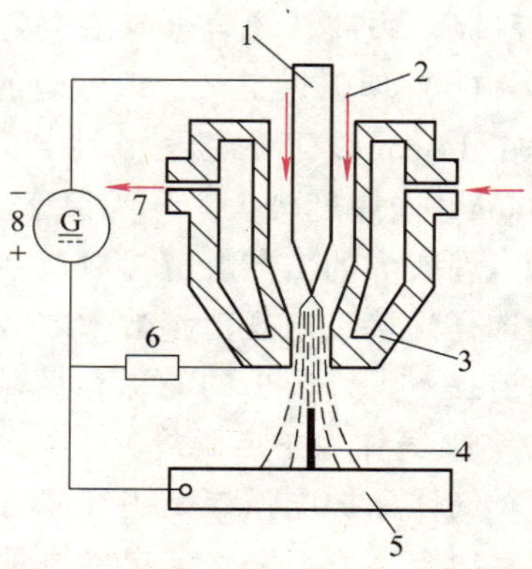

图4-46　等离子弧发生装置原理图

1—钨极　2—工作气体　3—水冷喷嘴　4—等离子弧　5—工件　6—电阻　7—冷却水　8—直流电源

5. 电阻焊

电阻焊是利用电流通过焊件及其接触处产生的电阻热，将连接处加热到塑性状态或局部熔化状态，再施加压力形成接头的焊接方法。电阻焊通常分为点焊、缝焊和对焊三种，对焊根据焊接过程的不同，又分为电阻对焊和闪光对焊，如图4-47所示。

（1）点焊　如图4-47a所示，工件搭接后放在柱状电极间，通电加压，由于两工件接触面处电阻较大，通电后迅速加热并局部熔化形成熔核，熔核周围为塑性状态，然后在压力的作用下熔核结晶形成焊点。基本的点焊循环包括预压—通电—断电维持。

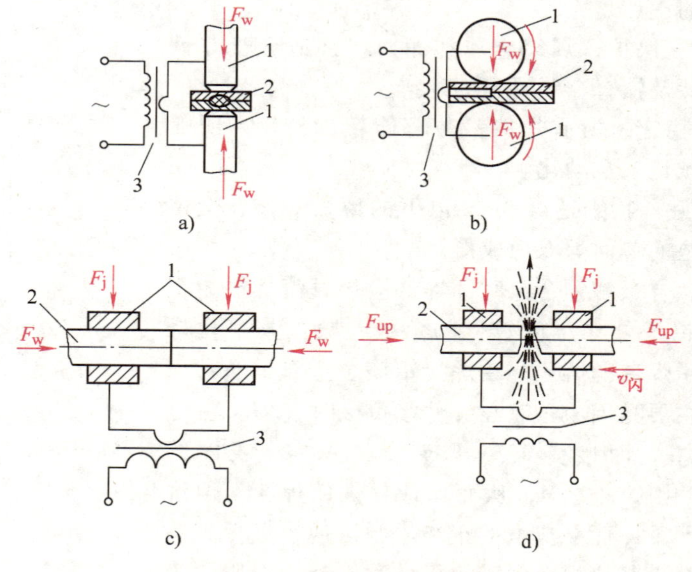

图4-47　电阻焊示意图

a）点焊　b）缝焊　c）电阻对焊　d）闪光对焊

1—电极　2—焊件　3—变压器

点焊的基本工艺参数是焊接电流、焊接时间、焊接压力和电极头端面尺寸。点焊属搭接电阻焊，主要用于4mm以下的薄板冲压壳体结构及钢筋结构的焊接，尤其是在汽车和飞机制造中应用较多。

（2）缝焊　如图4-47b所示，缝焊也属搭接电阻焊，它采用滚盘作为电极，边滚边焊，相邻两个焊点重合，形成一条密封的连续焊缝。

缝焊所需的焊接电流较大，适用于 3mm 以下有气密性要求的薄板结构，如油箱、管道等。

(3) 对焊　属对接电阻焊，根据焊接过程不同，对焊可分为电阻对焊（图 4-47c）和闪光对焊（图 4-47d）。

1）电阻对焊。先加预压，使两焊件的端面紧密接触，再通电加热，接触处升温至塑性状态，断电同时施加顶锻力，使接触处产生一定的塑性变形而焊合。

2）闪光对焊。先接通电源，再使焊件靠拢接触，由于接触端面凹凸不平，所以开始接触时为点接触，电流通过接触点产生很大的电阻热，使接触点迅速熔化，并在电磁力作用下爆破飞出，产生闪光，这一过程进行一定时间后，端面达到均匀半熔化状态，并在一定范围内形成一塑性层，而且多次闪光将端面的氧化物清除干净，于是断电并加压顶锻，挤出熔化层，并产生大量塑性变形而使焊件焊合。

6. 摩擦焊

摩擦焊是利用焊件接触端面相互摩擦所产生的热，使端面达到热塑性状态，然后迅速施加顶锻力，以实现焊接的一种压焊方法，如图 4-48 所示。

摩擦焊具有以下优点：

1）焊接质量稳定，焊件尺寸精度高，特别适合圆型截面工件的对接。

2）焊接生产率高，比闪光对焊高 5~6 倍。

3）适用于焊接异种金属，如碳素钢、低合金钢与不锈钢、高速工具钢之间的连接，铜-不锈钢、铜-铝、铝-钢、钢-锆等之间的连接。

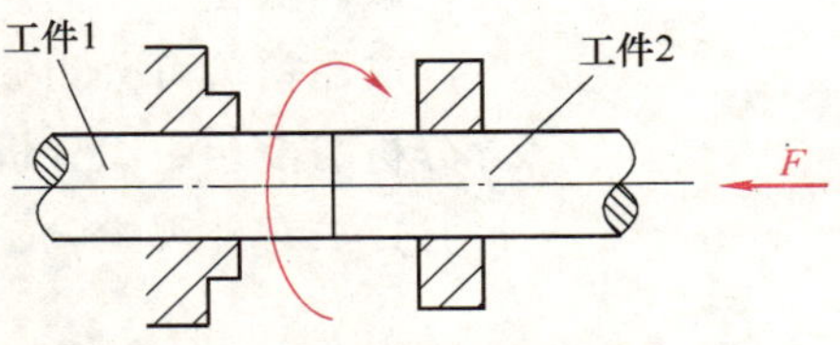

图 4-48　摩擦焊示意图

4）加工费用低，省电，焊件无须特殊清理。

5）易实现机械化和自动化，操作简单，工作场地无火花、弧光及有害气体。

但摩擦焊也有其局限性。摩擦焊主要靠工件旋转实现，因此，焊接非圆截面较困难。盘状工件及薄壁管件，由于不易夹持也很难焊接。受焊机主轴电动机功率的限制，目前摩擦焊可焊接的最大截面为 $20000mm^2$。摩擦焊机一次性投资费用大，适于大批量生产。

摩擦焊的应用现已遍及工业各部门。首先是一些异种金属和异种钢产品，如电力工业中的铜-铝过渡接头，金属切削用的高速工具钢-结构钢刀具等的焊接。

7. 钎焊

(1) 钎焊的特点及应用　钎焊采用熔点低于母材的合金作钎料，加热时钎料熔化，并靠润湿作用和毛细作用填满接头间隙内，而母材处于固态，依靠液态钎料和固态母材间的相互扩散形成钎焊接头。

钎焊较典型的应用有硬质合金刀具、钻探钻头、自行车车架、换热器、导管及各类容器等；在电子管和电子真空器件的制造中，钎焊甚至是唯一可行的连接方法。

(2) 钎料和钎剂　钎料是形成钎焊接头的填充金属，钎焊接头的质量在很大程度上取决于钎料。钎料应该具有合适的熔点、良好的润湿性和填缝能力，能与母材相互扩散，还应具有一定的力学性能和物理化学性能，以满足接头的使用性能要求。按钎料熔点的不同，钎焊分为软钎焊与硬钎焊。

1）软钎焊。钎料熔点小于 450℃ 的钎焊称为软钎焊，常用钎料是锡铅钎料，它具有良好的润湿性和导电性，广泛用于电子产品、电机电器和汽车配件。软钎焊的接头强度一般为 60~140MPa。

2）硬钎焊。钎料熔点大于 450℃ 的钎焊称为硬钎焊，常用钎料是黄铜钎料和银基钎料。应用银基钎料的接头具有较高的强度、导电性和耐蚀性，钎料熔点较低、工艺性良好，但价格较高，多用于要求较高的焊件，一般焊件多采用黄铜钎料。硬钎焊多用于受力较大的钢和铜合金工件，以及工具的钎焊。硬钎焊的接头强度为200~490MPa。

钎焊时要求两母材的接触面很干净，因此要用钎剂。钎剂的作用是去除母材和钎料表面的氧化物和油污杂质，保护钎料和母材接触面不被氧化，增加钎料的润湿性和毛细流动性。钎剂的熔点应低于钎料，钎剂残渣对母材和接头的腐蚀性应较小。软钎焊常用的钎剂是松香或氯化锌溶液，硬钎焊常用的钎剂是硼砂、硼酸和碱性氟化物的混合物。

（3）钎焊加热方法　几乎所有的加热热源都可以用作钎焊热源，常用火焰钎焊、感应钎焊、浸渍钎焊、炉中钎焊、烙铁钎焊、电阻钎焊和扩散钎焊等。

8. 焊接缺陷与检验

（1）焊接缺陷　焊接过程中会产生各种焊接缺陷，既影响焊缝的美观，还可能减小焊缝的有效承载面积，造成应力集中引起断裂，直接影响焊接结构使用的可靠性。常见焊接缺陷包括气孔、裂纹、夹渣、咬边、焊瘤和未焊透等。

（2）焊接质量检验　在焊接之前和焊接过程中，应对影响焊接质量的因素进行认真检查，以防止和减少焊接缺陷的产生；焊后应根据产品的技术要求，对焊接接头进行成品检验，以确保使用安全。

成品检验可分为破坏性检验和非破坏性检验两类。破坏性检验主要包括焊缝的化学成分分析、金相组织分析和力学性能试验，主要用于科研和新产品试生产；常用的非破坏性检验方法有外观检验、致密性检验、磁粉检验、渗透探伤、超声波探伤、射线探伤等。

4.4.2　常用金属材料的焊接

1. 金属材料的焊接性

（1）焊接性概念　金属材料的焊接性指其在采用一定焊接方法、焊接材料、工艺参数及结构形式的条件下，获得优质焊接接头的难易程度。焊接性一般包括接合性能和使用性能，是焊接结构设计、确定焊接方法、制订焊接工艺的重要依据。

（2）钢的焊接性评定方法　通常将影响最大的碳作为基础元素，把其他合金元素的质量分数对焊接性的影响折合成碳的相当质量分数，碳的质量分数和其他合金元素的相当质量分数之和称为碳当量，用符号 w_{CE} 表示，它是评定钢的焊接性的参考指标。国际焊接学会推荐的碳钢和低合金结构钢的碳当量计算公式为：

$$w_{CE}=\left(w_C+\frac{w_{Mn}}{6}+\frac{w_{Cr}+w_{Mo}+w_V}{5}+\frac{w_{Ni}+w_{Cu}}{15}\right)\times 100\%$$

式中，各元素的质量分数都取其成分范围的上限。

经验表明，碳当量越高，裂纹倾向越大，钢的焊接性越差。一般认为：① $w_{CE}<0.4\%$ 时，钢的淬硬和冷裂倾向不大，焊接性良好；② $w_{CE}=0.4\%\sim0.6\%$ 时，钢的淬硬和冷裂倾向逐渐增加，焊接性较差，焊接时需要采取预热、缓冷等工艺措施，以防止产生裂纹；③ $w_{CE}>0.6\%$ 时，钢的淬硬和冷裂倾向严重，焊接性很差，一般不用于生产焊接结构。

2. 碳素钢和低合金结构钢的焊接

（1）碳素钢的焊接

1）低碳钢的焊接。Q235、10、15、20等低碳钢由于其碳的质量分数低于0.25%，塑性很好，淬硬倾向小，不易产生裂纹，所以焊接性最好。焊接时，任何焊接方法和最普通的焊接工艺即可获得优质的焊接接头。

低碳钢对焊接方法几乎没有限制，应用最多的是焊条电弧焊、埋弧焊、气体保护焊和电阻焊。采用电弧焊时，焊接材料的选择见表4-12。

表 4-12 低碳钢焊接材料的选择

焊接方法	焊接材料	应用情况
焊条电弧焊	J421、J422、J423 等	焊接一般结构
	J426、J427、J506、J507 等	焊接承受动载荷、结构复杂或厚板重要结构
埋弧焊	H08 配 HJ430、H08A 配 HJ431	焊接一般结构
	H08MnA 配 HJ431	焊接重要结构
CO_2 气体保护焊	H08Mn2SiA	焊接一般结构

2）中碳钢的焊接。中碳钢的焊接接头容易产生低塑性的淬硬组织和冷裂纹，焊接性较差。中碳钢的焊接结构多为锻件和铸钢件，常用的焊接方法是焊条电弧焊。应选用抗裂性好的低氢型焊条（如 J426、J427、J506、J507 等），焊缝有等强度要求时，选择相当强度级别的焊条。对于补焊或不要求等强度的接头，可选择强度级别低、塑性好的焊条，以防止裂纹的产生。焊接时，应采取焊前预热、焊后缓冷等措施以减小淬硬倾向，减小焊接应力。

3）高碳钢的焊接。高碳钢的碳的质量分数大于 0.60%，其焊接特点与中碳钢基本相同，但淬硬和裂纹倾向更大，焊接性更差。一般这类钢不用于制造焊接结构，大多是用焊条电弧焊或气焊来补焊修理一些损坏件。焊接时，应注意焊前预热和焊后缓冷。

（2）低合金结构钢的焊接　低合金结构钢按其屈服强度可以分为九级：300MPa、350MPa、400MPa、450MPa、500MPa、550MPa、600MPa、700MPa、800MPa。其中，强度级别≤400MPa 的低合金结构钢，$w_{CE}<0.4\%$，焊接性良好，其焊接工艺和焊接材料的选择与低碳钢基本相同，一般无须采取特殊的工艺措施。只有焊件较厚、结构刚度较大和环境温度较低时，才进行焊前预热，以免产生裂纹。强度级别≥450MPa 的低合金结构钢，$w_{CE}>0.4\%$，存在淬硬和冷裂问题，其焊接性与中碳钢相当，焊接时需要采取焊前预热（预热温度 150℃左右）可以降低冷却速度，避免出现淬硬组织；适当调节焊接工艺参数，可以控制热影响区的冷却速度，保证焊接接头获得优良性能；焊后热处理能消除残余应力，避免冷裂。

3. 非铁金属的焊接

（1）铜及铜合金的焊接　铜及铜合金的焊接性较差，焊接时存在的主要问题是：

1）难熔合。铜的热导率大，焊接时散热快，要求焊接热源集中，且焊前必须预热，否则，易产生未焊透或未熔合等缺陷。

2）裂纹倾向大。铜在高温下易氧化，形成的氧化亚铜（Cu_2O）与铜形成低熔点共晶体（Cu_2O+Cu）分布在晶界上，容易产生热裂纹。

3）焊接应力和变形较大。因为铜的线胀系数大，收缩率也大，且焊接热影响区宽，所以应力和变形较大。

4）容易产生气孔。气孔主要由氢气引起，液态铜能够溶解大量的氢，冷却凝固时，溶解度急剧下降，来不及逸出的氢气即在焊缝中形成氢气孔。

铜及铜合金的焊接采用的主要方法是氩弧焊、气焊和焊条电弧焊，其中氩弧焊是焊接纯铜和青铜最理想的方法。

为保证焊接质量，在焊接铜及铜合金时还应采取以下措施：

1）在焊接材料中加入脱氧剂防止 Cu_2O 的产生，如采用磷青铜焊丝，即可利用磷进行脱氧。

2）清除焊件、焊丝上的油、锈、水分，减少氢的来源，避免气孔的形成。

3）厚板焊接时应以焊前预热来弥补热量的损失，改善应力分布。焊后锤击焊缝，减小残余应力。焊后进行再结晶退火，以细化晶粒。

（2）铝及铝合金的焊接　铝具有密度小、耐蚀性好、很高的塑性和优良的导电导热性以及良好的焊接性等优点，因而铝及铝合金在航空、汽车、机械制造、电工及化学工业中得到了广泛应用。焊接时的主要问题是：

1）表面极易生成一层致密的氧化膜（Al_2O_3），其熔点（2050℃）远高于纯铝的熔点（657℃），在焊接时阻碍金属的熔合，且由于密度大，容易形成夹杂。

2）液态铝可以大量溶解氢，铝的高导热性又使金属迅速凝固，因此液态时吸收的氢气来不及逸出，极易在焊缝中形成气孔。

3）线胀系数和结晶收缩率很大，焊接应力很大，对于厚度大或刚性较大的结构，焊接接头容易产生裂纹。

4）高温时强度和塑性极低，很容易产生变形，且高温液态无显著的颜色变化，操作时难以掌握加热温度，容易出现烧穿、焊瘤等缺陷。

焊接铝及铝合金常用的方法有氩弧焊、电阻焊、气焊，其中氩弧焊应用最广，电阻焊应用也较多，气焊在薄件生产中仍在采用。

为保证焊接质量，铝及铝合金在焊接时应采取以下工艺措施：

1）焊前清理，去除焊件表面氧化膜、油污、水分，便于焊接时的熔合，防止气孔、夹渣等缺陷的产生。清理方法有化学清理（酸洗或碱洗）、机械清理（用钢丝刷或刮刀清除表面氧化膜及油污）。

2）对厚度超过5~8mm的焊件，预热至100~300℃，以减小焊接应力，避免裂纹，且利于氢的逸出，防止气孔的产生。

3）焊后清理残留在接头处的焊剂和焊渣，防止其与空气、水分作用，腐蚀焊件。可用10%的硝酸溶液浸洗，然后用清水冲洗、烘干。

4.4.3　焊接结构工艺性

焊接结构工艺性主要表现在焊缝布置、焊接接头和坡口形式等几个方面。

1. 焊缝布置

在布置焊缝时，应考虑以下几个方面的问题：

（1）焊缝位置应便于施焊，有利于保证焊缝质　如图4-49所示。施焊操作最方便、焊接质量最容易保证的是平焊缝，因此在布置焊缝时应尽量使焊缝能在水平位置进行焊接。

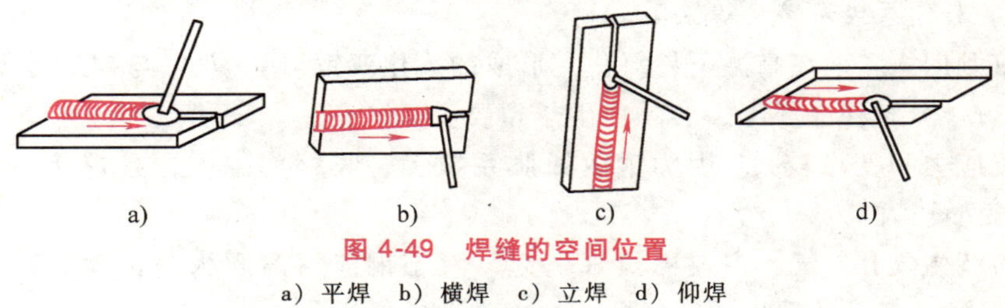

图4-49　焊缝的空间位置

a）平焊　b）横焊　c）立焊　d）仰焊

图4-50所示为考虑焊条电弧焊施焊空间时，对焊缝的布置要求。

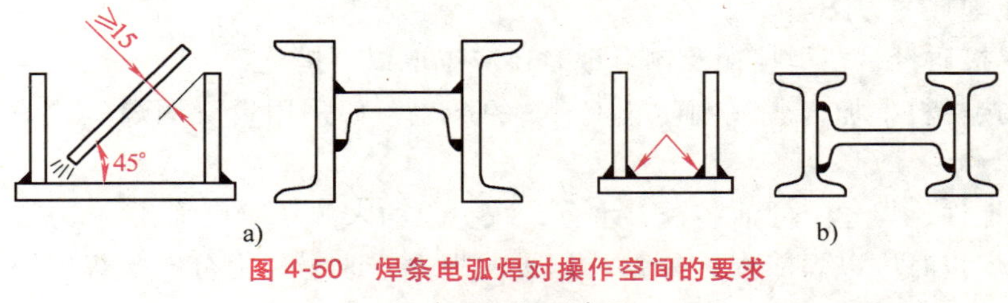

图4-50　焊条电弧焊对操作空间的要求

a）合理　b）不合理

(2) 焊缝布置应利于减小焊接应力和变形　通过合理布置焊缝来减小焊接应力和变形，主要有以下途径：

1）尽量减少焊缝数量。通过采用型材、管材、冲压件、锻件和铸钢件等作为被焊材料来实现。这样不仅能减小焊接应力和变形，还能减少焊接材料消耗，提高生产率。图4-51所示箱体构件，如采用型材或冲压件（图4-51b）焊接，可比板材（图4-51a）减少两条焊缝。

2）尽可能分散布置焊缝。如图4-52所示，焊缝集中分布容易使接头处过热，材料的力学性能降低。两条焊缝的间距要求为3倍至5倍板厚。

3）尽可能对称分布焊缝。如图4-53所示，焊缝的对称布置可以使各条焊缝的焊接变形抵消，对减小梁柱结构的焊接变形有明显效果。

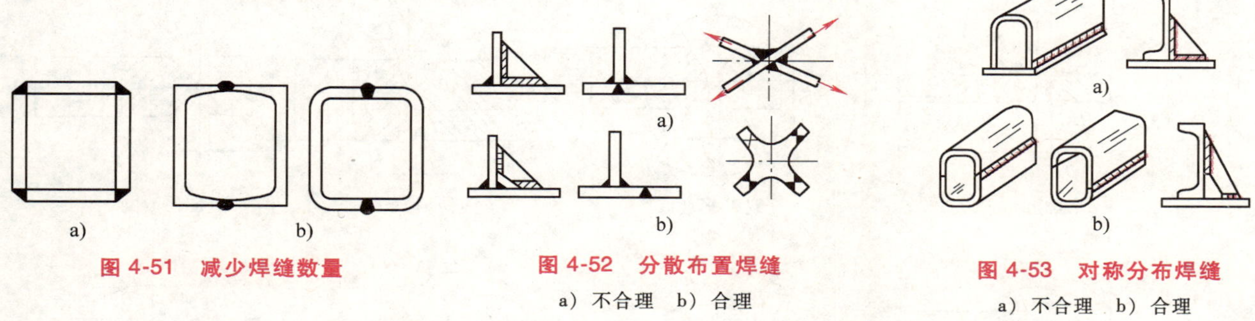

图4-51　减少焊缝数量

图4-52　分散布置焊缝

a）不合理　b）合理

图4-53　对称分布焊缝

a）不合理　b）合理

(3) 焊缝应尽量避开最大应力和应力集中部位　如图4-54所示，应防止焊接应力与外加应力相互叠加，造成过大的应力而开裂。不可避免时，应附加刚性支承，以减小焊缝承受的应力。

(4) 焊缝应尽量避开机械加工表面　焊接工序应在机械加工工序之前完成，以防止焊接损坏机械加工表面。此时焊缝的布置也应尽量避开需要加工的表面，因为焊缝的机械加工性能不好，且焊接残余应力会影响加工精度。如果焊接结构上某一部位的加工精度要求较高，又必须在机械加工完成之后进行焊接工序，应将焊缝布置在远离加工面处，以避免焊接应力和变形对已加工表面精度的影响，如图4-55所示。

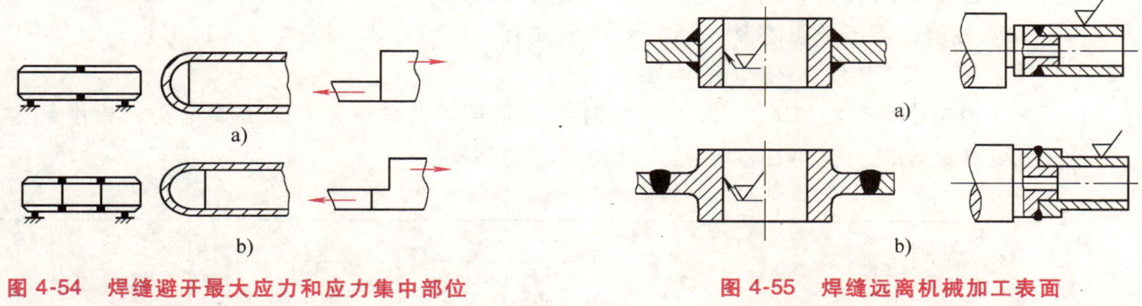

图4-54　焊缝避开最大应力和应力集中部位

a）不合理　b）合理

图4-55　焊缝远离机械加工表面

a）不合理　b）合理

2. 焊接接头和坡口形式的选择

(1) 焊接接头形式的选择　根据GB/T 3375—1994规定，焊条电弧焊焊接碳钢和低合金钢的基本焊接接头形式有对接接头、角接接头、搭接接头和T形接头四种，如图4-56所示。

焊接接头形式的选择，首先决定于焊缝位置之间的对应关系，一旦结构设计已定，它所需的接头形式也就基本确定了，因而接头形式是不能任意选用的。但是在结构设计时，设计者应综合考虑结构形状、使用要求、焊件厚度、变形大小、焊接材料的消耗量、坡口加工的难易程度等因素，以确定接头形式和总体结构形式。

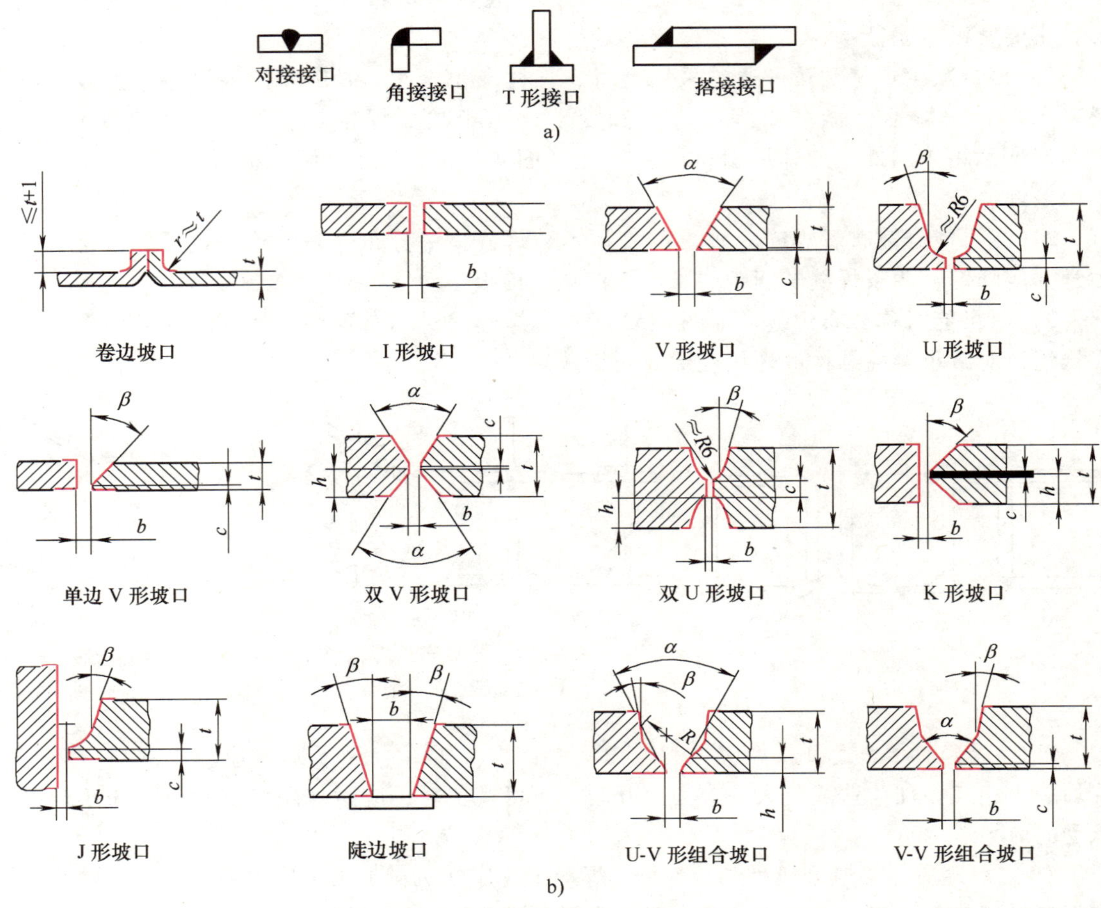

图 4-56　手弧焊接头及坡口形式

a）接头形式　b）坡口形式

（2）焊接坡口形式的选择　为保证厚度较大的焊件能够焊透，常将焊件接头边缘加工成一定形状的坡口。坡口主要根据板厚和采用的焊接方法来确定。根据 GB/T 985.1—2008 规定，焊条电弧焊常采用的坡口形式有 I 形坡口、V 形坡口、U 形坡口、V—V 形组合坡口、双 V 形坡口等（图 4-56）。

焊条电弧焊板厚 6mm 以上对接时，一般要开设坡口，对于重要结构，板厚超过 3mm 就要开设坡口。表 4-13 为对接焊缝符号标注举例。

表 4-13　对接焊缝符号标注举例（摘自 GB/T 985.1—2008）

母材厚度/mm	坡口/接头种类	基本符号	横截面示意图	尺寸				适用的焊接方法	焊缝示意图	备注
				坡口角 α 或坡口面角 β/(°)	间隙 b/mm	钝边 c/mm	坡口深度 h/mm			
$3 \leqslant t \leqslant 8$	I 形坡口	‖		—	$3 \leqslant b \leqslant 8$	—	—	13		必要时加衬垫
					$\approx t$			141		
$\leqslant 15$					0			52		—
$5 \leqslant t \leqslant 40$	V 形坡口（带钝边）	Y		$\alpha \approx 60°$	$1 \leqslant b \leqslant 4$	$2 \leqslant c \leqslant 4$	—	111 13 141		—

（续）

母材厚度/mm	坡口/接头种类	基本符号	横截面示意图	尺寸：坡口角 α 或坡口面角 β/(°)	尺寸：间隙 b/mm	尺寸：钝边 c/mm	尺寸：坡口深度 h/mm	适用的焊接方法	焊缝示意图	备注
>12	U形坡口			$8° \leqslant \beta \leqslant 12°$	$b \leqslant 4$	≤3	—	111 13 141		—
					$1 \leqslant b \leqslant 3$	≈5	—	111 13		封底
>12	V—V形组合坡口			$60° \leqslant \alpha \leqslant 90°$ $10° \leqslant \beta \leqslant 15°$	$2 \leqslant b \leqslant 4$	>2	—	111 13 141		—
>10	双V形坡口			$40° \leqslant \alpha \leqslant 60°$	$1 \leqslant b \leqslant 3$	≤2	$\approx t/2$	13		—

设计焊接结构最好采用相同厚度的材料，以便获得优质的焊接接头。如果采用两块厚度相差较大的金属材料进行焊接，则接头处会造成应力集中，而且接头两边受热不均易产生焊不透等缺陷。对于不同厚度钢板对接的承载接头，当两板厚度差（$\delta-\delta_1$）不超过表4-14的规定时，焊接接头的基本形式和尺寸按厚度较大的板确定，反之则应在厚板上做出单面或双面斜度，有斜度部分的长度 $L \geqslant 3(\delta-\delta_1)$，如图4-57所示。

表4-14　不同厚度钢板对接时允许的厚度差

较薄板的厚度 δ_1/mm	2~5	5~9	9~12	12
允许厚度差($\delta-\delta_1$)/mm	1	2	3	4

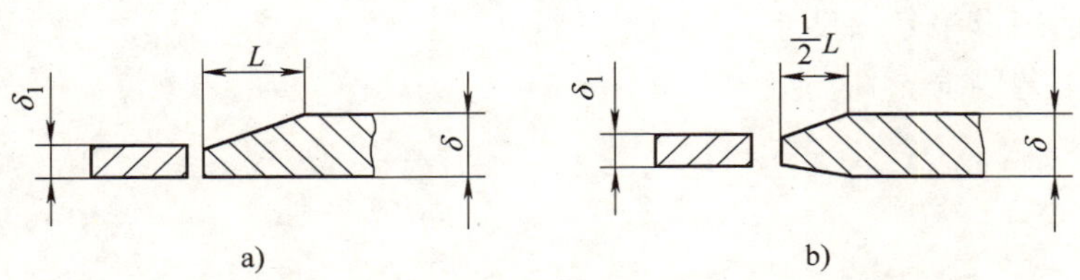

图4-57　不同厚度钢板的对接

3. 焊接结构工艺图

焊接结构工艺图是使用国家标准规定的有关焊缝的图形符号、画法、标注等表达设计人员关于焊缝的设计思想，并能被他人正确理解的焊接结构图样。它与一般机器零件工艺图的主要区别在于，它必须要表达出对焊缝的工艺要求。

（1）焊缝的图示法和符号表示

1）焊缝的图示法。焊缝正面用细实线短划表示（图4-58a），或用比轮廓线粗2~3倍的粗实线表示（图4-58b），在同一图样中，上述两种方法只能用一种。焊缝端面用粗实线划出焊缝的轮廓，必要时用细实线画出坡口形状（图4-58c）。剖面图上焊缝区应涂黑

（图 4-58d）。用图示法表示的焊缝还应该有相应的标注或另有说明（图 4-58e）。

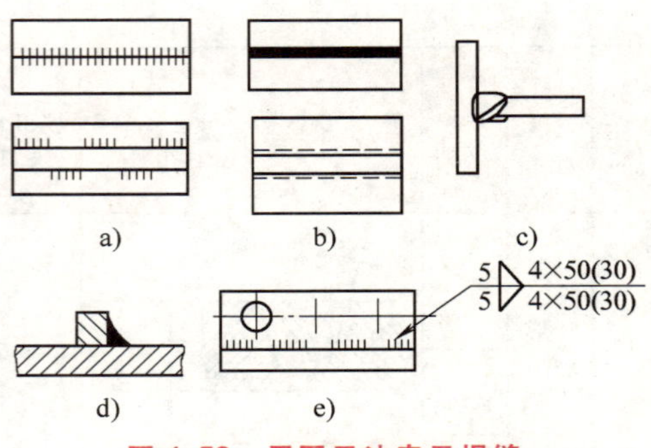

图 4-58　用图示法表示焊缝

图 4-58e 中，5 表示焊缝直角边长度为 5mm，4 表示四段焊缝，50 表示每段焊缝的长度为 50mm，30 表示焊缝之间的间距为 30mm。

2）焊缝的符号表示。为了使焊接结构图样清晰，并减轻绘图工作量，一般不按图示法画出焊缝，而是采用一些符号对焊缝进行标注。GB/T 324—2008、GB/T 12212—2012、GB/T 5185—2005 分别对焊缝符号和标注方法作了规定。

焊缝符号共有三组：①基本符号，用以表明焊缝横截面的形状；②辅助符号，用以表明焊缝表面形状特征，如焊缝表面是否齐平等；③补充符号，用以补充说明焊缝的某些特征，如是否带有垫板等。

焊缝符号通过指引线标注在图样的焊缝位置，如图 4-59 所示。指引线一般由箭头线和两条基准线（一条为实线、另一条为虚线）组成，箭头指在焊缝处。标注对称焊缝或双面焊缝时，可免去基准线中的虚线。必要时，焊缝符号可附带有尺寸符号和数据（如焊缝截面、长度、数量、坡口等）。还可以画焊缝的局部放大图，并标注有关尺寸。

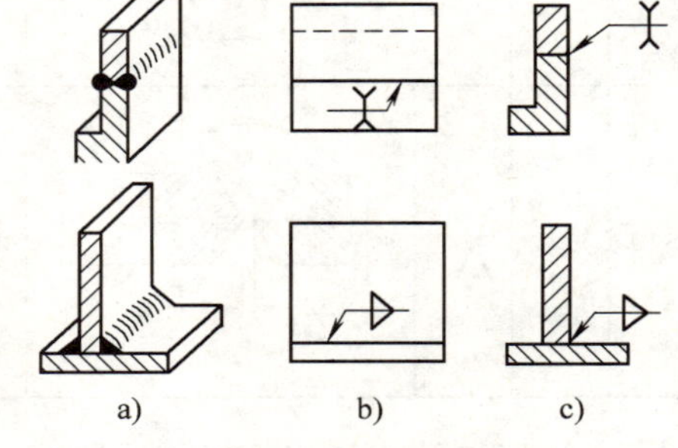

图 4-59　焊缝标注方法

a）焊缝　b）焊缝正面标注方法

c）焊缝剖面标注方法

（2）焊接结构工艺图　焊接结构工艺图实际上是装配图，但对于简单的焊接构件，一般不单画各构成件的零件图，而是在结构图上标出各构成件的全部尺寸。对于复杂的焊接构件，应单独画出主要构成件的零件图，个别小构成件仍附于结构总图上。由板料弯曲成形的，可附有展开图。总之，在焊接结构工艺图上，应表达出以下内容：

1）构成件的形状及各有关构成件之间的相互关系。

2）各构成件的装配尺寸及有关板厚、型材规格等。

3）焊缝的图形符号和尺寸。

4）焊接工艺要求。

4.4.4　胶接技术

1. 胶接的特点与应用

胶接，也称粘接，是利用化学反应或物理凝固等作用，使一层非金属的胶体材料具有一定的内聚力，并对与其界面接触的材料产生粘附力，从而由这些胶体材料将两个物体紧密连接在一起的工艺方法。胶接的主要特点是：

1）能连接材质、形状、厚度、大小等相同或不同的材料，特别适用于连接异形、异质、薄壁、复杂、微小、硬脆或热敏的制件。

2）接头应力分布均匀，避免因焊接热影响区相变、焊接残余应力和变形等对接头的不良影响。

3）可以获得刚度好、重量轻的结构，且表面光滑，外表美观。

4）具有连接、密封、绝缘、防腐、防潮、减振、隔热、衰减消声等多重功能，连接

不同金属时，不产生电化学腐蚀。

5）工艺性好，成本低，节约能源。

胶接也有一定的局限性，存在的主要问题是胶接接头的强度不够高，大多数胶粘剂耐热性不高，易老化。

胶接在航空航天工业中是非常重要的连接方法，主要用于铝合金钣金及蜂窝结构的连接，除此以外，在机械制造、汽车制造、建筑装潢、电子工业、轻纺、新材料、医疗、日常生活中，胶接的应用也非常广泛。

2. 胶粘剂

胶粘剂根据其来源不同，有天然胶粘剂和合成胶粘剂两大类。其中天然胶粘剂组成较简单，多为单一组分；合成胶粘剂则较为复杂，是由多种组分配制而成的。目前应用较多的是合成胶粘剂，其主要组分有：①粘料，是起胶合作用的主要组分，主要是一些高分子化合物、有机化合物或无机化合物；②固化剂，其作用是参与化学反应使胶粘剂固化；③增塑剂，用以降低胶粘剂的脆性；④填料，用以改善胶粘剂的使用性能（如强度、耐热性、耐腐蚀性、导电性等），一般不与其他组分起化学反应。

3. 胶接工艺

（1）胶接工艺过程　在正式胶接之前，先要对被粘物表面进行表面处理，以保证胶接质量。然后将准备好的胶粘剂均匀涂敷在被粘表面上，胶粘剂扩散、流变、渗透、合拢后，在一定条件下固化，从而完成胶接过程。

胶接的一般工艺过程有：确定部位、表面处理、配胶、涂胶、固化、检验等。

1）确定部位。胶接前需要对胶接的部位有比较清楚的了解，例如表面状态、清洁程度、破坏情况、胶接位置等，为实施具体的胶接工艺做好准备。

2）表面处理。表面处理的目的是获得最佳的表面状态，有助于形成足够的粘附力，提高胶接强度和使用寿命。主要解决下列问题：去除被粘表面的氧化物、油污等异物污物层、吸附的水膜和气体，清洁表面；使表面获得适当的粗糙度等。表面处理的具体方法有表面清理、脱脂去油、除锈、粗化、清洁、干燥、化学处理、保护处理等，依据被粘表面的状态、胶粘剂的品种、强度要求、使用环境等进行选用。

3）配胶。单组分胶粘剂一般可以直接使用，但如果有沉淀或分层，则在使用之前必须搅拌混合均匀。多组分胶粘剂必须在使用前按规定比例调配混合均匀，根据胶粘剂的适用期、环境温度、实际用量来决定每次配制量的大小，随配随用。

4）涂胶。涂胶就是以适当的方法和工具将胶粘剂涂布在被粘表面，操作的正确与否，对胶接质量有很大影响。涂胶方法与胶粘剂的形态有关，液态、糊状或膏状的胶粘剂可采用刷涂、喷涂、浸涂、注入、滚涂、刮涂等方法，要求涂胶均匀一致，避免空气混入，达到无漏涂、不缺胶、无气泡、不堆积，胶层厚度控制在0.08~0.15mm。

5）固化。固化是胶粘剂通过溶剂挥发、乳液凝聚的物理作用或缩聚、加聚的化学作用，变为固体并具有一定强度的过程，是获得良好胶粘性能的关键过程。胶层固化应控制温度、时间、压力三个参数。固化温度是固化条件中最为重要的因素，适当提高固化温度可以加速固化过程，并能提高胶接强度和其他性能。加热固化时要求加热均匀，严格控制温度，缓慢冷却。适当的固化压力可以提高胶粘剂的流动性、润湿性、渗透和扩散能力，防止气孔、空洞和分离，使胶层厚度更为均匀。固化时间与温度、压力密切相关，升高温度可以缩短固化时间，降低温度则要适当延长固化时间。

6）检验。对胶接接头的检验方法主要有：目测、敲击、溶剂检验、试压、测量、超声波检验、X射线检验等。

（2）胶接接头　胶接接头的受力情况比较复杂，其中最主要的是机械力的作用。作用在胶接接头上的机械力主要有四种类型：剪切、拉伸、剥离和不均匀扯离。在选择胶接接头形式时，应考虑以下原则：

1）尽量使胶层承受剪切力和拉伸力，避免剥离和不均匀扯离。

2）在可能和允许的条件下适当增加胶接面积。

3）采用混合连接方式，如胶接加点焊、铆接、螺栓连接、穿销等，可以取长补短，增加胶接接头的牢固耐久性。

4）注意不同材料的合理配置，如材料线膨胀系数相差很大的圆管套接时，应将线膨胀系数小的套在外面，而线膨胀系数大的套在里面，以防止加热引起的热应力造成接头开裂。

5）接头结构应便于加工、装配、胶接操作和以后的维修。

胶接接头的基本形式是搭接，常见的胶接接头形式如图4-60所示。

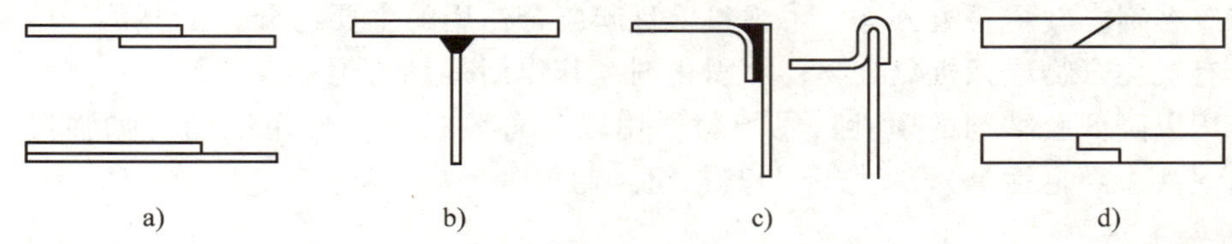

图4-60　胶接接头形式

4.5　金属材料在工业设计中的应用

金属材料在工业设计中应用广泛，下面举例说明其应用。

（1）鲨鱼尾巴落地灯（图4-61）　由设计师 Ol'ha Shevchenko 设计。这款落地灯和一条鲨鱼尾巴相似，像雕塑一样装饰家居空间。它采用铝合金材质，双侧照明光源，白色光源适用于任何家居。

图4-61　鲨鱼尾巴落地灯

（2）炸弹酒柜（图4-62）　这款高2.4m的酒柜以一枚炸弹的形式出现着实令人印象深刻，通体抛光，每一枚铆钉都锃亮发光；打开那坚实的金属门，里面是美国胡桃木和抛光铜制作的隔断，无论放什么酒具，那耀眼的光芒永远都会让人们眼睛为之一亮！

（3）Kit Bike可拆卸自行车（图4-63）　Kit Bike是一款方便携带的折叠概念自行车。为了减轻重量，整体采用铝材质空心管打造，整车有21个部件，如轮胎、车座、踏板和关节锁等。所有部件可以存放在一个圆形的皮质背包里，可分层存放各个部件，背起背包就能带到任何地方，需要使用的时候，自行组装即可。

（4）idol懒人椅（图4-64）　idol用铁丝等材料建成了一个笼子一样的“建筑”，让喜欢坐着的人们在其中寻求安静。椅座上展开的宽大布毯像坐垫一样，让坐在上面的人感觉更加舒适。金属结构生成的空间，为存放书籍杂志、悬挂衣物和灯具以及摆放绿色植物等创造了条件，一切唾手可得。

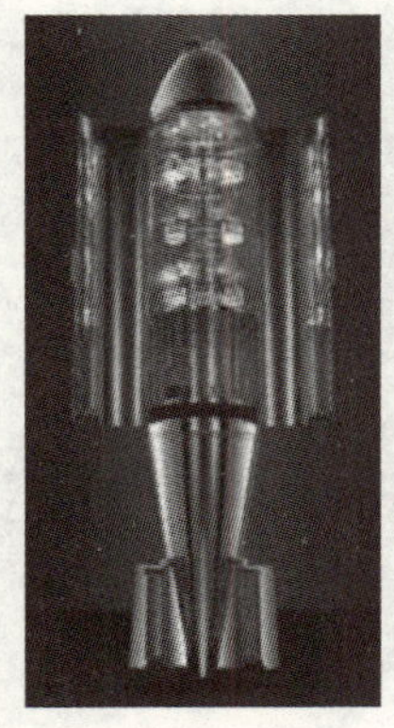

图 4-62　炸弹酒柜

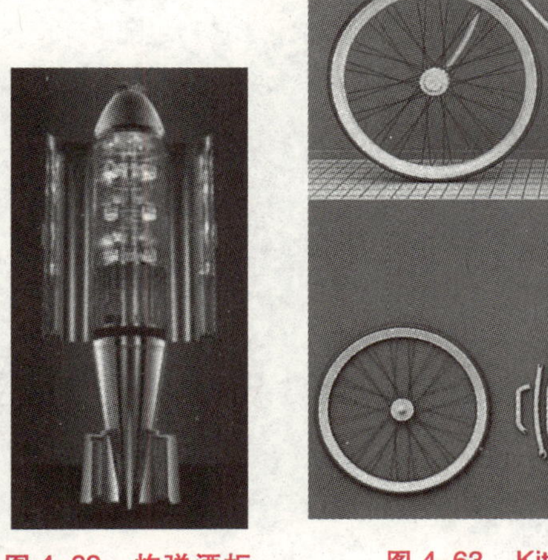

图 4-63　Kit Bike 可拆卸自行车

图 4-64　idol 懒人椅

（5）OMEGA 钛合金钱包（图 4-65）　英国设计师格利高里·文特斯（Gregory·Winters）设计的这款名叫“OMEGA”的钛合金钱包设计简单，两块金属钛板通过四个夹子连接成一个像小盒子一样的立方体。但巧妙的是，在盒子一侧开了一个 U 形口，可以轻松地通过这个 U 形口弹出置于内腔的钱或卡，U 形口还是个方便的开瓶器。整个钱包的尺寸不比一张卡大多少，把玩于手掌之间，即使不装卡，OMEGA 也是一件令人难以拒绝的艺术品，何况它还很实用。

（6）ID Mouse 钛合金鼠标（图 4-66）　由荷兰 Intelligent-Design 设计推出的 ID Mouse，表面采用钛合金材质，金属拉丝处理更显高贵，并且加入了树脂材料。另外值得一提的就是鼠标的滚轮，使用了人们不太熟悉的金属钕，这种被称为“永磁之王”的材质以优异的性能应用于电子机械等行业。鼠标侧面还有黑色和白色两种选择，搭配简约。

图 4-65　OMEGA 钛合金钱包

图 4-66　ID Mouse 钛合金鼠标

（7）金属花瓶（图 4-67）　泰国设计师 Decha Archjananun 设计了系列花瓶，完全颠覆了传统花瓶的样式。他采用超简约的金属框架来做瓶身，基座采用混凝土，支架则是细钢管材质，并且两部分可以拆开，充分展示了力与美、刚与柔的完美结合。

（8）瑞士军刀指环（图 4-68）　人们很难把指环和阳刚之气联系到一起，因为大部分指环都是作为定情信物。Bruce Boone 设计的这款瑞士军刀指环则不然，号称是男人的指环。这款瑞士军刀指环采用航空级钛金属制作，关闭时和普通指环别无二致，展开之后才

图 4-67　金属花瓶

发现里面藏有五种工具：开瓶器、刀子、锯齿刀、锯和梳子，是低调男人的选择，非常适合野外生存。指环内侧抛光，手感良好，可以在上面刻字。

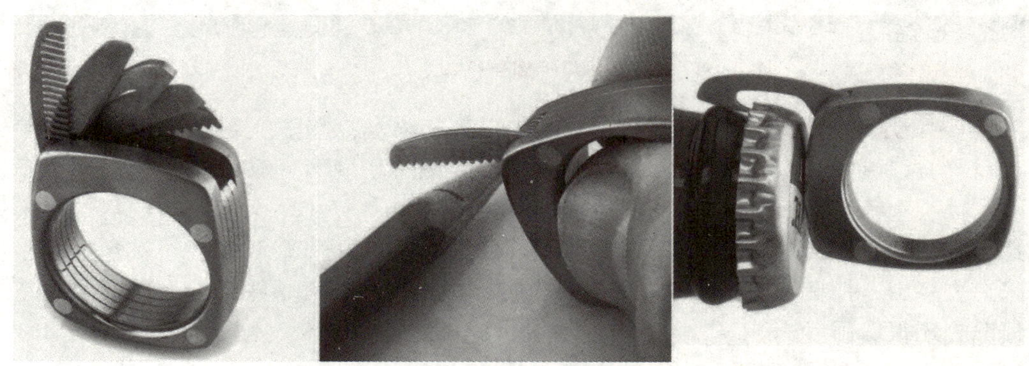

图 4-68　瑞士军刀指环

（9）鱼灯（图 4-69）　后现代结构主义建筑大师 Frank Gehry（1989 年普利兹克建筑奖得主）设计了这一系列惊人的鱼灯：当金属丝串联起无数片美耐板，鳞片的组合让鱼体活跃，呈现 Frank 最擅长的“视觉冲突与连贯的几何弧度”。加上内发光装置，令作品兼具动感与美感。

（10）Philippi 环保无针订书机（图 4-70）　Philippi 作为经典设计款式，以金属为材质，辅以简约的线条结构与镜面抛光的表面处理，将外型与功能两者合二为一，为文具注入全新的生命，呈现出简约时尚的现代感，是当代设计的时尚典范。Philippi 不仅是个性品位的体现，更是私人珍藏的骄傲！无钉环保订书机可以订少量纸张，适合白领及办公职员使用。

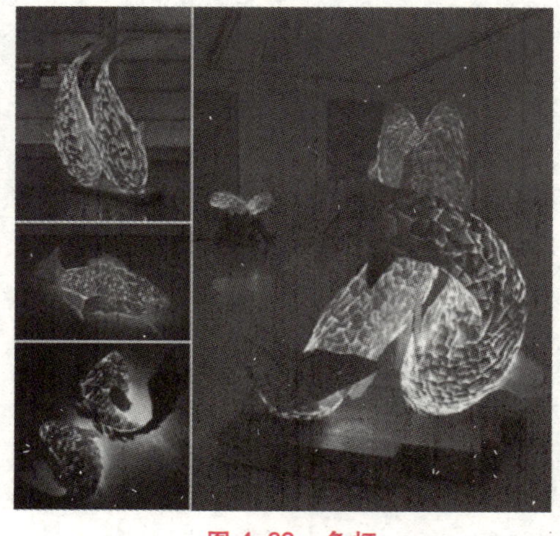

图 4-69　鱼灯

图 4-70　Philippi 环保无针订书机

复习思考题

4-1　什么是液态合金的充型能力？它与合金的流动性有何关系？

4-2　缩孔与缩松对铸件质量有何影响？

4-3　分析下列情况产生气孔的可能性。

① 熔化铝时铝料油污过多；②起模时刷水过多；③舂砂过紧；④型芯撑有锈。

4-4　分模造型、挖砂造型、活块造型、三箱造型各适用于哪种情况？

4-5　什么是铸件的结构斜度？它与起模斜度有何不同？图 4-71 所示铸件的结构是否合理？

4-6　什么是铸造工艺图？用途是什么？

4-7　图 4-72 所示铸件的结构有何缺点？该如何改进？

4-8　为什么铸件要有结构圆角？图 4-73 所示铸件上哪些圆角不够合理，应如何修改？

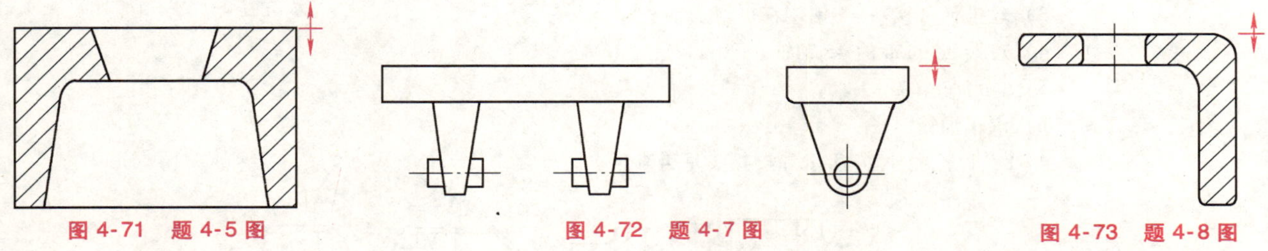

图 4-71　题 4-5 图　　图 4-72　题 4-7 图　　图 4-73　题 4-8 图

4-9　下列铸件宜选用哪类铸造合金？说明理由。

①坦克车履带板；②压气机曲轴；③火车轮；④车床床身；⑤摩托车发动机缸体；⑥减速器蜗轮；⑦气缸套。

4-10　什么是熔模铸造？试述其工艺过程。

4-11　什么是离心铸造？它在圆筒件铸造中有哪些优越性？

4-12　铸钢与球墨铸铁相比，其力学性能和铸造性能有哪些不同？为什么？

4-13　下列铸件在大批量生产时采用什么铸造方法为宜？

①大口径铸铁污水管；②缝纫机头；③车床床身；④铝活塞；⑤摩托车气缸体；⑥汽轮机叶片；⑦气缸套；⑧汽车喇叭。

4-14　什么是最小阻力定律？

4-15　将长度为 75mm 的圆钢拔长到 165mm，锻造比是多少？将直径为 50mm、高 120mm 的圆棒锻到 60mm 高，其锻造比是多少？能将直径为 50mm、高 180mm 的圆钢镦粗到 60mm 高吗？为什么？

4-16　锻造时为什么要加热？如何选择锻造温度范围？

4-17　模锻与自由锻有何区别？

4-18　预锻模膛与制坯模膛有何不同？

4-19　改正图 4-74 模锻零件结构的不合理处。

4-20　板料冲压有哪些特点？主要冲压工序有哪些？

4-21　图 4-75 所示 08 钢圆筒形拉深件，壁厚 1.5mm，能否一次拉深？若不能一次拉深，确定拉深次数，并画出相应工序图。

4-22　电弧焊时，若焊接区暴露在大气中，会有什么结果？为保证焊缝质量采取的主要措施是什么？

4-23　试说明焊条牌号 J422 中字母和数字的含义。

4-24　焊接变形的基本形式有哪些？如何预防和矫正焊接变形？

4-25　为什么存在焊接残余应力的工件在经过切削加工后往往会产生变形？如何避免？

4-26　制造下列焊件，应分别采用哪种焊接方法？应采取哪些工艺措施？

1）壁厚 50mm，材料为 Q345 的压力容器。

2）壁厚 20mm，材料为 ZG270-500 的大型柴油机缸体。

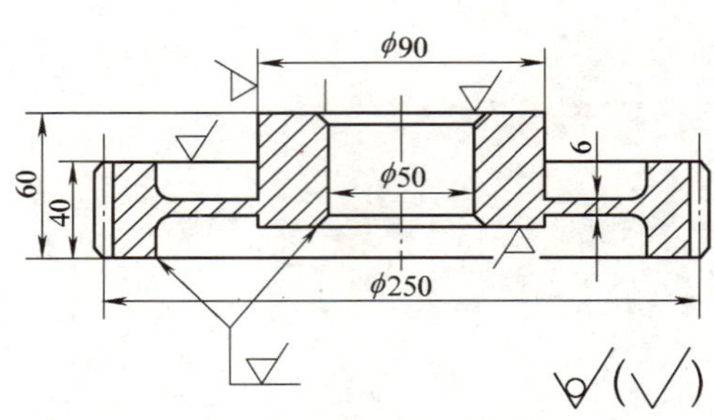

图 4-74　题 4-19 图

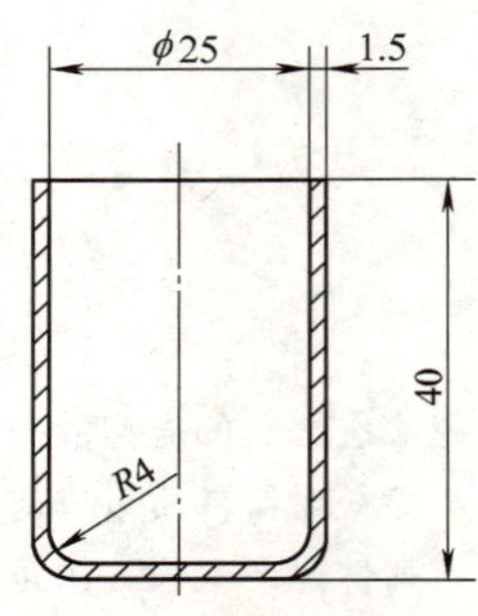

图 4-75　题 4-21 图

3）壁厚 10mm，材料为 12Cr18Ni9 的管道。

4）壁厚 1mm，材料为 20 钢的容器。

4-27　为下列结构选择最佳的焊接方法：

1）壁厚小于 30mm 的 Q345 锅炉筒体的批量生产。

2）采用低碳钢的厂房屋架。

3）丝锥柄部接一 45 钢钢杆以增加柄长。

4）对接 φ30mm 的 45 钢轴。

5）自行车车架。

6）汽车油箱。

4-28　讨论图 4-76 所示焊接接头是否满足工艺性要求，为什么？

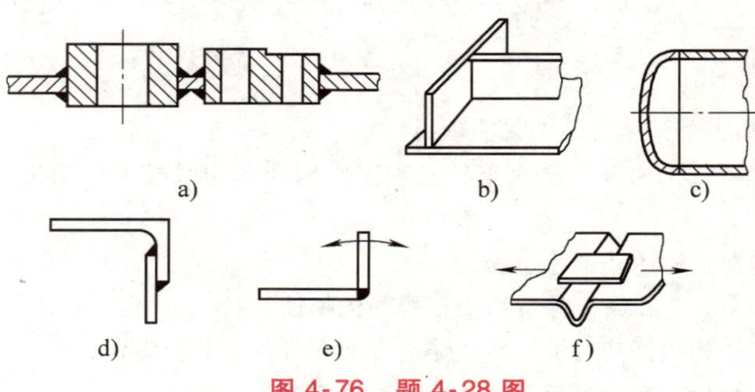

图 4-76　题 4-28 图

4-29　胶接时为什么要对工件进行表面处理？胶接过程中有哪些重要参数需要控制？

materials & technics

第5章

有机高分子材料及其成形

有机高分子材料也称为聚合物材料，是以有机高分子化合物（树脂）为基体，再配有其他添加剂（助剂）所构成的材料。目前有机高分子材料在尖端技术、国防建设和国民经济各个领域得到了广泛应用，已成为现代社会生活中衣、食、住、行、用各个方面所不可缺少的材料。有机高分子材料由于原料来源丰富、制造方便、品种繁多、用途广泛，在材料领域中的地位日益突出。有机高分子材料不仅为工农业生产及人们的日常生活提供不可缺少的材料，而且为发展高新技术提供更多更有效的高性能结构材料、功能材料以及满足各种特殊用途的专用材料。本章主要介绍塑料、橡胶和木材这三种在产品设计中应用最为广泛的有机高分子材料。

5.1　有机高分子材料概述

有机高分子材料可分为天然高分子材料、合成高分子材料及高分子复合材料等。天然高分子材料通常指纤维素、棉花、淀粉、蚕丝、皮毛等，早在远古时代，人类就已经学会使用这些天然高分子材料。其中，木材是产品设计中应用最为广泛也是使用历史最为悠久的一种天然高分子材料。合成高分子材料则包括塑料、橡胶、化纤、涂料和粘合剂五大类，通常设计中应用最为广泛的合成高分子材料包括塑料和橡胶。高分子复合材料，从狭义上来说是指高分子与另外不同组成、不同形状、不同性质的物质复合而成的多相材料，大致可分为结构复合材料和功能复合材料两种。关于高分子复合材料的成形，请参看第7章内容。

有机高分子材料与工业产品设计有着密切关系，材料选用合适，可以获得高性价比的产品，取得事半功倍的效果。由于有机高分子材料的品种繁多，在性能上各有所长，因而必须通过适当的选择来满足各种不同设计要求：如对于比较精密的机械零部件，可选择POM（聚甲醛）、PI（聚酰亚胺）等具有优良力学性能、刚性、自润滑性和耐磨性的工程塑料；如所设计的零部件是用于化工设备，则可选用聚四氟乙烯、氯化聚醚等耐蚀性极好的材料；而对于要求强度高，刚性、耐冲击性、耐振性好以及外观优美的汽车保险杠，则应选用PP（聚丙烯）、EPDM（三元乙丙橡胶，乙烯、丙烯和非共轭二烯烃的三元共聚物）、PC（聚碳酸酯）、PBT（聚对苯二甲酸丁二醇酯）等，具有高刚性、高耐冲击性、可焊接性以及表面光泽的材料。

塑料、橡胶和木材是产品设计中运用最为广泛的三大有机高分子材料。目前从原材料制成种类繁多、用途各异的最终产品，已形成规模庞大、先进的加工工业体系，而且三大高分子材料各具特点，又形成各自的加工体系。下面分别对三大高分子材料的成形加工做简要介绍。

1. 塑料的成形加工

塑料的成形加工一般包括原料的配制和准备、成形及制品后加工等几个过程。在大多数情况下成形是通过加热使塑料处于粘流态的条件下，经过流动、成形和冷却硬化，而将塑料制成各种形状的产品的方法。塑料成形的方法很多，包括挤出成形、注射成形、模压成形、压延成形、铸塑成形、模压烧结成形、传递模塑、发泡成形等。制品后加工则是指对成形后的制件进行车、刨、铣、钻等工作，用来完成成形过程中所不能完成或完成得不够准确的工作。

2. 橡胶的成形加工

橡胶的加工分为两大类：一类是干胶制品的加工，另一类是胶乳制品的加工。干胶制品的原料是固态的弹性体，其加工过程包括塑炼、混炼、成形、硫化四个步骤；胶乳制品

则是以胶乳为原料进行加工的，其生产工艺与塑料糊的成形大致相似。但胶乳一般要加入各种添加剂，先经半硫化制成硫化胶乳，然后再用浸渍、压出或注模等与塑料糊成形相似的方法获得半成品，最后进行硫化形成制品。

3. 木材的成形加工

木材系指树干的加工产品。它是一种天然高分子有机材料，由纤维素、半纤维素和木素组成。木材在由制材品到制成品的过程中，需经过多种加工工艺，其中包括锯削、刨削、尺寸度量和划线、凿削、砍削、钻削、拼接以及装配和成形后的表面修饰等。

5.2　塑料及其成形工艺

5.2.1　塑料概述

自从1868年第一种塑料问世以来，塑料的发展迅猛，现在塑料的品种越来越丰富，从原来利用天然纤维素添加樟脑作增塑剂制成的赛璐珞塑料，到今天研制而成的工程塑料、通用塑料以及增强塑料等，塑料走入了人们生活、生产和工作的各个方面。无论是家电外壳、办公用品、衣物纽扣家具拉手、数码产品及机床、照明灯罩、汽车仪表盘等，都是由各种塑料加工而成，塑料已成为当今产品中利用率最高的材料。

1. 塑料的组成

塑料是以合成树脂为主要原料，适量加入填充剂、增塑剂、润滑剂、稳定剂、固化剂、着色剂等添加剂，在一定条件下具有流动性、可塑性，并能加工成形，当恢复正常条件时仍可保持加工时形状的一种高分子材料。

（1）合成树脂　人工合成的高分子聚合物是塑料的基本原料，起胶黏作用，能将其他组分胶结成一个整体，决定塑料的类型和基本性质。

（2）填充剂　为了改善塑料的某些性质（如提高塑料制品的硬度、强度、耐热性以及降低成本等）而加入的一些材料。常见的填充剂有木粉、铝粉、滑石粉、硅藻土、云母、石棉、二硫化钼、玻璃纤维等。如石棉可增加塑料的耐热性，云母可提高塑料的电绝缘性能，石墨、二硫化钼可改善塑料的耐磨性能等。此外，填充剂通常都比合成树脂便宜，还能降低塑料成本。

（3）增塑剂　增塑剂通常是具有粘性的液体，往往与合成树脂具有较好的相容性。增塑剂可改善塑料的可塑性、柔韧性、弹性等，降低其刚性和脆性，增加流动性，使塑料易于成形加工。常用的增塑剂是液态或低熔点固体的有机化合物。

（4）润滑剂　为提高塑料在加工成形中的流动性和脱模性，防止塑料在成形过程中黏在模具上所加入的物质。润滑剂还可以改善塑料制品的表面质量，使塑料制品表面美观光亮。常用的润滑剂有硬脂酸及其盐类，用量较少。

（5）稳定剂　添加稳定剂主要是防止塑料在加工使用过程中，因受热、氧气和光线作用而变质、分解，从而延长塑料的使用寿命。常用的稳定剂有热稳定剂、抗氧剂、光屏蔽剂、紫外线吸收剂等。

（6）固化剂　又称硬化剂或熟化剂，与树脂起化学作用，形成不溶不熔的体型结构，从而使树脂具有热固性。固化剂种类很多，不同品种的树脂应采用不同品种的固化剂。

（7）着色剂　其主要作用是为了使塑料制品具有一定的色彩和光泽。着色剂可分为有机颜料和无机颜料，一般要求着色剂性质稳定、不易变色、着色力强、色泽鲜艳、耐温、耐光等，且与树脂有很好的相容性。

(8) 其他添加剂　为了改善塑料的加工和使用性能，往往根据实际需要加入其他成分。如为了提高塑料的抗着火性能，需要添加阻燃剂；为了防止塑料制品因摩擦产生静电，可添加抗静电剂；为了使塑料具有荧光效果，可添加荧光剂；为了使塑料形成均匀泡孔结构，制成泡沫塑料，需添加发泡剂。

2. 塑料的类别及其特性

塑料的品种繁多，性质和用途也各不相同，一般按照热行为和应用对其进行分类。

按照塑料的热行为可将其分为两种：

(1) 热塑性塑料　指在特定温度范围内能反复加热软化和冷却硬化，其性能也不发生显著改变的塑料。热塑性塑料具有可塑性、加工成形简便灵活以及力学性能较好等优点，但耐热性和刚性较差。常见的热塑性塑料有聚乙烯、聚丙烯、聚氯乙烯、ABS、聚酰胺等。

(2) 热固性塑料　指因受热或者其他条件（固化剂、紫外线等）下能固化的塑料。其特点是：固化后不再具有可塑性，刚度大，硬度高，尺寸稳定，具有较高的耐热性。常见的热固性塑料有：酚醛树脂、环氧树脂、氨基树脂、有机硅塑料等。

按照塑料的应用可将其分为四种：

(1) 通用塑料　指产量大、用途广、成形性好、价格低廉的塑料。常见的通用塑料有：聚乙烯、聚丙烯、聚氯乙烯、聚苯乙烯、酚醛树脂和氨基树脂等。

(2) 工程塑料　指能承受一定的外力作用，并具有良好的力学性能和尺寸稳定性，可用作工程材料或结构材料的塑料。其特点是：密度小、比强度高、稳定性高、电绝缘性好、耐磨具有自润滑性、耐热和力学性能优良。常见的工程塑料有：聚酰胺、聚碳酸酯、ABS、聚甲醛、聚苯醚等。

(3) 特种塑料　又称为功能塑料，是指具有特种功能，能满足特殊使用要求（如航空、航天、医疗等特殊领域）的塑料，其特点是：耐高温、具有自润滑性、强度高和缓冲性好。常见的特种塑料有：氟塑料、医用塑料、导电塑料等。

(4) 增强塑料　由树脂和增强材料（如玻璃纤维、碳纤维、石棉纤维等）结合而成，用来提高塑料机械强度的复合材料。其特点是：质地轻、坚硬和耐蚀，可用作电绝缘材料、装饰材料以及制造机器零件和汽车、船只、收音机的外壳。常见的增强塑料有：玻璃钢、碳纤维增强塑料、石棉纤维增强塑料、硼纤维增强塑料等。

3. 塑料的优点

塑料之所以发展迅速，应用广泛，是因为比较其他材料而言，具有以下优点：

(1) 易成形、成本低　跟传统材料相比，塑料可塑性大，加工工艺性好，极易成形。在产品设计中，无论其设计的形态多么复杂，细节多么烦琐，基本上都可以在注塑机上一次成形，且批量生产的数量越大，单件成本越低。另外，在成形加工中，可通过对工艺过程中废料的回收利用，几乎可实现100%的利用率，因而降低了加工成形的成本。

(2) 强度高、质量轻　玻璃纤维增强塑料的拉伸强度可达到170~400MPa，广泛用于汽车外壳、船体甚至航天飞机上。塑料的密度比天然材料低得多（除某些木材，如轻木外），只有铝材密度的一半左右，仅是钢材密度的1/8~1/4，这也是塑料被大量应用的原因之一。

(3) 耐蚀性好　塑料具有抗酸碱腐蚀的能力，保护其他材料用的大多数漆料主要就是由塑料（树脂）制成的。其中，聚四氟乙烯塑料的耐化学腐蚀能力甚至比铂要好，因此，在有酸碱的工作环境里，应尽量选择塑料制品。

(4) 着色性强　几乎所有的塑料制品和成形工艺在很大范围内都可实现产品的整体着色性，工程塑料还可以注塑出各种形式的纹理，这样不仅可以降低基本的生产成本，而且可以使制品表面呈现各种各样的颜色，或者可仿制出其他材料的质地美，从而提高产品的美观性。

(5) 绝缘性强　几乎所有的塑料都具有优异的电绝缘性，其性能可与陶瓷媲美，因此电器类产品中的绝缘层（如插座、插头，电线等）以及电器壳体等都由塑料制成的。

(6) 耐磨性高　大多数塑料均具有良好的减摩、耐磨和自润滑特性，可以在无润滑条件下有效工作。产品中的许多耐磨零件就是利用工程塑料的这些特性制作而成的。

(7) 减振消声　某些塑料柔韧而富有弹性，受到外部机械冲击和振动时，可将机械能转换为电能，不仅延长了产品的整体寿命，而且还可保护产品在运输中遭遇意外碰撞免受损坏。用工程塑料制作轴承和齿轮可减小噪声，提高加工精度。

(8) 透光保温　多数塑料具有透明或半透明性质，富有光泽，许多塑料如聚氯乙烯、聚乙烯和聚丙烯等具有良好的透光和保温性能，大量用于农用薄膜。有机玻璃塑料因韧性和透光性好，常用在飞机的视窗上。

4. 塑料的缺陷

塑料与金属及其他工业材料相比存在以下缺陷：

(1) 耐热性差　塑料的耐热性较差，一般塑料仅能在100℃以下使用，少数可在200℃左右使用，在300℃左右就开始变形。有些塑料在燃烧时还会释放出有毒气体，对环境的污染很大，从而使塑料的用途受到很大限制。

(2) 易变形　塑料的热膨胀系数大，温度变化时尺寸的稳定性差，成形收缩较大，即使在常温负荷下也容易变形；在载荷作用下，塑料会产生蠕变现象；有些塑料易溶于溶剂，因而会发生尺寸变化。

(3) 易产生静电　塑料制品有摩擦带电现象，容易吸附尘埃，特别是在干燥的秋冬季节。

(4) 有“老化”现象　塑料在大气、光、热、辐射、溶剂和微生物等长期的压力或侵蚀下会发生老化，导致塑料的色泽改变、化学结构遭到破坏、力学性能下降、变得脆硬或者粘软等，严重影响了塑料的使用。

不过随着塑料工业的发展以及研究的不断深入，塑料的缺陷正被逐渐克服，各种性能优异的新型塑料和塑料复合材料正不断涌现，从而扩大了塑料在各个领域的应用范围。

5.2.2　塑料的主要成形方法

塑料成形是将不同形态的塑料原料按不同方式制成所需形状的坯件，是塑料制品生产的关键环节。主要的成形方法有：

1. 注射成形

注射成形又称为注塑成形，是将粉粒状的塑料原料先在加热料筒中均匀塑化，然后由柱塞或移动螺杆将粘流态塑料用较高的压力和速度注入到预先合模的模具中，冷却硬化而成所需制品的成形方法。注射成形是一个循环过程，完成注射过程一般有预塑、注射、冷却定形三个阶段，如图5-1所示。

(1) 预塑阶段　注射机的螺杆5旋转，将加料斗6中落下的塑料沿螺旋槽向前方输送，在注射料筒4中加热，塑料在高温和剪切力的作用下均匀塑化达到粘流态或塑化态。已经塑化的塑料向螺杆前段聚集，当料筒前端的塑料聚集达到一定的压力时，使得螺杆边转动边后退，料筒前端的塑料熔体逐渐增多达到一定量时，螺杆停止转动和后退，准备注射。与此同时锁模机构后退开模，并利用注射机的顶出机构使塑件脱模，取出前一次注塑

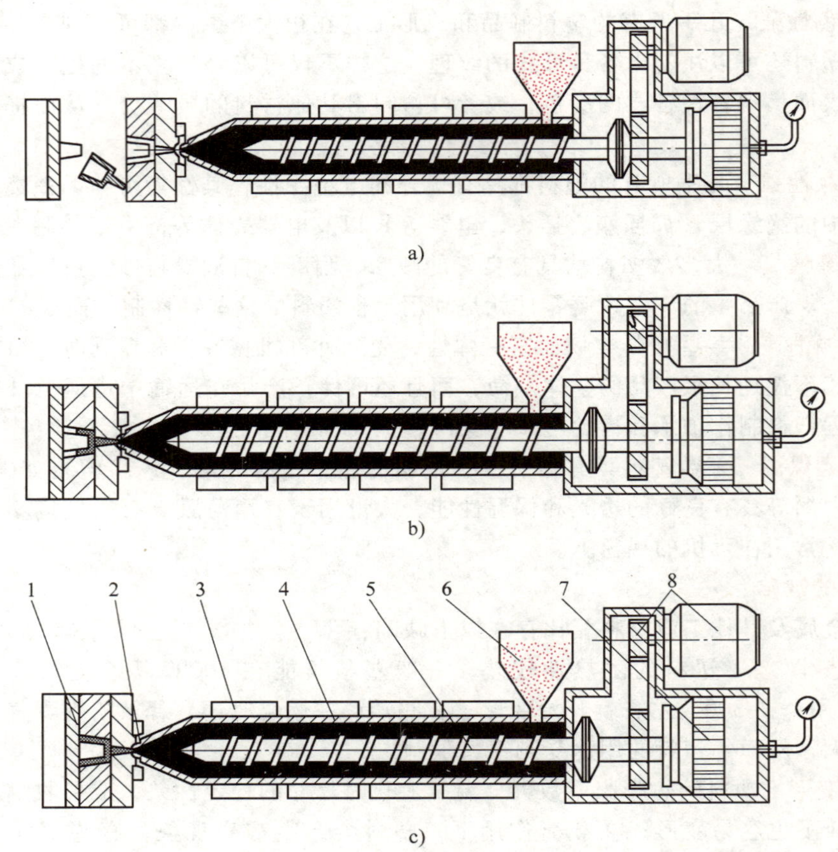

图 5-1　注射成形工艺过程

a）预塑　b）注射　c）冷却定形

1—模具　2—喷嘴　3—加热器　4—注射料筒　5—螺杆　6—加料斗　7—注射液压缸　8—电动机及传动系统

的塑件，如图 5-1a 所示。

（2）注射阶段　注射机合模机构将模具闭合后，注射料筒 4 中经过加热达到良好的塑化状态的塑料流体，由注射油缸推动螺杆，经过喷嘴 2 将熔融的塑料压入已经闭合的模具 1 的型腔中使之成形。如图 5-1b 所示。

（3）冷却定形阶段　塑料充满型腔后，需要保压一定时间，使塑件在型腔中得到冷却、硬化和定形，如图 5-1c 所示。压力撤消后，螺杆转动开始下一件的预塑，同时锁模机构后退开模，整个过程周期重复进行。

注射成形是最重要的成形方法之一，几乎适用于所有的热塑性塑料，用注射成形方法生产的塑料制品占热塑性塑料制品总量的 20%～30%，占工程塑料制品总量的 80% 左右。近年来，随着技术的发展，也用于某些热固性塑料，与产品设计的关系最为紧密。像日常生活中常用的盆、桶、药盒、收音机外壳等塑料制品，都采用该成形方法生产。

注射成形法的优点是：产品性能高，成形周期短；适应性强，生产效率高，能一次成形外形复杂、尺寸精确以及带嵌件的制品，而且可实现自动化或半自动化作业；原材料损耗小，操作方便，成形的同时容易着色。但该方法也有不足之处：要有专用设备（如注射机）以及制作专用的模具，其工艺复杂、周期长。因此小批量生产时经济性较差，一般注射成形的最低批量为 5 万件左右。图 5-2 为螺杆式注射装置。

2. 挤出成形

挤出成形又称挤压模塑或挤塑成形，是在挤出机中通过加热、加压而使物料以流动状态连续通过挤出模成形的方法，主要适用于热塑性塑料的成形，也适合一部分流动性较好

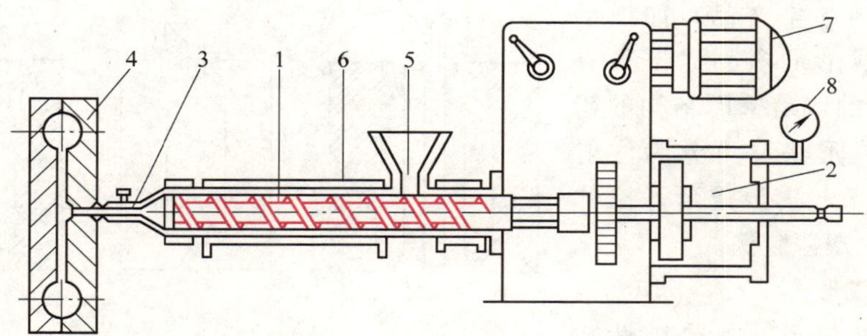

图 5-2 螺杆式注射装置

1—塑化+注射螺杆 2—液压注射缸 3—注射头 4—注压模具 5—喂料口 6—加热套 7—电动机 8—压力表

的热固性塑料和增强塑料的成形。挤出成形主要用于生产连续的型材制品，如管、棒、丝、板、薄膜、电线电缆等。图 5-3 所示为挤出成形原理图。

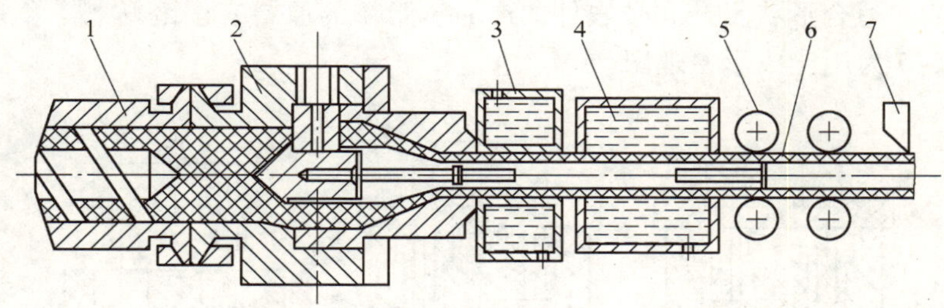

图 5-3 挤出成形原理图

1—挤出料筒 2—机头 3—定径装置 4—冷却装置 5—牵引装置 6—塑料管 7—切割装置

挤出成形法的优点是：生产效率高；操作流程简单，容易控制，便于连续自动化生产；设备成本低，占地面积小，生产环境整洁；产品质量稳定；可一机多用，进行综合性生产。不足之处在于形状复杂的产品所用的挤出模具费用较高，成形有一定难度。

3. 压制成形

压制成形是热固性塑料成形法的一种，是塑料加工工艺中最古老的成形方法，又分为模压成形和层压成形两种。

（1）模压成形 又称压塑成形，是将热固性树脂预热后，置于开放的模穴中，然后闭模加热加压，直至材料硬化为止的工艺方法。模压塑料的特点是质地致密、尺寸精确、外表平整光洁，但成形效率较低，主要用于加工电器开关、插座、餐具、厨具等形状和结构比较简单的日用品。

（2）层压成形 将由玻璃纤维或其他纤维做出的薄片填料布，用热固性液态树脂浸渍，然后将其叠成所需厚度，在高温和高压下使其固化的工艺方法。层压塑料的特点是强度高、表面平整光洁、生产效率高、用途广，常用于加工增强塑料板材、管材、棒材和胶合板等。

4. 吹塑成形

又称中空成形，是将挤塑机挤出的熔融热塑性树脂坯料夹入模具，然后向坯料内吹入空气，在空气压力的作用下，熔融的坯料膨胀与模具结合，冷却后开模取出，形成定形产品的方法。该方法主要用于生产瓶状的中空薄壁产品，如包装容器、生活用塑料瓶、喷壶、农药罐、装纯净水的桶等。比较优良的中空吹塑材料有聚乙烯、聚氯乙烯、聚丙烯、聚苯乙烯、聚酰胺、聚碳酸酯、醋酸纤维素和聚缩醛树脂等，其中以聚乙烯应用最多。图 5-4 为吹塑成形过程图。

吹塑成形法的特点是材料成本较低，设备、模具简单，可生产大型制品。缺点是不易保证制品厚度的均匀，无法制造形状复杂的制品，但采取一定的辅助措施后也可以生产一些形状复杂的中空产品，如把手与桶体整体成形的产品以及具有“合页”结构的双重壁面结构的箱体等。吹塑成形法又可分为注射吹塑成形、挤出吹塑成形、拉伸吹塑成形和吹塑薄膜法。

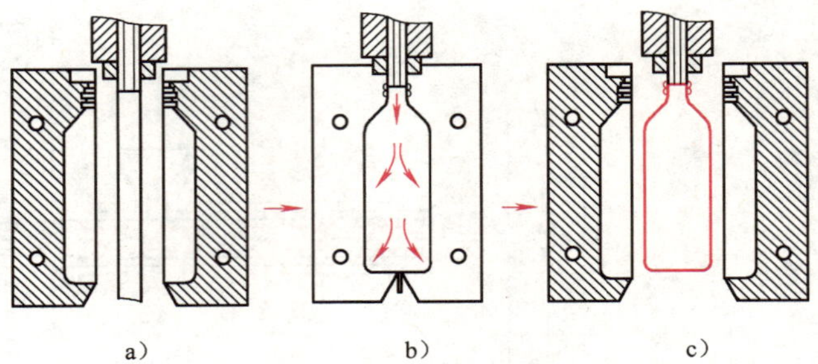

图 5-4　吹塑成形过程

a）熔融管成形　b）夹紧后送入空气　c）打开模具取出成形品

5. 压注成形

又称传递成形，是热固性塑料的主要成形方法之一。是将塑料粒料装入模具的加料室内，在加热、受压下熔融的塑料通过模具加料室底部的浇注系统充满型腔，然后固化成形的方法。压注成形法的特点是兼具模压成形和注射成形的优点，产品尺寸精确，生产周期短，模具结构复杂，适合形状复杂和带嵌件的产品。常用的原料有酚醛塑料、氨基塑料、环氧塑料等。图 5-5 为压注成形原理图。

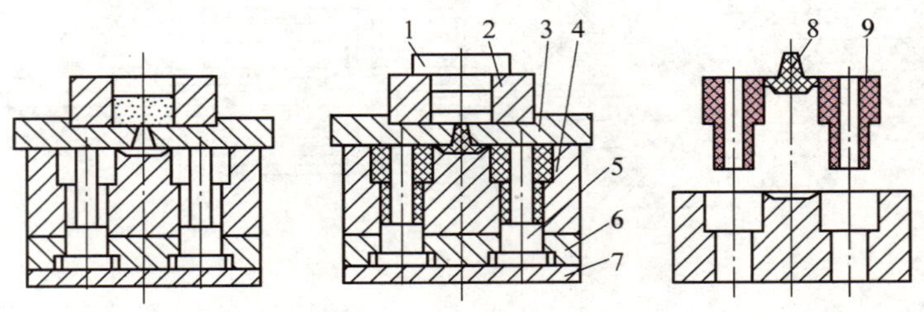

图 5-5　压注成形原理图

1—柱塞　2—加料室　3—上模座　4—凹模　5—凸模
6—凸模固定板　7—下模座　8—浇注系统　9—制品

6. 发泡成形

又称蒸汽成形，是先将塑料粒预发泡，经过一定时间的熟成后，将其填入铝合金制作的模具中使用蒸汽加热而成形的方法。目前广泛应用的是聚乙烯、聚苯乙烯和聚氨酯等热塑性树脂泡沫塑料，主要用于生产水杯、冰淇淋盒、周转箱、包装箱中的减振材料、家具用夹心材料以及建筑用隔热材料等。图 5-6 为发泡成形过程示意图。

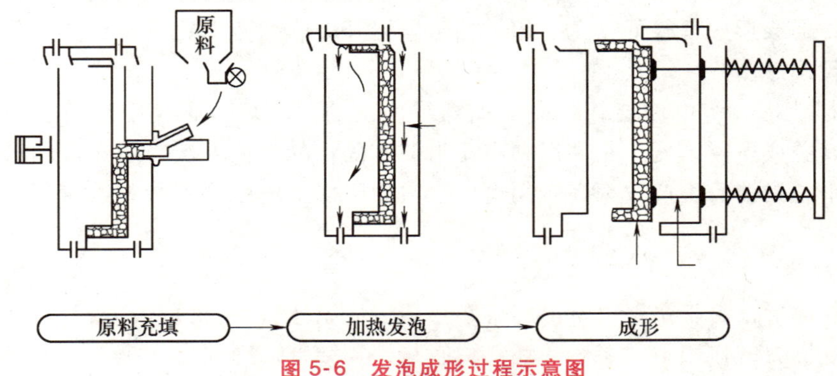

图 5-6　发泡成形过程示意图

7. 铸塑成形

又称浇铸成形，是将加有固化剂和其他辅助剂的液态树脂混合物料倒入成形模具中，在常温或加热条件下使其固化而成为具有一定形状制品的方法。铸塑成形法的优点是工艺简单，成本低，制品尺寸不受限制，可生产形状简单、尺寸精度不高的大型产品，适用于流动性大同时又具有收缩性的塑料，如有机玻璃、尼龙、聚酰胺、酚醛树脂、环氧树脂

等。缺点是成形周期长，制品尺寸的精确性较差等。图 5-7 为铸塑成形示意图。

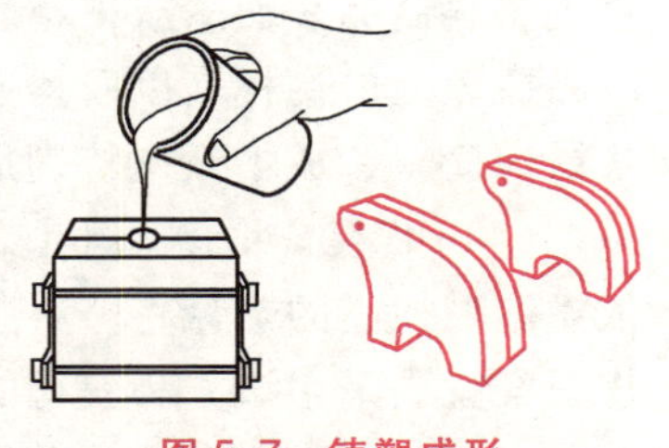
图 5-7　铸塑成形

8. 真空成形

将热塑性塑料片置于模具中压紧，借助加热器将塑料片加热，使之软化，然后将模具型腔抽取真空，借助大气的压力将软化的塑料片压入模内并使之紧贴模具，冷却后得到所需塑料制品的成形方法。该方法是塑料成形技术中较新的方法，也是热塑性塑料最简单的成形方法之一，主要用于成形杯、盘、箱壳、盒、罩、盖等薄壁敞口制品。其特点是对模具材料盒加工要求较低。缺点是制品厚度不太均匀，无法制造形状复杂的产品。图 5-8 所示为真空成形过程。

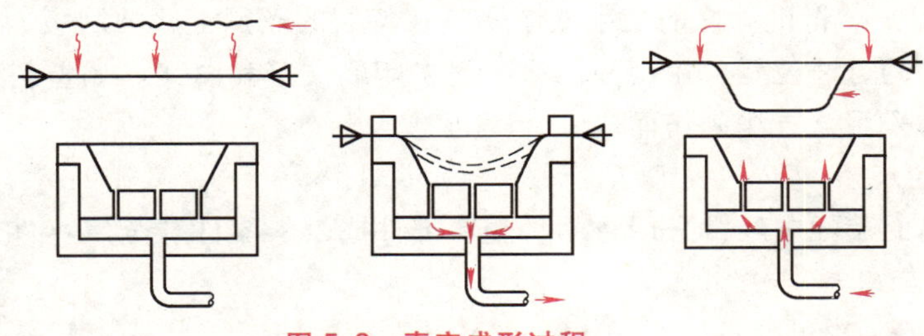
图 5-8　真空成形过程

5.2.3　塑料制品的加工

塑料制品的生产系统是由成形、机械加工、修饰和装配四个连续的生产过程所组成的。通常所指的塑料制品的加工是指塑料制品成形后的二次加工。

1. 塑料的机械加工

对有较高尺寸精度和表面质量要求的塑料零件，需在成形后对其进一步进行机械加工以保证质量；对于某些形状简单的塑料件，可用棒材、管材和板材等塑料型材直接进行机械加工来简化生产程序；对于带有小孔、深孔和螺纹的塑料零件，后续机械加工比直接成形更经济实用。

塑料的机械加工与金属材料的切削加工大致相同，一般包括锯切、钻孔、车销、铣削、攻螺纹、铰孔、滚花等。但在切削加工时，应充分考虑塑料与金属的性能差异，如塑料的散热性差、热膨胀系数大、弹性大，加工时易变形、软化、分层、开裂和崩落等，因此，要采用前、后角较大的锋利刀具、较小的进给量和较高的切削速度；正确装夹和支承工件，减小切削力引起的工件变形；同时采用水冷或风冷的方式加快散热。

2. 表面装饰

塑料制品表面装饰可分为两类：一类是着色；另一类是镀饰、烫印、贴膜、涂饰、丝网印刷等，为成形后进行的二次装饰。

（1）着色　这种方法是将色母加入塑料原料中，搅拌均匀后与原料熔化挤出。该方法的特点是：方便，不易褪色；可遮挡紫外线，防止材料老化；黑色产品可防静电。但该方法也存在一些不足，如浅色产品容易在强太阳光下褪色，不同的着色材料可引起材料的收缩变形等。

（2）镀饰　将塑料零件表面镀覆金属的一种加工工艺，它能改善塑料零件的表面性能，达到防护、装饰和美化的目的。镀覆后的塑料制品外表呈金属光泽，具有导电性，表面硬度和耐磨性都得到提高，同时具有防老化、防潮和防溶剂侵蚀的性能。

（3）烫印　将刻有图案或文字的热模，通过一定的压力，使烫印材料上的彩色锡箔转移到塑料制品表面来获得精美图案和文字的加工方法。如家电产品外壳上的银色标志、化妆品瓶盖上的商标名以及透明丙烯树脂上的金色厂名等，都是采用这种方法获得的。该方法操作简单、成本低，特别适合产品局部的金属着色。

（4）贴膜　将预先印有图案或花纹的塑料膜紧贴在模具上，在挤塑、吹塑或注塑时，依靠熔融树脂的热量将塑料膜熔合在产品上。如圆珠笔、脸盆、浴盆等产品上的花卉或动物图案就是采用该方法获得的。

（5）涂饰　塑料二次加工中应用最为普遍、用量最大的一种加工方式。塑料涂饰的目的有：掩盖其加工成形中的缺陷及划伤；防止塑料制品老化；改善外观装饰性；赋予优良质感及特殊性能以及降低成本（如色母粒着色加工成本太高、同一部件要求不同颜色等）等。同时对塑料制品进行表面涂饰，提高附加值。

（6）丝网印刷　将设计好的文字或图案，在特制的丝网上腐蚀制版，然后把制好的丝网版放在塑料件的合适位置，用刮板刮涂颜料来印刷文字和图案。如塑料制品上的产品型号、装饰带等均采用该方法制作而成。

3. 塑料件的连接

在塑料制品的装配中经常采用将两种塑料部件或塑料零件与金属零件连接的方式，常用的连接方式有机械连接、热熔粘接、溶剂粘接和胶粘剂粘接四种方式。其中，机械连接的主要方式包括铆接和螺栓连接，其方法与金属件的连接相同。图5-9和图5-10为常见的塑料件连接方式。

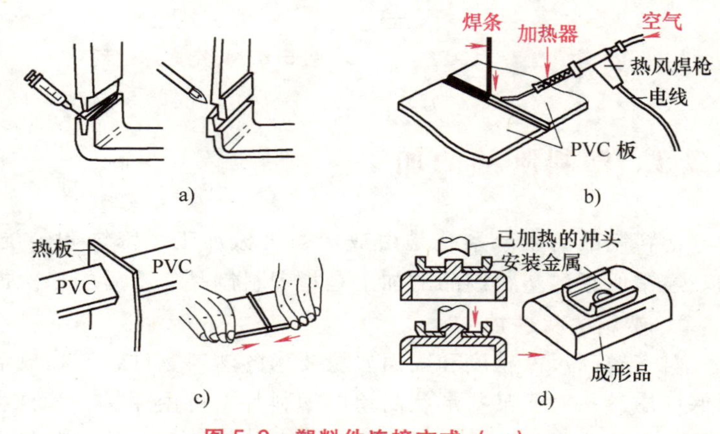

图5-9　塑料件连接方式（一）

a）用粘结剂　b）热风焊　c）热板方式　d）热熔粘接

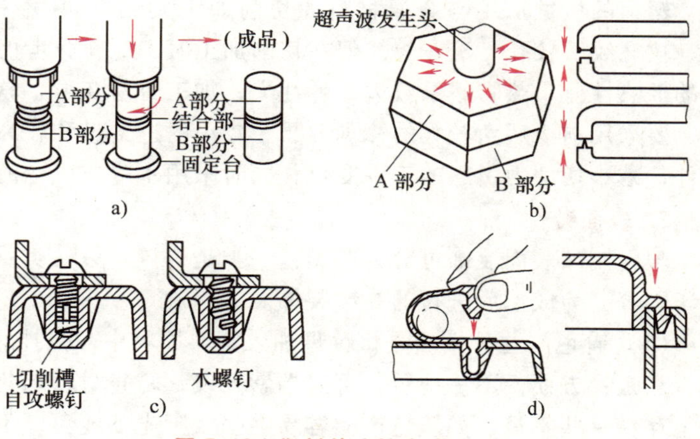

图5-10　塑料件连接方式（二）

a）旋转熔接法　b）超声波熔融法　c）螺钉连接　d）弹性连接

（1）热熔粘接　将塑料制品需粘接处进行加热使其熔化后加以叠合，在足够的压力下，制品冷却凝固后连成一个整体。可采用摩擦加热和热风加热，通常采用后者。该方法类似金属连接中的气焊，有时也采用焊条。这种方法适用于大部分热塑性塑料，不过，其连接表面比较粗糙。

（2）溶剂粘接　将两个被粘接塑料零件表面涂以适当的溶剂，使其表面熔胀、软化，然后加上适当的压力使粘接面紧贴，待溶剂挥发后，两个塑料零件粘接成一体。大多数热塑性塑料都可以采用这种方法，但不同品种的塑料、某些化学稳定性高的塑料和不溶的热固性塑料不宜采用该种方法。

（3）胶粘剂粘接　在两个被粘接的塑料件表面涂以适当的胶粘剂，形成一层胶层，在胶层的粘接作用下，两个塑料零件就粘接在一起。胶粘剂粘接既适用于相同塑料之间的连接，也适用于不同塑料间、塑料与金属之间的连接。大多数塑料都可以采用这种方法粘接，但聚乙烯、聚丙烯、尼龙和聚缩醛等不能采用该种方法。

5.2.4　塑料制品的结构工艺性

塑料制品的设计非常复杂，但通过一些基本的原理方法可减少一些成形以及产品功能上的不足。

1. 形状

塑料制品的形状应易于成形，即在开模取出塑件时尽量避免采用复杂的分型与侧面抽芯。因此，塑料制品的内外表面形状要尽可能地避免出现侧凹部分，否则会使模具结构复杂、制造周期长，同时还会在塑件上留下毛边，增加塑件的整修工作量，影响塑件的外观。

2. 壁厚

塑料产品的壁厚不仅与产品的强度和刚性有关，还与产品质量、大小、尺寸稳定性、绝缘、隔热、退出方式、成形方法、成形材料以及产品的成本等有关。通常，产品应具有均匀的壁厚，壁与壁的连接处尽量用圆弧连接，从而避免壁厚的突然剧变。图 5-11 为壁厚均匀化示意图。

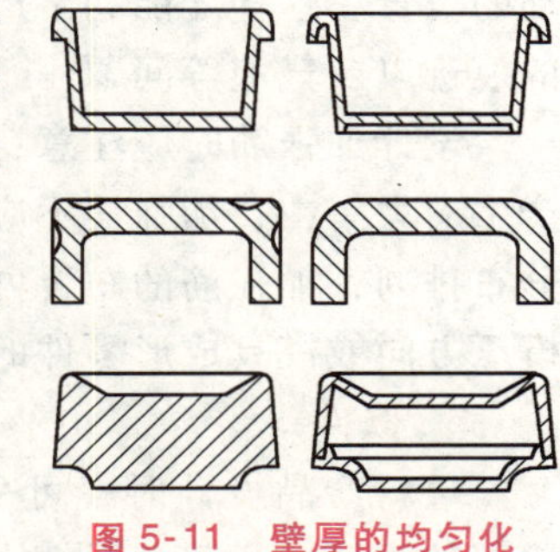

图 5-11　壁厚的均匀化

一般的原则是尽量利用最小的壁厚来完成最终产品所必须具备的功能，通常电子工程类壳体的壁厚为 2.5～3mm，日用品壳体的壁厚为 1.5～2mm，而薄壁类壳体壁厚为0.5～0.8mm。

3. 脱模斜度

由于塑件冷却时的收缩，塑料会紧包在模具型芯或凸模上，为使塑件顺利脱模并防止脱模时擦伤或擦毛塑件，塑件的内外表面沿脱模方向应具有合理的斜度，称为脱模斜度。脱模斜度与塑料的品种、制件的性质及模具的结构等有关，一般情况下脱模斜度 α 可取 0.5°～1.5°，最小为 15′～20′。图 5-12 为脱模斜度示意图。

4. 圆角

在设计塑料产品时，为了避免应力集中，提高塑料制件的强度，便于充填和脱模，消除壁转折处产生凹陷等缺陷，不能将产品设计成具有尖锐的边角，通常在产品的棱边、棱角、加强筋、支撑底、底面、平面等处设计成圆角。圆角的设计具有以下优点：

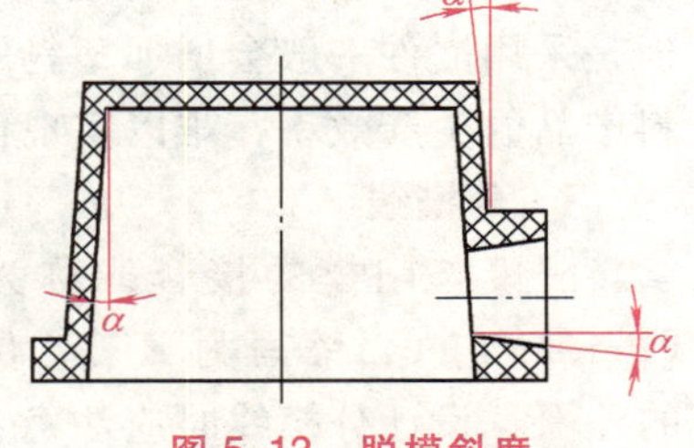

图 5-12　脱模斜度

（1）可提高产品的成形性　圆角有利于树脂的流动、防止乱流，可减小成形时的压力损失，因此在产品的拐角处设计圆角，可有效提高产品的成形性。

（2）可增加产品的强度　在塑料产品的各个部位尤其是棱角、棱边和拐角处设计圆角，可以减小应力集中于某个角或者某条边，从而可以增强产品的强度。尤其是制件内侧棱边处，若做成圆角过渡，则可提高大约 3 倍左右的耐抗冲击力。

（3）可防止产品变形　在产品的内、外角处设计圆角，可缓和产品的内部应力，防止产品向内外弯曲变形。当然采用这种方法无法完全防止由平面组成的箱形产品的变形，因此就要通过模具的设计，来做出相应消除产品变形的形状。图 5-13 为圆角设计示意图。

(4) 可提高产品的美观性

在塑料制件的生产中，圆角的设计还可以使塑料制品外观圆润流畅，表面过渡自然，增加了制件的美观性。

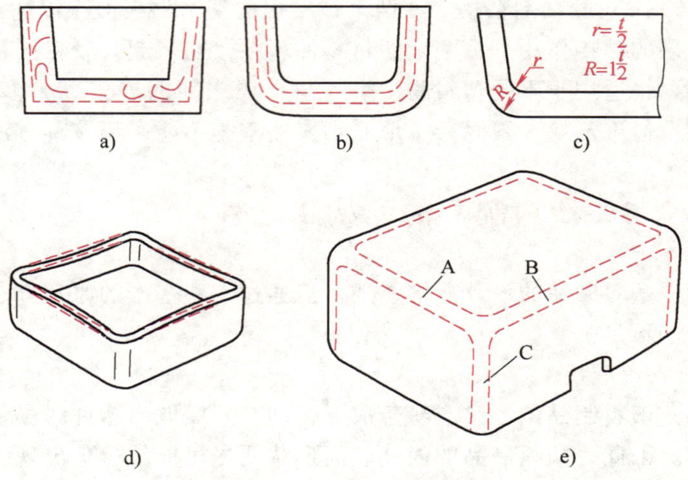

图 5-13　圆角的设计

a) 没有 R 的乱流　b) 有 R 时的顺畅流动　c) 理想的圆角

d) 成形品的内缩现象　e) 三条棱线之间角的处理规则

5. 加强筋和角板

加强筋能有效增加产品的刚性与强度，防止变形和翘曲。适当利用它们不仅可以节省材料、减轻质量以及缩短成形周期，而且能更好地消除厚横切面所造成的成形缺陷，如缩孔或凹陷等。处于塑料边壁转折处的加强筋称为角板，它可以支撑塑料制件壁面。加强筋和角板必须放在能够方便流动的位置，这样才能利于产品的充填，犹如内流道的作用。否则，很容易造成产品有烧焦的痕迹以及气泡等问题。

设计加强筋时应注意：筋厚不能大于壁厚，筋的形状采用圆弧过渡，避免外力作用时产生应力集中；加强筋不应设置在大面积制品的中央部位，当设置较多加强筋时，应错开分布排列；加强筋的布置方向除与受力方向一致外，最好还与熔料充填方向一致，还应与模压方向或模具成形零件的运动方向一致，以便容易脱模。

6. 嵌件

塑料产品设计时，可采用各种形状和材质的嵌件，镶入嵌件的目的有：①增加产品局部的强度、硬度、耐磨性、导磁导电性；②增加产品尺寸形状的稳定性，提高制造精度；③弥补因产品结构工艺性不足而带来的缺陷；④降低塑料的消耗以及满足其他各种要求。

嵌件可选用金属、木材以及塑料等，其中金属嵌件应用最广，通常用来承担产品被磨损、撕裂的力量或用来与电气零件相连以及作装饰用，图 5-14 为常见的金属嵌件形式。但是采用嵌件一般会增加塑料的成本，使模具结构复杂，而且在模具中安装嵌件会降低塑料产品的生产效率，难以实现自动化。

7. 分模线

阴模与阳模的接合线称为分模线(Parting Line，缩写为 PL)，位于产品的外围。设计分模线时应注意：尽量设计在不显眼的位置，以便隐藏产品表面分模线的痕迹；尽量设计在最外侧的棱边上，以便清除飞边；尽量使其形状简洁，以便提高模具闭合时的配合精度。图 5-15 为不同制品的分模线。

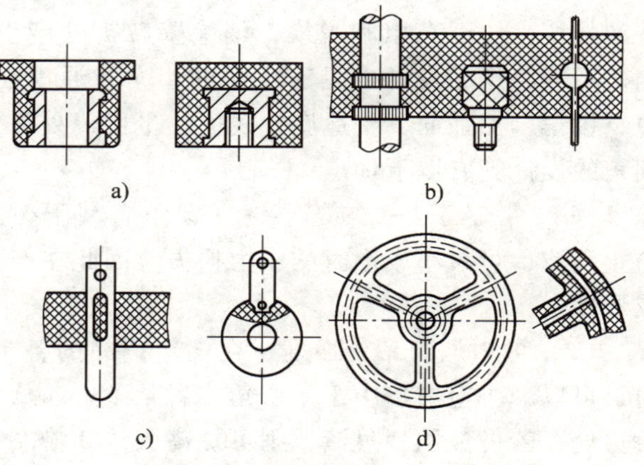

图 5-14　常见的金属嵌件形式

a) 圆形嵌件　b) 带台阶圆柱形嵌件

c) 片状嵌件　d) 细杆状贯穿嵌件

8. 孔洞

在塑料制品上开孔洞或者切口可使其与其他零件组合从而得到更多的功能并更具吸引力。图 5-16 为孔洞的一般

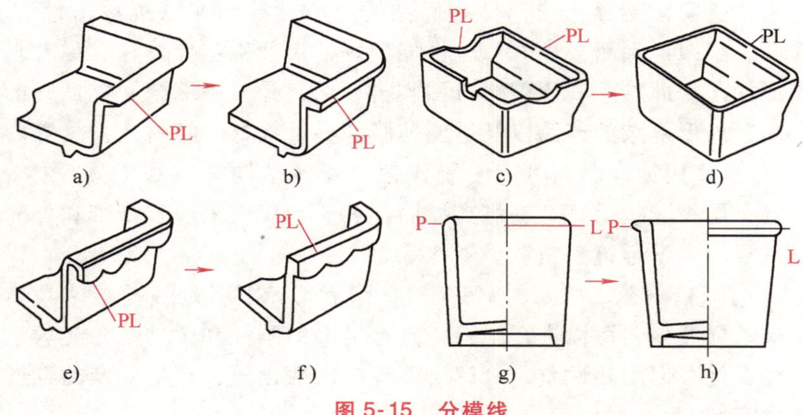

图 5-15　分模线

类型。

全穿孔洞比半孔洞易于加工，这是因为全穿孔洞的穿孔销可在两端获得支撑，而后者只有一端可以得到支撑，易被熔融的塑料流进型腔使穿孔销偏心而造成误差。因此，使用半孔洞时，其深度以不超过全穿孔销直径的 2 倍为原则。如要加深半孔洞的深度，则可使用阶梯孔。

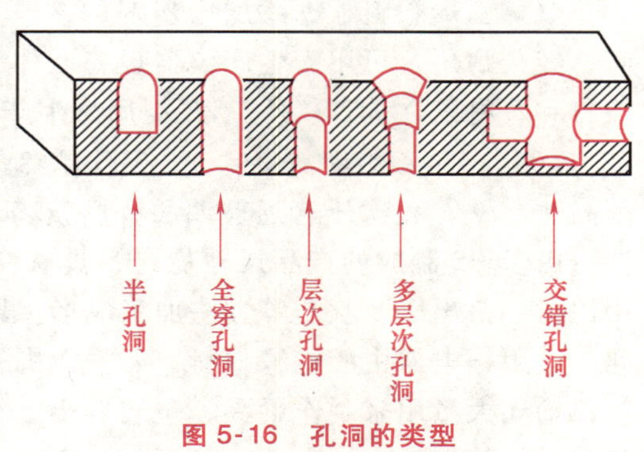

图 5-16　孔洞的类型

5.2.5　塑料在工业设计中的应用

1. 工业设计中常用的塑料

(1) ABS 塑料　ABS 塑料是一种复合塑料，由丙烯腈、丁二烯和苯乙烯组成。ABS 塑料呈半透明的乳白色，综合了上述三种成分的性能，具有良好的抗拉强度、耐冲击性能、流动性能和表面硬度，其刚性、耐热性、低温性能以及电性能都很好。此外，ABS 塑料的成形加工性和二次加工性良好，可采用注射、挤出、热成形等方法成形，可进行锯、钻、锉、磨等机械加工，也可使用三氯甲烷等有机溶剂进行粘接，还可进行涂饰、电镀等表面处理。

ABS 塑料常用来制作各种壳体材料，如电话、电视机、洗衣机、复印机、玩具及厨房用品等的壳体；ABS 塑料也可用于制作各种机械配件，如齿轮、泵叶轮、轴承、把手、管件、蓄电池槽以及电动工具等；ABS 塑料还是理想的汽车配件制作材料，其应用范围涉及汽车的转向盘、仪表盘、风扇叶片、挡泥板、手柄、舱门、车轮盖及反光镜等。

(2) 聚丙烯塑料 (PP)　聚丙烯塑料是一种低成本的日用塑料，也是密度最低的塑料。其特点是：性能均衡，集电性能、耐热性、刚性、韧性、耐化学药品、尺寸稳定性、表面光洁性和熔体流动性于一体，弯曲疲劳强度大，收缩率大，耐磨性较差，易低温脆化。其主要应用范围包括 PP 铰链，仪器设备中的管材、搅拌器和泵壳壳体等，汽车风扇罩、风扇叶片、门板和座席框架等，医疗器具、行李箱、玩具、包装用品和家用器具等。

(3) 聚乙烯塑料 (PE)　聚乙烯塑料是旋转模塑行业使用的主要原料，其特点是：成本低，柔软，耐药品、水，绝缘性能好，具有较高的耐热性等。常用于制作玩具、盖罩、外壳、包装材料、旋转模塑箱、管材、大型容器、教室座椅、户外家具、桶、容器和家用器具等。

(4) 聚碳酸酯塑料 (PC)　聚碳酸酯塑料是一种无定形热塑性塑料，呈无色或淡黄色，透明，无毒无味，具有优良的力学性能，尤以抗冲击性和抗蠕变性最为突出。耐热性、耐寒性和耐候性好，电性能良好，尺寸稳定性较好，具有自熄性和高透光性，易于成形加工。此外，其废旧料可回收再利用，是一种综合性能良好的工程塑料，适合制作精度高、外形复杂的产品以及透明薄膜和各种板材、管材、型材等。

PC 用途广泛，可用于制作各种器械结构材料和工具壳体、电话、电视和船舶部件，汽车尾板、指示灯、头灯支撑固定装置、仪表板、装饰带和外壳体部件，以及交通指示灯灯罩、光学透镜、微波炉器皿等。

（5）聚氯乙烯塑料（PVC） 聚氯乙烯塑料是一种半结晶热塑性塑料，其产量仅低于聚乙烯塑料，可以进行配料，具有良好的刚性和柔韧性，光学、加工、电绝缘性以及耐蚀性良好，但耐热性差，分解时会释放出氯化氢，产生一定的毒性，因此在成形时需要加入稳定剂。

聚氯乙烯塑料根据添加增塑剂的多少，分为硬质和软质两大类：硬质 PVC 机械强度高，经久耐用，可用于生产仪器设备、体育用品、电视机和电动机箱部件、玩具、壳体、板材和管材配件等；软质 PVC 则用来生产人造革、薄膜、鞋后跟、软管以及电线套管等。

（6）聚苯乙烯塑料（PS） 聚苯乙烯塑料质轻，表面硬度高，有良好的透光性，透光率高达 90%，仅次于普通玻璃和有机玻璃。它具有良好的耐蚀性能、抗反射线性和低吸湿性；由于 PS 制成的产品尺寸稳定，具有一定的机械强度；聚苯乙烯塑料的加工性好，可用注射、挤出以及吹塑等方法加工成形。聚苯乙烯塑料的另一大优点是电绝缘性能好，因此广泛用作电器中的绝缘材料，如收音机外壳、电视机上的耐高压绝缘材料等。此外，聚苯乙烯还大量用来制作餐具、包装容器、日用器皿、玩具、汽车灯罩以及各种模型材料、装饰材料等。

但聚苯乙烯也具有一些缺点，如质脆易裂、抗冲击性和耐热性差，需通过改性处理来改善和提高性能。

（7）酚醛塑料（PF） 酚醛塑料俗称电木，是最早投入工业生产的塑料品种。酚醛塑料强度高、刚性大、坚硬耐磨，产品尺寸稳定；具有良好的绝缘性和耐热性；易成形，成形时收缩率小，不易出现裂纹；合成工艺简单且价格便宜，是电器工业不可或缺的材料，常用来生产电子管插座、开关、灯头及电话机等。

在酚醛树脂中加入石棉、云母，能增加它的耐酸、耐碱、耐磨性，可用作化工设备的材料和电机、汽车的配件；加入玻璃纤维可以增加硬度，可用作机器零件等；用丁腈橡胶改性后，其耐油性能和抗冲击强度大大提高；用聚氯乙烯改性后则能提高机械强度和耐酸性。

（8）聚酰胺塑料（PA） 聚酰胺塑料俗称尼龙，为白色或浅黄色半透明固体，无毒无味，易着色，具有优良的机械强度，抗拉性、坚韧性、抗冲击性、耐溶剂性以及电绝缘性良好，且耐磨性和润滑性优异，是一种优良的自润滑材料，但缺点是吸湿性较大，影响性能和尺寸稳定性。聚酰胺塑料加工性能好，可采用多种成形方法，常用来制造各种机械和电器零件，如齿轮、叶片、轴承、密封圈、电缆接头等，也可用于制作包装带和食品薄膜等。

（9）脲醛塑料（UF） 脲醛塑料是用尿素与甲醛进行缩合，先生成脲醛树脂，然后与填料、润滑剂、颜料等混合，经成形加工而得的热固性塑料。纯净的脲醛树脂是无色透明的，加入二氧化钛或其他颜料，便可变成乳白色或其他颜色的半透明或不透明的塑料。脲醛塑料色浅，易着色，质地坚硬，又因其绝缘性能好，可用做电器材料，故有“电玉”之称。

脲醛塑料除了具有热固性塑料的通性之外，还具有两个优点：①优良的耐电弧性能，因此可专门用于制造汽车、摩托车等引擎中的发火零件；②无臭无味，色泽美观，故常用

来生产各种生活用品，如纽扣、瓶盖、门拉手、琴键、电话机、钟表的外壳、灯罩等。

脲醛塑料的缺点是不太耐热，因此用其制作的餐具、奶瓶等最好不要在开水中煮，以免变形。

(10) 三聚氰胺甲醛塑料（MF） 三聚氰胺甲醛塑料又称蜜胺塑料，是由三聚氰胺与甲醛缩聚而成的热固性塑料。蜜胺塑料无色透明、无毒、无味、易着色、硬度高，具有优良的电绝缘性和抗电弧性，机械强度高，耐热性和耐水性比脲醛塑料高，可制成各种透明的日常用品。给蜜胺塑料添加着色剂和纸浆等填料后，就会变得不透明，外观像瓷器，因此被人们誉为“仿瓷塑料”，常用来制作碗、盘、茶杯等高级餐具。

(11) 聚甲基丙烯酸甲酯塑料（PMMA） 聚甲基丙烯酸甲酯塑料俗称“有机玻璃”，是以甲基丙烯酸甲酯为单体，经加聚反应合成的线型高分子化合物。有机玻璃最突出的性能是透光性非常好，透光率达92%以上，仅次于普通玻璃（透光率95%）。且其透过紫外线的能力要高于普通玻璃，故常用来做光学工业透镜、医用导光管、隐形眼镜等。

有机玻璃质轻、耐冲击力强、不易碎裂，具有一定的强度，耐水性、耐候性和电绝缘性好，并且易于着色和加工成形，因此被大量用于制造飞机驾驶舱的玻璃罩，轮船和飞机驾驶室的挡风玻璃等。在生产有机玻璃时加入各种颜料、荧光粉（如硫化锌）、珍珠粉（如碱式碳酸铅），便可得到彩色、乳白、荧光或珠光等有机玻璃板材，在日常生活中用作照明灯具、广告招牌、绘图尺、防护罩及各种装饰品等。

有机玻璃的缺点是耐热性差，易溶于丙酮、氯仿等有机溶剂，使用时要注意防火，不能与有机溶剂接触；表面硬度低，易起毛，生产成本较高。

2. 塑料应用实例

(1) 泪滴椅 这款泪滴椅（图5-17）封闭的材料表面是用0.3mm厚的乙烯基塑料制作而成的。人们坐在上面可以感受到接触液体水珠的感觉。设计师的理念是尊重环境，尽可能减少对环境的影响。源于他的设计理念，他还设计出了其他所包含与小孩子、成年人和北极熊体内相同水分的作品。

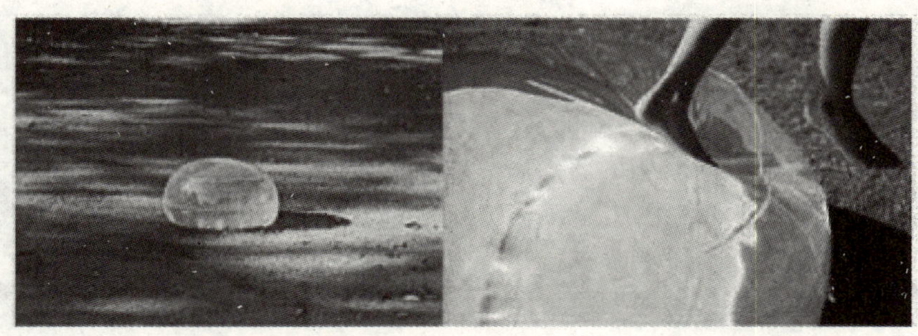

图5-17 泪滴椅

(2) 原环保杯 原环保杯（图5-18）与咖啡店所使用的杯子类似。杯口“V”形缺口设计可避免整个茶包掉进杯子里。Original Green Cup以100%生物可分解玉米淀粉塑料制造，装热水时不会释出环境荷尔蒙。此种材料经掩埋即可分解，燃烧时也不会产生有害气体。印刷时使用德国的RoHS墨水，所有制造过程都经过仔细的生命周期评估。包装材料采用100% 回收纸，设计并结合各种构想（托盘/杯架），以减少废弃物的产生。

(3) 无针订书机 无针订书机（图5-19）是运用日本科技的一项独特产品，其功能和设计皆属完美，堪称新时代的办公文具。无针订书机可不使用订书针装订多至5张的纸张，操作便利且安全。机身的彩色手柄均采用100%回收的ABS制作，十分环保。当然，由于没有使用订书针，纸张可以直接送入碎纸机，免除卡纸的烦恼。外形设计符合人体工学且造型优美，实际使用体验非常好。

(4) 机器人支架 初创设计公司Trinkits推出的这款机器人支架（图5-20），实际上

图 5-18　原环保杯

图 5-19　无针订书机

就是一个非常可爱的小机器人。除了双手被设计成可以拿东西的“钳子”外，并没有其他复杂的设计。牙刷、笔、筷子等都可以插在机器人的手里面，看起来真有点机器人战士的范儿。机器人支架是由耐用 ABS 塑料制成的，共有 5 种不同的颜色供我们选择。洗漱间、办公室、餐桌还有……你想摆在哪？

图 5-20　机器人支架

（5）不倒翁调味瓶　这个调味瓶（图 5-21）有着鲨鱼一样的流体曲线造型，油和醋分别从两边倒出，它采用的材料和铸造技术增强了这一概念的结果，在铸造这个瓶子的时候使用两种不同类型的塑料注塑成形，一边是透明的而另一边是用橡胶材料来制造，这简单和独特的方法可以制造出不同质感的瓶子，会极大地增强用户的使用体验感，而它的平底采用圆弧形不倒翁的结构，这样在使用调味瓶的时候不会担心因为不小心而将瓶子打翻。

图 5-21　不倒翁调味瓶

（6）SPOT 多功能手提灯　根据需要不同，可以把 SPOT 多功能手提灯（图 5-22）挂在墙上，提在手上，举着当火把用，或者摆在桌子上当台灯使用。SPOT 灯体和灯罩采用聚丙烯塑料做成，灯罩里面是一个 10W LED 灯泡，可以旋转。电源采用六节 AAA 电池。室内、室外均可使用。设计灵感源于工业用工作灯，SPOT 保持了工业灯的灵活性，而灯头的转动让灯显得更有活力和可玩性。

（7）Miura 高脚椅　由设计界巨星 Konstantin Gricic 设计，以简单的几何线条，勾勒出如同钻石切面的座面和珊瑚枝的倒 Y 形椅脚，宛如一件现代雕塑（图 5-23）。创新的射出技术，制造出呈现当代美感并考虑实用性的 Miura 高脚椅。以强化塑料（Polypropylene 聚丙烯）为材质，外观修长、优雅但不矫柔造作，线条简洁搭配上椅座表面边缘的小角度倾斜成为它的标识。

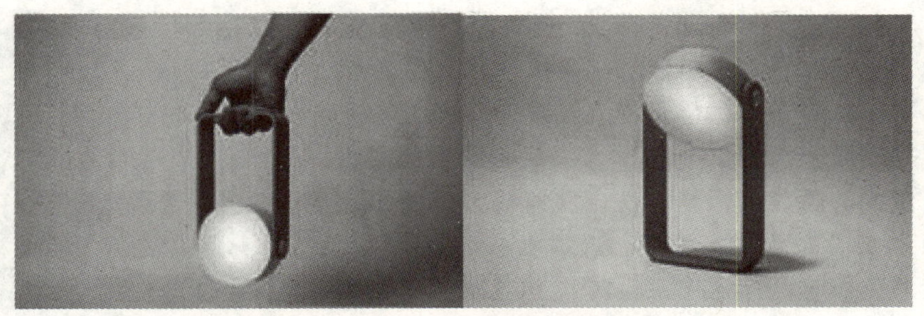

图 5-22　SPOT 多功能手提灯

图 5-23　Miura 高脚椅

（8）环保食物保鲜盒　此创新设计的保鲜盒（图 5-24）是以新型环保材料（聚乳酸）制成。此材料萃取自玉米淀粉，具有与石化塑料相似的物理性质，但是不含石化塑料的毒素与负面特性，已经被认证为安全的食物容器材质，在适当的环境下可以完全被微生物分解，再次回归天然的循环中，此专利性的设计可以方便使用者轻易地回拨密封结构达到密封的效果。

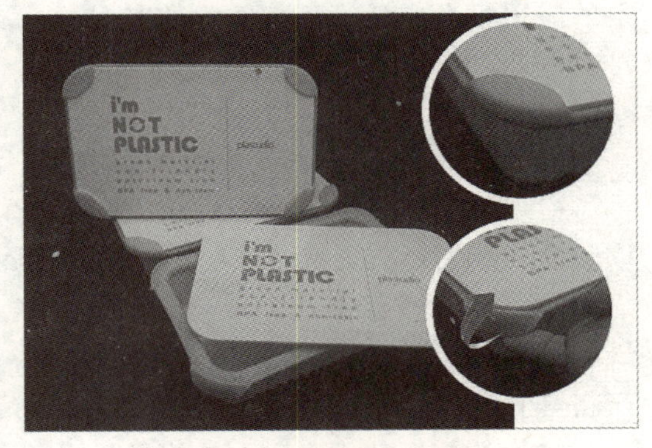

图 5-24　环保食物保鲜盒

（9）Sound Donut 便携蓝牙音箱　该音箱（图 5-25）的设计灵感来自甜甜圈，与甜甜圈一样，有各种颜色可供选择，包装设计也很诱人。其主体外壳采用耐热的 ABS 塑料，有颜色的部分，是操作面板，所有的控制按键均集中在面板上，如：音乐控制、蓝牙电话免提、状态指示灯和 3D 音效等。按住电源按钮 8s，即进入蓝牙配对模式。其质量 130g，待机 450h，通话 11h，音乐 9h，充电 4.5h。

图 5-25　Sound Donut 便携蓝牙音箱

（10）LUKSFERA 水晶石落地灯　该灯具（图 5-26）用来调节背景环境，灯罩表面由不规则的几何图形拼成，看上去仿佛是摆在山洞里的巨大水晶石。灯罩采用激光切割工艺制作，由一张透明的聚丙烯塑料板做成，防静电，易清洗。底座用水泥浇筑而成。光源为 LED 灯泡或卤素灯。这款水晶石落地灯由来自波兰的 To Do 设计工作室设计，其灵感源于折纸艺术。有这样一款灯摆在客厅里面，顿时能产生一种神秘的气氛。

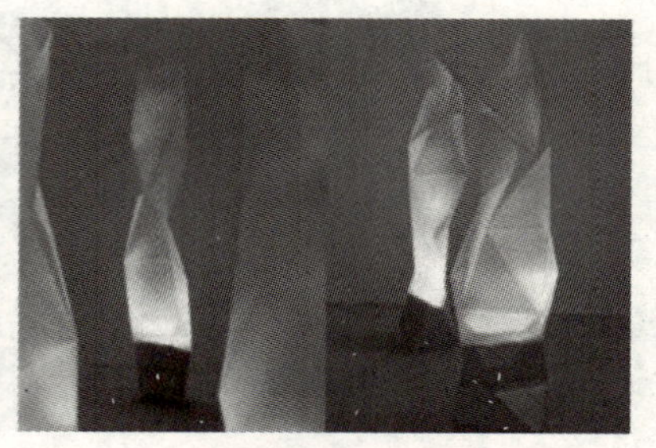
图 5-26　LUKSFERA 水晶石落地灯

5.3　橡胶及其成形工艺

5.3.1　橡胶概述

橡胶是具有高弹性的高分子材料，又称为弹性体。橡胶在外力作用下具有很大的变形能力，伸长率可达 500%～1000%，外力除去后又能很快恢复到原始尺寸。橡胶在工业设计上的应用相当广泛，不仅可制作轮胎、密封件、减振片、防振件等，还常用于制作输送带、电缆以及电线的外绝缘材料。

1. 常用橡胶的分类

（1）按其来源来分，可分为天然橡胶和合成橡胶。

1）天然橡胶（Natural Rubber，简称 NR）。指直接从植物（主要是三叶橡胶树）中获取胶汁，经去杂、凝聚、滚压、干燥等步骤加工而成的橡胶。

2）合成橡胶（Synthetic rubber，简称 SR）。相对于天然橡胶而言，是从石油、天然气、煤、石灰石以及农副产品中提取原料，制成“单体”物质，然后经过复杂的化学反应而制得的人工合成的高分子聚合物，又称为人造橡胶。

（2）按使用范围来分　按使用范围不同，可分为通用橡胶和特种橡胶。

1）通用橡胶。指性能和用途都与天然橡胶相似的丁苯橡胶、顺丁橡胶、聚异戊二烯橡胶、氯丁橡胶、乙丙橡胶、丁腈橡胶、丁基橡胶，由于价格低、产量大、来源广，主要用于日用生活和生产中，如制作轮胎、胶带、胶管等。

2）特种橡胶。指具有某些特殊性能，如耐热、耐寒、耐蚀、耐油的橡胶，包括氟橡胶、硅橡胶、聚硫橡胶、聚丙烯酸酯橡胶、氯醚橡胶和卤化聚乙烯橡胶等。

（3）按其物理形态来分　按物理形态不同，可分为生橡胶、软橡胶、硬橡胶、混炼胶和再生胶。

1）生橡胶。简称生胶，是指由天然采集、提炼或人工合成、未加配合剂而制成的原始胶料，生胶是一种不饱和的橡胶烃，未经配合的生胶性能较差，不能直接使用。

2）软橡胶。指在生胶中加入各种配合剂，经塑炼、混炼、硫化等加工过程而制成为具有高弹性、高强度和其他实用性能的橡胶产品。用不同性能的天然或合成生橡胶，加入各种不同比率的配合剂，就可以制成不同硬度和具有特殊性能的橡胶制品。

3）硬橡胶。又称硬质橡胶，是含有大量硫磺（25%～50%，质量分数）的生胶经过硫化而制成的硬质制品。这种橡胶具有较高的硬度和强度，优良的电气绝缘性以及对某些酸、碱和溶剂的高度稳定性，广泛用于制作电绝缘制品和耐化学腐蚀制品。

4）混炼胶。指在生胶中加入各种配合剂，经过炼胶机的混合作用，使其具有所需的物理力学性能的半成品，俗称胶料。

5）再生胶。是以废轮胎和其他废旧橡胶制品为原料，经过一定的加工过程而制成的具有一定塑性的循环可利用橡胶。它是橡胶工业中的主要原料之一，可以部分代替生胶。

2. 橡胶的特性

（1）高弹性　橡胶的弹性模量低，伸长变形大，伸长率高达1000%时仍有可恢复的变形，并能在很大的温度范围内（-50~150℃）保持弹性。

（2）粘弹性　橡胶材料在产生形变和恢复形变时受温度和时间的影响，表现有明显的应力松弛和蠕变现象，在振动或交变应力作用下，产生滞后损失。

（3）电绝缘性　一方面，通用橡胶是优异的电绝缘体，天然橡胶、丁基橡胶、乙丙橡胶和丁苯橡胶都有很好的介电性能，在绝缘电缆等方面得到广泛应用；另一方面，在橡胶中配入导电炭黑或金属粉末等导电填料，会使它有足够的导电性来分散静电荷，甚至使其成为导电体。

（4）导热性　橡胶是热的不良导体，是一种优异的隔热材料。如果将橡胶做成微孔或海绵状态，其隔热效果会进一步提高。任何橡胶制件在使用过程中，都可能会因滞后损失产生热量，因此应注意散热。

（5）可燃性　大多数橡胶具有不同程度的可燃性。而分子中含有卤素的橡胶如氯丁橡胶、氟橡胶等，则具有一定的阻燃性。如果在胶料中配入磷酸盐或含卤素物质的阻燃剂，可提高其阻燃性。

（6）温度依赖性　橡胶受温度影响较大，在低温时处于玻璃态，易变硬变脆，高温时则发生软化、熔融、热氧化、热分解以致燃烧。

（7）具有老化现象　如金属腐蚀、木材腐朽、岩石风化一样，橡胶也会因为环境条件的变化而产生老化现象，使性能变坏，寿命缩短。

（8）必须硫化　橡胶必须加入硫磺或其他能使橡胶硫化（或称交联）的物质，使橡胶大分子交联成空间网状结构，才能得到具有使用价值的橡胶制品。但热塑性橡胶可以不用硫化。

除此之外，橡胶密度小、质量轻；硬度低，柔软性好；透气性较差，可用作气密性材料；防水性好，是优良的防水性材料。这些特性使得橡胶材料和橡胶制品的应用范围特别广泛。

5.3.2　橡胶的成形

橡胶的成形加工是用生胶和各种配合剂，通过炼胶机混炼而成混炼胶（又称胶料），再根据需要加入能保持制品形状和提高其强度的各种骨架材料，混合均匀后置于一定形状的模具中，经加热、加压（即硫化处理）获得所需形状和性能的橡胶制品。

橡胶的成形方法与塑料成形方法类似，主要有注射成形、压制成形、挤出成形和压铸成形等。

1. 注射成形

注射成形又称注压成形，是利用注射机的压力，将预加热成塑性状态的胶料通过注射模的浇注系统注入模具型腔中硫化定形的方法。该方法的特点是成形周期短、生产效率高、劳动强度小。由于该方法加工的产品质量稳定、精度较高，因此常用来生产大型、厚壁、薄壁及具有复杂几何形状的产品，如耐油垫圈、油槽衬、高密封件等。

橡胶注射成形设备有螺杆式注射和柱塞式注射两种，图5-27为螺杆式注射机成形原理图。

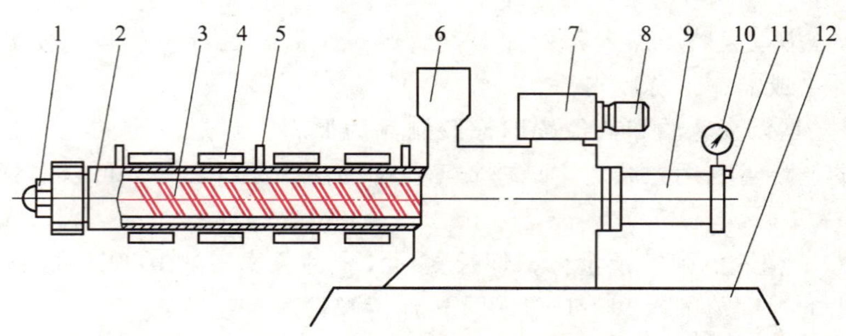

图 5-27　螺杆式注射机成形原理图

1—喷嘴　2—料筒　3—螺杆　4—加热圈　5—热电偶　6—料斗　7—螺杆转动装置
8—预塑电动机　9—注射液压缸　10—压力表　11—背压阀　12—注射机座

2. 压制成形

压制成形是将经过塑炼和混炼预先压延好的橡胶坯料，按一定规格和形状下料后，加入到压制模中，合模后在液压机上按规定的工艺条件进行压制，使胶料在受热受压下以塑性流动态充满型腔，经过一定时间完成硫化，再进行脱模、清理毛边，最后检验得到所需制品的成形方法。该方法模具结构简单、通用性强、实用性广、操作方便，是橡胶制品生产中应用最早而又最广泛的加工方法。

3. 挤出成形

挤出成形又称压出成形，是橡胶制品生产的一种基本成形方法。是将在挤出机中预热与塑化后的胶料，通过螺杆的旋转，使胶料不断推进，在螺杆尖和机筒筒壁强大的挤压力下，挤压出各种断面形状的橡胶型材半成品的加工方法。挤出成形的优点是成品密度高；成形模具简单，便于制造、拆装、保管和维修；成形过程易实现自动化。不足之处在于只能挤出形状简单的直条型材或者预成形半成品，无法生产精度高、断面形状复杂或带有金属嵌件的橡胶制品。图 5-28 为挤出机及挤出机头示意图。

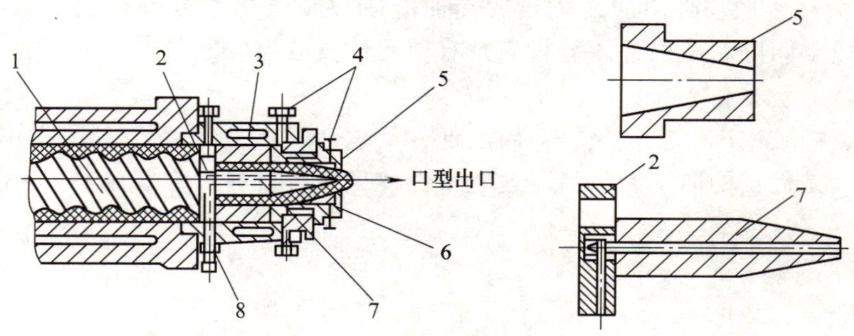

图 5-28　挤出机及挤出机头示意图

1—螺杆　2—支架　3—蒸汽加热腔　4—调节口型螺钉　5—口型模
6—外套螺母　7—型芯　8—滑石粉入口腔

4. 压铸成形

压铸成形又称传递法成形或挤胶法成形，是将混炼过的、形状简单的、限量的胶条或胶块半成品放入压铸模的型腔中，通过压铸塞的压力挤压胶料，并使胶料通过浇注系统进入模具型腔中硫化定形的方法。压铸成形适用于制作普通压制成形不易压制的薄壁、细长制品以及形状复杂难于加料的橡胶制品，所生产的制品致密性好，质量优越。图 5-29 为压铸成形示意图。

5.3.3　橡胶的加工

橡胶加工的基本过程包括塑炼、混炼、压延或挤出、成形和硫化等基本工序，每个工

序针对制品有不同的要求，分别配合以若干辅助操作。为了能将各种所需的配合剂加入橡胶中，生胶首先需经过塑炼提高其塑性；然后通过混炼将炭黑及各种橡胶助剂与橡胶均匀混合成胶料；胶料经过压出制成一定形状坯料；再使其与经过压延挂胶或涂胶的纺织材料（或金属材料）组合在一起成形为半成品；最后经过硫化又将具有塑性的半成品制成高弹性的最终产品。

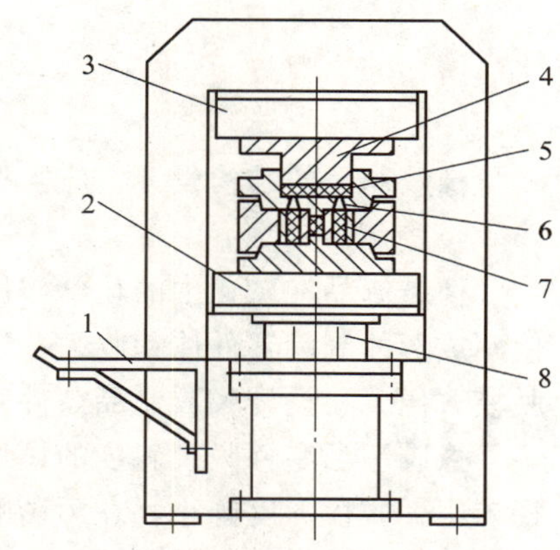

图 5-29 压铸成形示意图

1—工作台 2—下热板 3—上热板
4—压铸塞 5—料腔 6—料道
7—制品（减振器）
8—压机活塞

1. 塑炼

将橡胶生胶在机械力、热、氧等作用下，从强韧的弹性状态转变为柔软而具有可塑性的状态，即增加其可塑性（流动性）的工艺过程称为塑炼。塑炼的目的是通过降低分子量降低橡胶的粘流温度，使橡胶生胶具有足够的可塑性，以便后续的混炼、压延、压出、成形等工艺操作能顺利进行。同时通过塑炼也可以起到“调匀”作用，使生胶的可塑性均匀一致。塑炼过的生胶称为“塑炼胶”。如果生胶本身具有足够的可塑性，则可免去塑炼工序。

塑炼的方法按所用的设备不同主要分为开炼机塑炼、密炼机塑炼和螺杆塑炼机塑炼。

2. 混炼

混炼是将塑炼胶或已具有一定可塑性的生胶，与各种和橡胶不相合的配合剂（如粉体填料、氧化锌、颜料等）经机械作用使之均匀混合的工艺过程。对混炼工艺的具体技术要求是：配合剂分散均匀，使配合剂特别是炭黑等补强性配合剂达到最好的分散度，以保证胶料性能一致。混炼后得到的胶料称为“混炼胶”，其质量对进一步加工和制品质量有重要影响。

混炼也可根据所用设备不同分为开炼机混炼和密炼机混炼。

3. 压延与压出

混炼胶可通过压延和压出等工艺用来成形。压延的目的是将胶料压成薄胶片（板材或片材），或在胶片上压出某种花纹，也可以用压延机在帘布或帆布表面挂上一层胶，或者把两层胶片贴合起来。压出则是胶料在压出机机筒和螺杆间的挤压作用下，连续通过一定形状的口型，制成各种复杂断面形状的半成品的工艺过程。

4. 成形

由于橡胶制品的形状一般都比较复杂，因此，就必须根据制品（如胶鞋、轮胎等）的形状把压延或压出的各种胶片、胶布等裁剪成不同规格的部件，然后进行贴合制成半成品，这一过程称为橡胶的成形。

5. 硫化

在加热条件下，胶料中的生橡胶与硫化剂发生化学反应，使橡胶由线型结构的大分子交联成立体网状结构的大分子，从而导致胶料的物理力学性能和其他性能有明显的改变，由塑性橡胶转化为弹性或硬质橡胶的过程，称为硫化。硫化是橡胶加工的主要工序之一，其目的是使橡胶具有足够的强度、耐久性以及抗剪切和其他变形能力，减少橡胶的可塑性。

硫化工艺对橡胶性能有很大影响，大多数橡胶制品（如轮胎、胶管、胶带等）的硫化都要加热、加压和经过一定时间。有的则是利用自然硫化胶浆，在常温下进行硫化，制造大型制品，如橡皮船。

5.3.4　橡胶制品的结构工艺性

橡胶制品的结构设计，应当符合橡胶成形工艺和模具设计的要求。

1. 脱模斜度

橡胶制品在硫化中的化学作用和开启模具后温度急剧下降的物理作用的共同影响下，使刚成形的制品零件体积收缩，使其紧紧覆在成形芯棒、芯轴以及其他模具零件上。为了脱模方便，在设计橡胶制品零件时，必须设计一定的脱模斜度。

橡胶制品零件脱模斜度的设计可参考以下原则：零件的轴向尺寸越大、壁厚越薄、直径越小，脱模斜度越小。在不影响制品使用的前提下，脱模斜度可设计的大一些。

2. 壁厚

为减少橡胶制品的内应力和收缩变形，制品的壁厚应均匀，通常不小于1mm。设计壁厚时，在确保制品强度要求的前提下，尽可能使壁薄一些，以减轻制品零件的质量，减少胶料的消耗。

3. 圆角

橡胶制品各个部分的交接处应尽量设计成圆角，这样既有利于成形时胶料的流动，又可提高制品模具的使用寿命。橡胶制品的圆角设计不像塑料制品那样严格，在一些部位可以设计成非圆角结构，从而简化模具的设计和制作。

4. 孔

对于橡胶制品而言，一般孔洞的成形比较容易，如果孔洞较深，则型芯应设计有一定的脱模斜度。因此，对于各种类型的孔洞，都应当给定并明确指出脱模斜度的方向和大小。如果不允许有较大的脱模斜度，则应注明。小的深孔较难成形，一般孔径应大于深度的1/5为宜。

5. 嵌件

出于使用功能、工作条件以及工作环境的需要，橡胶制品中常常镶有各种不同结构形式和材料的嵌件，如金属和非金属嵌件、硬体嵌件和软体嵌件等。嵌件的结构形式如图5-30所示。嵌件材料的选择和形状的设计，取决于橡胶制品零件的使用功能与要求。在设计时，应对各种因素综合分析和研究，以便设计出结构和尺寸均较合理的嵌件。

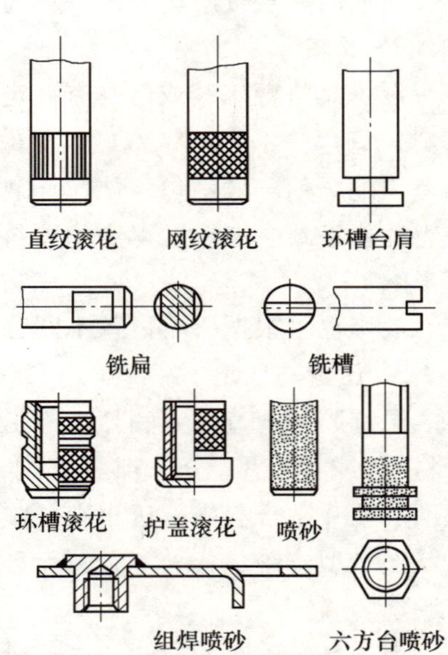

图5-30 嵌件的结构形式

6. 文字与图案

橡胶制品上的文字和图案分为凸型和凹型两类，制品上呈凸型的文字及图案在模具上则为凹型，比较容易加工成形，所以将橡胶制品上的文字及图案设计成凸型为宜。

5.3.5　橡胶在工业设计中的应用

1. 工业设计中常用的橡胶

(1) 天然橡胶（NR）　以橡胶烃（聚异戊二烯）为主，含少量蛋白质、水分、树脂酸、糖类和无机盐等。其特点是弹性大，拉伸强度高，抗撕裂性和电绝缘性优良，耐磨性和耐寒性良好，加工性佳，易于与其他材料粘合。缺点是耐氧和耐臭氧性差，容易老化变质、耐油和耐溶剂性不好，抵抗酸碱的腐蚀能力低、耐热性不高。常用于制作轮胎、胶

鞋、胶管、胶带、电线电缆的绝缘层和护套以及其他通用制品。

（2）丁苯橡胶（SBR）　丁苯橡胶是丁二烯和苯乙烯的共聚体，性能接近天然橡胶，是目前产量最大的通用合成橡胶。其特点是耐磨性、耐老化和耐热性较好，质地均匀。缺点是弹性较低，抗屈挠、抗撕裂性能较差，加工性能差，特别是自粘性差、生胶强度低。主要用来代替天然橡胶制作轮胎、胶板、胶管、胶鞋及其他通用制品。

（3）顺丁橡胶（BR）　顺丁橡胶是由丁二烯聚合而成的顺式结构橡胶。其特点是弹性与耐磨性优良，耐老化性好，耐低温性优异，在动态负荷下发热量小且易于与金属粘合。缺点是强度较低、抗撕裂性差、加工性能与自粘性差。一般多和天然橡胶或丁苯橡胶并用，主要制作轮胎胎面、运输带和特殊耐寒制品。

（4）异戊橡胶（IR）　异戊橡胶由异戊二烯单体聚合而成。化学组成、立体结构与天然橡胶相似，性能也非常接近天然橡胶，故有合成天然橡胶之称。它具有天然橡胶的大部分优点，耐老化优于天然橡胶，弹性和强度比天然橡胶稍低，加工性能差，成本较高。使用温度范围约-50℃～100℃。可代替天然橡胶制作轮胎、胶鞋、胶管、胶带以及其他通用制品。

（5）氯丁橡胶（CR）　氯丁橡胶是由氯丁二烯做单体乳液聚合而成的聚合体。其特点是具有优良的抗氧和抗臭氧性，不易燃、耐油、耐溶剂、耐酸碱以及耐老化、气密性好等优点；其物理力学性能也比天然橡胶好，可用作通用橡胶，也可用作特种橡胶。缺点是耐寒性较差，密度较大，相对成本高，电绝缘性不好，加工时易粘滚，易焦烧及易粘模。主要用于制造要求抗臭氧、耐老化性高的电缆护套及各种防护套、保护罩；耐油、耐化学腐蚀的胶管、胶带和化工衬里；耐燃的地下采矿用橡胶制品，以及各种模压制品、密封圈、垫、粘结剂等。

（6）丁基橡胶（IIR）　丁基橡胶是异丁烯和少量异戊二烯或丁二烯的共聚体。其特点是气密性好、耐臭氧及耐老化性能好，耐热性较高，能耐无机强酸（如硫酸、硝酸等）和一般有机溶剂，吸振和阻尼特性良好以及电绝缘性优异。缺点是弹性差、加工性能差、硫化速度慢、粘着性和耐油性差。主要用于制作内胎、水胎、气球、电线电缆绝缘层、化工设备衬里及防振制品、耐热运输带、耐热老化的胶布制品。

（7）丁腈橡胶（NBR）　丁腈橡胶是丁二烯和丙烯腈的共聚体。其特点是耐汽油和脂肪烃油类的性能特别好、耐热性好、气密性、耐磨及耐水性等均较好，以及粘结力强。缺点是耐寒及耐臭氧性较差，强度及弹性较低，耐酸性差，电绝缘性不好及耐极性溶剂性能也较差。主要用于制造各种耐油制品，如胶管、密封制品等。

（8）乙丙橡胶（EPM\EPDM）　乙丙橡胶是乙烯和丙烯的共聚体，一般分为二元乙丙橡胶和三元乙丙橡胶。其特点是抗臭氧、耐紫外线、耐气候性和耐老化性优异，居通用橡胶之首；电绝缘性、耐化学性、冲击弹性很好；耐酸碱；密度小，可进行高填充配合；耐热可达150℃；耐极性溶剂，如酮、酯等；其他物理力学性能略次于天然橡胶而优于丁苯橡胶。缺点是自粘性和互粘性很差，不易粘合。主要用作化工设备衬里、电线电缆包皮、蒸汽胶管、耐热运输带、汽车用橡胶制品及其他工业制品。

（9）硅橡胶（QR）　硅橡胶为主链含有硅、氧原子的特种橡胶，其中起主要作用的是硅元素。其特点是耐寒和耐高温性能好，电绝缘性优良，对热氧化和臭氧的稳定性很高，化学惰性大。缺点是机械强度较低，耐油、耐溶剂和耐酸碱性差，较难硫化，价格较贵。主要用于制作耐高低温制品（胶管、密封件等）、耐高温电线电缆绝缘层。由于其无毒无味，还用于食品及医疗工业。

（10）氟橡胶（FPM）　氟橡胶是由含氟单体共聚而成的有机弹性体。其特点是耐高温（可达300℃），耐酸碱，耐油性好，抗辐射，耐高真空性能好；电绝缘性、力学性能、耐化学腐蚀性、耐臭氧、耐大气老化性均优良。缺点是加工性差，价格昂贵，耐寒性差，弹性透气性较低。主要用于国防工业制造飞机、火箭上的耐真空、耐高温、耐化学腐蚀的密封材料、胶管或其他零件及汽车工业。

2. 橡胶应用实例

(1) 便携橡胶雨鞋 来自Estel Alcaraz设计的这款舒适且便于携带的橡胶雨鞋（图5-31），Sardines，它利用超级柔韧的材质（热可塑性聚氨酯），不但让它具有很好的防水性能还变得十分柔软，使用者只需要轻松一卷就可以将这款雨鞋的大小变成原来的1/5，便于携带。

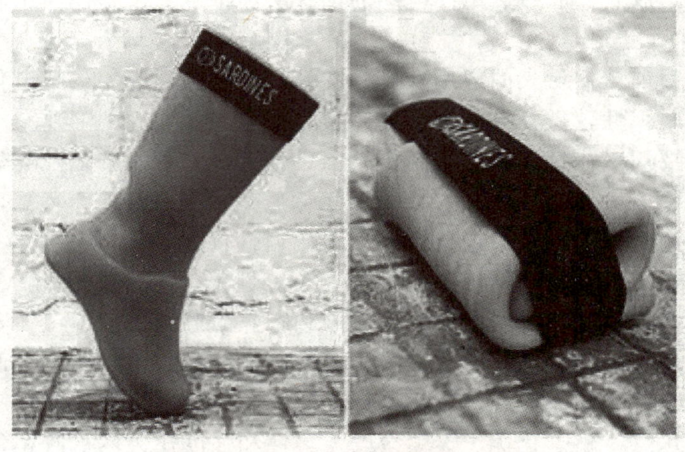

图5-31　Sardines 便携橡胶雨鞋

(2) 软勺子 由Jeho Yoon设计的Sweeper勺子（图5-32）设计看点在于其顶部一半采用柔性硅胶材质，如此设计可以很方便地在各种形状的锅里舀出食物，完全能自适应各种边角和锅底。

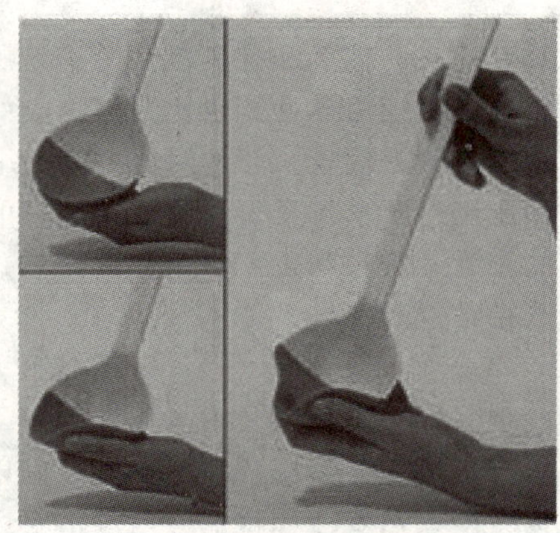
图5-32　Sweeper 勺子

(3) 硅胶餐盘 Seasons硅胶餐盘（图5-33）是功能性厨房用品与餐具的完美诠释，其灵感源自大自然与科技，是日本文化的缩影。如同一片真正的树叶，每一个餐盘都具备灵活弹性，而且属多用途设计，收藏时可以把这些硅胶餐盘卷起来。此产品也非常适用于烤箱与微波炉，同时洗碗机反复清洗也不易毁损。每一片叶子都有独特的形状，张开时可以堆栈起来，创造一件独特的餐具雕塑品。

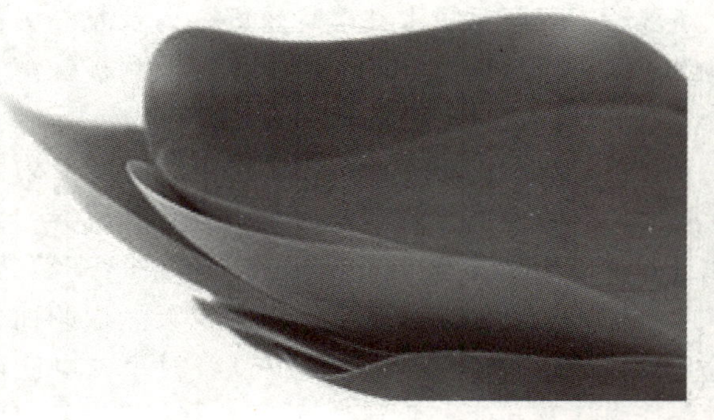
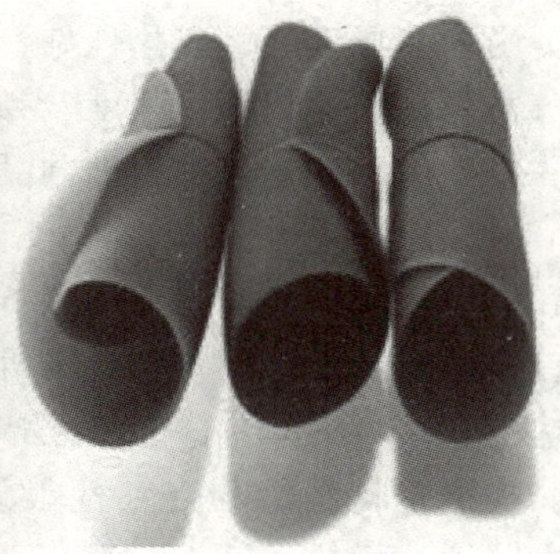
图5-33　Seasons 硅胶餐盘

(4) 便捷扩音器 这款扩音器（图5-34）可以通过蓝牙或3.5mm耳机线与平板电脑等手持设备相连，在音质毫无损减的情况下能够将音量提高5倍之多。它采用柔软的硅胶材质制成，带给您的是一流的听觉效果与舒适的握持手感。

(5) 海绵橡胶坐具 “日式绑缚（Shibari）”是一种源于日本武术“捕绳术（Hojo-jutsu）的行为，日本建筑师长坂常将这种艺术应用到了家具设计当中，设计了一系列海绵橡胶坐具（图5-35），里面是用绳子捆住的泡沫，然后外面包了一层橡胶。

(6) 能变出漏斗的瓶子 由设计师Jinsoo Cho带来的能变出漏斗的瓶子UNIECO Bottle

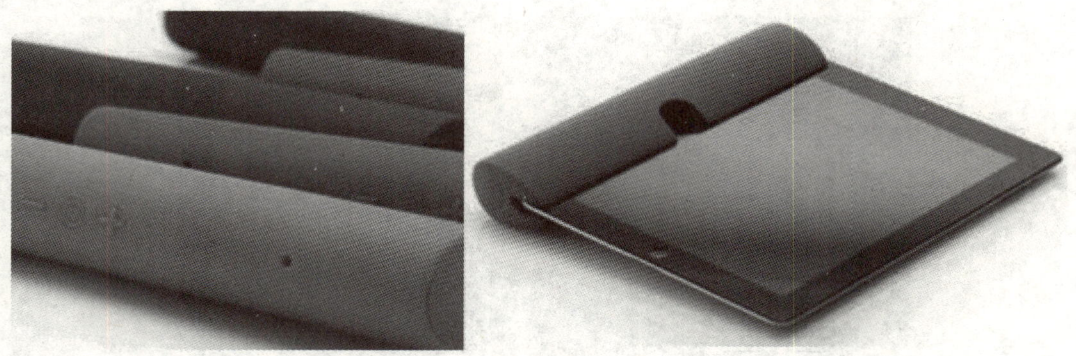

图 5-34 便携扩音器

（图 5-36）。为了方便人们将浴室内的袋装洗浴液灌入瓶子内，设计师在瓶子颈部加了一个可逆橡胶，当你需要填充液体的时候，将它向上翻转，便成了一个漏斗。这样，就能让填充过程变得相当简单，同时也避免了液体的浪费。该设计荣获 2010 年年度 IDEA 设计奖银奖。

图 5-35 海绵橡胶坐具

图 5-36 UNIECO Bottle

（7）“云箱” Maarten Kolk & Guus Kusters 为 PROOFFlab 设计的一系列办公存储家具（图 5-37），采用半透明的乳胶橡胶制成，仿佛一层窗帘挂在柜子上，起到消声的作用。

（8）充气椅子和茶几 德国设计师 Philipp Beisheim 为我们带来了两款像橡皮艇一样的设计，充气部分使用合成橡胶材料（Hypalon 氯磺化聚乙烯），这是一种工业上经常使用的材料，结实耐用，有弹性（图 5-38）。“充气家具的出现将给用户带来全新的‘吹’体验。” Beisheim 提到他的作品时说“我的充气家具将更加适合露营等户外活动，或是小客厅的用户，因为它在不使用的时候更节省空间”。

（9）“可以弯折的时间” 来自 Sebastian Hoek 的时钟（图 5-39），这款时钟的设计来自于设计师 Sebastian Hoek。其最大的特色在于采用了橡胶材质，将太阳能板和 LED 插入其中。它可以任意弯折，放在任何地方，造型也是简洁明快。

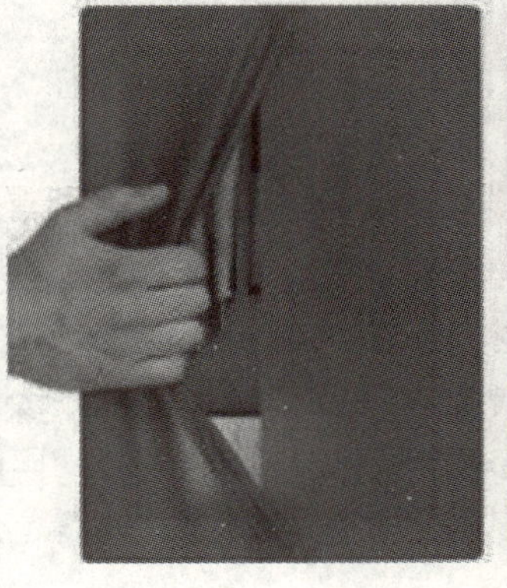

图 5-37 “云箱”

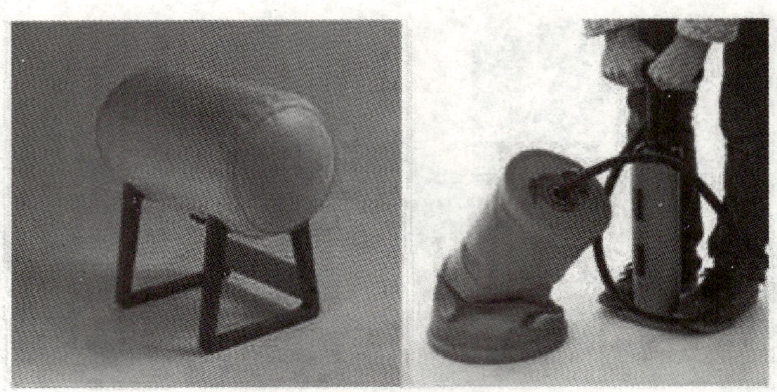

图 5-38　充气椅子和茶几

（10）“软柜子”　以一种“语不惊人死不休”的格调，荷兰 Dewi van de Klomp 设计工作室设计了一系列用泡沫橡胶做成的软柜子（图 5-40），这些柜子的造型和传统柜子无异，差别在于材料不是实木，也不是胶合板，而是泡沫橡胶。

图 5-39　“可以弯折的时间”时钟

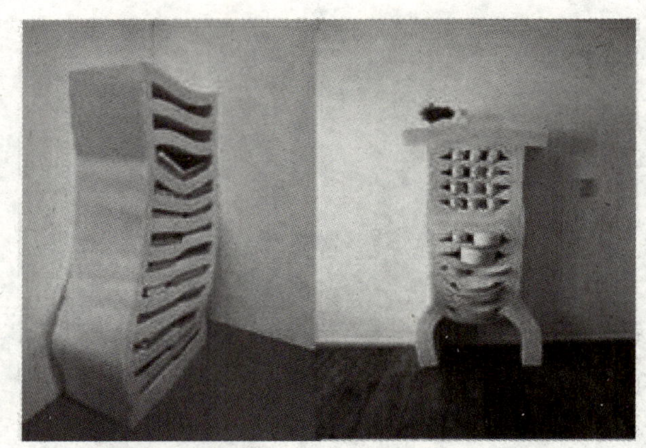

图 5-40　“软柜子”

5.4　木材及其成形工艺

5.4.1　木材概述

1. 木材的简介

树木砍伐后，经初步加工，可制成供建筑及制造器物用的材料。它是一种天然高分子有机材料，由纤维素、半纤维素和木素组成。木材具有优良的性能，主要是：质量轻、强度较高、易于加工、导热性低、电绝缘性能好（干科）、共振性优良、有一定的弹性和可塑性，并且具有天然的美丽纹理、光泽和颜色，可以胶接、榫接等。

树木的成长较慢，资源利用有一定的限制，同时木材又是工业上用途广泛、消耗量很大的一种工程材料，广泛应用在机械制造、铁路、建筑、化学纤维以及其他工农业部门。

2. 木材的构造

树木是一个有生命的生活体，它是由树根、树干和树冠（包括树枝和树叶）三部分组

成，其中树干是树木的主体部分，占树木总体积的 50%～90%。树干是由树皮、形成层、髓心和木质部构成的，要观察它的宏观构造（即指用肉眼或放大镜观察木材时能看见的构造特征），可以从树干的横切面、径切面和弦切面三个不同的切面入手。图 5-41 为木材的切面图。

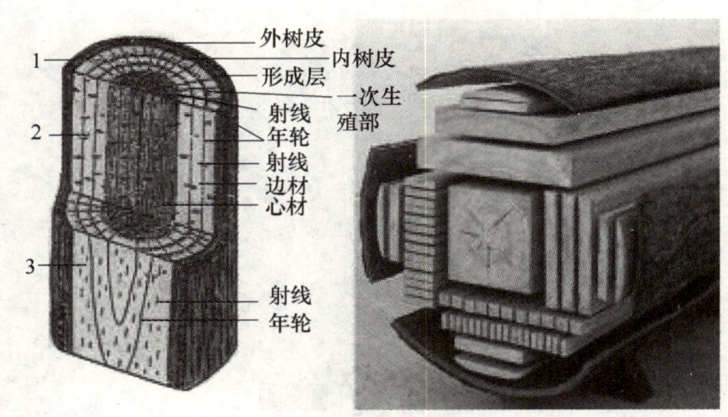

图 5-41　木材的切面图

1—横切面　2—径切面　3—弦切面

横切面是指与树干或木纹方向垂直锯削的切面，在这个切面上，木材细胞间的相互联系都消楚地反映出来，它是识别木材最重要的部位。

径切面是顺着树干方向，通过髓心锯削的切面，叫标准径切面。从横切面上看，凡是垂直于年轮的切面，都叫径切面。在这个切面上，年轮呈条状，相互平行，而与木射线相互垂直。由径切面而成的板材，收缩小、不易翘曲，适用于地板、木尺和乐器用材的共鸣板等。

弦切面是顺着树干方向、与年轮相切的切面。它是一个年轮的切线，又是另一年轮的弦线。径切面和弦切面又叫纵切面。这种方法锯削的板材，年轮在板面上成 V 字形，花纹美观。一般木板多是弦切面，用于制造家具、桶板和船上的甲板等。

3. 木材的分类

木材可分为针叶树材和阔叶树材两大类。杉木及各种松木、云杉和冷杉等是针叶树材；柞木、水曲柳、香樟、檫木及各种桦木、楠木和杨木等是阔叶树材。中国树种很多，因此各地区常用于工程的木材树种亦各异。东北地区主要有红松、落叶松（黄花松）、鱼鳞云杉、红皮云杉、水曲柳；长江流域主要有杉木、马尾松；西南、西北地区主要有冷杉、云杉、铁杉。

（1）按树种分类　木材按树种分类，可以分为针叶树与阔叶树。

针叶树树叶细长如针，多为常绿树。材质一般较软，有的含树脂，又称软材，如红松、落叶松、马尾松，云杉，冷杉、杉木、柏木等。主要的应用范围是建筑、桥梁、家具、造船、电杆、坑木、枕木、桩木、机械模型等。如图 5-42 所示。

阔叶树树叶宽大，叶脉呈网状，大都为落叶树，材质较坚硬，故称硬材。如樟木、榉木，水曲柳、栎木、色木、山毛榉等；也有少数质地较软的，如桦木、椴木、山杨、青杨等。主要应用范围是机械制造、车辆、造船、建筑、桥梁、枕木、家具及胶合板等。如图 5-43 所示。

图 5-42　针叶树木材产品

（2）按用途分类　木材按用途分类可以分为原条、原木、成材、人造板、改良木等。

原条是指已经除去皮、根、树梢的木料，但未按一定尺寸加工成规定的材类，主要用于建筑工程的脚手架、建筑用材、家具用材等，如图 5-44所示。

原木是指已经除去皮、根、树梢的木料，并

图 5-43　阔叶树木材产品

图 5-44　木材原条

按一定尺寸加工成直径和长度的材类，原木又分为直接使用原木、锯材原木、化学加工原木、锯刨加工原木。

成材是指已经加工锯解成材的木料，成材分成锯材和枕木。

人造板是将木材加工过程中产生的大量的边皮、碎料、截头、刨花、木屑等剩余料，经过机械和化学加工而制成的各种板材，人造板主要分为胶合板、细木工板、木纤维板、碎木刨花板、木丝板、塑料贴面板等。

改良木是采用物理或化学方法加工处理的木材，改良木分为压缩木、层积木、浸渍木等。

4. 木材的特性

由于木材具有多孔性、各向异性、湿胀干缩性、燃烧性和生物降解性等独特性质，在具体使用中必须更好地利用这些特性和最大限度地限制其副作用。木材的密度为 0.3~0.7g/cm^3，比普通钢材密度要小很多，但是木材比强度（顺纹强度）要高于钢材的比强度，而且木材导热性、导电性、声音传导性较小，热胀冷缩性能不显著。

（1）木材的优点

1）优良的加工成形性。木材可以用机械加工和手工工具加工；可以加工成各种型面，也可以进行弯曲、压缩、旋切等加工；可以以各种形式的榫结合，也可以用钉子、螺钉、各种连接件及胶粘剂接合。

2）木材具有装饰性。木材是一种较好的装饰材料，具有天然的纹理、色泽和美丽的花纹图案。

木材的颜色是由细胞腔内含有各种色素、树脂、树胶、其他氧化物等决定的，这些物质渗透到细胞壁中呈现各种颜色。树种不同，木材所显示的颜色也有所区别。如桃花心木、红柳为红色；云杉为白色；黄柳、桑树为黄褐色或黄色。

木材的光泽指木材对光线的反射与吸收的程度。某些木材光泽很好，如云杉；有的木材则不具有光泽，如冷杉。光泽会因木材放置的时间过长而减退，甚至消失。但在对木制品的表面处理时，要求具有较好的光泽，以增加木制品的美观性。

木材的纹理指木材纵向组织的排列方向的表现情况。可以分为直纹理、斜纹理、波浪纹理、皱状纹理、交错纹理、螺旋纹理等。除上述自然形成的纹理外还有人工加工成的纹理。

（2）木材的缺点

1）容易解离。刨花板、纤维板的生产就利用了木材可以用机械的方法打碎然后再胶合的这种特性。

2）生物降解性。木材是一种有机物质，在生长和存储的过程中，易受菌、虫的侵蚀，使木材受到一定的破坏，降低了使用性能。

3）干缩湿胀性。木材和其他材料不同，在大气中受环境的影响，当环境的温度和湿度发生变化时，常常引起木材的膨胀或收缩，严重时会发生变形和开裂，降低了木材的使用价值。

4）各向异性。由于木材的构造在各个方向不同，木材在不同的方向上的力学性能也有所不同，在使用木材时应充分考虑到木材的这个缺点。

5）天然缺陷。由于木材是一种天然材料，在生长过程中受自然环境的影响，有许多天然缺陷，如节子、弯曲等。这些天然缺陷会影响木材的使用。

5.4.2　木材成形工艺

将木材原材料通过木工手工工具或木工机械设备加工成构件，并将其组装成制品，再经过表面处理、涂饰，最后形成一件完整木制品的技术过程，称为木材的成形加工工艺。

1. 木材常用的成形工艺

（1）木材的加工流程

1）配料。一件木制品是由若干构件组成的，按照图样规定的尺寸和质量要求，将成材或人造板锯割成各种规格毛料或净料的加工过程称为配料，这是木制品加工的第一道工序。配料时应根据制品的质量要求，按构建在制品上所处部位的不同，合理确定各构件所用成材的树种、纹理、规格、含水率等技术指标。

2）构件的加工。经过配料后，即要对毛料进行平面加工、开榫、打孔等，由此加工出具有所要求的形状、尺寸、结构和表面粗糙度的木制品构件。

3）装配。按照木制品结构装配图以及有关技术要求，将若干构件结合成部件，或将若干部件和构件结合成木制品的过程称为装配。

4）木制品的表面涂饰。木制品制成后，一般需要进行表面着色、涂饰，以提高制品的表面质量和防腐能力，增强制品外观的美感效果。木制品的表面涂饰通常包括木材的表面处理、着色和涂漆等工序。

（2）木材的加工方法

1）木材的锯割。按设计要求将尺寸较大的原木、板材或方材等，沿纵向、横向或任一曲线进行开板、分解、开榫、锯割、截断、下料时，都要运用锯割加工，如图5-45所示。

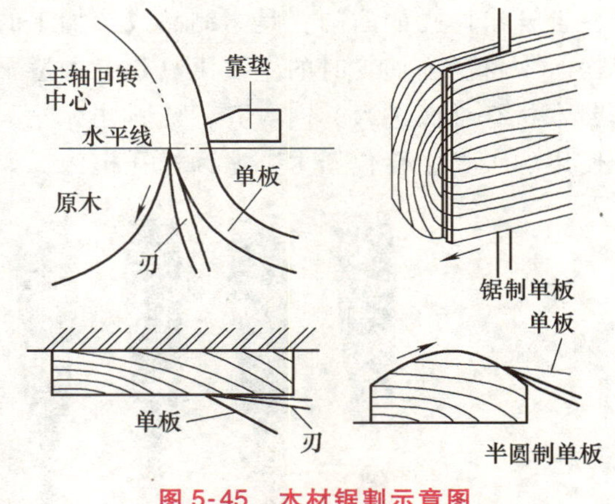

图5-45　木材锯割示意图

木材锯割是木材成形加工中最常用的一种操作。木材锯割时的主要工具是各种锯，利用带有齿形的薄钢带锯条与木材的相对运动，使具有凿形或刀形锋利刃口的锯齿，连续割断木材纤维，从而完成木材的锯割操作。使用的工具主要包括手工锯和锯割机床。

① 木工手工锯。木工用锯按其结构可分为框锯、刀锯、横锯、侧锯、板锯、狭手锯、钢丝锯等，其中最常用的是框锯和刀锯。

② 木工锯割机床。木材加工中常用的锯割机床，一般可分为带锯机和圆锯机两大类，带锯机是将一条带锯齿的封闭薄钢带绕在两个锯轮上，使其高速移动，实现锯割木材。在

这种机床上不仅可以沿直线锯割，还可完成一定的曲线锯割。圆锯机是利用高速旋转的圆锯片对木材进行锯割的机床，其结构简单，安装容易，操作和维修方便，生产效率高，因此应用广泛。

2）木材的刨削。刨削也是木材加工的主要工艺方法之一。木材刨削加工的主要工具是各种刨刀。利用与木材表面成一定倾角的刨刀的锋利刃口与木材表面做相对运动，使木材表面一薄层剥离，完成木材的刨削加工。

木材经锯割后的表面一般较粗糙且不平整，因此必须进行刨削加工。木材经刨削加工后，可以获得尺寸和形状准确、表面平整光洁的构件。使用的工具主要包括木工刨和刨削机床，如图 5-46 所示。

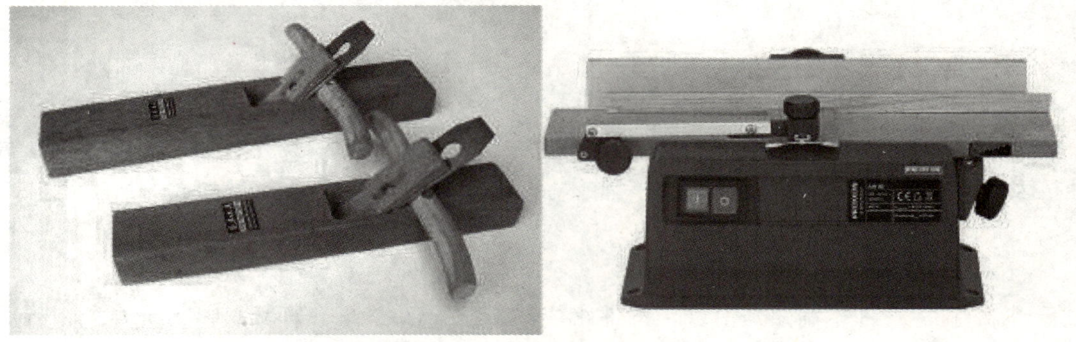

图 5-46　木材刨削工具

① 木工刨。木工刨是常用的主要手工工具之一，根据刨削平、直、圆、曲的各种不同需要，刨的种类很多，一般按其用途和构造可分为平刨、槽刨、边刨、铁刨、特形刨（球形刨、轴刨）等。

② 木工刨削机床。木工刨削机床是通过刀轴带动刨刀高速旋转来进行切削加工的。由于加工件的工艺要求不同，木材刨削机床有多种形式和规格，一般可分为平刨床和压刨床两大类。压刨床按一次性加工面的多少，分为单面和多面压刨床。

3）木材的凿削。木制品构件间结合的基本形式是框架榫孔结构。因此，在木制品构件上开出榫孔的凿削，是木制品成形加工的基本操作之一。

木材凿削加工时的主要工具是各种凿子，利用凿子的冲击运动，使锋利的刃口垂直切断木材纤维而进入其内，并不断排出木屑，逐渐加工出所需的方形、矩形或圆形的榫孔。使用的工具主要包括木工凿和榫孔机床，如图 5-47。

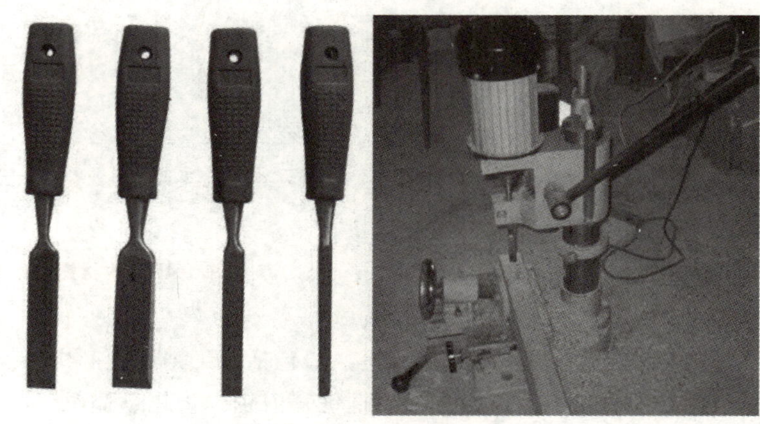

图 5-47　木材凿削工具

① 木工凿。木工凿按刃口形状分为平凿、圆凿和斜凿，其中平凿用得最多。

② 木工榫孔机床。木工榫孔机床的类型很多，工件上的榫孔是由空心插刀的上下往

复运动——插削和配装。在插刀内的钻头的旋转运动——钻削联合加工形成的。

4）木材的铣削。木材成形加工中，凹凸平台和弧面、球面等形状的加工是比较普遍的，其制作工艺比较复杂，一般是在木工铣削机床上进行的。木工铣床是一种万能设备，它能完成各种不同的加工，例如直线成形表面（裁口、起线、开榫、开槽等）的加工和平面加工，但主要用于曲线外形加工。此外，木工铣床还可用作锯削、开榫和仿形铣削等多种作业，它是木材制品成形加工中不可缺少的设备之一，如图 5-48。

图 5-48　木工铣床

2. 木制品的结合形式

木制品构件间的结合方式称为木制品的结构。传统木制品其最基本的结构形式是框架榫孔结构。近年来，由于材料、设备和工艺技术的改革和创新，出现了板式结构、曲木式结构和折叠式结构等。

（1）榫结合　这是由榫头插入榫孔构成的结合。根据结合部位的尺寸、位置、构建在结构中的作用等的不同，榫头有各种形式，各种榫又视制品结构的需要，有明榫和暗榫之分。

榫孔的形状和大小一般根据榫头而定。连接主要依靠榫头四壁与榫孔相吻合，因此榫头和榫孔在制作时，必须注意结构合理，配合密实。图 5-49 为常用的榫结合方式。

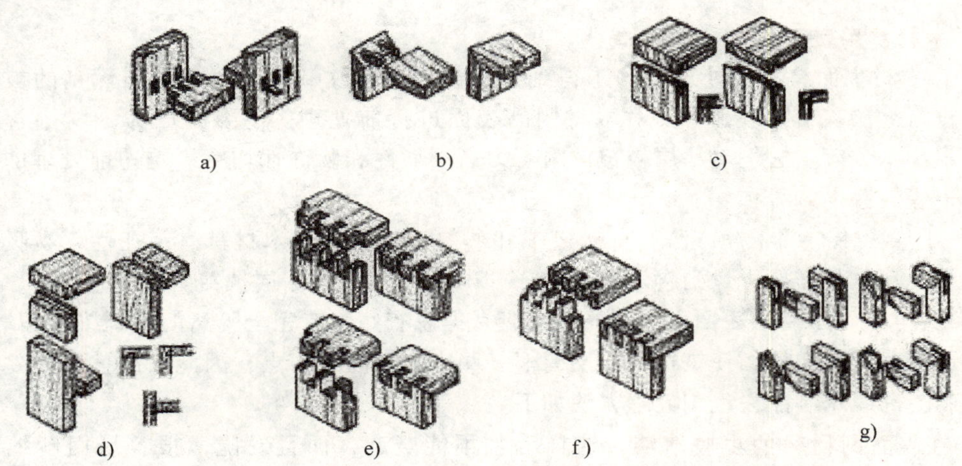

图 5-49　常用的榫结合方式

a）指楔榫　b）斜角圆榫接合　c）直榫上连接和斜连接　d）榫舌撑槽接合
e）燕尾榫　f）相接榫　g）排榫接合

（2）胶合　由于木材具有良好的胶合性能，当将胶液涂于刨削光洁的木材表面并紧密压在一起时，除结合面会形成胶膜外，胶液还沿结合面渗入木材的孔隙中，并在那里凝固，如同形成无数颗细小的胶钉钉入木材中，使胶接面具有一定的胶合强度，因而使两个待结合表面的木材纤维牢固结合成一个整体。胶合是木制品常用的一种结合形式，主要用于实木板的拼接及榫头和榫孔的胶合，其特点是制作简便、结构牢固、外形美观，产品形式不受手工工艺的局限。

木材胶合时使用的胶粘剂种类很多，目前木制品行业中常用的胶粘剂有皮胶、骨胶及蛋白胶等。近年来使用最多的是合成树脂胶粘剂，如聚醋酸乙烯酯乳胶液和热熔胶等。聚醋酸乙烯酯乳胶液简称 RVAC 乳液，俗称乳白胶。这种胶为水性乳液，使用方便，具有良好和安全的操作性能，不易燃、无腐蚀性，对人体无刺激作用。它在常温下固化快，无需加热，并可得到较高的干状胶合强度，固化后的胶层无色透明，不污染木材表面。但乳胶液成本较高，耐水性、耐温性和耐热性差，易吸湿，在长时间静载荷作用下胶层会出现蠕变，故这种胶只适宜用于室内木制品。

（3）螺钉结合　螺钉结合是通过各种型号的螺钉将木材连接起来的方式，其为一种常见的连接方式。螺钉的结合强度取决于木材的硬度和钉的长度，并与木材的纹理有关。木材越硬、钉直径越大、长度越长、沿横纹结合，则强度大；否则强度小。常用的螺钉结合方式如图 5-50 所示。

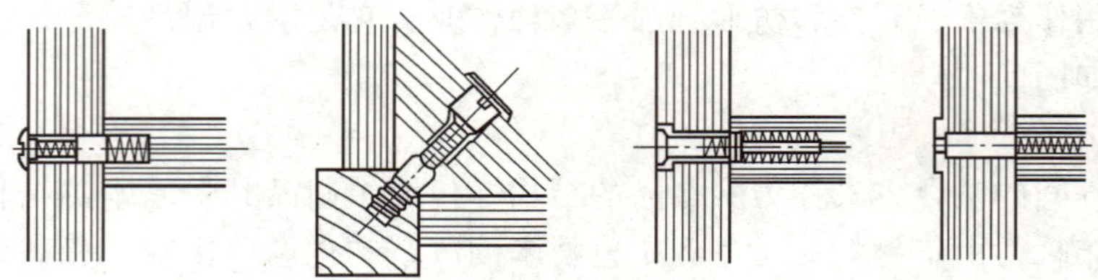

图 5-50　常用的螺钉结合方式

（4）板材拼接　木制品中较宽幅面的板材，一般都是采用实木板拼接成人造板。采用实木板拼接时，为减小拼接后的翘曲变形，应尽可能选用材质相近的板料，用胶粘剂或既用胶粘剂又用榫、槽、销、钉等结构，拼接成具有一定强度的较宽幅面板材。拼接的结合形式有很多种，设计时可根据制品的结构要求、受力形式、胶粘剂种类，以及加工工艺条件等选择。

3. 木材常用表面处理

（1）木材表面涂覆前处理　为了得到光滑光洁、花纹颜色一致和性能优良的被覆涂层，在进行涂层被覆处理前，要对木材制品表面进行前处理。主要是因为木材中含有树脂、色素和水分等，它们对涂层被覆的附着力、干燥性和装饰性均有影响。前处理的主要过程有干燥、去毛刺等项。

1）干燥。木材的干燥方法有自然风干和低温烘干两种。木材具有多孔性，易吸水和排水，因此新木材需要干燥到含水量在 8%～12%时才能进行涂层被覆。

2）去毛刺。木制品表面虽经刨光或磨光，但总有些没有完全脱离的木纤维残留表面，影响表面着色的均匀性，使被覆的涂层留下一些未着色的小白点，因此涂层被覆前一定要去除毛刺。高级木制品去毛刺处理方法如下：

① 在表面刷稀释的虫胶清漆，这样毛刺不能竖起，而且发脆，很容易用砂纸磨除干净。

② 用润湿的清洁抹布擦拭表面，使毛刺吸水膨胀而竖起，待表面干燥后用细砂纸或旧砂纸磨光。如在水中略加些骨胶水，效果更好。

③ 采用火燎法，即用排笔直刷上一层薄薄的酒精，立即用火点着。经过火燎的毛刺变硬发脆，易于用砂纸磨除干净，此法只适用于处理平面。

3）清除污物。受胶痕、油迹等污染弄脏的木制品表面，可先用砂纸磨光，再用棉纱蘸汽油擦洗干净，若仍然清洗不净时，可用短刨将表面刨净。

4）去树脂。大多数针叶树木材中都含有松脂。它们的存在会影响被覆涂层的附着力和颜色的均匀性。清除松脂常用的方法是用有机溶剂清洗，如用酒精、松节油、汽油、甲苯和丙酮等清洗，也可用碱洗，待表面干净后，在清洗部位刷 1～2 道虫胶漆，防止木材内

层的松脂继续渗出。

5）漂白。不少木材含有天然的色素，如桑木、紫檀等具有黄、紫、红色素。对木材原色有时需要保留，以起到装饰作用。如果木制品要涂成浅淡的颜色或涂成与原来材料颜色无关的任意色彩时，木制品白坯表面要进行漂白，一般情况下，常在颜色较深的局部表面漂白处理，使涂层被覆前木材表面颜色取得一致。漂白的方法很多，常用的漂白剂有双氧水与氨水的混合液或氢氧化钠溶液等。

6）染色。为了得到纹理优美、颜色均匀的木质表面，木制品需要染色，木材的染色一般可分为水色染色和酒色染色两种。水色是染料的水溶液，酒色是染料的醇溶液。溶解染料时，不论是水色染色或酒色染色，最好在玻璃杯、陶瓷罐或搪瓷盆内操作，不要使用金属容器，以免引起变色现象。

（2）木材表面贴覆　表面贴覆是将面饰材料通过粘合剂粘贴在木制品表面而成一体的一种装饰方法。其工艺方法是：以木制人造板（刨花板、中密度纤维、厚胶合板等）为基材，将基材按设计要求加工成所需的形状，覆贴底面的平衡板，然后用一整张装饰贴面材料对板面和端面进行覆贴封边。木材表面贴覆工艺在家具行业广泛应用，例如宜家的许多板材家具都是用了表面贴覆工艺。

表面贴覆工艺中的后成形加工技术是近年来开发的板材边部处理的新技术。后成形加工技术改变了传统的封边或包边方式及生产工艺，可制作圆弧型甚至复杂曲线型的板式家具，使板式家具的外观线条变得柔和、平滑和流畅，一改传统家具直角边的造型，增加外观装饰效果，从而满足了消费者的使用要求和审美要求。常用的面饰材料有：聚氯乙烯膜（PVC膜）、人造革、DAP（磷酸氢二铵）装饰纸、三聚氰胺板、木纹纸；薄木等。图5-51为常见木材表面贴膜产品。

图5-51　常见木材表面贴膜产品

5.4.3　木材在工业设计中的应用

1. Gubi椅子

Gubi椅子（图5-52）由Komplot设计，Gubi椅子运用了复杂的木材成形新技术，椅子曲面的大弯曲已经接近90°，它的复杂程度远高于普通挤压胶合板制成的托盘。加工胶合板的技术是由德国厂商Reholz研发出来的，这种技术能制造出深度立体的曲线形态，其塑型能力使普通木材能像塑料品那样强。

图5-52　Gubi椅子

2. 莱希姆时尚木质闹钟

莱希姆时尚木质闹钟（图5-53）采用时尚LED作为显示元素，能显示小时、分钟、温度；具有时间、温度、闹铃、声控、贪睡、万年历、查询、省电等功能；4个按键操作，双电源供电，12/24h制。可放置在床头、沙发、书桌、客厅、卧室等地方，时尚木纹材质作为主体，大气前卫，设计人性化，可声控，可调节亮度。

3. The Chair 椅

The Chair 椅（图 5-54）是丹麦著名设计师汉斯维纳的代表作。他的设计很少有生硬的棱角，转角处一般都处理成圆滑的曲线，给人以亲近之感。“The Chair”的设计就是如此，这把椅子最初是为有腰疾的人设计的，坐上去十分舒服，拥有流畅优美的线条，精致的细部处理和高雅质朴的造型。这款椅子迄今仍颇受青睐，成为世界上被模仿得最多的设计作品之一。

图 5-53　莱希姆木质闹钟

图 5-54　The Chair 椅

4. 纵之家

无印良品的设计一直注重以人为本，在应对日本都市的狭小空间和地震因素时，推出了一款预制房屋：纵之家（图 5-55），这是一栋适用于狭长地区的三层民居。无印良品把自家的家具完美地融合在纵之家里，完成了一个从建筑到室内到家具的高度一体化设计。纵之家的模型现在展览于日本荒川地区，类似的设计还包括木之家和窗之家等，是无印良品在房屋设计上的一系列探索。

图 5-55　纵之家系列家具

5. 创意卡片灯

这款由韩国 DMO 设计工作室设计的平板灯 flat lighting（图 5-56）采用 LED 光源，整体看像是放在墙边上的一块支架，但它却是一款非常有创意的灯具，它的 LED 灯隐藏在压平的灯罩下面。支架材质采用塑料或木制。

6. 原生态木碗

荷兰设计工作室 usuals 设计创作了原生态木碗（图 5-57）。所有的材料均来源于荷兰的农舍，即那些被遗弃的腐烂的木头。每件产品均是纯手工制作，并且独一无二的，每个

图 5-56 创意卡片灯

裂缝与缺陷均成就了每个设计的精彩之处。让腐朽的木头们重新散发生命的光彩，并延续传承下去，是多么美好的设计的成果。

图 5-57 原生态木碗

7. 积木台灯

该积木台灯（图 5-58）来自 Manifattura Italiana Design，在一个经典的台灯基础上，增加一些积木堆积的乐趣，灯罩采用不同造型的木质型材来代替原始的灯罩，不但可以通过想象力堆积更换灯罩的款式，同时美化了外观又能有指定性的调整光的焦点与距离。这是一个不断变化着的灯，一个想法，一盏灯盏，照亮的同时寄发创作灵感。

图 5-58 积木台灯

8. iPhone 原木底座

iPhone 原木多功能底座（图 5-59），以枫木为原材料，组成了一块放 iPhone、咖啡杯、记事本等的多功能收纳板。并内置了一个铅笔刀，还有一个 18cm×1cm 尺寸的通用铅笔收纳槽，随手记录。它还有一个功能是独特的磁性收纳功能，小小别针、图钉以及订书针等小金属不再散落各处了。

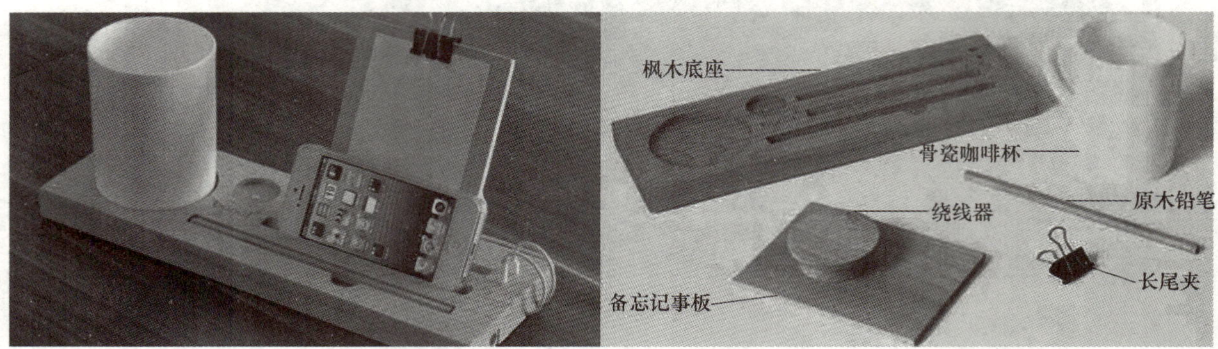

图 5-59　iPhone 原木底座

9. 木夹 LED 灯

这款由 Sungho Lee 设计的木夹 LED 灯（图 5-60），十分有创意，并且非常可爱漂亮。将 LED 灯置于夹口处，灯的开关置于木夹上，可以在你的家里，用木夹夹住照片，然后点亮它，体验这种小温馨。除此之外，还可以轻松 DIY 它的灯罩。

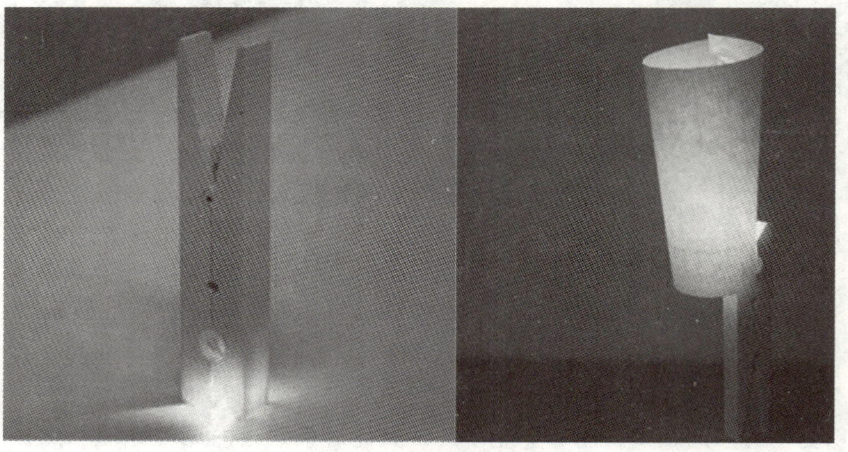

图 5-60　木夹 LED 灯

10. TobeUs 木头玩具车

TobeUs 木头玩具车（图 5-61）的创意来自意大利著名设计师 Matteo Ragni，为此他引

图 5-61　TobeUs 木头玩具车

述了 Bruno Munari 的一句名言：“玩乐是一件严肃的事情。” Matteo Ragni 认为产自东方国度的玩具太便宜，两三个来回就支离破碎了。因此他决定用坚硬耐用的黎巴嫩雪松制作车，表面不用喷漆，拥有美妙的纹理和香味。

复习思考题

5-1　试述塑料成形的主要方法。
5-2　试述常用塑料的特性与用途。
5-3　论述塑料制品的加工性。
5-4　举例说明塑料在工业设计中的应用。
5-5　橡胶的成形工艺主要有哪些?
5-6　试述常用橡胶的特性与用途。
5-7　举例说明橡胶在工业设计中的应用。
5-8　木材常用的成形工艺有哪些?
5-9　举例说明木材在工业设计中的应用。

materials & technics

第6章

无机非金属材料及其成形

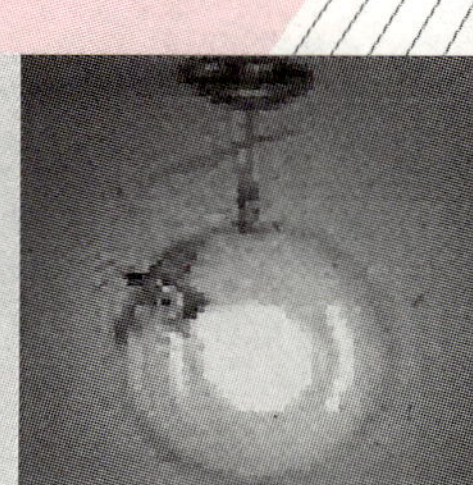

6.1　无机非金属材料成形概述

非金属材料是除金属材料以外的所有材料的统称，除了有机高分子材料、复合材料之外，非金属材料种类多，范围广，并具有许多优良的独特性能，已在工程材料中占据重要地位，它的应用遍及国民经济各个领域。本章主要介绍陶瓷和玻璃这两种在产品设计中应用广泛的传统无机非金属材料。

1. 陶瓷材料及其成形工艺概述

陶瓷是以粘土为主要原料及各种天然矿物经过粉碎混炼、成形和煅烧制得的材料以及各种制品。陶瓷材料大多是氧化物、氮化物、硼化物和碳化物等。常见的陶瓷材料有粘土、氧化铝、高岭土等。陶瓷是无机非金属材料的主体，新型陶瓷更是一类具有发展前途的新型工程材料。

陶瓷材料一般由晶相、玻璃相和气相组成。显微结构由原料、组成和制造工艺决定。陶瓷具有很高的耐热性能，陶瓷的线膨胀系数小，导热性和抗热震性都较差。陶瓷的化学稳定性好，抗氧化性优良，对酸、碱、盐具有良好的耐蚀性。陶瓷有各种电学性能，大多数陶瓷具有高电阻率。许多陶瓷具有特殊的性能，如光学性能、电磁性能等。目前陶瓷已从日用、化工、建筑、装饰发展到微电子、能源、交通及航天等领域，是继金属材料、有机高分子材料之后的第三大类材料。

陶瓷的生产工艺流程是：原料配制→坯料成形→制品烧成三大步骤。原料在一定程度上决定着陶瓷的质量和工艺条件的选择。传统陶瓷的主要原料有三部分：粘土、石英、长石。按照不同的制备过程，坯料可以是可塑泥料、粉料或浆料，以适应不同的成形方法。成形的目的是将坯料加工成一定形状和尺寸的半成品，使坯料具有必要的强度和一定的致密度。干燥后的坯件加热到高温进行烧成或烧结，目的是通过一系列的物理化学变化成瓷，并获得要求的性能（强度、致密度等）。

2. 玻璃材料及其成形工艺概述

玻璃是一种非晶形无机非金属固体材料，在常温范围内属脆性材料。工业大量生产的普通玻璃是以石英为主要成分的硅酸盐玻璃。在生产过程中若加入适量的硼、铝、铜、铬等金属氧化物，可制成各种性质不同的高级特种玻璃，如石英玻璃、微晶玻璃、光敏玻璃、耐热玻璃等。

玻璃具有优良的透明性和折光性等光学性能，硬度高，抗压强度高，冲击振动易破坏，耐热震性差，化学稳定性佳，耐酸性能好（氢氟酸除外），耐碱性能较差，在干燥大气条件下，玻璃是良好的电绝缘体。特种工艺制造的玻璃具有防弹、耐热、防辐射等特殊性能。玻璃在日用器皿、建筑工程、机械工业、光学仪表、化工、电气电信、国防等部门获得了广泛的应用，是一种重要的工程材料。

玻璃的成形方法分为两类：热塑成形和冷成形，后者包括物理成形（研磨和抛光等）和化学成形（高硅氧质的微孔玻璃）。通常把冷成形归属到玻璃冷加工中，这里所言玻璃成形是指热塑成形。

6.2　陶瓷及其成形工艺

在传统上陶瓷是指以天然或人工合成的无机非金属物质为原料，经过成形和高温烧结而制成的固体材料和制品。随着科学技术的发展，陶瓷的含义也在不断发生变化。现今，许多科学工作者将陶瓷、玻璃、耐火材料、砖瓦、水泥、石灰等各种固体的无机非金属材料统称为陶瓷。近二十多年来，陶瓷材料发展迅速，其应用已渗透到机械、建筑、化工、电子、航天、原子能等各类工业和科学技术领域。它们同金属和有机高分子材料一起，成为现代工程材料的主要支柱。

6.2.1　陶瓷概述

1. 陶瓷的类别

陶瓷制品的品种繁多，它们之间的化学成分、矿物组成、物理性质以及制造方法，常常互相接近交错，无明显的界限，而在应用上却有很大的区别。因此很难硬性地归纳为几个系统，详细的分类方法各家说法不一，到现在国际上还没有一个统一的分类方法。常用的陶瓷主要分为三类。

（1）日用陶瓷　日用陶瓷（图6-1，亦指餐具或者家瓷）顾名思义，是指人们日常生活中必不可少的生活用瓷。陶瓷的产生可以说是因为人们在日常生活的需求下而产生的，从古代日用陶器的发生与发展上看有上万年的历史，自东汉发明瓷器后，日常用品中又增加了更加卫生、更加容易清洗的人造石——瓷器。陶器和瓷器在性能和制造工艺上有相似之处，所以，习惯上把它们放在一起，统称为日用陶瓷。

图6-1　日用陶瓷产品

日用陶瓷主要有以下优良性能：易于洗涤和保持洁净；热稳定性较好，传热慢；化学性质稳定，经久耐用；瓷器的气孔极少，吸水率很低；彩绘装饰丰富多彩。日用陶瓷是日常生活中人们接触最多，也是最熟悉的陶瓷，如餐具、茶具、咖啡具、饭具等。

（2）艺术陶瓷　艺术陶瓷（图6-2）主要指陶瓷艺术品中使用的陶瓷，艺术陶瓷有着悠久的历史，新石器时期的印纹陶、彩陶，具有粗犷质朴的品格，唐宋陶瓷有突飞猛进的发展，五彩缤纷的色釉、釉下彩以及白釉等多种装饰方法的出现，都促进了后来艺术陶瓷的发展。可在艺术陶瓷上运用艺术手法进行装饰，装饰一般在施釉前进行，也能在釉上、釉下和对釉本身进行。常用的具体方法有单色釉、杂色釉（窑变釉、花釉）、结晶釉、裂纹釉、釉上彩、釉下彩、釉中彩、金银彩、斗彩、贴花、喷花、印花、刷花、刻花、划花、剔花、塑雕等。艺术陶瓷主要用来制作花瓶、雕塑品、园林陶瓷、器皿、陈设品等。

图6-2　艺术陶瓷

（3）工业陶瓷　工业陶瓷指应用于各种工业的陶瓷制品，典型产品如图6-3所示。工业陶瓷分以下几种：

1）建筑-卫生陶瓷。如砖瓦，排水管、面砖，外墙砖，卫生洁具等。

2）化工陶瓷。用于各种化学工业的耐酸容器、管道，塔、泵、耐酸砖等。

3）化学瓷。用于化学实验室的瓷坩埚、蒸发皿、燃烧舟、研体等。

4）电瓷。用于电力工业高低压输电线路上的绝缘子、电机用套管等，如支柱绝缘子、低压电器和照明用绝缘子，以及电信用绝缘子、无线电用绝缘子等。

5）耐火材料。用于各种高温工业窑炉的耐火材料。

图6-3　工业陶瓷产品

6）特种陶瓷。用于各种现代工业和尖端科学技术的特种陶瓷制品，有高铝氧质瓷、镁石质瓷、钛镁石质瓷等。

2. 陶瓷的性能

（1）力学特性　陶瓷材料是工程材料中刚度最好、硬度最高的材料，其硬度大多在1500HV以上。陶瓷的抗压强度较高，但抗拉强度较低，塑性和韧性很差。

（2）热特性　陶瓷材料一般具有高的熔点（大多在2000℃以上），且在高温下具有极好的化学稳定性；陶瓷的导热性低于金属材料，另外陶瓷还是良好的隔热材料。同时陶瓷的线膨胀系数比金属低，当温度发生变化时，陶瓷具有良好的尺寸稳定性。

（3）电特性　大多数陶瓷具有良好的电绝缘性，因此大量用于制作各种电压（1~110kV）的绝缘器件。铁电陶瓷（钛酸钡 $BaTiO_3$）具有较高的介电常数，可用于制作电容器，铁电陶瓷在外电场的作用下，还能改变形状，将电能转换为机械能（具有压电材料的特性），可用作扩音机、电唱机、超声波仪、声纳、医疗用声谱仪等。少数陶瓷还具有半导体的特性，可作整流器。

（4）化学特性　陶瓷材料在高温下不易氧化，并对酸、碱、盐具有良好的耐蚀能力。

（5）光学特性　陶瓷材料还有独特的光学性能，可用作固体激光器材料、光导纤维材料、光储存器等，透明陶瓷可用于高压钠灯管等。磁性陶瓷（铁氧体如：$MgFe_2O_4$、$CuFe_2O_4$、Fe_3O_4）在录音磁带、唱片、变压器铁芯、大型计算机记忆元件方面有着很好的应用。

6.2.2　陶瓷成形概述

陶瓷成形，就是将坯料制成具有一定形状、强度的坯体（生坯），其过程取决于坯料的成形性能及工艺方法。坯料在加入（或含有）液体（一般是水）后，可形成一种特殊状态，具有了所需要的工艺性能。加入大量的水（28%~35%）（质量分数，后同）可使坯料颗粒形成稠厚的悬浮液，成为注浆坯料；加入少量的水时，则形成能捏成团的粉料，在8%~15%时，为水量干压坯料；3%~7%之间时，为干压坯料；水量适中时（18%~25%），则形成可塑坯料。

同一产品可以用不同的方法来成形，对于某一类产品采用什么成形方法是可以选择的。生产中可按下列几方面来考虑：

（1）产品的形状、大小、薄厚等　形状复杂或较大、壁较薄的产品，多采用注浆法成形；具有简单回转体形状的器皿，可采用旋压、液压法等可塑成形。

（2）坯料的性能　可塑性好的坯料适合可塑成形；可塑性较差的瘠性料，可采用注浆或干压法成形。

（3）产品的产量和质量要求　产量大的产品可采用可塑法的机械成形；产量小的产品

可采用注浆成形；产量小、质量要求也不高的产品，可采用手工可塑成形。

1. 注浆成形

注浆成形是指泥浆注入具有吸水性能的模具中而得到坯体的一种成形方法。适于形状复杂、薄壁、体积较大且尺寸要求不严的制品。注浆成形后的坯体结构较均匀，但含水量大，干燥与烧成收缩较大。具有适应性强、无须专用设备，易投产的优点，故在陶瓷生产中应用普通。传统的注浆成形是利用石膏的毛细作用，吸去泥浆中粘土的水分而成坯；现注浆成形泛指具有流动性的坯料成形过程。成形的过程也不再局限于石膏模具的自然脱水，可以通过人为施加外力来加速脱水。注浆成形与金属铸造的浇注有相似之处，故适用于造型复杂的制品。

(1) 空心注浆　**空心注浆指采用的石膏模没有型芯**，故又称单面注浆。泥浆注满模型后，放置一段时间，待模型内壁吸附沉积形成一定厚度的坯体后，将剩余在中心部位的浆液倒出，然后带模干燥，当注件干燥收缩脱离模型后，即可脱模取出坯体。其外形取决于模的工作面，厚度取决于吸浆时间，同时还与模的温度、湿度及泥浆的性质有关。为防止坯体表面有不光滑现象，要求泥浆的相对密度相对要小些，稳定性要高些，粒度要细些。空心注浆法的缺点是：坯料吃浆缓慢，泥浆耗量大，不能保持制品绝对的均一壁厚。当空心注浆法成形比原制品壁厚一倍的制品时，须将坯料吃浆时间延长3倍。这种方法适于薄壁类小型坯件的成形，具体过程如图6-4所示。

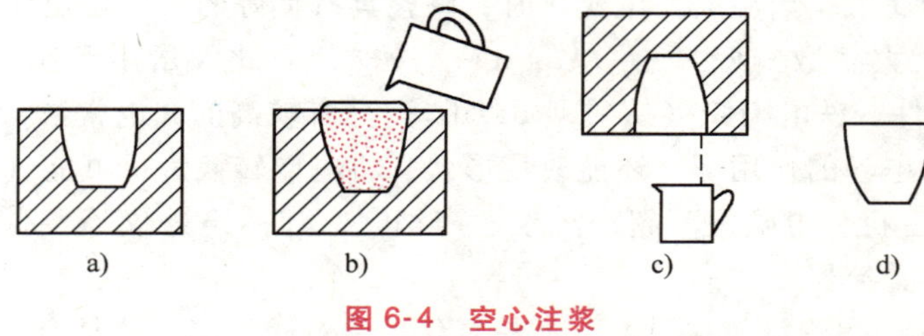

图6-4　空心注浆

a) 空石膏模　b) 注浆　c) 放浆　d) 坯体

(2) 实心注浆　**实心注浆是将泥浆注入带有型芯的模型中，泥浆在外模与型芯之间同时向两侧脱水，浆料需不断补充，直至硬化成坯，又称双面注浆**。为缩短吸浆时间，可用较浓的泥浆，粒度也可粗些。坯体外形取决于外模的工作表面，内形由型芯的工作表面决定。实心注浆的缺点是：所用模具复杂，易在制品壁内形成气泡。因此，用此方法浇注厚胎制品时，最好压入泥浆。适用于内外表面形状、花纹不同的厚壁、大件的成形，具体过程如图6-5所示。

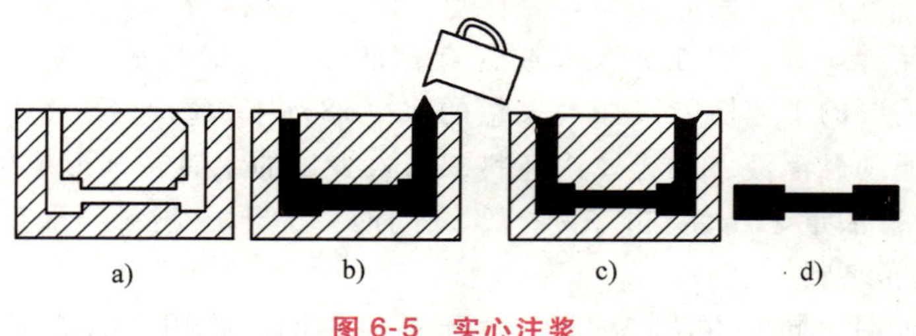

图6-5　实心注浆

a) 空石膏模　b) 注浆　c) 吸浆　d) 坯体

实际生产中，可根据产品结构的要求，将空心注浆和实心注浆结合起来。操作中需注意，石膏模干燥程度要适中，且模型各部位的干燥程度需一致，模表面要清洁；浇注时不能过急，否则会出现气孔、针眼等缺陷；原料不宜过细，以免引起坯体变形和塌落。这两种均属传统工艺，有成形周期长、劳动强度大的缺点，不适宜连续化、自动化生产，如今

陶瓷注浆已进入了新的阶段，采用强化注的方法，可缩短生产周期，提高坯体质量。

(3) 真空注浆　泥浆中一般都含有少量空气，这些空气会影响注件的致密度和制品的性能（如机械强度，电性能等）。对质量要求高的制品来说，泥浆要用真空处理来排除所含的空气，有时也可将石膏模置于真空室内浇注，这些方法都叫做真空注浆，采用真空注浆可加速坯体形成，提高坯体致密度和强度。真空注浆利用在模型外抽取真空或将紧固的模型放入负压的空气中，以降低模外压力来增加模型内外的压力差，从而提高注浆成形的质量和速度，增加致密度，缩短吸浆时间。若用传统浇注方法形成 10mm 厚的坯体时，瓷器泥浆需用 8h，精陶泥浆需用 10h，而采用真空度为 533Pa 的真空浇注时，较之传统方法可节省 5~6h，瓷器泥浆只需用 2.5h，精陶泥浆需 3.5h，当真空度增加至 933Pa 时，则仅分别需 1h 和 1.5h 即可。因此，真空注浆可显著提高吸浆速度。但操作时要注意缓慢抽真空和进气，模型强度要高。

(4) 离心注浆　离心注浆是指向旋转模型中注入泥浆，利用旋转模型产生的离心力作用，加速泥浆脱水过程的工艺。为提高注件的致密度，去除泥浆中的空气。使模子做旋转运动，泥浆注入型腔后，由于离心力的作用，能形成很致密的干涸层，对于泥浆中含有的气泡，因其较轻，当模子旋转时多集中于中心，而后破裂。石膏模放在离心机的底座上，在石膏模和底座之间衬一层塑料布，不使泥浆漏掉，塑料布下面再垫一层布。底座中间有一个凹洞，是为了在浇注完毕后把多余泥浆勺出，这样可加快吸浆速度，避免泥浆沉淀。

离心注浆成形具有厚度均匀、坯体致密的优点，但颗粒尺寸波动不能太大，否则会使大颗粒集中在模表面呈不均匀分布状态，造成坯体组织不均匀、收缩不一致的现象。模型转速要视产品大小而定，一般小于 100r/min。此工艺适合旋转体类模型注浆。

(5) 压力注浆　对于大型制品，因为制品较大，注浆时间就必然很长，又因为注件壁厚，当石膏模吸水能力不够时，就不易干涸，多余泥浆倒出后，有时注件内壁还很潮湿，注件容易损坏。为了加速水分扩散，加快吸浆速度，提高注件的致密度，缩短注浆时间，并避免大型或异型注件发生缺料现象，必须在压力下将泥浆注入石膏模。一般的加压方法是将注浆斗提高，加大注浆压力，或用压缩空气将泥浆压入模型。将施有一定压力的泥浆通过管道压入模型内，待坯体成形后再取消压力，对于空心注浆的坯体，要倒出多余泥浆。

所施压力可根据产品的形状、大小及模型的强度确定。根据泥浆压力的大小，可分为微压注浆，注浆压力小于 0.03MPa；中压注浆，压力为 0.15~0.4MPa；高压注浆，压力为 3.9MPa 以上。压力不同对模型的要求也不同，微压可采用传统的石膏模型，中压需采用高强度的石膏模型或树脂模型，高压则必须采用高强度的树脂模型。

1）微压注浆。泥浆的压力可通过提高泥槽高度，利用泥浆自身的势能提供，特点是较普通注浆可缩短成形时间一半以上，同时能提高质量，减少坯体缺陷（如气泡、塌坯等）；设备改造小，投资少，对石膏模型无特殊要求。

2）中、高压注浆。泥浆的压力通过压缩空气引入，且压力越大，成形速度越快，生坯强度也越高，但需考虑模型的承受能力。注浆前要将模型密封，并根据注浆压力和坯件的大小施以一定的合模压力（略大于注浆压力），将具有一定压力的泥浆注入模型内，并逐渐加至最高压力。其特点是比微压注浆有更高的效率，且生坯致密度增加，强度大，干燥收缩率小，对泥浆无特殊性能要求，劳动强度小，但设备、模型的成本高，一次性投资大。

此外，还有热压铸成形、流延法成形等成形方法，多用于特种陶瓷成形。

注浆成形操作注意事项主要包括：

1）新制成的泥浆至少需存放（陈腐）一天以上再使用，用前须搅拌 5~10min。

2）浇注泥浆温度不宜太低，否则会影响泥浆的流动性。

3）石膏模型应按顺序轮换使用，使模型湿度保持一致。

4）注入泥浆时，为使模内的空气充分逸出，应沿漏斗徐徐不断地一次注满；最好将模子置于转盘上，一面注一面使之回转，好借助离心力的作用，使泥层均匀，减少坯内气泡，减小烧成变形。对于实心注浆，在泥浆注入后，可将模型稍微振动，使泥浆充分流动将各处填满，并有利泥浆内的气泡散逸。

5）石膏模内壁在注浆前最好喷一层薄釉或撒一层滑石粉，以防粘模。

6）从空心注浆倒出的余浆和修整后的剩余废浆，在回收使用时，要先加水搅拌，洗去从模上混入的硫酸钙等可溶性盐类，再过筛压滤后与浆料配用。

7）注浆坯体脱模后需轻拿轻放，放平放稳防止振动。特殊形状的坯体最好放在托板上。

一般情况下，模具的周转次数为60~80次，此后模具将丧失有效吸水的能力。所用石膏的类型也很重要。采用高强度石膏可以制取寿命较长的模具，但会使坯料吃浆速度缓慢。造型石膏模具显示出较高的坯料吃浆速度，只是其强度较低，易造成机械和腐蚀损坏，并且泥浆的湿度越大，损坏越快。在生产实践中，陶瓷厂家大多采用不同类型石膏的混合物制作模具。图6-6为石膏模具使用流程。

图6-6　石膏模具使用流程

2. 可塑成形

可塑成形是指在陶瓷配料中加入一定量水分（16%~25%，质量分数），调成具有可塑性的坯料，用机器挤压或手捏成形的工艺过程。可塑成形工艺在传统陶瓷中的应用较多，方法也很多，但一些手工的传统工艺已逐渐被机械化的现代工艺取代，仅存在小批量生产或少量复杂的工艺品生产中。常用的成形工艺，按使用外力的操作方法不同，可分为以下几种。

（1）雕塑与拉坯　雕塑和拉坯都是陶瓷生产的传统方法，这种古老的可塑成形方法，由于简便、灵活，一些量少而形状特殊的器物目前仍在使用该方法。

1）雕塑。凡产品形状为人物、鸟兽或方形、多角形器物，多采用手捏或雕塑法成形，制造时视器物形状而异，仅用于某些工艺品制作，技术要求高，效率低。江西景德镇所生产的陶瓷雕塑，瓷质光洁，造型优美，千姿百态，魅力无穷，非常具有代表性。景德镇的陶瓷雕塑，依其操作方法的不同，大致可分为圆雕、捏雕、浮雕、镂雕、镶雕等种类，具体品种不计其数，从陈列美术品、玩具到生活器皿，无所不有。图6-7所示为陶瓷雕塑成形作品。

图 6-7 陶瓷雕塑成形作品

图 6-8 陶瓷拉坯成形流程

2）拉坯。拉坯是制作陶瓷的重要工序之一，是成形的最初阶段，也是器物的雏形制作。具有熟练操作技术的人员在人力或动力驱动的辘轳上完全用手工制出生坯的成形方法。要求坯料的屈服强度不宜太高，而最大变形量要大些，因此坯料水分较大。其特点是设备简单，劳动强度大，需有熟练的操作技术，尺寸精度低。适用于小型、复杂制品的小批量生产。图 6-8 所示为陶瓷拉坯成形流程。

（2）旋压成形　旋压成形是指利用旋转的石膏模与样板刀成形。将经真空练泥的泥团放在石膏模中（模子的含水率为 4%~14%，质量分数），将石膏模放在辘轳机上，使其转动，然后慢慢放下样板刀（型刀）。由于样板刀的压力，泥料均匀地分布在内表面，多余的泥料则粘在样板刀上被清除。这样，模壁和样板刀转动所构成的空隙被泥料填满而旋制成坯件。样板刀口的工作弧线形状与模型工作面的形状构成了坯件的内外表面，样板刀口与模型工作面的距离即为坯件的壁厚。

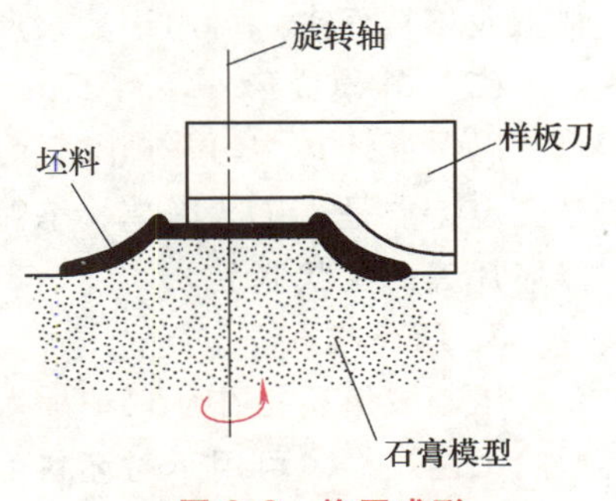

图 6-9 旋压成形

成形方式有两种，凸模成形时，石膏模壁形成坯件的内形，样板刀旋压出坯件的外形；凹模成形时则相反，旋压过程如图 6-9 所示。

旋压成形的优点为：产品精度高，表面粗糙度值小，产品的性能好、范围广，材料利用率高，产品成本低，工艺和装备简单、适应性强，可以旋制大型深孔制品。缺点是成形质量不高，劳动强度大，要有一定的操作技术，效率低。

（3）滚压成形　滚压成形是在旋压成形的基础上发展起来的一种新的可塑成形方法，它与旋压成形的不同之处是将扁平的样板刀改为回转型的滚压头。成形时，盛放泥料的模型和滚压头分别绕其轴线以一定的速度同方向旋转。滚压头在旋转的同时逐渐靠近盛放泥料的模型，对坯泥进行滚压作用而成形。由于坯泥是均匀展开，受力由小到大比较缓和、均匀，因此坯体组织结构均匀，且滚头与坯泥的接触面积较大，压力也较大，受压时间较长，坯体较致密，强度也大。另外，成形是靠滚压头与坯体相“碾”而成形，故表面光滑，克服了旋压成形的弱点而得到广泛应用。与旋压成形一样，也可采用两种成形方式。由压头决定坯体外形的称外滚压，也称凸模滚压，适于扁平状宽口器皿和内表面有花纹的坯体成形。由滚压头形成坯体内表面的称内滚压，也称凹模滚压，适于口小而深的制品成形，滚压成形过程如图 6-10 所示。

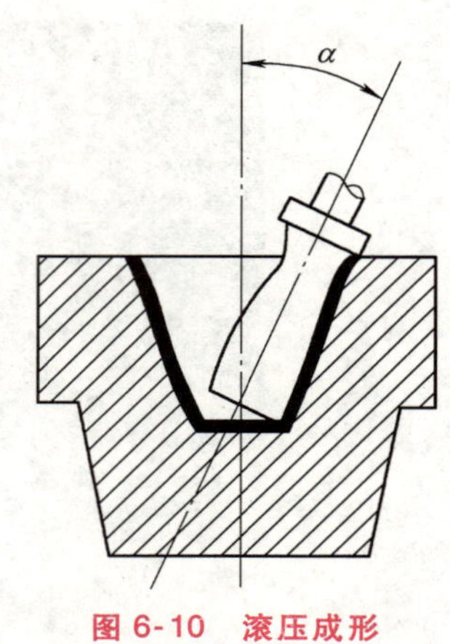

图 6-10　滚压成形

滚压成形对泥料的要求与成形方式有关。如凸模滚压时，因泥料在模外，泥料的可塑性要好，水分较少；凹模滚压时，要求可降低；冷滚压时，泥料水分要少，可塑性要好；而热滚压时，要求又可降低。

滚压成形有坯体质量好、产量大、适于自动化生产的特点。

（4）挤压与车坯成形

1）挤压成形。由真空挤泥机等将坯泥挤压成各种管状、棒状及断面和中孔一致的产品。具有产量大，操作简单、可连续化生产的特点，但坯体形状简单，有些尚需经车坯成形，且形体较软易变形。

2）车坯成形。在车床上将挤压成形的泥段再加工成外形复杂的柱状制品。可分干车，泥段含水 6%~11%；湿车，泥段含水 16%~18%。干车坯体尺寸精确，但粉尘大、效率低、刀具磨损大，已逐渐由湿车替代，但湿车精度低，有变形。

（5）塑压成形　又称兰姆成形，是将泥料放在模型内，常温下压制成坯，上、下模一般由石膏制成，模型内盘绕一根多孔性纤维管，以便通压缩空气或抽真空。成形时，将泥团置于底模上、压下上模后，对上、下模抽真空挤压成形；脱模时，先对底模通压缩空气，使坯体与底模脱离，上模同时要抽真空吸附坯体；再将坯体放在托板上，对上模通压缩空气，使坯体脱模；最后对上、下模通压缩空气，使模内水分渗出擦去后待用。成形压力由坯料的含水量定，含水量为 28%时，压力为 1.5MPa，含水量降为 23%时，压力可增至 3.5MPa。此法特点是：适用于非旋转对称的盘、碟类制品，坯体致密，自动化程度高。但模寿命短、成本高。目前国外多采用多孔树脂模。

（6）注塑成形　又称注射成形，采用瘠性物料与有机添加剂混合加压挤制成形，由塑料工业移植而来。可用于复杂形状的大型制品的成形。成本高，多用于特种陶瓷。

（7）轧模成形　坯料多由瘠性物料和有机粘合剂构成，在轧模机上反复混练反复粗轧，以保证坯料均匀并排除气泡；然后逐渐减小轧辊间距进行精轧，直至轧成所需薄膜的厚度。特点是：工艺简单，练泥与成形同时进行，膜片表面光滑、均匀、致密，适于电容器坯片等薄片状制品。

3. 压制成形

压制成形是指在坯料中加入少量水分或塑化剂，再在金属模具中经较高压力被压制成形的工艺过程。可用于对坯料可塑性要求不高的生产过程，建筑陶瓷的生产多用这种成形方法。具有生产过程简单、坯体收缩小、致密度高、产品尺寸精确的优点。但传统的压制工艺不利于形状复杂的制品成形，而等静压成形则可以。

（1）干压或半干压成形　干压或半干压成形是以坯料的含水量来划分的，干压成形压力较大时，要求粉料的含水率低，反之应高些。成形时将坯料置于钢模中，由压力机加压，但需注意加压速度。

由于坯料中存在空气，故开始加压时压力宜小些，以利于空气排出，然后短时内释放

压力，使受压气体逸出。初压时坯体疏松，空气易排出，可以稍快加压；当加至高压颗粒紧密靠拢时，需放慢加压速度，以免残余空气无法排出，否则在释放压力后会出现空气膨胀，回弹而产生层裂。如坯体较厚，或粉料颗粒较细，流动性较小，也要减慢加压速度，并延长加压时间，以保证坯体达到一定的密度要求。

生产上常用的压力机有摩擦压机，其特点是对施压的坯料加压速度快，卸压也快，保压时间短，因此不宜用于压制厚坯。液压机的特点是每次加压时施加的压力是恒定的，施压时间随压力大小变化，有足够的保压时间，适用于压制厚坯。也可采用摩擦压力机与液压机结合的压力机。

为改善压力的均匀性，通常采用多次加压。如用摩擦压力机压制地砖时，通常加压3~4次。开始稍加压力，然后压力加大，可不致封闭空气排出的通路。最后一次提起上模时要轻些、缓些，防止残留空气急速膨胀而产生裂纹。这是生产者总结的“一轻、二重、慢提起”的操作方法。对于液压机等，这个原则也同样适用。当坯体密度要求非常严格时，可在某固定压力下多次加压，或多次换向加压。在加压的同时振动粉料（振动成形）效果会更好。

（2）等静压成形　等静压成形是近几十年来发展起来的新型压制成形方法。它是利用液体或气体等的不可压缩性和均匀传递压力的特性来实现均匀施压成形。成形坯料含水量一般小于3%。克服了单向压制坯体压力分布不均的缺点，具有结构均匀、坯体密度大、生坯强度高、制品尺寸精确、烧成收缩小、可不用干燥直接上釉或烧成、粉料中可不加或少加粘合剂、模具制作方便等优点。可制取形状复杂、*H/D* 大的坯体。不足的是：设备费用高，投资大，成形速度慢且在高压下操作，需有保护措施。

根据成形温度的不同，等静压成形可分为常温和高温等静压。高温等静压属热压烧结，是一种使坯体成形与烧成同时进行的工艺，多用于先进陶瓷材料。

根据成形模具结合形式的不同，常温等静压可分为干袋法和湿袋法两种。若传递压力的介质是液体，称液等静压；若是气体或弹性体（如橡胶等），称均衡压制成形。

湿袋法采用的模具与高压容器互不相连，故几个模具可同时放入成形。弹性模具先装满坯料，密封后置于高压容器内，由高压泵压入液体介质，使粉料均匀受压（通常使用压力为100~600MPa），最后放出液体减压取出坯模。此法适于试验研究或小批量生产，或压制形状复杂、特大制品等，但操作较费时。

干袋法是将弹性模具直接固定在高压容器内。加料后密封模具就可以升压成形。成形后的坯体直接脱模取出，不必移动模具。因此节省了在高压容器内取放模具的时间，加快了成形速度。但此法只是模具周围受压，模具的底部和顶部无法加压，制品的致密性和均匀性不及湿袋法，仅适于成批生产形状简单的制品。

6.2.3　陶瓷在工业设计中的应用

1. 茶壶

传统材料在现代日用品的制造中仍扮演着重要的角色，这款茶壶（图6-11）由 Ole Jensen 设计，它的材料是最为古老的陶土，它奇异的造型使设计师使用了分模工艺，把模具分成了4块。茶壶壶身由机器注浆完成，但壶盖需手工成形。

2. 陶瓷音响

该款陶瓷音响（图6-12）造型简洁，完全采取简单的材料来制作，包含陶瓷、软木以及海桦木来制成的陶瓷扬声器，其中放大器是由不锈钢板材制作，但是完全没有使用塑料材质，保存更长久并环保。

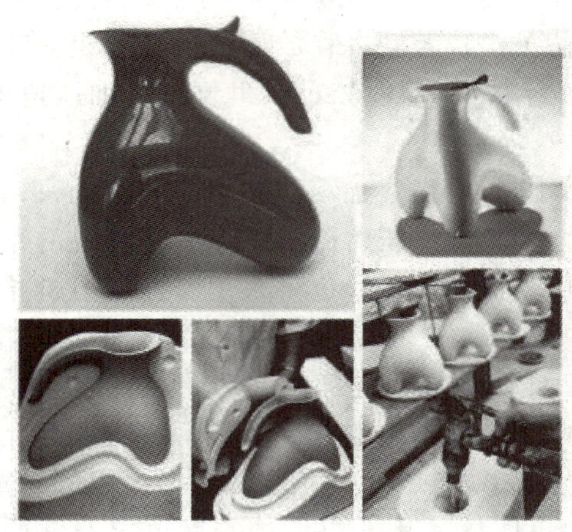

图 6-11　茶壶

图 6-12　陶瓷音响

3. Kaiju Studios 家居小产品

Kaiju Studios 是一家重在产品创意的设计公司，创新的思维，优雅高贵的外形设计总是受到顾客的青睐。设计师们希望可以用别出心裁的设计为他们的顾客带来成功，这是他们一贯奉行的宗旨。该产品以陶瓷与木材为主要材料，造型简洁优美，如图 6-13 所示。

图 6-13　Kaiju Studios 家居小产品

4. 洛可可上山虎香台

在中国虎年推出的“一炷香 一杯茶”系列产品中，以“上山虎”（图 6-14）这一带有步步登高吉祥意义的元素为出发点，契合中国的祈福文化，通过现代西方建筑和传统中

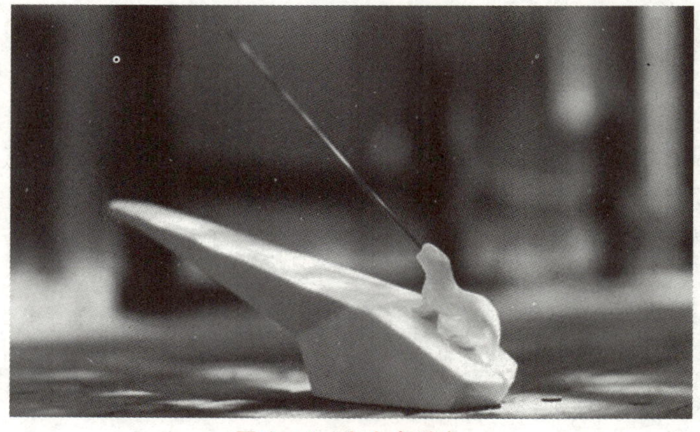

图 6-14　上山虎香台

国石雕、平整凌厉和光滑柔软、动态与静态、大与小之间的各种突出对比，用传统中国式家居用品香台来诠释“禅”，参省这一东方玄学、哲学，表达当代东方设计师的深层思想。产品的设计也不仅仅是简单的造型设计，同样也考虑使用过程中的感受，特别是上山虎香台对香灰的轨迹设计，为燃尽的香灰赋予更多内涵，也是上山虎的点睛之笔。

5. 陶瓷花瓶

著名设计师 Romy Kühne 的陶瓷作品真正体现了现代科技的力量，他所设计的花瓶就好像被折过一样，而且这样的弯折还很复杂，很有韵味，如图 6-15 所示。

6. 万仟堂陶瓷产品

万仟堂善用陶土诠释东方美学，并籍以众多陶艺大师与能工巧匠代代相传。致力于还原陶艺产品实用形象，并在艺术与生活之间寻找到合理的平衡。万仟堂旗下四大产品体系：茶器、香器、花器、艺术品，无一不在设计上表达出一种超越豪华奢侈的简洁，倡导质朴优雅的生活格调，如图 6-16 所示。

图 6-15　陶瓷花瓶

图 6-16　万仟堂陶瓷产品

7. Ttyokzk 陶瓷产品

冈崎达也（Tatsuya Okazaki）是日本颇具名气的年轻设计师，设计风格清新淡雅。他自创品牌“Ttyokzk”，曾推出备受市场好评的“苹果糖罐”及咖啡杯等产品。咖啡杯一如系列名称“dot”的含意，在杯底做了特殊的圆点防滑设计，如图 6-17 所示。

图 6-17　Ttyokzk 陶瓷产品

8. Matthew Chambers 陶瓷作品

Matthew Chambers 的这些陶瓷作品（图 6-18）并没有实际的功用，将抽象复杂的立体形态与平常的陶艺相结合。他专注于制作过程，设计是在过程中完成的，先完成部件，然后再组合到一起。使用瓷土的原色，让其有自然的如同石头一样的质感。

9. Yutanpo 热水袋

Yutanpo 热水袋（图 6-19）是利用陶瓷独特的性能，不仅比金属更加轻薄，而且能更

图 6-18　Matthew Chambers 陶瓷作品

安全更舒适地导热到使用者的皮肤上，易于携带便于加热，有着更好的保温效果。Yutanpo 有凹入的入水口，让整个设计圆滑一体，而它的材质不是常见的塑料或金属，而是陶瓷，陶瓷拥有很好的保热效果，可使用一整晚。盖子采用金属铝材质，而不是陶瓷，避免了陶瓷盖子盖上或是取下触碰发出声音而令人不爽，而且易碎裂。

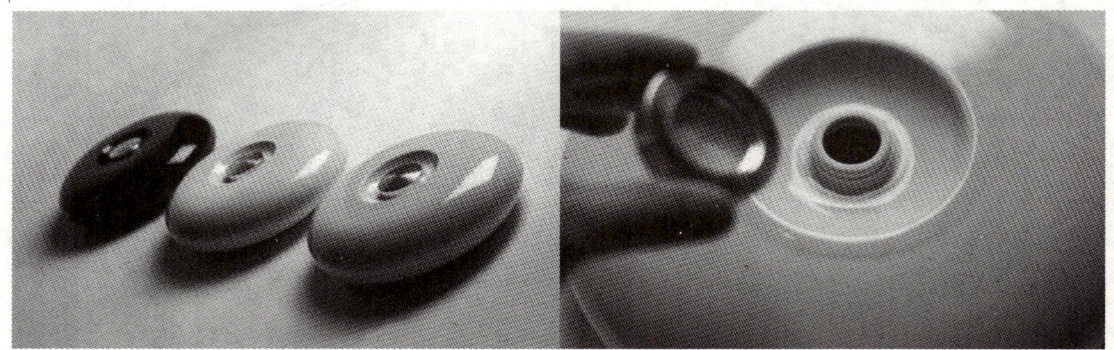

图 6-19　Yutanpo 热水袋

10. 陶瓷灯具

灯具是我们日常生活里离不开的道具，Jaime Hayon 设计的陶瓷灯具（图 6-20）从一个生活必需品延伸出了艺术装饰的功能，这款由纯手工打造的精致日用品适合那些追求精致生活的用户。

图 6-20　陶瓷灯具

6.3　玻璃及其成形工艺

6.3.1　玻璃概述

1. 玻璃的分类

按化学成分不同可将玻璃分为钠玻璃、钾玻璃、铅玻璃、硼玻璃、石英玻璃及铝镁玻璃等；按用途和性能不同可将玻璃分为日用玻璃、建筑玻璃和技术玻璃等。下面按照用途介绍玻璃分类。

（1）建筑玻璃　建筑玻璃具有表面晶莹光洁、透光、隔声、保温、耐磨、耐气候变化、材质稳定等优点。它是以石英砂、砂岩或石英岩、石灰石、长石、白云石及纯碱等为主要原料，经粉碎、筛分、配料、高温熔融、成形、退火、冷却、加工等工序制成。

建筑玻璃包括平板玻璃、控制声光热玻璃、安全玻璃、装饰玻璃及特种玻璃，如图6-21所示。平板玻璃包括普通平板玻璃和高级平板玻璃（浮法玻璃）。控制声光热玻璃包括热反射镀膜玻璃、低辐射镀膜玻璃、磨砂玻璃、中空玻璃、泡沫玻璃、玻璃空心砖等。安全玻璃包括夹丝玻璃、夹层玻璃、钢化玻璃等。装饰玻璃包括彩色玻璃、压花玻璃、镜面玻璃、玻璃马赛克等。特种玻璃包括防辐射玻璃（铅玻璃）、电热玻璃、防火玻璃等。

图6-21　建筑玻璃

（2）日用玻璃　日用玻璃是日常生活中使用的玻璃种类，具有良好的透视、透光性能，有一定的保温性能，有较高的化学稳定性，热稳定性较差，急冷急热易发生炸裂。

日用玻璃（图6-22）包括瓶缸玻璃、器皿玻璃、工艺美术玻璃等。瓶缸玻璃包括啤

图6-22　日用玻璃

酒瓶、饮料瓶、食品瓶、试剂瓶、化妆瓶、牛奶瓶等。器皿玻璃包括玻璃杯、保温瓶、钢化器皿等。

（3）技术玻璃　泛指某些技术部门所用具有特殊性质或综合性质的玻璃，如图 6-23 所示。技术玻璃的性能比较优异，例如光学玻璃具有高度的透明性、化学及物理学（结构和性能）上的高度均匀性，具有特定和精确的光学常数。

图 6-23　技术玻璃

技术玻璃包括光学玻璃、仪器和医疗玻璃、电真空玻璃、照明器具玻璃及特种技术玻璃。光学玻璃包括镜头、反射镜、玻璃眼镜等。仪器和医疗玻璃包括仪器玻璃、温度计等。真空电玻璃包括灯泡壳、荧光灯、显像管、等。照明器具玻璃包括灯罩、反射器等。特种技术玻璃包括半导体玻璃、导电玻璃、磁性玻璃、防辐射玻璃、耐高温玻璃、激光玻璃等。

2. 玻璃的性能

（1）光学性能

1）透光性。材料能使光线透过的性能叫透光性。评定玻璃的透光性能，用透光率（或称透明度）衡量。所谓透光率，是指某一物体能透过的光能量和射到它表面的光的总能量之比，以%表示。对一般玻璃来说，光线透过的越多，被吸收的越少，其质量越好，如良好的窗用平板玻璃（厚 2mm），其透光率可达 90%，反射约 8%，吸收约 2%。

2）折光性。材料能使透过的光线偏离入射线方向的性能叫折光性。衡量玻璃制品折光性能的好坏以折射率表示。对于光学玻璃，其折射率是一个很重要的性能，每种光学仪器玻璃都要求具有一定的折射率。玻璃的折射率因成分不同而异，普通玻璃为 1.48～1.53，晶质玻璃（即铅玻璃）为 1.61～1.96。

（2）力学性能

1）抗拉强度。玻璃的抗拉强度是玻璃最重要的力学性能之一，一般玻璃的抗拉强度不高，约为 59～79MPa。在玻璃组成中，增加 CaO 含量，可使抗拉强度显著提高。玻璃表面存在微小的裂痕，会降低其强度，淬火玻璃的抗拉强度比退火玻璃高，一般约高 5～6 倍。

玻璃抗拉强度的大小与其状态密切相关，块状、棒状玻璃的抗拉强度较低，而玻璃丝的抗拉强度则很高，约为块状、棒状玻璃的 20～30 倍。玻璃纤维直径越细，其抗拉强度越高。

2）抗压强度。玻璃有很高的抗压强度，一般比抗拉强度高 14～15 倍，各种玻璃的抗压强度与其化学成分有关，同时取决于结构和制造工艺。SiO_2 含量高的玻璃有较高的抗压强度，而 CaO、Na_2O 及 K_2O 等氧化物则是降低抗压强度的因素。玻璃在运输、保管中，要考虑其抗拉强度小、抗压强度大这一特性，避免因破碎而造成损失。

3）脆性。玻璃在冲击和动负荷作用下，很容易破碎，是一种典型的脆性材料，因而限制了它的使用范围。脆性取决于玻璃制品的形状和厚度（冲击韧度随着玻璃厚度的增加而增加）。玻璃退火不良和化学成分均匀性差，均会降低玻璃的冲击韧度而增加其脆性。玻璃淬火后则可显著提高其冲击韧度。因此，为了改善玻璃的脆性，可以通过夹层、夹丝、微晶化和淬火钢化等方法来提高玻璃的冲击韧度和抗弯强度。

4）硬度。玻璃的硬度很高，约为莫氏 6～8 级，比一般金属硬，仅次于金刚石、刚玉、碳化硅等磨料。所以加工研磨玻璃要用金刚砂，切割玻璃要用金刚石刀具。

玻璃硬度的大小，主要取决于化学组成。石英玻璃及一些含有 10%～12% B_2O_3（质量

分数）的硼硅酸盐玻璃硬度较大，含碱性氧化物（Na_2O、K_2O）多的玻璃硬度较小，含PbO的晶质玻璃硬度最小。

（3）热学性能

1）热膨胀。玻璃受热后的膨胀大小，一般以线胀系数或体胀系数来表示。玻璃的热胀系数，在应用方面具有很大的实际意义，如不同成分的玻璃的焊接或熔接、叠层套料玻璃的制造，都要求具有近似的热胀系数。电真空玻璃需将玻璃和金属熔封，也要考虑其膨胀系数。玻璃热胀系数的大小，取决于它的化学组成。石英玻璃的热胀系数最小，含Na_2O及K_2O多的玻璃制品的热胀系数最高。

2）导热性。玻璃的导热能力差，其热导率只有钢的1/400。玻璃导热能力虽也和化学成分有关，但主要取决于密度。密度相同的玻璃，虽然成分不同，热导率却相差极小，一般来说，透明石英玻璃的导热性最好，普通钠钙玻璃的导热性最差。

3）热稳定性。玻璃能经受急剧的温度变化而不致破裂的性能，称为热稳定性或耐热性。玻璃是热的稳定性很差的物质，在急冷急热的情况下很容易炸裂，这是由于温度急变时，玻璃内部产生的内应力超过了玻璃强度的原因。

玻璃的热稳定性，由各种物理性质决定，其中影响最大的是热胀系数，其次是抗拉强度、弹性模量和热导率。石英玻璃具有最小的膨胀系数，因此，热稳定性极高，耐热最大温差可达1000℃而不破裂。除上述因素外，玻璃的热稳定性还和玻璃的化学组成、生产工艺、制品结构有关。

（4）化学稳定性　化学稳定性即玻璃抵抗气体、水、酸、碱或各种化学试剂的能力，可分为耐水、耐酸性与耐碱性。化学稳定性不仅对于玻璃的使用，而且对玻璃的加工，如磨光、镀银、酸蚀等也有重要的关系。初看玻璃好像完全不受化学溶液侵蚀，其实酸、碱及水都能与玻璃起化学作用，仅是程度上的大小不同。当水、酸、碱的溶液作用玻璃时，接触于溶液中的玻璃的某些部分遭受破坏，使光亮的玻璃表面呈现出粗糙发毛的现象。

碱性溶液对玻璃的作用要比酸性溶液、水或潮气要强烈得多。因此，在日常生活中按照玻璃的用途对其化学稳定性提出各种不同的要求。若窗玻璃的化学稳定性不够，当其长期经受大气、雨水的侵蚀作用后，表面将产生斑点、发毛和出现晕色。有时当化学稳定性不良的窗玻璃成垛堆放，经受潮气的侵蚀作用后，会溶合成一个整体。因此，玻璃的化学稳定性是非常重要的一项性能指标。

（5）导电性　玻璃有传导电流的能力，一般属于离子导电类型。另外有些玻璃（含钒酸盐、硫、硒化合物等）具有电子导电性，目前，已作为玻璃半导体，应用于实际。但大部分团状硅酸盐玻璃在常温下具有较高的电阻率，可作绝缘材料使用。因此，玻璃可以用来制造电话、电报和其他电学仪上的绝缘器材，玻璃织物可以作为导线和各种电机上的绝缘材料。

3. 常用玻璃的特性和用途

常用玻璃有十多种，如普通平板玻璃、浮法玻璃、压花玻璃、夹丝玻璃、电热玻璃、石英玻璃等。

（1）普通平板玻璃　普通平板玻璃有较好的透明度，表面平整。用于建筑物采光、商店柜台、橱窗、交通工具、制镜、仪表、农业温室、暖房以及加工其他产品等。

（2）浮法玻璃　浮法玻璃表面特别平整光滑，厚度非常均匀、光学畸变较小。用于高级建筑门窗、橱窗、指挥塔窗、夹层玻璃原片、中空玻璃原片、制镜玻璃、有机玻璃模具，以及汽车、火车、船舶的风窗玻璃等。

（3）压花玻璃　由于玻璃表面凹凸不平，当光线通过玻璃时即产生漫反射，因此从玻璃的一面看另一面的物体时，物象会模糊不清，造成了这种玻璃透光不透明的特点。另外，又具有各种花纹图案，各种颜色，艺术装饰效果甚佳。用于办公室、会议室、浴室、厨房、卫生间以及公共场所分隔室的门窗和隔断等。

(4) 磨砂玻璃及喷砂玻璃　两者均具有透光不透视的特点。由于光线通过这种玻璃后形成漫反射，所以它们还具有避免眩光的特点。用于需要透光不透视的门窗、隔断、浴室卫生间及玻璃黑板、灯具等。

(5) 夹丝玻璃　具有均匀的内应力和一定的韧性，当玻璃受外力引起破裂时，由于碎片粘在金属丝网上，故可裂而不碎，碎而不落，不致伤人，具有一定的安全作用及防振、防盗作用。用于高层建筑、天窗、振动较大的厂房及其他要求安全、防振，防盗、防火之处。

(6) 夹层玻璃　这种玻璃受剧烈振动或撞击时，由于衬片的粘合作用，玻璃仅呈现裂纹，而不落碎片。它具有防弹，防振、防爆性能。用于高层建筑门窗、工业厂房门窗、高压设备观察窗、飞机和汽车挡风窗及防弹车辆、水下工程、动物园猛兽展窗、银行等。

(7) 钢化玻璃　具有弹性好、冲击韧度高、抗弯强度高、热稳定性好以及光洁、透明的特点，在遇超强冲击破坏时，碎片呈分散细小颗粒状，无尖锐棱角，因此不致伤人。用于建筑门窗、幕墙、船舶、车辆、仪器仪表、家具、装饰等。

(8) 中空玻璃　具有优良的保温、隔热、控光、隔声性能，如在玻璃与玻璃之间，充以各种漫射光材料或介质等，则可获得更好的声控、光控、隔热等效果。用于建筑门窗、幕墙、采光顶棚、花盆温室、冰柜门、细菌培养箱、防辐射透视窗以及车船挡风玻璃等。

(9) 电热玻璃　具有透光、隔声、隔热、电加温、表面不结霜冻、结构轻便等特点。用于严寒条件下的汽车、电车、火车、轮船和其他交通工具的挡风玻璃以及室外作业的瞭望、探视窗等。

(10) 石英玻璃　具有各种优异性能，有“玻璃王”之称。它具有耐热性能高、化学稳定性好、绝缘性能优良、能透过紫外线和红外线等特点。此外，它的力学强度比普通玻璃高，质地坚硬，但抗冲击性能差，同时具有较好的耐辐照性能。用于各种视镜、棱镜和光学零件、高温炉衬、坩埚和烧嘴、化工设备和试验仪器、电气绝缘材料，以及部分在耐高压、耐高温、耐强酸及耐热稳定性等方面有一定要求的玻璃制品。

6.3.2　玻璃成形工艺

玻璃的成形是指从熔融的玻璃液转变为具有固定几何形状制品的过程。整个成形过程分造型和定型两个阶段，主要成形方法有吹制法（空心玻璃制品）、压制法（某些容器玻璃）、压延法（压花玻璃）、浇铸法（光学玻璃等）、焊接法（仪器玻璃）、浮法（平板玻璃）、拉制法（平板玻璃）等。

1. 日用玻璃的成形

日用玻璃主要包括瓶罐玻璃、器皿玻璃等，这类玻璃的成形方法有人工成形和机械成形两种。

(1) 人工成形　人工成形是一种比较原始的成形方法，但目前在一些特殊的玻璃制品成形中仍在使用，如仪器玻璃的成形等。

这种方法目前最常用的是人工吹制法。具体是由操作人员用一空心吹管，将一端挑起熔制好的玻璃料，然后依次均匀收成小泡、吹制、加工等操作而使玻璃制品成形。这种成形方法要求操作人员具有丰富的工作经验和熟练的操作手法。图 6-24 所示为玻璃人工成形工艺。

(2) 机械成形　玻璃制品的机械成形起源于 19 世纪末，其雏形是模仿人工操作的半机械化方法成形。19 世纪 80～90 年代发明的压-吹法和吹-吹法，使玻璃制品成形完全实现了机械化。

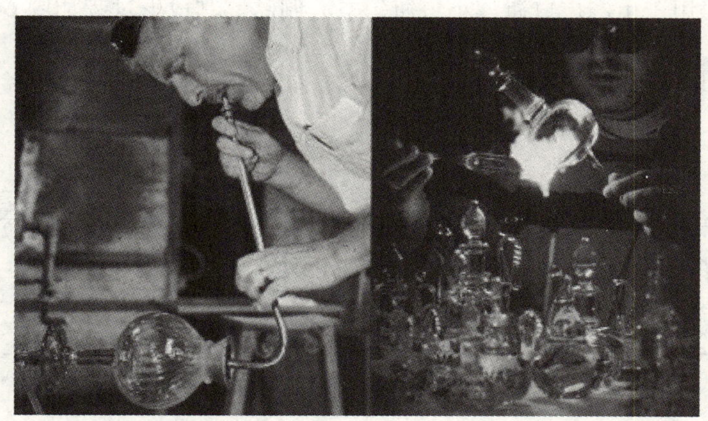

图 6-24　玻璃人工成形

一般空心制品的成形机大多采用压缩空气为动力。用压缩空气推动气缸带动机器动作。压缩空气容易向各个方向运动，可以灵活适应操作制度，而且也便于防止制动事故。除压缩空气外也有一部分空心制品的成形机是采用液压传动的。

空心制品的机械成形可以分为供料与成形两大部分。

1）供料。如何将玻璃液供给成形机，是机械化成形的主要问题。不同的成形机，要求的供料方法不同，主要有以下三种。

① 液流供料。利用池窑中玻璃液本身的流动进行连续供料。

② 真空吸料。在真空作用下将玻璃液吸出窑池进行供料。主要用于罗兰特和欧文斯成形机。它的优点是料滴的形状、重量和温度均匀性比较稳定，成形的温度较高，玻璃分布均匀，产品质量好。

③ 滴料供料。滴料供料是使窑池中的玻璃液流出，达到所要求的成形温度，由供料机制成一定重量和形状的料滴，经一定的时间间隔顺次将料滴送入成形机的模型中。

2）成形。空心玻璃制品的成形通常有压制法与吹制法两种。

① 压制法。压制法所用的主要机械部件有模型、凸模和模杯，采用供料机供料和自动压力机成形。其成形过程如图 6-25 所示。

压制法能生产多种多样的实心和空心玻璃制品，如玻璃砖、透镜、电视显像管的面板及锥体、耐热餐具、水杯、烟灰缸等。压制法的特点是制品的形状比较精确，能压出外面带花纹的制品，工艺简便，生产效率较高。

② 吹制法。机械吹制可以分为压-吹法、转式吹制法等。

a. 压-吹法。该法的特点是：先用压制的方法制成制品的口部和雏形，然后再移入成形模中吹成制品。因为雏形是压制的，制品是吹制的，所以称为压-吹法。

成形时口模放在雏形模上，由滴料供料机送来的玻璃液料滴落入雏形模后，凸模向下压制成口部和雏形，然后将口模连同雏形移入成形模中，重热伸长并放下吹气头，用压缩空气将雏形吹成制品，最后，将口模打开取出制品，送往退火。

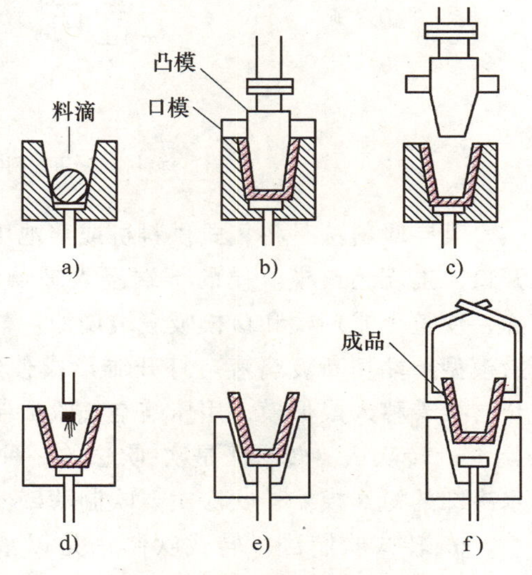

图 6-25　压制成形示意图

a）料筒进模　b）施压　c）凸模、口模抬起
d）冷却　e）顶起　f）取出

压-吹法主要用于生产广口瓶、小口瓶等空心制品。其成形过程如图 6-26 所示。

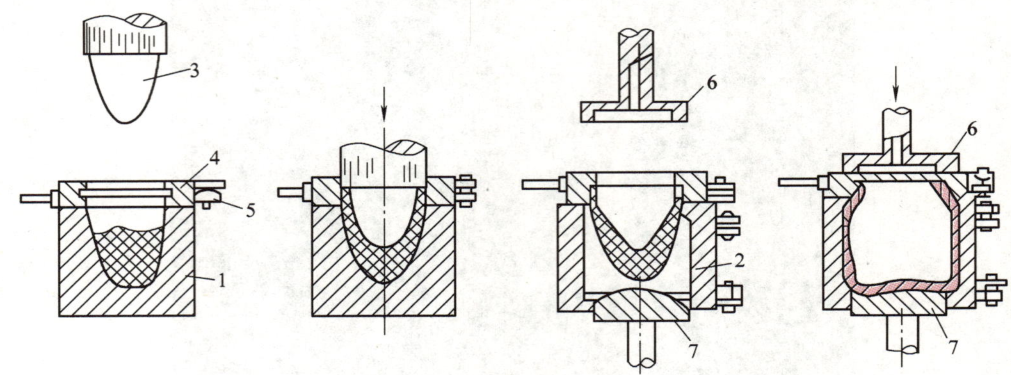

图 6-26　压-吹法成形广口瓶示意图

1—雏形模　2—成形模　3—冲头　4—口模　5—口模铰链　6—吹气头　7—模底

b. 吹-吹法。该方法的特点是先在带有口模的雏形模中制成口部和吹成雏形，再将雏形移入成形模中吹成制品。因为雏形和制品都是吹制的，所以称为吹-吹法。吹-吹法主要用于生产小口瓶。根据供料方式不同又分为翻转雏形法和真空吸吹法。

翻转雏形法的特点是用雏形倒立的办法使滴料供料机送来的玻璃料滴落入带有口模的雏形模中，用压缩空气将玻璃液向下压实形成口部（俗称扑气）。在口模中心有一特制的型芯，称为顶芯子，以便使压下的玻璃液做出适当的凹口。口部形成后，口模中的顶芯子自行下落，用压缩空气向形成的凹口吹气（倒吹气）形成雏形，然后将雏形翻转移入正立的成形模中，重热、伸长、吹气，最后吹成制品。其成形过程如图 6-27 所示。

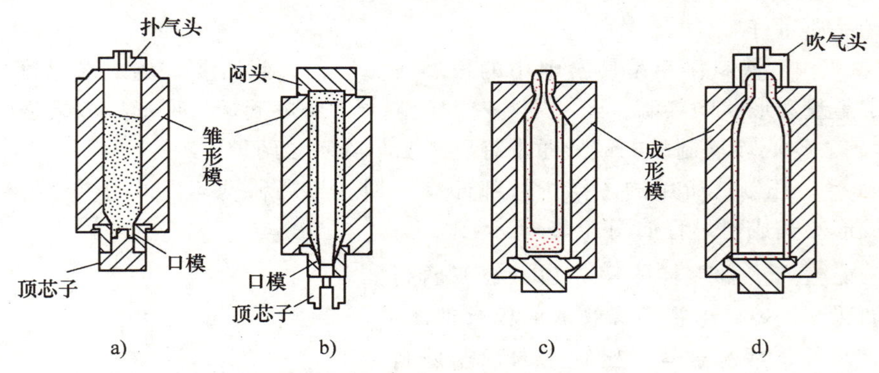

图 6-27　翻转料泡吹制法示意图

a）落料扑气　b）倒吹气　c）反转入成形模　d）吹制

真空吸料法是将袋式供料机或窑池中的玻璃液直接吸入正立的雏形模中。雏型模下端开口，上端为口模。模的下端浸入玻璃液中，借真空的抽吸作用，将模内空气从口模排除，使整个雏形模和口模吸满玻璃液。然后，将雏形模提高使之离开玻璃液面，并用滑刀沿模型下端切断玻璃液。打开雏形模使雏形自由悬挂在口模中，微吹气并进行重热和伸长，接着移入成形模，用压缩空气吹成制品。真空吸料吹制法成形示意图如图 6-28 所示。

c. 转吹法。转吹法是吹-吹法的一种，只是在吹制时料泡不停地旋转。所用模型是用水冷却的衬炭模。转吹法主要吹制薄壁器皿、电灯泡、热水瓶胆等。

d. 转式吹制法。转式吹制法是以液流供料的方式，使玻璃液从料碗中不断向下流泻，经过用水冷却的辊角压成带状。依靠玻璃本身的重力和扑气作用，在有孔的链带上形成料泡，再由旋转的成形模抱住料泡，吹成制品。转式吹制主要用于生产电灯泡和水杯。

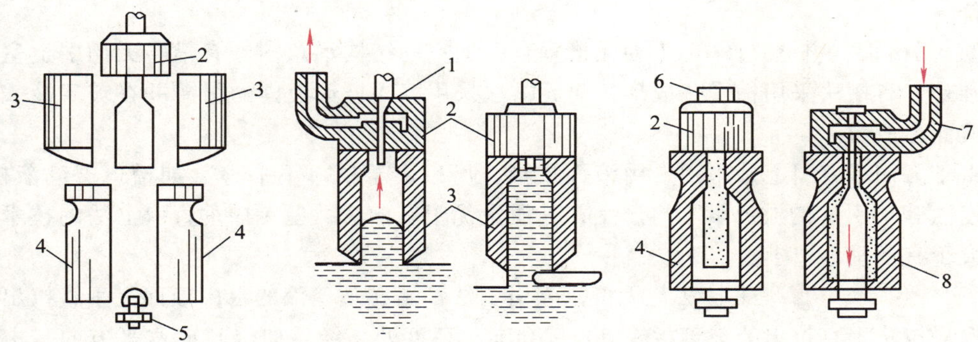

图 6-28　真空吸料吹制法成形示意图

1—吸气头　2—口模　3—锥形模　4—成形模　5—模底板　6—闷头　7—吹气头　8—制品

2. 平板玻璃成形

大量玻璃产品是以平板玻璃的形式生产出来的，因此平板玻璃的成形具有典型性，成形种类也较多。平板玻璃的成形方法主要有：浮法、垂直引上法、平拉法、压延法。

（1）浮法成形　浮法是指熔窑熔融的玻璃液流入锡槽后，在熔融金属锡液的表面上成形平板玻璃的方法。熔窑的配合料经熔化、澄清均化、冷却成为1150～1100℃左右的玻璃液，通过熔窑与锡槽相接的流槽，流入熔融的锡液面上，在自身重力、表面张力以及拉引力的作用下，玻璃液摊开成为玻璃带，在锡槽中完成抛光与拉薄，锡槽末端的玻璃带已冷却到600℃左右，把即将硬化的玻璃带引出锡槽，通过过渡辊台进入退火窑，浮法生产玻璃的过程如图6-29所示。

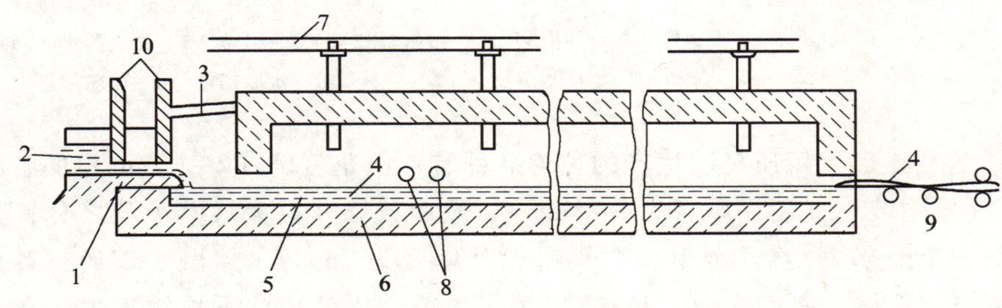

图 6-29　浮法生产示意图

1—流槽　2—玻璃液　3—碹顶　4—玻璃带　5—锡液　6—槽底
7—保护气体管道　8—拉边器　9—过渡辊台　10—闸板

（2）垂直引上法成形　垂直引上法成形可分为有槽垂直引上法和无槽垂直引上法两种。

1）有槽垂直引上法。有槽垂直引上法是使玻璃通过槽子砖缝隙成形平板玻璃的方法，其成形过程如图6-30所示。

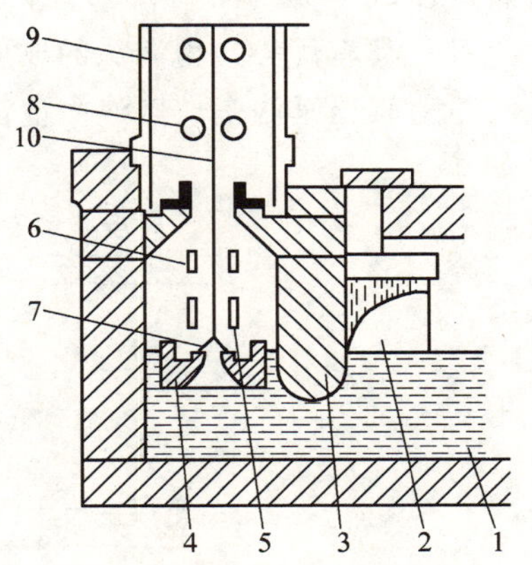

图 6-30　有槽垂直引上法

1—通路　2—小眼　3—大梁　4—槽子砖
5—主水包　6—辅助水包　7—板根
8—石棉辊　9—引上机　10—原板

玻璃液由通路1经大梁3的下部进入引上室，小眼2是供观察、清除杂物和安装加热器用的。进入引上机的玻璃液在静压作用下，通过槽子砖4的长形缝隙上升到槽口。此外玻璃液的温度约为920～960℃，在表面张力的作用下，槽口的玻璃液形成葱头状板根7，板根处的玻璃液在引上机9的石棉辊8的拉引下不断上升与拉薄形成原板10。玻璃原板在引上后受到主水包5、辅助水包6的冷却而硬化。槽子砖是成形的主要设备。

2）无槽垂直引上。图6-31为无槽垂直引上室的结构示意图。有槽与无槽引上室的主要区别是：有槽法采用槽子砖成形，而无槽法采用沉入玻璃液内的引砖并在玻璃液表面的自由液面上成形。

由于无槽垂直引上法采用自由液面成形，所以由于槽口不平整（如槽口玻璃液析晶，槽唇侵蚀等）引起的波筋就不再产生，其质量优于有槽法，但无槽垂直引上法的技术操作难度大于有槽垂直引上法。

（3）平拉法成形　平拉法与无槽垂直引上法都是在玻璃液的自由液面上垂直拉出玻璃板。但平拉法垂直拉出的玻璃板在500～700mm高度处，经转向辊转向水平方向，由平拉辊牵引，当玻璃板温度冷却到退火上限温度后，进入水平辊道退火窑退火。玻璃板在转向辊处的温度约为620～690℃，图6-32为平拉法成形示意图。

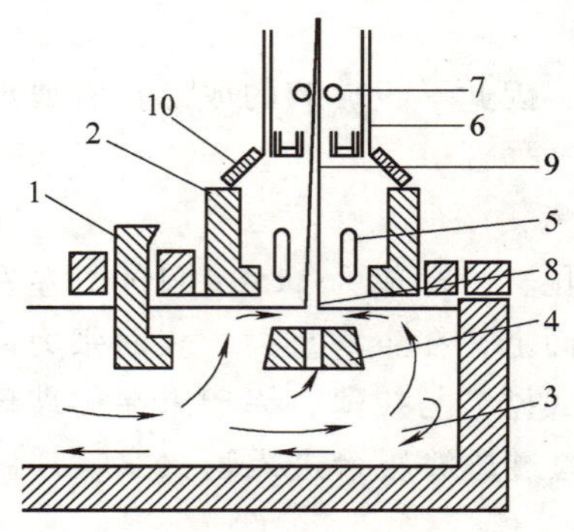

图6-31　无槽垂直引上室

1—大梁　2—L型砖　3—玻璃液　4—引砖　5—冷却水包　6—引上机　7—石棉辊　8—板根　9—原板　10—八字水包

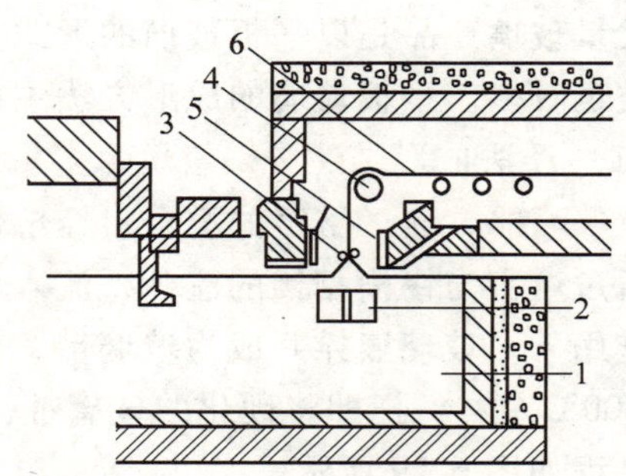

图6-32　平拉法成形示意图

1—玻璃液　2—引砖　3—拉边器　4—转向辊　5—水冷却器　6—玻璃带

（4）压延法成形　用压延法生产的玻璃品种有：压花玻璃（2～12mm厚的各种单面花纹玻璃）、夹丝网玻璃（制品厚度为6～8mm）、波形玻璃（有大波、小波之分，其厚度为7mm左右）、槽形玻璃（分无丝和夹丝两种，其厚度为7mm）、熔融法玻璃马赛克、熔融微晶玻璃花岗岩板材（厚度为10～15mm）等。目前，压延法已不再用来生产光面的窗用玻璃和制镜用的平板玻璃。压延法有单辊压延法和对辊压延法两种。

单辊压延法是一种古老的方法，是把玻璃液倒在浇铸平台的金属板上，然后用金属压辊滚压成平板（图6-33a），再送入退火炉退火。这种成形方法无论在产量、质量或成本上都不具有优势，为淘汰的成形方法。

对辊压延法是玻璃液由池窑工作池沿流槽流出，进入成对的用水冷却的中空压辊，经

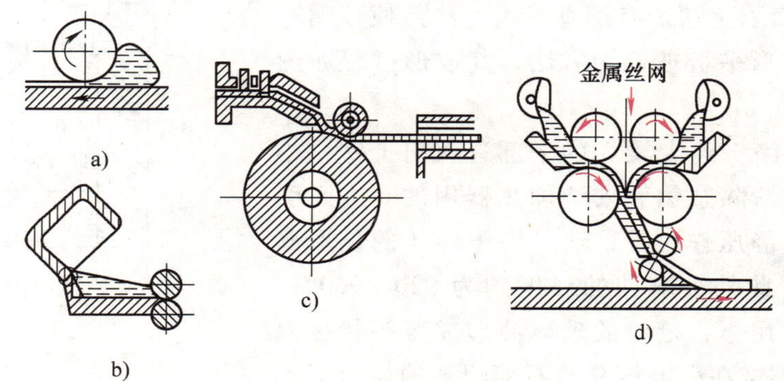

图6-33　压延法成形示意图

a）单辊压延　b）辊间压延　c）对辊压延　d）夹丝压延

滚压而成平板，再送到退火炉退火。采用对辊压制的玻璃板两面的冷却强度大致相近。由于玻璃液与压辊成形面的接触时间短，即成形时间短，故采用温度较低的玻璃液。对辊压延法的产量、质量、成本都优于单辊压延法。各种压延法如图 6-33 所示。

6.3.3 玻璃在工业设计中的应用

1. 井灯

Mejd 工作室设计的井灯（图 6-34），找到了用于从地下打上水的传统结构的创新亮点后，将木桶转变成一个灯泡，井变为一个渐变磨砂的玻璃容器，摇动把手，灯泡在容器中上下运动，调节亮度的同时，也如打水般有趣。

2. Kikkoman 瓶子

Kikkoman 瓶子（图 6-35）由 Kenji Ekuan 设计，是玻璃吹制法的典型范例。制造过程中需要将含碳酸钠和碳酸钙的沙子混合放在高炉里加热到 1550℃，熔化后的玻璃被挤出来，并垂落到加工机器中，在这个阶段，空气注入瓶子使瓶子部分成形，其中也包括瓶颈。这个半成形的瓶子被放进模具中旋转 180°，这时空气再次注入模具，将玻璃加工成最终形态。

图 6-34 井灯

图 6-35 Kikkoman 瓶子

3. 幽灵椅

意大利菲亚姆公司在 1987 年制造的幽灵椅（图 6-36）使用了两种主要工艺：喷水切割和凹陷。加热后的玻璃平面呈现随意的流质形态，几乎是在机缘巧合下创造出来的。但是在幽灵椅简单的外表下隐含着高度控制的加热过程，这是复杂现代技术与简单造型方法的完美结合。

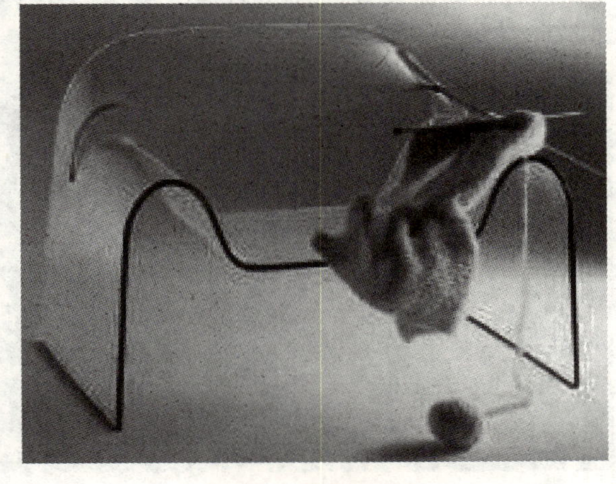

图 6-36 幽灵椅

4. 埃塔拉 Taika 系列餐具

Taika 在芬兰语中是神奇的意思。在新的 Taika 系列（图 6-37）里，设计师 Heikki Orvola 用了 7 个重要的形式去迎合插画家 Klaus Haapaniemi 笔下那栩栩如生的虚拟世界。Taika 系列使顾客可以在自己的 Iittala 藏品中进行大胆且个性化的选择或者融合。Haapaniemi 对于 Taika 系列的插画是这样描述的："我只是想要人们去创造属于自己日常生活的幻想。我希望 Iittala 的 Taika 系列能够激发所有人的想象力并激励他们去编织自己的故事。"

图 6-37　埃塔拉 Taika 系列餐具

5. 玻璃键盘 Luminae

设计者 JasonGiddings 在一片弯曲的玻璃上，放置了光导管和 LED，让按键可变化出让你眼花缭乱的多种颜色，视觉效果相当酷炫。玻璃键盘 Luminae 如图 6-38 所示。不过 Luminae 本身并没有任何的实体按键，只有用 LED 显示出来的虚拟按键，操作时是由键盘下方的摄影机来判别用户在键盘上的手指动作。

图 6-38　玻璃键盘 Luminae

6. "幻想曲"小蘑菇灯

"幻想曲"小蘑菇灯（图 6-39）的整体形状曲线受华特迪士尼"幻想曲"中能够随柴可夫斯基曲子起舞，并和同伴努力成长的小蘑菇的影响。灯罩散发的柔软温暖的灯光，诱使人们忘记——如果能有短暂地间隙——我们喧闹忙碌的生活。有多种颜色可选，且可以根据心情变化灵活更换灯上的玻璃罩。

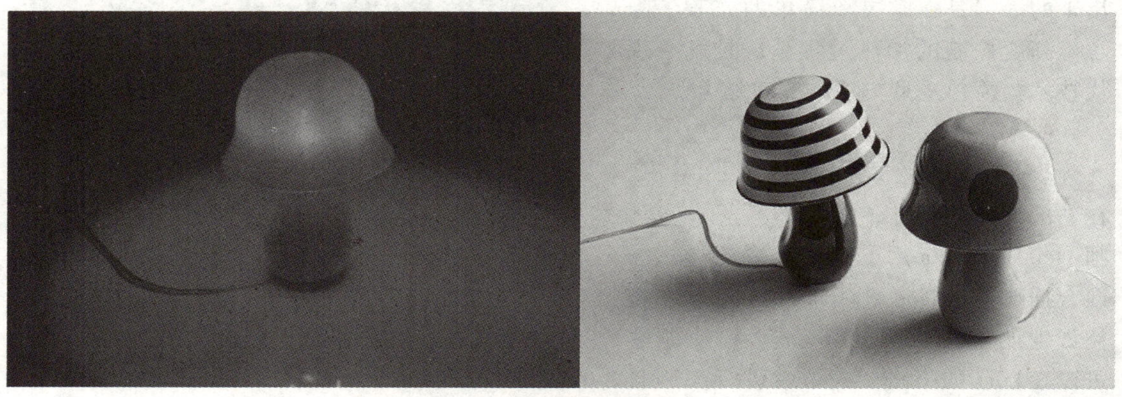
图 6-39　"幻想曲"小蘑菇灯

7. Eva Solo 切蒜器

丹麦设计团体 Tools Design 设计的 Eva Solo 切蒜器（图 6-40）可以很轻松地将大蒜放入，直接压出蒜末，甚至可以不用去皮就直接压出。与一般切蒜器不同之处在于它方便清洗，配套容器为吹制玻璃。

8. 水回收花盆

“水回收花盆”（图 6-41）采用双层玻璃材质，中空结构，透明的造型也能让我们清晰地看到花盆内的土壤和植物的根系。原理是当水壶浇水后，入花盆底部的水通过阳光照射，内蒸发的水凝结成水滴，再回落至土壤，如此形成了再循环灌溉，直到水完全被植物吸收。

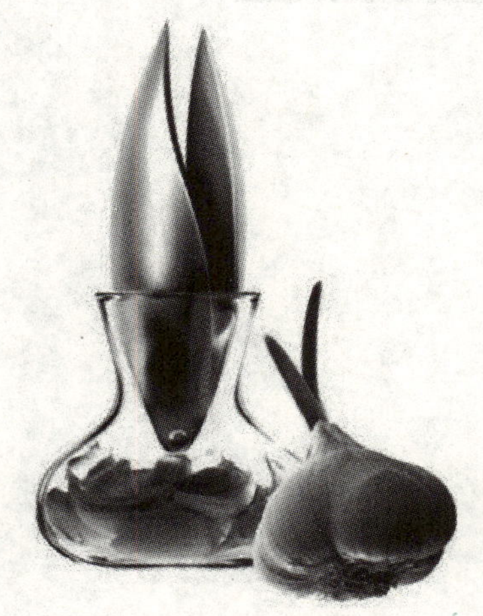

图 6-40　Eva Solo 切蒜器

图 6-41　水回收花盆

9. “AVO”鱼缸

“AVO”鱼缸（图 6-42）由 Susan Shelley 设计，球形造型的玻璃鱼缸容量 15L，鱼缸不需要清洁，无须换水或更换新的过滤器，用户只需加水即可，鱼缸中的鱼类、植物和菌类共同创造了一个平衡的微生物系统。顶部的自动 LED 灯并非用于照明，而是专门为植物光合作用设置，促进植物生长，从而优化鱼缸内的水源。

图 6-42　“AVO”鱼缸

10. “情迷”玻璃瓶

意大利设计师 Lucia Bruni 设计的这款称为“情迷”的作品，如图 6-43 所示。将三个回收玻璃瓶进行手工切割打磨处理，然后重新组合。瓶口可以当勺子，居中部分可以当烛台防风罩，据悉，底下用来当饮料杯，将功能和造型进行了完美的结合。

图 6-43 “情迷”玻璃瓶

复习思考题

6-1　试述陶瓷成形的主要方法。

6-2　举例说明陶瓷在工业设计中的应用。

6-3　试述常用玻璃的特性与用途。

6-4　试述日用玻璃成形的主要方法。

6-5　举例说明玻璃在工业设计中的应用。

第7章

复合材料及其成形

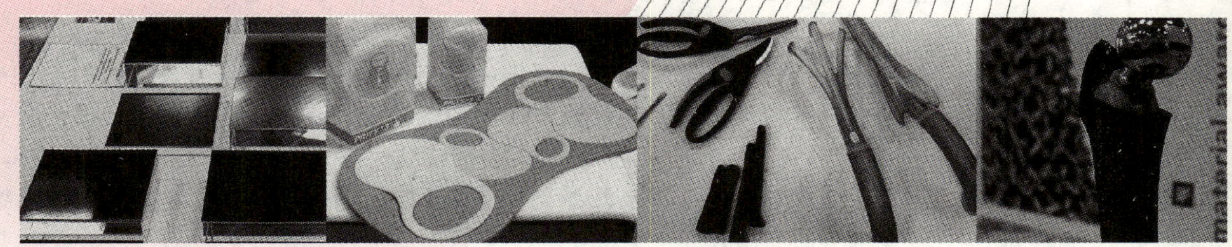

7.1 复合材料概述

复合材料是将两种或两种以上成分不同、性质不同的材料组合在一起，构成性能比各组成材料优异的一类新型材料。复合材料由两类物质组成：一类为形成几何形状并起粘接作用的基体材料，如树脂、陶瓷、金属等；另一类为提高强度或韧性的增强材料，如纤维、颗粒、晶须等。

7.1.1 复合材料的分类

根据基体的不同，复合材料可分为树脂基复合材料、金属基复合材料及陶瓷基复合材料等。在同一基体的基础上，还可按照增强材料的不同进行分类，如金属基复合材料又可分为纤维增强金属基复合材料和颗粒增强金属基复合材料等。通常，复合材料按此类方法分类。

根据使用性能的不同，复合材料可分为结构复合材料和功能复合材料。结构复合材料以力学性能为主，主要用做承力结构，要求质轻、强度和刚度高，且能耐一定的高温，在某些特定条件下还要求膨胀系数低、绝热性能好或耐介质腐蚀性强等。功能复合材料是指除力学性能外还提供其他物理、化学、生物等性能的复合材料，如电功能、光功能、声功能、热功能、生物功能等复合材料。

根据增强体形态不同，复合材料可分为连续纤维复合材料、短纤维（晶须）复合材料、颗粒复合材料及编织物复合材料。

7.1.2 复合材料的优点

由于复合材料能集中和发挥各组分材料的优点，并能实现最佳结构设计，因此具有许多优越的特性。

1. 比强度和比模量高

比强度（强度与密度之比）越大，材料自重越小；比模量（弹性模量与密度之比）越大，材料的刚性越大。纤维增强复合材料的比强度和比模量是各类材料中最高的，复合材料与具有同等强度和刚度的金属材料相比，其自重可减轻70%。

2. 抗疲劳性能好

复合材料的抗疲劳性能高于金属材料，可以在长期交变载荷条件下工作，具有较长的使用寿命和较大的破坏安全性。

3. 耐磨性能好

当选用适当的塑料与钢板制成复合材料时，可作轴承等耐磨构件；如将石棉等材料与塑料复合，则可以得到摩擦系数大、制动效果好的摩阻材料。

4. 减振能力强

复合材料的减振能力强，可避免在工作状态下产生共振及由此引起的破坏。由于复合材料中纤维与基体界面吸振能力强，即使结构中有振动产生，也会很快衰减。

5. 高温性能好

复合材料中各种增强纤维的熔点或软化点一般都比较高，用这些纤维组成复合材料时，可提高高温强度。

6. 成形工艺简单灵活

复合材料可采用模具一次成形制造各种构件，也可以采用模压、缠绕、喷射、挤压、手糊成形等方法生产各种产品。复合材料可以适应各种造型的需要，创造出意想不到的效果。

7.2　常用复合材料成形工艺

复合材料中基体材料与增强材料的综合优越性只有通过成形工序才能体现出来，复合材料具有的可设计性以及材料和制品一致性的特点，都是由不同的成形工艺赋予的，因此应根据制品的结构形状和性能要求来选择成形方法。

复合材料的成形工艺主要取决于复合材料的基体，一般情况下，其基体材料的成形工艺方法也常常适用于以该类材料为基体的复合材料，特别是以颗粒、晶须及短纤维为增强体的复合材料。如金属材料的各种成形工艺多适用于颗粒、晶须及短纤维增强的金属基复合材料，包括压力铸造、熔模铸造、离心铸造、挤压、轧制、模锻等；而以连续纤维为增强体的复合材料的成形则全然不同，或者需要做特殊工艺处理。在形成复合材料的过程中，增强材料通过其表面与基体粘接并固定于基体之中，其增强材料的性能结构不发生变化，而基体材料则要经历性能的巨大变化。

7.2.1　树脂基复合材料成形

树脂基复合材料的基体有热固性树脂与热塑性树脂两类，其中，以热固性树脂为最常用。

1. 热固性树脂基复合材料的成形

热固性树脂基复合材料以热固性树脂为基体，以无机物、有机物为增强材料。常用的热固性树脂有不饱和聚酯树脂、环氧树脂、酚醛树脂等，常用的增强材料有碳纤维（布）、玻璃纤维（布、毡）、有机纤维（布）、石棉纤维等。其中，碳纤维常用以增强环氧树脂，玻璃纤维常用以增强不饱和聚酯树脂。热固性树脂基复合材料的成形方法主要有：

（1）手糊成形　手糊成形是先在涂有脱模剂的模具上均匀涂上一层树脂混合液，再将裁剪成一定形状和尺寸的纤维增强织物，按制品要求铺设到模具上并使其平整。多次重复以上步骤逐层铺贴，直至所需层数，然后固化成形，脱模修整获得坯件或制品，其工艺流程如图 7-1 所示。

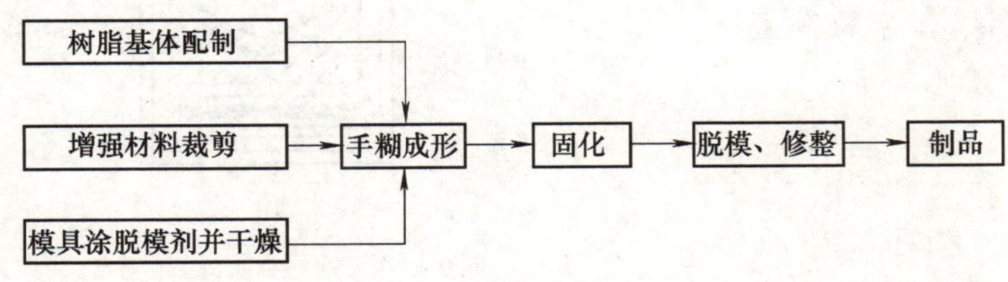

图 7-1　手糊成形工艺流程示意图

手糊成形的特点是：工艺简单，操作方便，生产成本低，其制品的形状和尺寸不受限制，适用于多品种、小批量生产。但该成形方法的生产效率低，劳动条件差且劳动强度大；制品的质量、尺寸精度不易控制，性能稳定性差，强度比其他成形方法低。通常用于制造船体、储罐、储槽、大口径管道、风机叶片、汽车壳体、飞机蒙皮、机翼、火箭外壳等要求不高的大中型制件。

(2) 喷射成形　利用压缩空气将经过特殊处理而雾化的树脂胶液与短切纤维同时通过喷射机的喷枪均匀喷射到模具上沉积，经过辊压、浸渍以及排出气泡等步骤后，再继续喷射，直至完成坯件制件，最后固化成制品的一种成形方法，图7-2为喷射成形原理图。

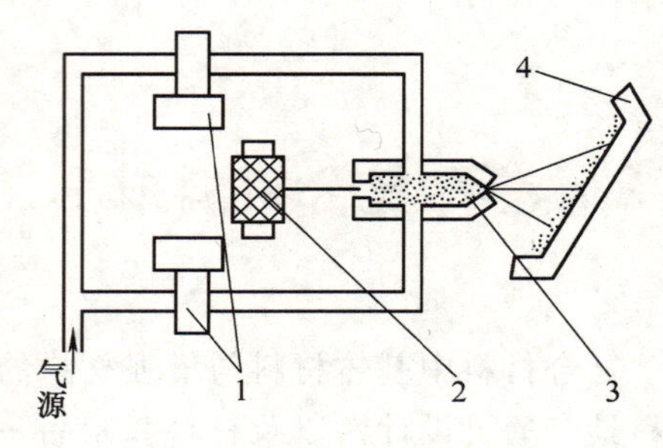

图7-2　喷射成形原理图

1—树脂罐与泵　2—纤维　3—喷枪　4—模具

喷射成形的特点是：生产效率高，劳动强度低，适于大尺寸制品的批量生产；制品无搭接缝，形状和尺寸大小所受限制较小，适用于异形制品的成形。但场地污染大，制件承载能力不高，可用于成形船体、容器、汽车车身、机器外罩、大型板等制品。

(3) 层压成形　将纸、棉布、玻璃布等片状增强材料，在浸胶机中浸渍树脂，经干燥制成浸胶材料，然后按层压制品的大小，对浸胶材料进行裁剪，并根据制品要求的厚度（或质量）计算所需浸胶材料的张数，逐层叠放在多层压力机上，进行加热层压固化，脱模获得层压制品，其工艺过程如图7-3所示。为使层压制品表面光洁美观，叠放时可于最上和最下两面放置2~4张含树脂量较高的面层用浸胶材料。

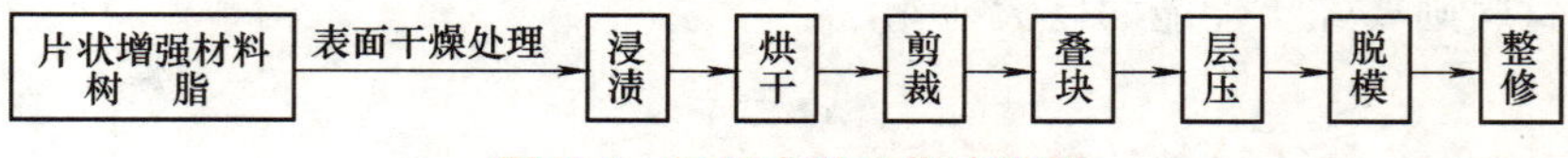

图7-3　层压成形工艺过程图

(4) 铺层法成形　用手工或机械手，将预浸材料按预定方向和顺序在模具内逐层铺贴至所需厚度或层数，获得铺层坯件，然后将坯件装袋，经加热加压固化、脱模修整获得制品的成形方法。

铺层成形法通常有真空袋法、压力袋法、热压罐法等，如图7-4所示。它们均可与手糊成形、喷射成形或层压成形配套使用，用于坯件的加压固化成形，常作为复合材料坯件的后续成形加工方法。铺层成形法的特点是制品强度较高，铺贴时，纤维的取向、铺贴顺序与层数可按受力需要，根据材料的优化设计确定，常用于成形制作飞机机翼、舱门、尾翼、壁板、隔板等薄壁件、工字梁等型材。

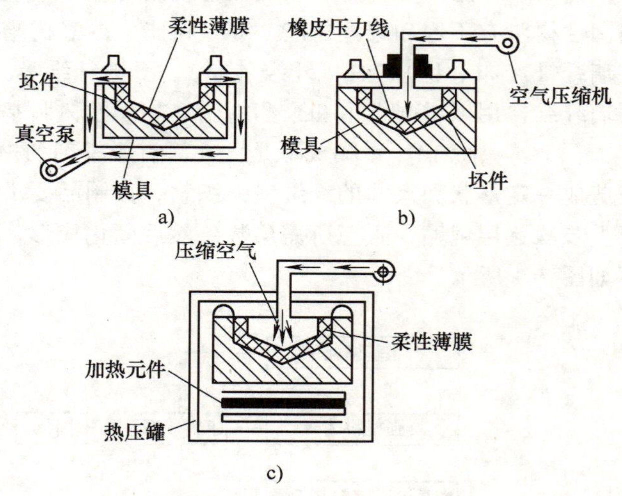

图7-4　铺层加压固化方法示意图

a) 真空袋法　b) 压力袋法　c) 热压罐法

(5) 缠绕法成形　采用预浸纱带、预浸布带等预浸料，或将连续纤维、布带浸渍树脂后，在适当的缠绕张力下按一定规律缠绕到一定形状的芯模上至一定厚度，经固化脱模获得制品的一种方法。与其他成形方法相比，缠绕法成形可以保证按照承力要求确定纤维排布的方向、层次，充分发挥纤维的承载能力，体现了复合材料强度的可设计性及各向异性，因而制品结构合理，比强度高；纤维按规定方向排列整齐，制品精度高、质量好；易实现自动化生产，生产效率

高；但缠绕法成形需缠绕机、高质量的芯模和专用的固化加热炉等，投资较大。

主要用途：大批量成形需承受一定内压的中空容器，如固体火箭发动机壳体、压力容器、管道、火箭尾喷管、导弹防热壳体、贮罐、槽车等。制品外形除圆柱形、球形外，也可成形矩形、鼓形及其他不规则形状的外凸型及某些复杂形状的回转型。图 7-5 为缠绕法成形示意图。

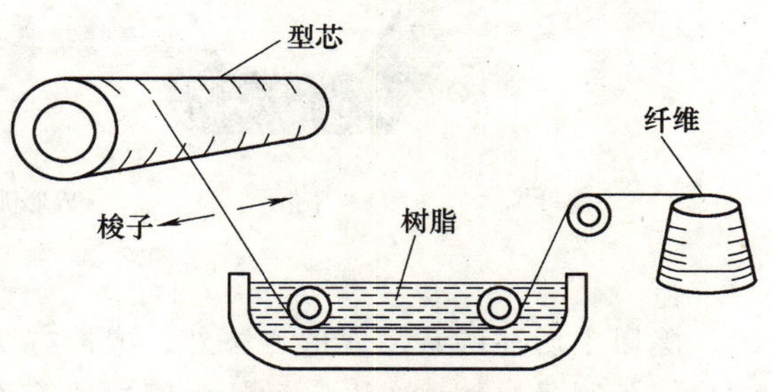

图 7-5　缠绕法成形示意图

(6) 模压成形　将模塑料、预浸料以及缠绕在芯模上的缠绕坯料等在金属模具中，在压力和温度的作用下经过塑化、熔融流动、充满模腔成形固化而获得制品。

模压成形适用于异形制品的成形，生产效率高，制品的尺寸精确、重复性好，表面粗糙度小、外观好，材料质量均匀、强度高，适于大批量生产。结构复杂制品可一次成形，无须有损制品性能的辅助机械加工。其主要缺点是模具设计制造复杂，一次投资费用高，制件尺寸受压力机规格的限制。一般限于中小型制品的批量生产。

模压成形又可分为压制模压成形、压注模压成形与注射模压成形。

1）压制模压成形。将模塑料、预浸料等放入由凸模和凹模组成的金属对模内，由液压机将压力作用在模具上，通过模具直接对模塑料、预浸料进行加压，同时加温，使其流动充模，固化成形。压制模压成形工艺简便，应用广泛，可用于成形船体、机器外罩、冷却塔外罩、汽车车身等制品。

2）压注模压成形。将模塑料在模具加料室中加热成熔融状，然后通过流道压入闭合模具中成形固化，或先将纤维、织物等增强材料制成坯件置入密闭模腔内，再将加热成熔融态的树脂压入模腔，浸透其中的增强材料，然后固化成形，如图 7-6 所示。压制模压成形主要用于制造尺寸精确、形状复杂、薄壁、表面光滑、带金属嵌件的中小型制品，如各种中小型容器及各种仪器、仪表的表盘、外壳等，还可制作小型车船外壳及零部件等。

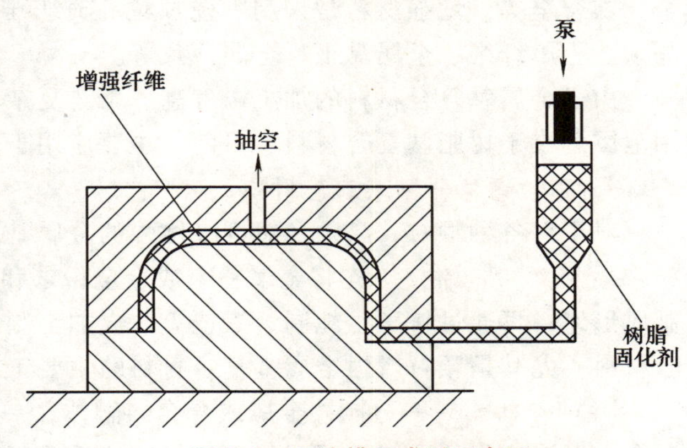

图 7-6　压注模压成形示意图

3）注射模压成形。将模塑料在螺杆注射机的料筒中加热成熔融状态，通过喷嘴小孔，以高速、高压注入闭合模具中固化成形，是一种高效率自动化的模压工艺，适于生产小型复杂形状零件，如汽车及火车配件、纺织机零件、泵壳体、空调机叶片等。

(7) 离心浇注成形　利用筒状模具旋转产生的离心力将短切纤维连同树脂同时均匀喷洒到模具内壁形成坯件，或先将短切纤维毡铺在筒状模具的内壁上，再在模具快速旋转的同时，向纤维层均匀喷洒树脂液浸润纤维形成坯件，坯件达到所需厚度后通热风固化。

该成形方法的特点是制件壁厚均匀、外表光洁，适用于大直径筒、管、罐类制件的成形。

(8) 挤拉成形　如图 7-7 所示，将浸渍过树脂胶液的连续纤维束或带，在牵引机构拉力作用下，通过成形模定形，再进行固化，连续引拔出长度不受限制的复合材料管、棒、方形、工字形、槽形以及非对称的异形截面等型材，如飞机和船舶的结构件，矿井和地下工程构件等。拉挤工艺只限于生产型材，设备复杂。

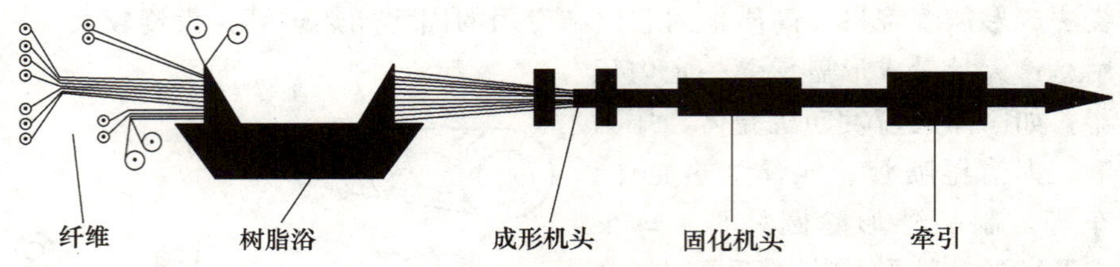

图 7-7　挤拉成形示意图

除以上所述的常用成形方法外，成形方法还可进行“复合”，即用几种成形方法同时完成一件制品。例如成形一种特殊用途的管子，在采用纤维缠绕的同时，还用布带缠绕或用喷射方法复合成形。

2. 热塑性树脂基复合材料的成形

热塑性树脂基复合材料由热塑性树脂和增强材料组成。热塑性树脂基复合材料成形时，基体树脂不发生化学变化，而是靠树脂物理状态的变化来完成。其过程主要由加热熔融、流动成形和冷却硬化三个阶段组成。已成形的坯件或制品，在加热熔融后还可以二次成形。粒子及短纤维增强的热塑性树脂基复合材料可采用挤出成形、注射成形和模压成形，其中，挤出成形和注射成形占主导地位。

7.2.2　金属基复合材料成形

金属基复合材料是以金属为基体，以纤维、晶须、颗粒、薄片等为增强体的复合材料。基体金属多采用纯金属及合金，如铝、铜、银、铅、铝合金、铜合金、镁合金、钛合金、镍合金等。增强材料常采用陶瓷颗粒、碳纤维、石墨纤维、硼纤维、陶瓷纤维、陶瓷晶须、金属纤维、金属晶须、金属薄片等。

由于金属基复合材料的加工温度高、工艺复杂，界面反应控制困难，成本较高，故应用范围远小于树脂基复合材料。目前，主要应用于航空航天领域。

1. 颗粒增强金属基复合材料成形

对于以各种颗粒、晶须及短纤维增强的金属基复合材料，其成形通常采用以下方法：

(1) 粉末冶金法　先将金属粉末或合金粉末和增强相均匀混合，然后压制成锭块或预制成形坯，再通过挤压、轧制、锻造等二次加工制成型材或零件的方法，是制备金属基复合材料，尤其是颗粒增强金属基复合材料的主要工艺方法。

(2) 铸造法　一边搅拌金属或合金熔融体，一边向熔融体逐步投入增强体，使其分散混合，形成均匀的液态金属基复合材料，然后采用压力铸造、离心铸造和熔模精密铸造等方法形成金属基复合材料的成形方法。

(3) 加压浸渍法　加压浸渍工艺示意图如图 7-8 所示。将颗粒、短纤维或晶须增强体制成含一定体积分数的多孔预成形坯体，将预成形坯体置于金属型腔的适当位置，浇注熔融金属并加压，使熔融金属在压力下浸透预成形坯体（充满预成形坯体内的微细间隙），冷却凝固形成金属基复合材料制品，采用此法已成功制造了陶瓷晶须局部增强铝活塞。

图 7-8　加压浸渍工艺示意图

(4) 挤压或压延成形法　将短纤维或晶须增强体与金属粉末混合后进行热挤或热轧，获得棒材、型材和管材的方法。

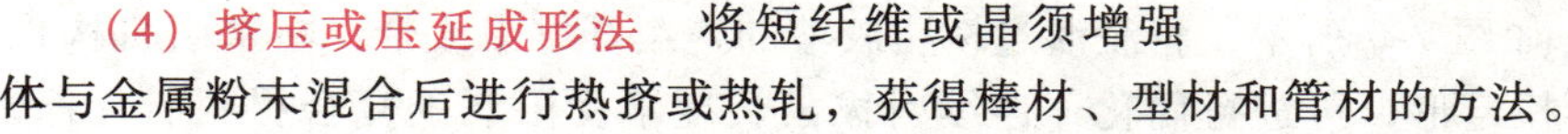

2. 纤维增强金属基复合材料成形

对于以长纤维增强的金属基复合材料，其成形方法主要有：

（1）扩散结合法　扩散结合法如图7-9所示。按制件形状及增强方向要求，将基体金属箔或薄片、以及增强纤维裁剪后交替铺叠，然后在低于基体金属熔点的温度下加热加压并保持一定时间，基体金属产生蠕变和扩散，使纤维与基体间形成良好的界面结合，以获得制件的成形方法，是连续长纤维增强金属基复合材料最具代表性的复合工艺。

该方法的特点是：易于精确控制，制件质量好。但由于加压的单向性，使该方法限于制作较为简单的板材、某些型材及叶片等制件。

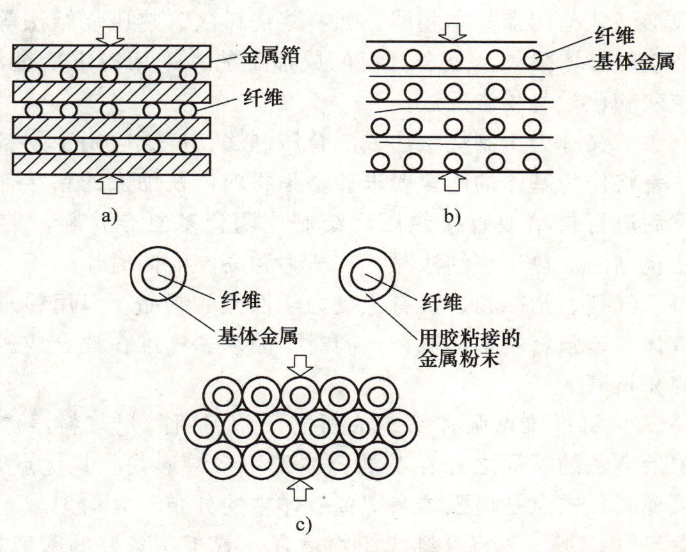

图7-9　扩散结合法示意图

a）金属箔复合法　b）金属无纬带重叠法　c）表面镀有金属的纤维结合法

（2）熔融金属渗透法　在真空或惰性气体介质中，使排列整齐的纤维束之间浸透熔融金属，如图7-10所示。常用于连续制取圆棒、管子和其他截面形状的型材，而且加工成本低。

（3）等离子喷涂法　在惰性气体保护下，等离子弧向排列整齐的纤维喷射熔融金属微粒子。其特点是熔融金属粒子与纤维结合紧密，纤维与基体材料的界面接触较好，而且微粒在离开喷嘴后急速冷却，因此几乎不与纤维发生化学反应，又不损伤纤维。此外，还可以在等离子喷涂的同时，将喷涂后的纤维随即缠绕在芯模上成形。喷涂后的纤维经过集束层叠，再用热压法压制成制品。

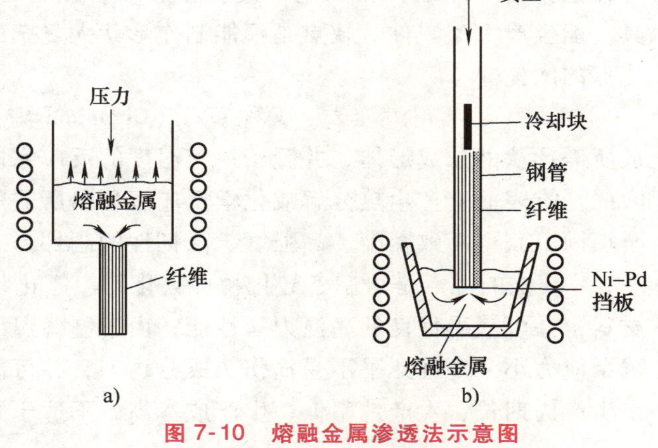

图7-10　熔融金属渗透法示意图

a）压力渗透法　b）真空吸铸法

3. 层合金属基复合材料的成形

层合金属基复合材料是由两层或多层不同金属相互紧密结合组成的材料，可根据需要选择不同的金属层。其成形方法有轧合、双金属挤压、爆炸焊合等。

（1）轧合　将不同的金属层通过加热、加压轧合在一起，形成整体结合的层压包覆板。包覆层金属的厚度范围一般是层压板厚度的2.5%~20%。

（2）双金属挤压　将由基体金属制成的金属芯，置于由包覆用金属制成的套管，组装成挤压坯，在一定压力、温度条件下挤压成带无缝包覆层的线材、棒材、矩形和扁型材等。

(3) 爆炸焊合　利用炸药爆炸产生的脉冲高压对材料进行复合成形的方法，通常用于将两层或多层的异种金属板、片、管与增强相结合在一起形成复合板材或管材。

7.2.3　陶瓷基复合材料成形

陶瓷基复合材料的成形方法分为两类：一类是针对陶瓷短纤维、晶须、颗粒等增强体，复合材料的成形工艺与陶瓷基本相同，如料浆浇铸法、热压烧结法等；另一类是针对碳、石墨、陶瓷连续纤维增强体，复合材料的成形工艺常采用粉末冶金法、料浆浸渗法、料浆浸渍热压烧结法和化学气相渗透法。

(1) 粉末冶金法　又称为压制烧结法或混合压制法，广泛应用于制备特种陶瓷以及某些玻璃陶瓷。方法是将作为基体的陶瓷粉末和增强材料以及加入的粘接剂混合均匀，冷压制成所需形状，然后进行烧结或直接热压烧结制成陶瓷基复合材料。前者称为冷压烧结法，后者称为热压烧结法。热压烧结法时，在压力和高温的同时作用下，致密化速度可得到提高，从而获得无气孔、细晶粒、具有优良力学性能的制品。但用粉末冶金法进行成形加工的难点在于基体与增强材料不易混合，同时，晶须和纤维在混合或压制过程中，尤其是在冷压情况下容易折断。

(2) 料浆浸渗法　将纤维增强体编织成所需形状，用陶瓷浆料浸渗，干燥后进行烧结。该方法与粉末冶金法的不同之处在于混合体采用浆料形式。其优点是不损伤增强体，工艺较简单，无须模具；缺点是增强体在陶瓷基体中的分布不大均匀。

(3) 料浆浸渍热压成形法　将纤维或织物增强体置于制备好的陶瓷粉体浆料里浸渍，然后将含有浆料的纤维或织物增强体布成一定结构的坯体，干燥后在高温、高压下热压烧结成为制品。

料浆浸渍热压法的优点是加热温度比晶体陶瓷低，不易损伤增强体，层板的堆垛次序可任意排列，纤维分布均匀，气孔率较低，获得的强度高；工艺比较简单，无须成形模具，能生产大型零件。缺点是不能制作形状太复杂的零件，基体材料必须是低熔点或低软化点的陶瓷。

(4) 化学气相渗透法　又称 CVI（Chemical Vapor Infiltration）法，是将增强纤维编织成所需形状的预成形体，并置于一定温度的反应室内，然后通入某种气源，在预成形体孔穴的纤维表面上产生热分解或化学反应沉积出所需陶瓷基质，直至预成形体中各孔穴被完全填满，获得高致密度、高强度、高韧性的制件。

CVI 法的优点是可制备硅化物、碳化物、氮化物、硼化物和氧化物等多种陶瓷基复合材料，并可获得优良的高温力学性能；由于制备温度较低且不需外加压力，因此材料内部残余应力小，纤维几乎不受损伤；成分均匀，并可制作多相、均匀和厚壁的制品。其缺点是生产周期长、生产效率低、生产成本高，不适于制作形状复杂的制品。

7.3　复合材料在工业设计中的应用

7.3.1　工业设计中常用的复合材料

(1) 玻璃纤维增强塑料　玻璃纤维增强塑料（GlassFiber Reinforced Plastic，缩写为 GFRP），俗称玻璃钢，是以酚醛树脂、环氧树脂、聚酯树脂等热固性树脂以及聚酰胺、聚

丙烯等热塑性树脂为基体，玻璃纤维为增强材料的树脂基复合材料。玻璃纤维增强塑料质轻（密度比轻金属铝还小），坚硬，比强度高，耐蚀性、绝热性和电绝缘性能良好，具有可设计性、工艺性优良的优点。

玻璃纤维增强塑料也存在一些缺点，如长期耐温性差，在紫外线、化学介质、机械应力等作用下易导致性能下降，出现老化。由于弹性模量低，导致产品结构刚性不足，易变形，可做成薄壳结构、夹层结构，或通过高模量纤维或者加强筋等方式来弥补。

玻璃钢的应用非常广泛，主要用来制造机器设备的外壳、机架、机罩及仪表罩，建筑中的围护结构、门窗、室内设备及装饰件、装饰板、地板、卫生洁具等，车辆的车身及各种配件如车门、窗框、挡泥板及油箱等，以及车厢内部装饰板。还包括体育用品、日常生活用品、电子工程设备、工艺品等。

（2）碳纤维复合材料　碳纤维比玻璃纤维具有更高的性能，强度比钢大、密度比铝小，其弹性模量是玻璃纤维的4~6倍。此外，碳纤维还具有耐高温、耐化学腐蚀、低电阻、高热导、低热膨胀、耐化学辐射等优点，是一种理想的增强材料，可用来增强树脂、金属和陶瓷。

碳纤维树脂复合材料主要用于航空领域，如宇宙飞行器的外层材料，人造卫星和火箭的机架、壳体、主翼、副翼、起落架、发动机舱、天线、舱门等，也用做各种机器中的齿轮、轴承等受载磨损件、活塞、密封圈等受摩擦件以及化工零件和容器等。碳纤维金属基复合材料在接近金属熔点时，具有很好的强度和弹性模量，碳纤维和铝锡合金制成的复合材料，是一种减磨性能比铝锡合金更优越、强度更高的高级轴承材料。

（3）硼纤维复合材料　硼纤维是近年来发展研究的一种新的增强材料。硼纤维的特点是抗拉强度高，耐高温，密度大，弹性模量高，是玻璃纤维的5倍。硼纤维生产成本较高，目前仅少量用于军工业。

硼纤维树脂复合材料的抗压强度和抗剪强度很高，蠕变小，硬度和弹性模量高，有很高的抗疲劳强度，耐化学腐蚀，主要应用于航空航天领域，制造机翼、仪表、压气机叶片、螺旋桨叶和传动轴等。

（4）石棉增强材料　石棉是一种矿物纤维，具有耐酸、耐热、保温及不导电等特性，是重要的防火、绝缘和保温材料。石棉可以制成布、带、绳和纸，石棉布与改性的酚醛树脂复合，可制成柔软、耐冲击的刹车片。用石棉布浸渍酚醛树脂压制成的层压板具有较高的力学性能，可制作承受较大载荷的摩擦零件，如离合器片。

（5）金属陶瓷　金属陶瓷是由一种或几种陶瓷与金属或合金组成的复合材料，既具有金属的韧性、高导热性和良好的热稳定性，又具有陶瓷的耐高温、耐腐蚀和耐磨损等特性，常用于制造飞机、导弹等的结构件、发动机活塞以及化工机械零件等。

7.3.2　复合材料应用实例

（1）遥控碳纤维“纸”飞机　这架使用碳纤维复合材料制作的“纸”飞机（图7-11）能经受各种艰苦环境，除此之外，它还搭载了两个推进螺旋桨和摄像头，可执行实时的空中取景任务，并可用手机端控制飞行轨迹，通过蓝牙（有效面积大约相当一个足球场大小）传输信号。

（2）Watson桌子　这款命名为Watson的桌子（图7-12），是以发现DNA螺旋结构的美国科学家James Watson的名字命名的，桌子出自美国辛辛那提设计师Paul Loebach之手。桌子融入了DNA螺旋结构元素，即四条腿都运用了螺旋结构。“Watson”桌子采用航天技术和传统的造船工艺，用航空航天复合材料、木材和碳纤维结合。

图 7-11　遥控碳纤维“纸”飞机

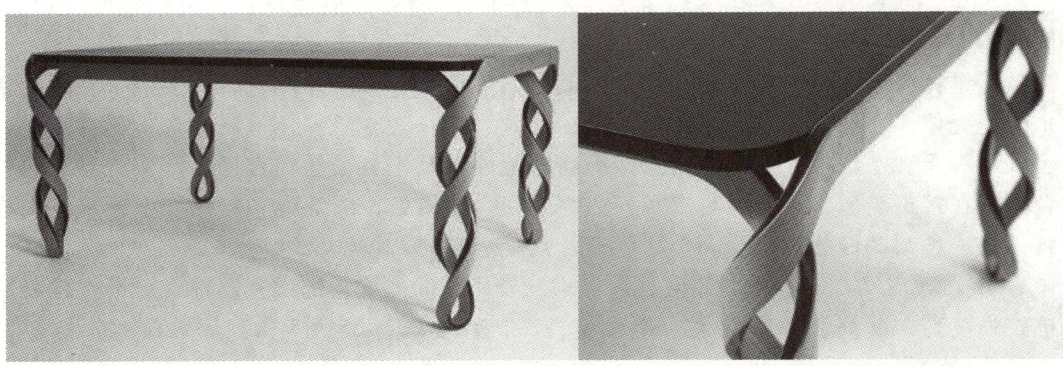

图 7-12　Watson 桌子

（3）能量返回轮胎　BriTek 发明了一种新型的能量返回轮胎（Energy Return Wheel）（图 7-13），不用打气，可以让骑自行车和开车的人彻底忘掉打气这件事。有了 BriTek 开发的这种碳纤维轮胎，你再也不用给轮胎打气，当感觉蹬着费劲时，只需紧一下轮胎外围的橡胶带。这种先进轮胎技术，利用橡胶结合碳纳米管增强复合材料杆提供缓冲，可以进行调节，改变橡胶的张力以适应不同的地形。

图 7-13　能量返回轮胎

（4）蘑菇街灯　蘑菇街灯（图 7-14）是一个独特的运动和环境光测系统，设计师的目的在于利用它还原居住者记忆中挪威村庄的场景，创造适应北欧城市生活需求的照明。北欧的部分城市由于接近北极圈，会出现极夜现象，这种街灯只有在需要的时候才会完全亮起。设计师说：“一般灯光会变暗至

10%的亮度，如果附近有人经过，蘑菇灯会完全亮起，照亮道路。这是为了避免不必要的光污染，减少能耗，是一种很好的节能方式。”另外，蘑菇灯由一种天然亚麻纤维的生物复合材料制成，其本身也更加亲近自然。

图 7-14　蘑菇街灯

（5）电动刨刀　该款电动刨刀（图 7-15）为对优雅与魅力的传统木工工具进行重新设计，从而使该工具符合人机工程学，它不仅能够减少肌肉的压力和疼痛，而且还是一个对称设计，这样不管是左利手，还是右利手都能够使用。该电动刨刀使用了可降解复合材料，能够吸收工作中产生的噪声和振动。

图 7-15　电动刨刀

（6）Katra 座椅　Katra 座椅（图 7-16）的迷人之处不仅在于其隐秘的审美，更是因为它的灵感来自内在品质的材料制作。该座椅主要由复合材料制作而成，座椅表面材料来

图 7-16　Katra 座椅

自苎麻提取物，为座椅提供强韧的支撑力量、透明度和耐久性，其硬度甚至超越了玻璃纤维。Katra 的设计体现了复合材料的优秀品质，代表了独特的复合材料在创造性家具行业的探索。

（7）VAIO Pro11 超极本　Pro 11/13 超极本（图 7-17），是 VAIO 品牌在 One Sony 战略路线上第一款重量级产品。Pro 11 机身采用索尼特有的单向碳纤维增强树脂基复合材料，同等强度下，其重量仅为普通碳纤维材质的 80%、铝合金材料的 50%。在耐久性方面，它比普通碳纤维高 60%，比铝合金材料高 25%。得益于索尼长达 10 年的碳纤维材料使用经验，VAIO Pro 采用了碳纤维弯折处理，因此从结构上来说整体性更强，更加坚固。Pro 11 上这种特殊的碳纤维材质还具有金属般质感，表层采用了磨砂处理，手感非常舒适。

图 7-17　VAIO Pro11 超极本

（8）MINI VISION 概念车　MINI VISION（图 7-18）的外观设计在向经典致敬的同时又加入了更多时尚元素，比如经典造型的椭圆形前大灯采用全 LED 光源，日间行车灯光带的造型也十分夺目，多边形格栅呈大嘴样式，而车身线条基本保留了之前 MINI 的设计。MINI VISION 还使用了围绕车身的多种装饰条，其灵感来源于一种创新的轻量化材料——有机金属，这是一种由多种纤维压制而成的复合材料，具有纺织物的质感。此外该车还采用更加轻量化的设计方案，并使用更多空气动力学设计，比如前轮拱罩周围有根据空气动力学设计的进气口和排气口。轮圈和外后视镜的设计也经过了空气动力学的优化，还有整体的空气导流扰流板。

图 7-18　MINI VISION 概念车

（9）Molokini 独木舟　这艘名为“Molokini”的独木舟（图7-19）完全透明，里面的框架清晰可见。船身的这种透明材料是由玻璃（或有机玻璃）和优质工程塑料经特殊加工得到的一种复合材料，由聚碳酸酯纤维层夹在普通玻璃层之中。采用这种复合材料，从6.1m高空掉落、锤子砸或是112.6km/h的汽车撞击都没有问题，坚硬程度非同一般。内部框架采用阳极氧化铝，可以拆除，十分便捷。

（10）香奈儿钛金属陶瓷表　作为陶瓷表的佼佼者，香奈儿重点打造J-12钛金属陶瓷款（图7-20）。该款拥有更强的耐磨性，其强度可与蓝宝石媲美。腕表表面处理也是巧夺天工，将钛金属与陶瓷配合并采用钻石粉打磨，赋予腕表独一无二的闪耀光芒。镶有724块长方形陶瓷的J12 Noir Intense 就是一个完美的例子：灯光照射着如此精致的数百个面体，让人感觉仿佛是陶瓷吸收了光源后，创造出一种纯厚的黑色。

图7-19　Molokini 独木舟

图7-20　J-12钛金属陶瓷表

复习思考题

7-1　复合材料的优点主要有哪些？

7-2　试述热固性树脂基复合材料成形的主要方法。

7-3　试述金属基复合材料成形的主要方法。

7-4　陶瓷基复合材料的成形方法主要有哪些？

7-5　举例说明复合材料在工业设计中的应用。

materials & technics

第8章

切削加工与特种加工

8.1　产品设计与制造过程概述

8.1.1　产品设计与机械制造

现代产品设计是以市场需求为导向，运用工程技术方法，在社会、经济和时间等因素的约束范围内进行的设计工作。产品设计不同于单纯的艺术创作，它是有特定目的的创造性行为。它以现代技术为基础，创新、改良设计的结果不仅具有美感的外观，还包括产品的功能适用性并实现其内外结构。并且，产品设计在满足市场需要的同时，还追求经济效益，力争使消费者与制造者双方都能满意。

产品设计是一个系统决策的过程，设计人员明确设计任务与要求以后，再从构思方案到确定产品具体结构和使用性能的整个过程中进行一系列的创新和决策，这个过程的结果将为后续生产、使用、回收提供全套解决方案。图 8-1 所示为产品设计及其使用过程，在其完整生命周期中，设计阶段最为关键，因为设计阶段除了考虑用户使用方面的各种需求外，还会考虑到制造、安装、维修的可能和生产要求。产品的技术水平、质量水平、生产率水平以及生产成本等，主要取决于产品设计阶段的工作深度和完整性，优良的设计在带给用户良好体验的同时，也能给制造方带来良好的成本控制和溢价空间。

图 8-1　产品设计及其使用过程

因此，设计人员只有全面了解和掌握各类生产工艺，才有可能在设计过程中针对各环节进行设计优化、回避生产风险。复合材料的广泛应用正在改变人们对产品的质感认知，也让不少初学设计者觉得机械生产是距离自己很远的一个专业领域。特别是金属类材料的产品，大多还是给人传统的机械工业印象，与色彩鲜艳、质感形式丰富的现代日用品相去甚远。然而实际上任何产品，例如图 8-2、图 8-3 所示的斯蒂尔油锯和 SONY 相机，都是经由产品设计、零件制造及装配而获得的，很多产品的零部件就是通过机械加工制得的。即便像数码相机等 3C 消费产品，虽然绝大部分零件是塑料制成，但是制造塑料件的模具也是通过机械加工获得的。除了金属零件，甚至一些产品的塑料零部件本身就必须经机械二次加工完成。所以对广大设计人员来说，机械加工工艺在当代依旧是不能被轻视的重要学习内容。

图 8-2　斯蒂尔油锯及零部件分解

无论是金属零件还是塑料制品的模具，从机械制造的角度来看，都是生产制造中毛坯生产和机械加工过程的“产品”。毛坯生产和机械加工均是直接改变生产对象及零件的形状、尺寸、相互位置的加工方法。毛坯成形加工通常用液态成形、塑性成形和连接成形等热加工方法生产，可以经济高效地制造出各种形状和尺寸的毛坯，所获得的毛坯表面一般比较粗糙，尺寸精度低。而有一定技术要求的零件表面都需要进行机械加工才能达到质量要求，机械加工是众多产品生产制造的基础工序。

图 8-3 SONY 相机分解图

广义的机械加工是指用加工机械对工件的外形尺寸或性能进行改变的过程，例如：灯丝电源绕组、激光切割、重型加工、金属粘结、金属拉拔、等离子切割、精密焊接、辊轧成形、金属板材弯曲成形、模锻、水喷射切割等。根据被加工工件所处的温度状态，机械加工可分为冷加工和热加工。一般在常温下加工，并且不引起工件化学或物相变化的，称为冷加工，反之则称为热加工。冷加工按加工方式的差别又可分为切削加工和压力加工。而热加工常见的有热处理、锻造、铸造和焊接。

狭义机械加工则是指用车床（Lathe Machine）、铣床（Milling Machine）、钻床（Drilling Machine）、磨床（Grinding Machine）、压力机、压铸机等专用机械设备生产制造零件的过程。

因此，本章将主要讨论应用机械进行去除材料的切削加工及结合计算机数字控制技术的数控加工，并就特种加工工艺及原理做初步讲解。

8.1.2 生产过程与生产纲领

一般机械产品的生产过程如图 8-4 所示，包括原材料的运输和保存、生产准备、毛坯制造、零件加工和热处理、产品装配与调试、质量检验以及包装等。

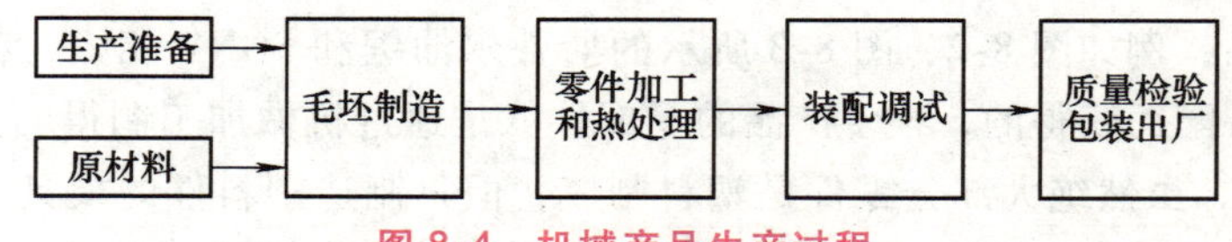

图 8-4 机械产品生产过程

生产过程中，直接改变原材料（或毛坯）形状、尺寸和性能，使之变为成品的过程，称为工艺过程。工艺过程是生产过程中的主要环节，它包括若干道工序。工序是一个人或一组工人，在一个工作地点对同一个或同时对几个工件连续完成的那一部分工艺过程。工艺路线是指产品或零部件在生产过程中，经过企业各有关部门或工序的先后顺序，通常列出主要工序名称。为便于分析和描述工序的内容，还可将工序进一步划分为工步。工步是指在加工表面、切削工具以及切削用量中的切削速度和进给量均不改变时连续完成的那部分工艺过程，一个工序可以包括一个或几个工步。一般产品零部件都要由毛坯经过数道机械加工工序才能成为成品，由于工艺的需要，这些工序又分为粗加工、半精加工与精加工等。

企业根据产品的生产量在计划期内生产的零件数量称为零件生产纲领。

生产类型是企业（或车间）生产专业化程度的分类。企业在制订工艺规程时，一般按

产品（零部件）的生产纲领来确定生产类型。根据生产特点，企业的生产可分为三种基本类型：单件生产、成批生产和大量生产。

（1）单件生产　生产的产品品种较多，每种产品的结构、尺寸不同且产量较少，同一个工作地点的加工对象经常改变，且很少重复生产，如各种试制产品、模具等均属于这一生产类型。

（2）成批生产　在一年中分批轮流制造几种不同的产品，每种产品均有一定的数量，工作地点的加工对象周期性重复，如机床等。

成批生产按每一批批量不同，又可分为小批生产、中批生产和大批生产三种。

（3）大量生产　大量生产是指产品数量很大，大多数工作地点长期按一定节律进行某个零件的某一工序的加工，如汽车、标准件生产等。

企业里生产纲领决定生产类型，但是不同的产品大小和结构复杂程度对生产类型也有影响。以机械产品为例，不同类型产品的生产类型与生产纲领的关系见表 8-1。

表 8-1　生产类型与生产纲领的关系

生产类型	生产纲领/(台/年或件/年)			工作地担负的工序数/(工序数/月)
	小型机械或轻型零件	中型机械或轻型零件	重型机械或轻型零件	
单件生产	≤100	≤10	≤5	不做规定
小批生产	100~500	10~150	5~100	不做规定
中批生产	500~5000	150~500	100~300	20~40
大批生产	5000~50000	500~5000	300~1000	10~20
大量生产	>50000	>5000	>1000	1

生产类型不同，组织生产、管理和设备布局以及毛坯制造和机床、夹具、刀具、量具的配置等方面均有不同。各种生产类型的工艺特征见表 8-2。只有结合现有生产条件、生产类型等各方面的因素全面考虑，才能在保证产品质量的前提下制订出技术先进、经济合理的工艺方案。

表 8-2　各种生产类型的工艺特征

工艺特征	生产类型		
	单件、小批生产	中批生产	大批、大量生产
零件的互换性	用修配法，钳工修配，缺乏互换性	大部分具有互换性。装配精度要求高时，灵活应用分组装配法和调整法，同时还保留某些修配法	具有广泛的互换性。采用分组装配法和调整法
毛坯的制造方法与加工余量	木模手工造型或自由锻造。毛坯精度低，加工余量大	部分采用金属模铸造或模锻。毛坯精度和加工余量中等	广泛采用金属模及其造型、模锻或其他高效方法。毛坯精度高，加工余量小
机床设备及其布置形式	通用机床。按机床类别采用集群式布置	部分通用机床和高效机床。按工件类别分工段排列设备	广泛采用高效机床及自动机床。按流水线和自动线排列设备
工艺设备	大量采用通用夹具、标准附件、通用刀具和万能量具。靠划线和试切法达到精度要求	广泛采用夹具，部分靠找正装夹达到精度要求。较多采用专用刀具和量具	广泛采用专用夹具、复合刀具、专用量具或自动检验装置。靠调整法达到较多要求
对工人技术要求	需技术水平较高的工人	需一定技术水平的工人	对调整工人的技术水平要求高，对操作工人水平要求较低
工艺文件	有工艺过程卡，关键工序要求有工序卡	有工艺过程卡，关键零件要求有工序卡	有工序过程卡和工序卡，关键工序要调整卡和检验卡
成本	较高	中等	较低

8.2　表面切削加工

无论零件的形状如何复杂，一般而言它们多数都由外圆面、内圆面（孔）、平面和曲面等组成。外圆面和内圆面（孔）可以看作是一条直线围绕一根中心轴做旋转运动所形成的表面，这条直线称为母线。而平面可以看作是一条直线母线做直线平移运动所形成的表面。曲面则是以一条曲线为母线，做旋转或平移运动所形成的表面。基于这样的考虑，可以把形成这些表面所需的母线及其运动，转化为加工对象和加工工具的相对运动。

这种加工时使切削工具和工件间有一定的相对运动，切除多余材料，使加工对象成为具有一定形状、尺寸精度和表面质量的机械加工方法就称为切削加工。切削加工有较高的生产效率，并能获得较高的精度和表面质量，是目前应用最广的加工方法。切削工具与工件间的相对运动称为切削运动，各种切削加工机床为了实现特定表面加工，都有特定的切削运动，如图 8-5 所示。

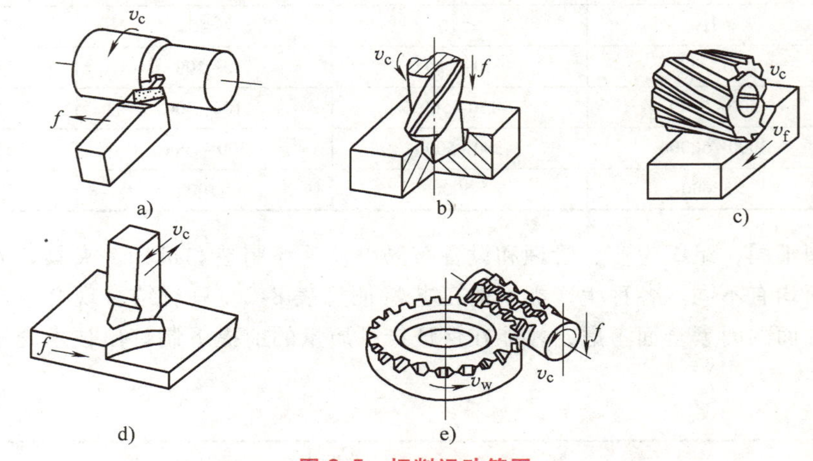

图 8-5　切削运动简图

a）车削　b）钻削　c）铣削　d）刨削　e）滚齿

切削加工对象的材料也比较广泛，包括各种软金属、木材、塑料等。事实上不仅材料不同，因为应用领域的不同，加工设备除了常见的大型工业机床外，还有各类小型、专门机械，以满足小批量、非标件或是样机部件的定制，这些小型机械也是设计人员与学生的有用工具。图 8-6 是 Proxxon 微小机械的图片资料，甚至爱动手的 DIY（自己动手）者还会自制一些简易机械来解决实际问题，图 8-7 所示是两种自制简易木工车床。

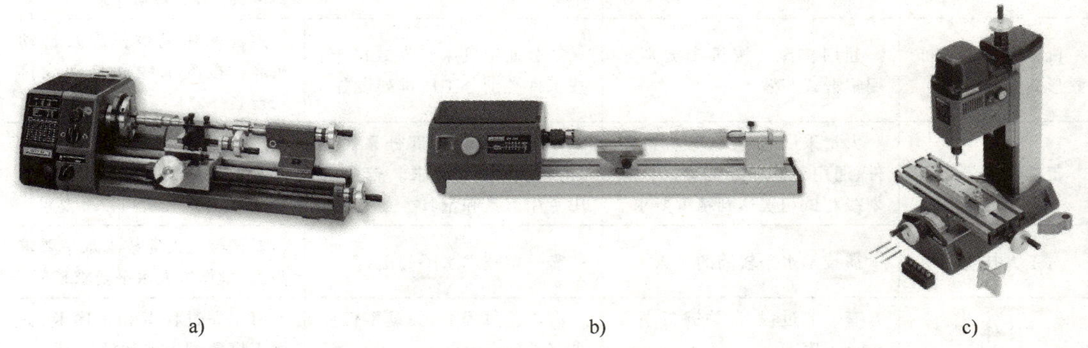

图 8-6　Proxxon 微车、木工车床、微铣

a）Proxxon 微车　b）木工车床　c）微铣

图 8-7　自制简易木工车床

因为金属材料加工是一般机械加工中最为常见的类型，因此下面将主要依据金属加工工艺要求展开叙述。Apple 公司的多数产品以全金属一体化机身在业内闻名，其 Mac Pro 主机箱壳体使用的主要切削加工工艺为车内、外圆，Macbook 系列电脑则使用 13 道铣削工艺。图 8-8 所示是新 Mac Pro 主机箱壳体生产时的车削、抛光工艺过程。

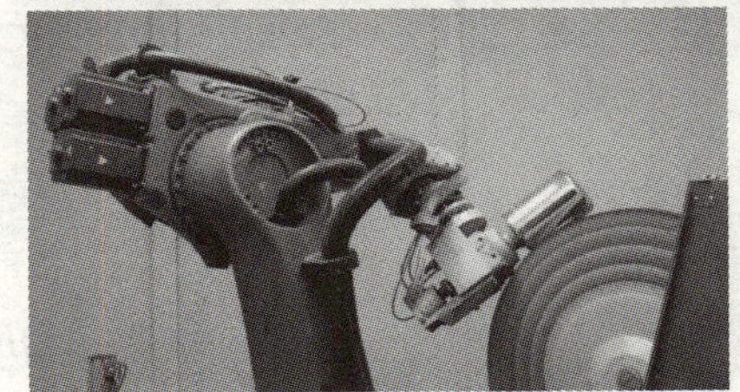

图 8-8　Mac Pro 主机箱壳体生产过程

8.2.1　切削加工质量要求

因为每一件产品都是由许多互相关联的零部件装配而成，采用合格零件才能使其装配后达到规定的性能要求，并满足零件之间的配合关系和互换性，因此，零部件的加工质量是否达到技术要求就变得非常重要。零件的加工质量指标包括加工精度和表面质量（表面粗糙度）两方面。

1. 加工精度

加工精度是指零件在加工后尺寸、形状和相互位置等参数的实际数值与设计时确定的数值相符合的程度。加工精度包括尺寸精度、形状精度和位置精度。

（1）尺寸精度　尺寸精度是指零件实际加工的尺寸与设计给定的尺寸相符合的程度，它是由尺寸公差控制的。公差是尺寸允许的变动量，公差越小，精度越高。国家标准 GB/T 1800.2—2009《产品几何技术规范（GPS）极限与配合　第 2 部分：标准公差等级和孔、轴极限偏差表》规定尺寸精度从 IT1、IT2 直至 IT18 共 18 个标准等级，IT 后数值越小则尺寸精度越高。比如 IT1 为精度最高的等级，公称尺寸 3mm 内的尺寸精度要求达到 0.8μm。

设计零件时，应根据零件结构尺寸的重要程度以及生产设备条件和加工费用等因素，选用相应的公差等级，一般在保证产品能达到技术要求的前提下，应选用较低精度的公差等级。

（2）形状精度与位置精度　形状精度与位置精度是指零件表面实际形状和位置与理想形状和位置相符合的程度。有些零部件的加工尺寸精度虽能达到要求，但是却不能正确装配，原因就在于单纯依靠尺寸精度来控制零件的几何形状是不够的，加工后可能产生与设计不一致的形状变化或者形体相对位置关系的偏移。所以在加工过程中，除了尺寸精度以外还必须有形状精度和位置精度来控制零件的几何形状。

国家标准 GB/T 1182—2008《产品几何技术规范（GPS）几何公差 形状、方向、位置和跳动公差标注》规定几何公差分为 14 项，具体分类、项目及符号见表 8-3。

表 8-3　几何公差的分类、项目及符号

分类	项目	符号
形状公差	直线度	—
	平面度	▱
	圆度	○
	圆柱度	⌭
形状公差、方位公差或位置公差	线轮廓度	⌒
	面轮廓度	⌓
方向公差	平行度	//
	垂直度	⊥
	倾斜度	∠
位置公差	同轴度	◎
	对称度	⌯
	位置度	⌖
跳动公差	圆跳动	↗
	全跳动	⌰

对于同级公差等级，几何公差的实际值也随零件公称尺寸的增大而增大。选择几何公差时，应在满足零件功能要求的前提下尽可能考虑最经济的公差等级。

2. 表面粗糙度

由于切削加工中存在振动以及切削刃或者磨粒摩擦，工件表面总会留下一些痕迹。即使是看起来光滑如镜的加工表面，若在显微镜下进行观察，就会发现其表面仍然有许多坑坑洼洼。这种零件加工表面存在的由较小间距的峰谷组成的微量高低不平就称为表面粗糙度。它与零件的耐磨性、配合性质、耐蚀性有密切关系，会影响到机器的使用性能、寿命和制造成本，是切削加工的重要质量要求之一。

（1）表面粗糙度的评定参数　国家标准 GB/T 1031—2009《产品几何技术规范（GPS）表面结构 轮廓法 表面粗糙度参数及其数值》规定了表面粗糙度的评定参数及数值。评定参数主要有以下两种：

轮廓算术平均偏差 Ra　是在取样长度 Lr 内，取轮廓偏距 Zx 绝对值的算术平均值。

轮廓最大高度 Rz　是在取样长度 Lr 内，取五个最大轮廓峰高的平均值与五个最大轮

廓谷深的平均值之和。

图 8-9 所示为两种粗糙度评定参数的示意图。

两种参数的数值单位是 μm，例如 Ra1.6 指的是 R 轮廓，粗糙度算术平均偏差为 1.6μm。

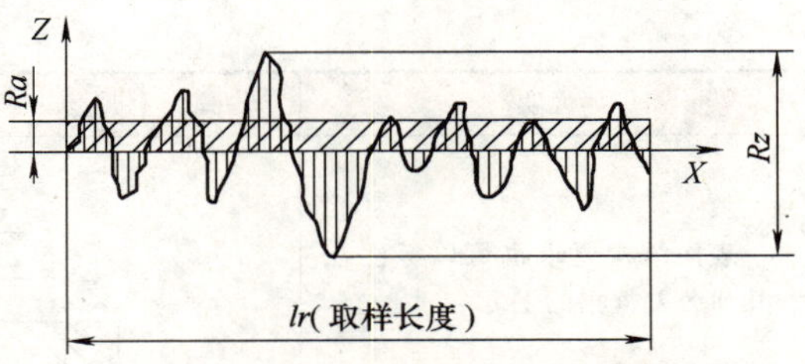

图 8-9 Ra、Rz 参数示意图

（2）表面粗糙度的标注方法及其含义 根据国家标准 GB/T 131—2006《产品几何技术规范（GPS）技术产品文件中表面结构的表示法》的规范要求，表面粗糙度图形标注见表 8-4。

表 8-4 表面粗糙度图形标注

符号名称	符号样式	含义及说明
基本图形符号	√	未指定工艺方法的表面；基本图形符号仅用于简化代号标注，当通过一个注释解释时可单独使用，没有补充说明时不能单独使用
扩展图形符号	（带横线三角的符号）	用去除材料的方法获得表面，如通过车、铣、刨、磨等机械加工的表面；仅当其含义是“被加工表面”时可单独使用
	（带圆圈的符号）	用不去除材料的方法获得表面，如铸、锻等；也可用于保持上道工序形成的表面，不管这种状况是通过去除材料或不去除材料形成的
完整图形符号	（三种带横线的符号）	在基本图形符号或扩展图形符号的长边上加一横线，用于标注表面结构特征的补充信息
工件轮廓各表面图形符号	（三种带圆圈的完整符号）	当在某个视图上组成封闭轮廓的各表面有相同的表面结构要求时，应在完整图形符号上加一圆圈，标注在图样中工件的封闭轮廓线上

表 8-5 列举了一些表面结构要求在图样中的标注实例，关于规范的用法应参照国家标准 GB/T 131—2006 执行。

表 8-5 表面结构要求标注实例

说明	实例
表面结构要求对每一表面一般只标注一次，并尽可能注在相应的尺寸及其公差的同一视图上 表面结构的注写和读取方向与尺寸的注写和读取方向一致	Ra 1.6；Ra 1.6；Rz 12.5；Ra 3.2
表面结构要求可标注在轮廓线或其延长线上，其符号应从材料外指向并接触表面。必要时，也可用带箭头和黑点的指引线引出标注	Ra 1.6；Ra 1.6；Ra 1.6；Rz 12.5；Ra 3.2；铣 Ra 3.2；车 Rz 3.2
在不致引起误解时，表面结构要求可以标注在给定的尺寸线上	ϕ20h7 Ra 3.2；Ra 3.2；C2；Ra 6.3；Ra 3.2

（续）

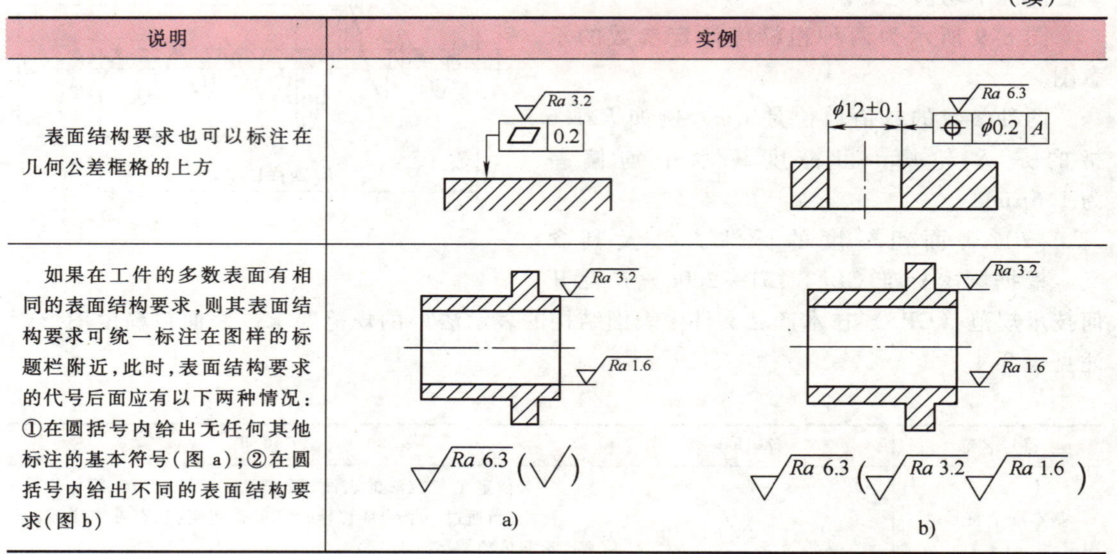

说明	实例
表面结构要求也可以标注在几何公差框格的上方	
如果在工件的多数表面有相同的表面结构要求，则其表面结构要求可统一标注在图样的标题栏附近，此时，表面结构要求的代号后面应有以下两种情况：①在圆括号内给出无任何其他标注的基本符号（图 a）；②在圆括号内给出不同的表面结构要求（图 b）	

零件图中表面粗糙度的标注实例如图 8-10 所示。

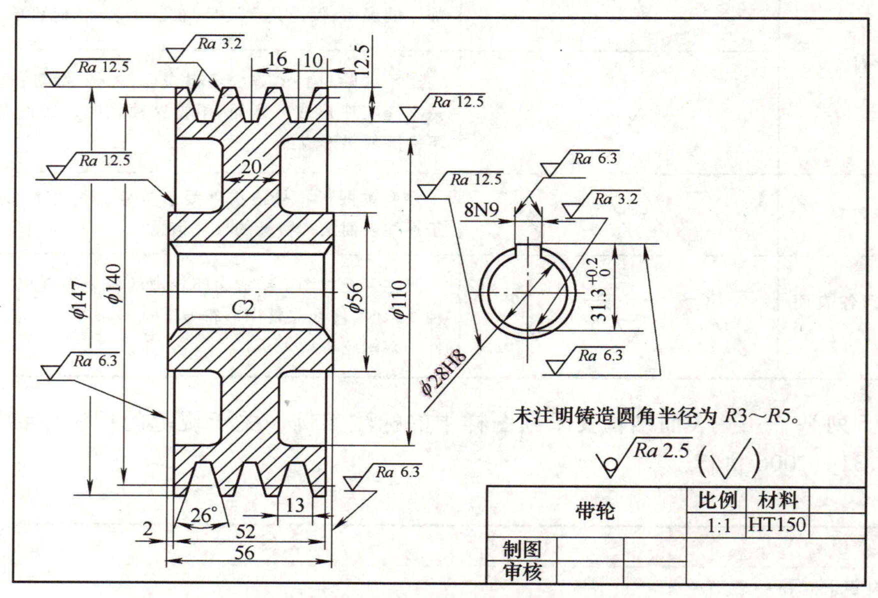

图 8-10　零件图上表面粗糙度的标注

8.2.2　表面切削加工方法

1. 外圆表面加工

（1）外圆表面加工方案　外圆面是轴、套、盘等类零件的主要表面或辅助表面，不同零件上的外圆面或同一零件上不同的外圆面，往往具有不同的技术要求，需要结合具体的生产条件拟定合理的加工方案。

对于一般的钢铁零件，外圆表面加工的主要方法是车削和磨削。当要求加工精度高、表面粗糙度值小时，往往还要进行研磨、超级光磨等光整加工。对于某些精度要求不高，仅要求光亮的表面，可以通过抛光来获得，但在抛光前要达到较小的表面粗糙度值。对于塑性较大的非铁合金（如铜、铝合金等）零件，由于其精加工不宜用磨削，故常采用精细车削。图 8-11 所示为外圆面加工方案框图。

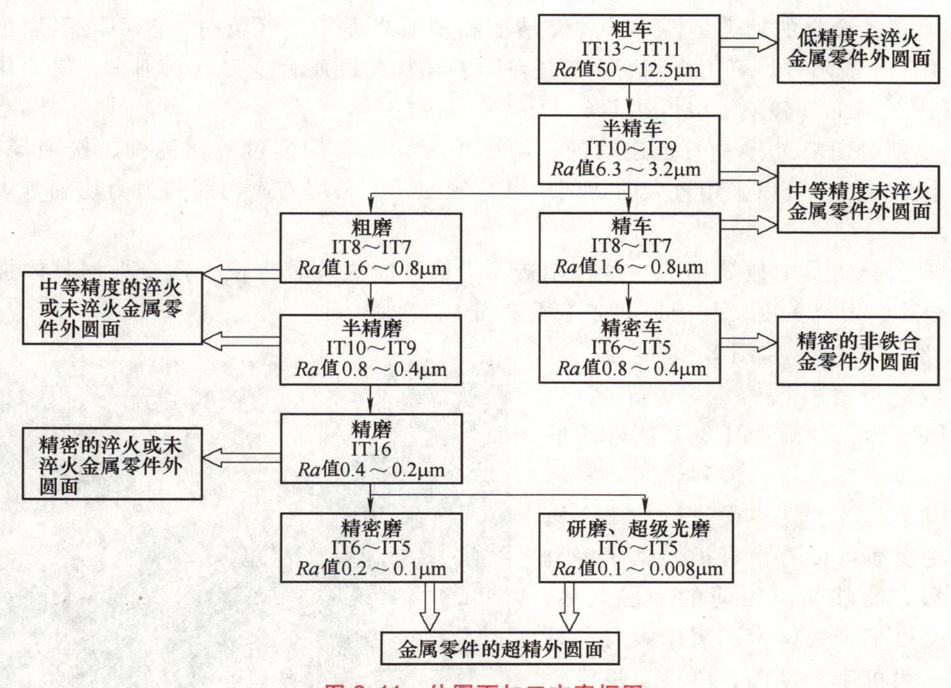

图 8-11 外圆面加工方案框图

1）粗车—半精车。应用于中等精度和表面质量要求不高的未淬硬工件外圆面。

2）粗车—半精车—磨（粗磨或半精磨）。适用于加工精度稍高、表面粗糙度值要求较低且淬硬的钢件外圆表面，也广泛应用于加工未淬硬的钢件或铸铁件。

3）粗车—半精车—粗磨—精磨。适用范围同上，只是外圆面要求的精度更高、表面粗糙度值更低，需将磨削分为粗磨和精磨才能达到要求。

4）粗车—半精车—粗磨—精磨—精密磨（或超级光磨、镜面磨削）。可达到很高的精度和很低的表面粗糙度值，但不宜用于加工塑性好的非铁合金零件。

5）粗车—精车—精密车。适用于精度要求高的非铁合金零件的加工。

（2）外圆加工方法及其特点

1）车削外圆。如图 8-12 所示，车削加工是在车床上利用工件的旋转运动和刀具的移动来加工工件，工件旋转为主运动，刀具做直线的进给运动。车削外圆是一种最常见、最基本的加工方法，一般可分为粗车、半精车和精车。

图 8-12 车削外圆

粗车外圆适用于毛坯件的加工，工件表面公差等级可达 IT13~IT11，表面粗糙度 *Ra* 值为 50~12.5μm。

半精车外圆是在粗车的基础上进行的，以提高工件的精度，降低表面粗糙度值。通常作为只有中等精度要求的零件表面的终加工，也可作为精车或精磨工件之前的预加工。半精车工件表面公差等级为 IT10~IT9，表面粗糙度 *Ra* 值为 6.3~3.2μm。

精车外圆在半精车的基础上进行，目的在于使工件获得较高的精度和较低的表面粗糙度值。精车后工件表面公差等级可达 IT8~IT7，表面粗糙度 *Ra* 值为 1.6~0.8μm。

车削的工艺特点有：

① 能在一次装夹中车出短轴或套类零件的各加工面，由于各加工面具有同一回转轴线，故易于保证轴、套、盘等零件各表面之间的位置精度。

② 当非铁合金的轴类零件要求较高精度和较低表面粗糙度值时，若用磨削加工容易堵塞砂轮，加工困难。可用金刚石车刀或细颗粒结构的硬质合金刀具精细车，表面粗糙度 *Ra* 值可达 0.4μm，公差等级可达 IT6～IT5。

③ 车削时切削过程一般是连续的，切削力变化小，切削过程比刨削、铣削等平稳。因此在生产实践中可以采用较大的切削用量，例如，可采用高速切削和强力切削等以提高生产效率。

④ 车刀是刀具中最简单的一种，制造、刃磨和装夹均较方便，便于根据具体加工要求选用合理的刀具角度，利于提高加工质量和生产效率。

2）磨削外圆。如图 8-13 所示，外圆磨削是外圆精加工的主要方法之一，通常半精车后在外圆磨床、万能外圆磨床或无心磨床上进行，用砂轮作刀具以较高的线速度对工件表面进行加工。磨削时砂轮表面可以看作有极多微小锋利的切削刃，能够切下很薄的一层金属，切削厚度可小到数微米。磨床本身的精度也比一般机床精度高，刚性、稳定性也较好，且有微量进给机构，因此磨削可以达到较高的精度，并获得较小的表面粗糙度值，一般可达 IT7～IT6，表面粗糙度 *Ra* 值为 0.2～0.8μm。一般磨削常采用中软至中硬级砂轮。非铁合金韧性大，砂轮孔隙易被磨屑堵塞，一般不宜磨削。

图 8-13　磨削外圆

磨削的工艺特点有：

① 磨削过程中，磨削速度一般都很高，会产生大量磨削热，而砂轮本身的传热性又很差，大量的热在短时间内传不出去，会在磨削区形成瞬时高温，有时高达 800～1000℃，容易烧伤工件表面，使淬火钢表面退火，硬度降低。另外，工件材料在高温下变软极易堵塞砂轮。因此，在磨削过程中应使用大量切削液进行冷却，降低温度，同时还可以起到冲洗砂轮的作用。

② 磨粒在磨削过程中受力破碎后仍然能形成锋利的刃口对工件进行切削，称为砂轮的自锐作用。在实际生产中，可以利用此原理进行强力连续磨削以提高生产效率。

③ 磨削加工的工件材料范围很广，既可以加工铸铁、碳钢、合金钢等一般材料，也能加工高硬度的淬硬钢、硬质合金和玻璃等难切削材料。但是，磨削不能加工塑性较大的非铁合金工件。

2. 内圆表面加工

内圆表面（孔）也是组成零件的基本表面之一。零件上有多种多样的孔，常见的有：紧固孔，如螺钉、螺栓孔等；回转体零件上的孔，如套筒、法兰盘及齿轮上的孔等；箱体零件上的孔，如主轴箱体上主轴及传动轴的轴承孔等；深孔，$L/D \geqslant 10$ 的孔，如炮筒、空心轴孔等；圆锥孔，此类孔常用来保证零件间配合的准确性，如机床主轴的锥孔等。

（1）内圆表面加工方案　常见的孔加工方法有钻孔、扩孔、铰孔、镗孔、拉孔和磨孔等。与外圆加工相比虽然在切削机理上有许多共同点，但具体加工条件却有着很大差异，由于受到加工孔的很大限制，故加工条件差。例如受到被加工孔本身尺寸的限制，一般所用刀具呈细长状，刚性较差。此外，孔内排屑、散热、冷却、润滑等相对困难，所以在选择内圆面加工方案时，应考虑孔径大小、深度、精度、工件形状、尺寸、重量、材料、生产批量及设备等具体条件，对照实际要求经济地选择。内圆表面加工方案如图 8-14 所示。

在实体材料上加工孔，对于 IT10 以下较低精度的孔，一般采用钻孔的方法。对于铸或锻件上已有的孔，可直接进行扩孔或镗孔，而直径在 100mm 以上的孔以镗孔比较方便。

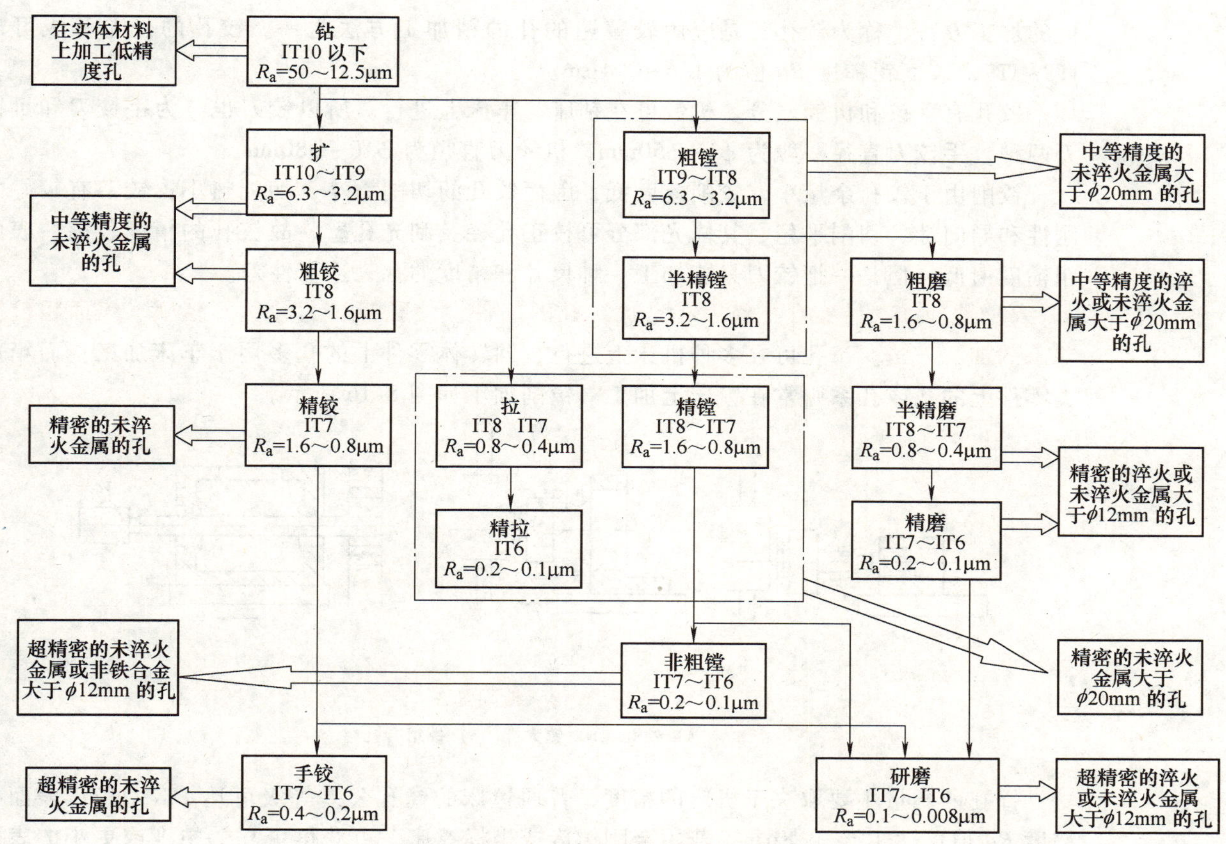

图 8-14 内圆表面加工方案

（2）内圆加工方法及其特点

1）钻削加工。钻削通常是在实体材料上加工孔的方法，主要在钻床上进行。常用的钻床有台式钻床、立式钻床和摇臂钻床，钻床还可用于扩孔、铰孔等。主要钻削形式如图 8-15 所示。

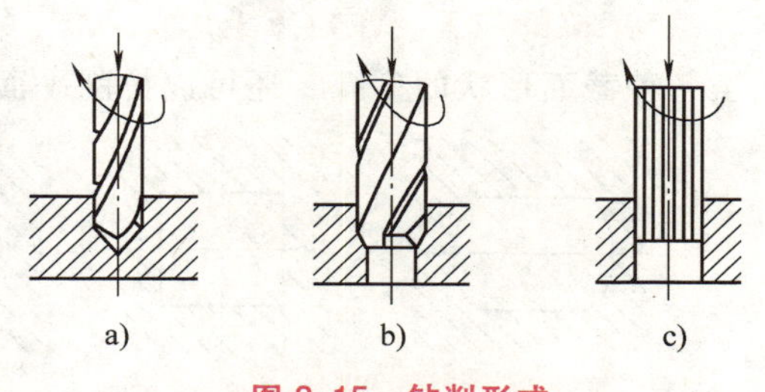

图 8-15 钻削形式

a）钻孔 b）扩孔 c）铰孔

① 钻孔。用钻头在实体材料上加工孔的方法称为钻孔，它是一种最基本的孔加工方法。钻孔的公差等级为 IT13～IT11，表面粗糙度 Ra 值为 50～12.5μm。

钻孔时，易形成被加工孔轴线偏斜或者加工孔径变化，产生误差，同时钻孔时的切削条件差，排屑困难，切屑与孔壁发生较大的摩擦和挤压，容易刮伤已加工表面，所以钻孔表面粗糙度值大且精度低。另外，由于钻削产生的切削热较多，且切削液难以注入切削部位，所以切削温度高，限制了切削速度的提高，生产率较低。

为了保证钻孔质量，应采取措施防止钻头引偏。例如：钻孔前预先加工端面，以免钻头开始钻入时因端面凹凸不平而产生引偏；用短而粗的尖钻进行预钻，使钻头开始钻入时易对正中心；开始钻入时采用小的进给量，以减小钻削轴向力，避免钻头弯曲等。

② 扩孔。用扩孔工具扩大工件孔径的加工方法称为扩孔。扩孔属于孔的半精加工，也可作铰孔前的预加工。尺寸公差等级为 IT10～IT9，表面粗糙度 Ra 值为 6.3～3.2μm。扩孔的加工余量一般为 1/8 孔直径。小于 ϕ25mm 孔的扩孔余量为 1～3mm，孔径较大时余量为 3～6mm。由于扩孔余量比钻孔小，扩孔刀需要的容屑槽浅，钻心厚度大，刀体强度高、刚性好，因而能采用较大的进给量和较高的切削速度，加工质量和生产率均高于钻孔，适于大批量生产。

③ 铰孔。用铰刀从工件孔壁上切除微量金属层，以提高尺寸精度和降低表面粗糙度

值的加工方法，称为铰孔，是应用较普遍的孔的精加工方法之一。铰孔的公差等级可达IT8～IT7，表面粗糙度 *Ra* 值为 1.6～0.4μm。

铰孔有手铰和机铰之分，机铰可在钻床、车床上进行。所以铰刀也分为手铰刀和机铰刀两种，手铰刀直径一般为 ϕ1～ϕ50mm，机铰刀直径为 ϕ10～ϕ80mm。

铰削由于铰孔余量小，铰削速度低，因而铰孔的切削力小，切削热小；铰刀有较好的刚性和导向性，切削平稳，其修光部分可校正孔径及刮光孔壁，故铰孔的精度较高，表面粗糙度值低。但是一把铰刀只能加工一种尺寸和精度的孔，适应性差。

2）镗削加工。镗孔是镗刀在已加工孔的工件上使孔径扩大并达到精度、表面粗糙度要求的加工方法。镗孔可在多种机床上进行，回转体零件上的孔多用于车床加工；而箱体类零件上的孔或孔系则常在镗床上加工。镗削加工如图 8-16 所示。

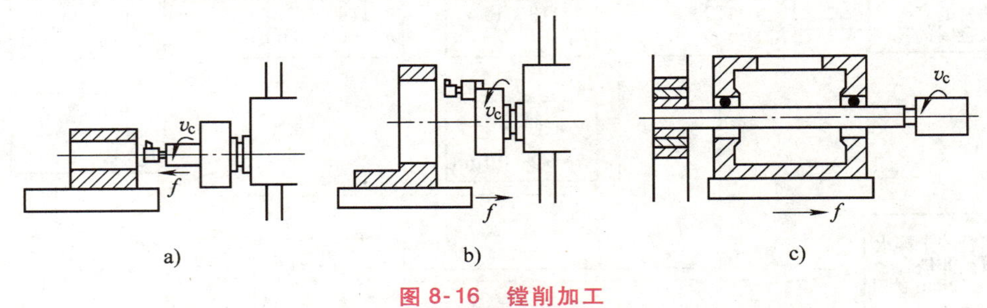

图 8-16　镗削加工

a）镗孔　b）镗大孔　c）镗组合孔

镗孔的质量主要取决于机床的精度，普通镗床的镗孔公差等级可达 IT8～IT7，表面粗糙度 *Ra* 值可达 1.6～0.8μm。若用金刚镗床或坐标镗床，可获得更高的精度或更小的表面粗糙度值。

3）拉削加工。在拉床上用拉刀加工工件的工艺过程叫做拉削加工。拉削不但可以加工各种截面形状的型孔，还可以拉削平面、半圆弧面和其他组合表面，如图 8-17 所示。

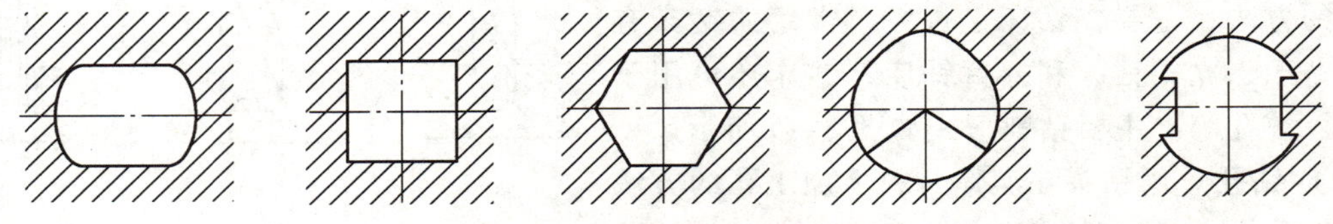

图 8-17　适于拉削的各种型孔

拉刀由许多刀齿组成，如图 8-18 所示，后面的刀齿比前面的刀齿高出一个齿升量（一般为 0.02～0.1mm）。每一个刀齿只负担很小的切削量，加工时依次切去一层金属，所以拉刀的切削部分很长。

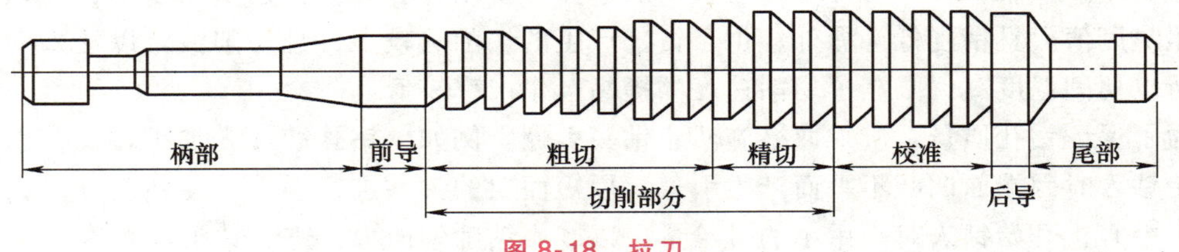

图 8-18　拉刀

加工过程中，拉刀的头部先通过工件上已有的孔，由拉床夹头将拉刀头部夹住，将拉刀自工件孔中拉过。由拉刀上一圈圈不同尺寸的刀齿分别逐层切除金属层，而形成与拉刀最后的刀齿同形状的孔。

拉孔由于拉削速度低，切削深度很小，拉削过程平稳，所以加工精度高、表面粗糙度值小。一次行程即可完成拉削加工，生产率高。拉削过程中由于速度小，温度低，所以拉

刀磨损慢，使用寿命较长。但是拉刀的制造及刃磨复杂，成本高，所以拉孔只适用于大批量生产或定型产品的成批生产。

4）磨削加工。磨孔是用磨削方法加工工件的孔，它是精加工孔的一种方法。磨孔公差等级可达 IT8~IT6，表面粗糙度 *Ra* 值为 0.8~0.4μm。磨孔一般在内圆磨床和万能外圆磨床上进行，对于大尺寸薄壁孔，则可在无心内圆磨床上加工。

与外圆磨削比较，内圆磨削因砂轮直径小，线速度低，故磨削加工的生产率低。磨料的单位时间切削次数增加，砂轮容易磨损。砂轮轴细而长，刚性差，容易产生弹性变形和振动，加工表面质量较差。工件与砂轮之间的接触弧长，磨削力大，磨削区温度高，冷却条件差，热量不易散发。此外磨屑排除较困难，容易积聚在内孔中，引起砂轮的堵塞。内圆磨削虽然有以上缺点，但适应性好，在单件、小批量生产中应用很广，特别是对淬硬的孔、不通孔、大直径的孔及断续表面的孔（如花键孔），内圆磨削是主要的精加工方法。

3. 平面加工

平面是盘、板和箱体类零件的主要表面，大致可分为非结合面（属低精度表面，只是在外观或耐蚀需要时才进行加工）、结合面和重要结合面（属中等精度平面，如零部件的固定连接面等）、导向平面（属高精度平面，如机床的导轨面等）、精密测量工具的工作面等（属精密平面）。

平面的作用不同，其技术要求也不同，所以采用的加工方案也不一样。

（1）平面加工方案分析　平面加工的方法有车削、铣削、刨削、磨削、拉削、研磨、刮研等。应根据工件平面的技术要求以及零件的结构形状、尺寸、材料和毛坯种类、原材料状况及生产规模等不同条件进行合理选用。

非结合面一般采用粗铣、粗刨或粗车即可。对于平面要求光洁美观时，粗加工后仍需要进行精加工或光整加工。结合面和重要结合面经粗刨（铣）—精刨（铣）即可。精度要求较高的平面，如车床主轴箱与床身结合面还需要磨削或刮研。盘类零件的连接平面一般采用粗车—精车方案。导向平面常在粗刨（铣）—精刨（铣）之后进行刮研或宽刃细刨，也常在导轨磨床上磨削。精密测量工具的工作面常采用粗铣—精铣—磨削—研磨的加工方案。对于韧性较大的非铁合金平面，刨削时容易扎刀，磨削时容易堵塞砂轮，宜采用粗铣—精铣—高速精铣方案，且生产率高。表 8-6 可作为拟定加工方案时的参考。

表 8-6　平面加工方案

序号	加工方案	经济加工公差等级 IT	表面粗糙度 *Ra* 值/μm	适用范围
1	粗车—半精车	9~8	6.3~3.2	端面
2	粗车—半精车—精车	7~6	1.6~0.8	
3	粗车—半精车—磨削	9~7	0.8~0.2	
4	粗刨(或粗铣)—精刨(或精铣)	9~7	6.3~1.6	一般不淬硬平面(端铣表面粗糙度值较小)
5	粗刨(或粗铣)—精刨(或精铣)—刮研	6~5	0.8~0.1	精度要求较高的不淬硬平面,批量较大时宜采用宽刃刨削方案
6	粗刨(或粗铣)—精刨(或精铣)—宽刃精刨	7~6	0.8~0.2	
7	粗刨(或粗铣)—精刨(或精铣)—磨削	7~6	0.8~0.2	精度要求较高的淬硬平面或不淬硬平面
8	粗刨(或粗铣)—精刨(或精铣)—粗磨—精磨	6~5	0.4~0.25	
9	粗铣—拉	9~6	0.8~0.2	大量生产,较小的平面
10	粗铣—精铣—磨削—研磨	5 以上	<0.1	高精度平面

（2）平面加工方法及其特点

1）铣削加工。铣削是平面加工的主要方法之一，它可以加工水平面、垂直面、斜面、沟漕、成形表面、螺纹和齿形等，也可以用来切断材料，加工的范围相当广。铣床的种类很多，常用的是升降台卧式和立式铣床。铣削原理如图 8-19 所示，铣削加工平面的主要形式如图 8-20 所示。

图 8-19　铣削原理

如图 8-21 所示，铣刀是典型的多齿刀具。铣削时有几个刀齿同时参加工作，总切削宽度较大，利于高速铣削，所以生产率一般比刨削高。

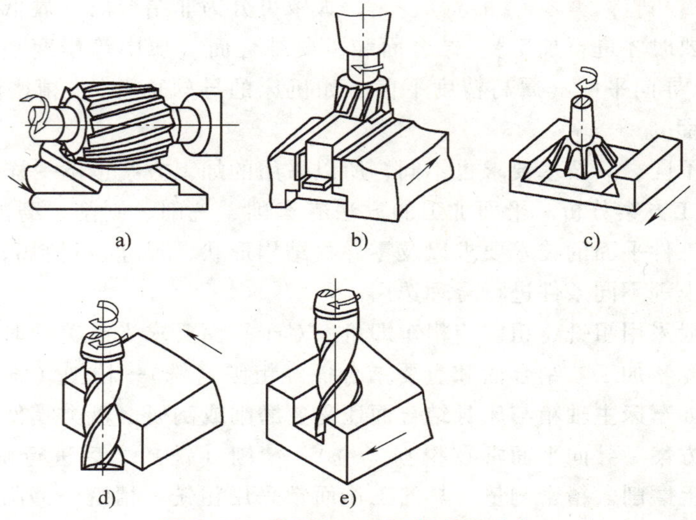

图 8-20　铣削加工平面的主要形式

a）圆柱铣刀铣平面　b）端铣刀铣平面　c）角度铣刀铣角度槽　d）、e）立铣刀加工沟槽或平面

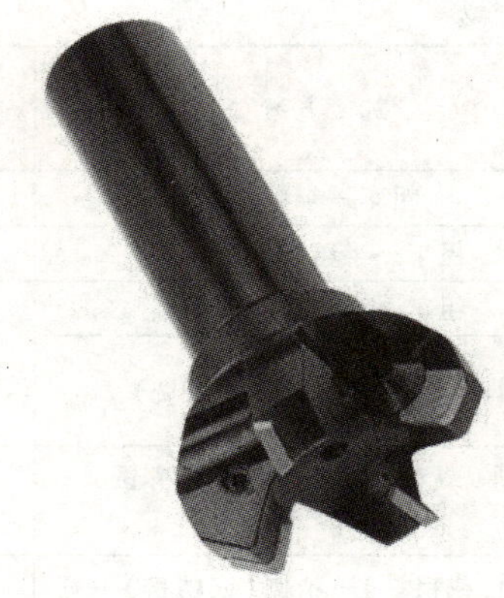
图 8-21　各式铣刀

铣削加工平面时可以用端铣法，也可以用周铣法，如图 8-22 所示。周铣法是指用圆柱形铣刀的刀齿加工平面，而用面铣刀的端面刀齿加工平面就称为端铣法。面铣刀可直接装夹在刚性很高的主轴上，可采用较大的切削用量，此外还有其他一些优点，因而端铣已成为加工平面的主要方式。另外，随着装备工艺和材料技术的进步，综合端铣周铣加工的方式也日渐普及。

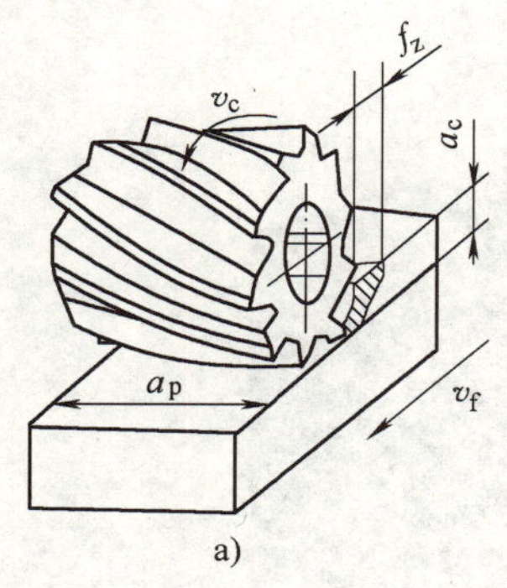

a)

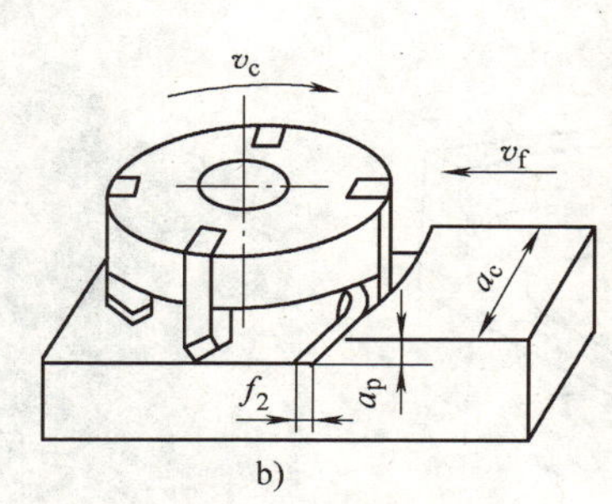

b)

c)

图 8-22　铣削运动

a）周铣法　b）端铣法　c）综合法

铣削加工在产品零件制造及模具生产中有非常多的应用，Macbook 系列产品就是对铝块进行铣削得到产品型腔，图 8-23 所示是 Macbook 笔记本电脑 C 壳加工流程。

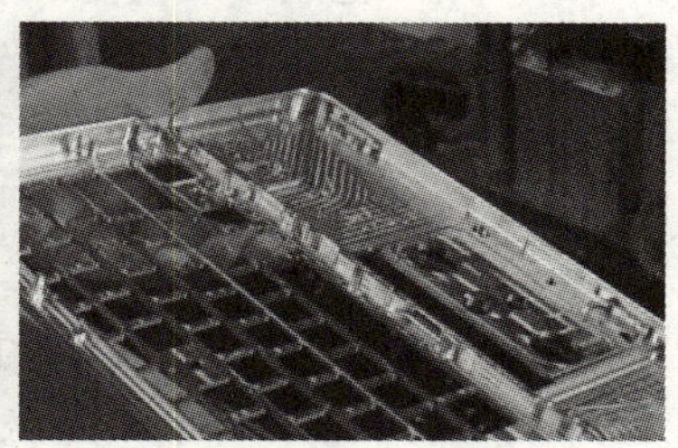

图 8-23　Macbook C 壳加工流程

2）刨削加工。刨削可以在牛头刨床或龙门刨床上进行。中小型零件加工，一般多在牛头刨床上进行；龙门刨床主要用于大型零件（如机床床身和箱体零件）的平面加工。

刨削加工精度较低，公差等级一般为 IT9～IT8，表面粗糙度 Ra 值为 6.3～1.6μm。但刨削加工可以在工件一次装夹中，逐个加工出工件几个方向上的平面，能保证一定的位置精度。刨削速度低，生产率低，但刨狭长平面（如车床导轨面）或在龙门刨床上进行多件或多刀刨削时，生产率仍然很高。由于刨刀结构简单，便于刃磨，刨床的调整也比较方便，因此刨削加工在单件小批生产及修配工作中应用较广。

宽刃精刨是在精刨的基础上，使用直线度很高的宽刃刨刀，使其主切削刃平行于加工表面，用很低的切削速度，在工件表面上切去极薄的一层金属。宽刃精刨可使表面粗糙度 Ra 值达到 1.6～0.8μm（铸铁件 Ra 值可达 0.8μm 以下），直线度误差在 1m 长度上不大于 0.02mm。

宽刃精刨可以代替刮研或磨削，用以保证平面间的贴合度，因此，常被用作机床导轨面或其他重要的连接表面的精加工。

3）磨削加工。高精度平面及淬火零件的平面加工大多采用平面磨削方法，主要在平面磨床上进行。形状简单的铁磁性材料工件采用电磁吸盘装夹，对于形状复杂或非铁磁性材料的工件可采用精密机用虎钳或专用夹具装夹。

4. 成形面加工

产品中有些零件的表面不是简单的平面、圆柱面、圆锥面或它们的组合，而是复杂型面。成形面的加工方法较多，一般也有车削、铣削、刨削或磨削等，可归纳为以下两种基本方式。

（1）用成形刀具加工　用切削刃形状与零件表面轮廓形状相符合的刀具，直接加工出成形面，如图 8-24 所示。

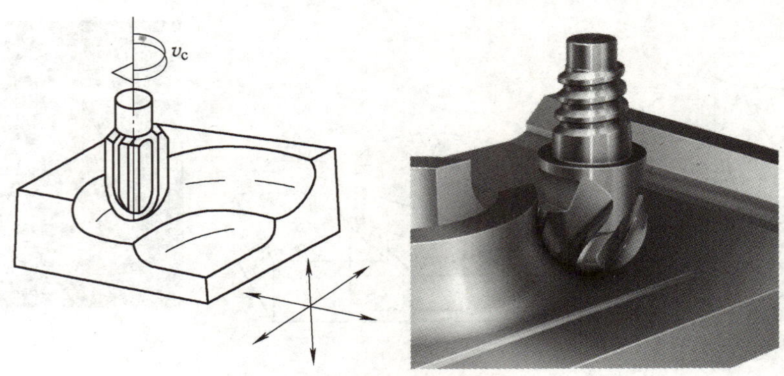

图 8-24　成形刀具加工

用成形刀具加工成形面，机床的运动和结构比较简单，操作也比较简便。工件成形面的精度取决于刀具的精度，公差等级能达到 IT10～IT9，表面粗糙度 *Ra* 值可达 12.5～6.3μm。用一把成形刀具加工，可以保证各工件被加工表面形状、尺寸的一致性和互换性，加工质量比较稳定，具有较高的生产效率。成形刀具可以多次重磨，使用寿命较长，但其设计、制造和刃磨都比较复杂，成本较高。由于这些特点，这种方法适宜在成形面精度要求低、尺寸较小、零件批量较大的场合使用。

（2）利用刀具和工件做特定的相对运动加工　利用刀具和工件做特定的相对运动来加工成形面，刀具比较简单，并且加工成形面的尺寸范围较大，但是机床的运动和结构都较复杂，成本也高。如图 8-25 所示，用靠模装置车削成形面就是其中的一种。此外，还可以利用手动、液压仿形装置或数控装置等来控制刀具与工件之间特定的相对运动，图 8-26 所示为一种手动车削圆弧方式。

图 8-25　用靠模车削成形面

1—车刀　2—工件　3—连接板　4—靠模　5—滑块

成形面的加工方法应根据零件的尺寸、形状及生产批量等来选择。

小型回转体零件上形状不太复杂的成形面，在大批量生产时，常用成形车刀在自动或半自动车床上加工；当批量较小时，可用成形车刀在卧式车床上加工。成形的直槽和螺旋槽等，一般可用成形铣刀在万能铣床上加工。

图 8-26　手动车削圆弧

尺寸较大的成形面，在大批量生产时，多采用仿形车床或仿形铣床加工；单件小批量生产时，可借助样板在卧式车床上加工，或者依据划线在铣床或刨床上加工，但这种方法加工的质量和效率较低。为了保证加工质量和提高生产效率，在单件小批量生产时，可应用数控机床加工成形面。

大批量生产中，通常设计和制造专用的拉刀或专门化的机床来加工一定的成形面，例如用凸轮轴车床、凸轮轴磨床等加工凸轮轴。对于淬硬的成形面或精度高、表面粗糙度值小的成形面，其精加工则采用磨削甚至光整加工。成形面常用的加工方法及选择见表 8-7。

表 8-7　成形面加工方法及选择

加工方法		精度	表面粗糙度值	生产率	机床	适用范围
成形面的切削加工	成形刀具 车削	较高	较小	较高	车床	成批生产尺寸较小的回转成形面
	成形刀具 铣削	较高	较小	较高	铣床	成批生产尺寸较小的外直线成形面
	成形刀具 刨削	较低	较大	较高	刨床	成批生产小尺寸的外直线成形面
	成形刀具 拉削	较高	较小	高	拉床	大批大量生产各种小型直线成形面
	简单刀具 手动进给	较低	较大	低	普通机床	单件小批生产各种成形面
	简单刀具 靠模装置	较低	较大	较低	普通机床	成批生产各种直线成形面
	简单刀具 仿形装置	较高	较大	较低	仿形机床	单件小批生产各种成形面
	简单刀具 数控装置	高	较小	较高	数控机床	单件及中、小批生产各种成形面
成形面磨削加工	成形砂轮磨削	较高	小	较高	平面、工具、外圆磨床	成批生产加工外直线成形面和回转成形面
	成形夹具磨削	高	小	较低	成形磨床、平面磨床	单件小批生产外直线成形面
	光学曲线磨床磨削	高	小	较低	光学曲线磨床	单件小批生产加工外直线成形面
	砂带磨削	高	小	高	砂带磨床	批量生产加工外直线成形面和回转成形面
	连续轨迹数控坐标磨削	很高	很小	较高	坐标磨床	单件小批生产加工内外直线成形面

8.2.3　产品结构工艺性

结构工艺性是指产品零部件在保证产品使用性能的前提下，在结构设计方面应符合加工方便、生产率高、劳动量少、材料消耗少、生产成本低的原则。结构工艺性包括切削加工、装配结构工艺性等。

为了使零件具有良好的切削工艺性，设计者不仅要熟悉传统加工方法的工艺特点、典型和特型表面的加工方案，以及工艺过程的基本知识，还应了解新材料、新设备、新技术和新工艺的知识。

零件结构设计的一般原则有：

（1）合理确定零件的技术要求　不需要加工的表面，不要设计成加工面；要求不高的表面不要设计成高精度和较小表面粗糙度值的表面，以免增加材料消耗和制造费用。

（2）遵循结构设计的标准化　尽量采用标准化参数，标准化零件等；尽可能减少加工量和精加工面积；零件上作用相同的结构要素应尽量保持一致；零件上孔的轴线应与钻入、钻出表面垂直，避免深孔加工；尽量避免内表面加工等。

设计零件还必须使其具备良好的装配工艺性，使装配和维修便利，保证产品的质量。

表 8-8、表 8-9 分别是切削加工工艺性示例和装配工艺性示例。

表 8-8　零件结构切削加工工艺性示例

	改进前	改进后	说　明
简化结构、减小加工面	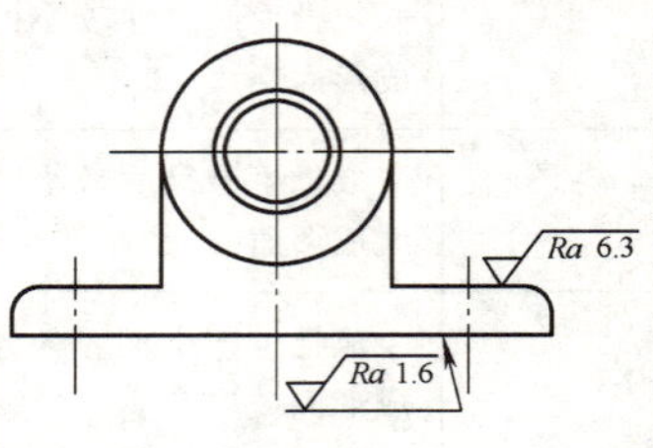 Ra 6.3　Ra 1.6	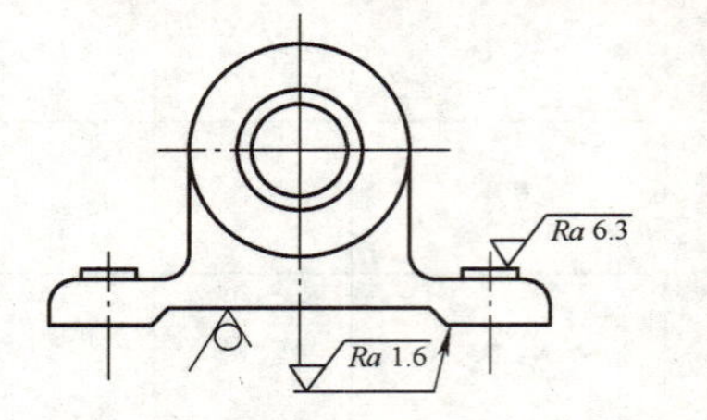 Ra 6.3　Ra 1.6	支座底面设计为中凹，减小了加工面积，且不会影响稳定性；增设凸台，在钻孔同时用锪钻加工凸台平面，减小加工面积和时间
	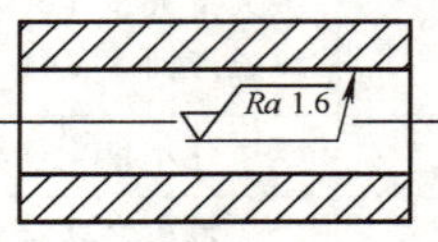 Ra 1.6	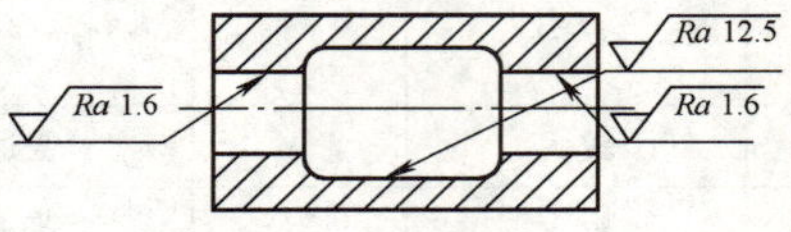 Ra 12.5　Ra 1.6　Ra 1.6	将中间一段孔设计为不加工面，且尽量长，减小精车孔的面积
	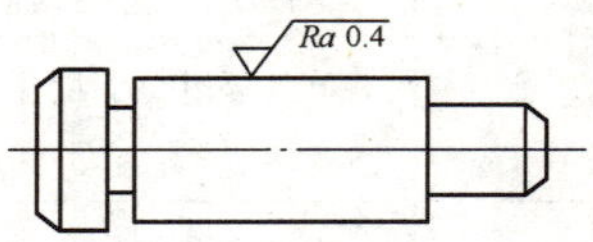 Ra 0.4	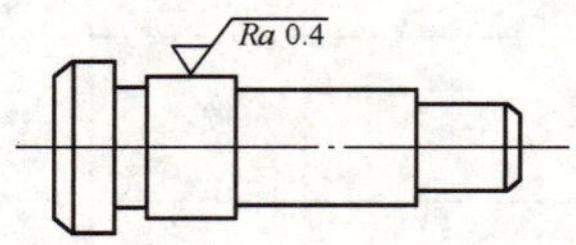 Ra 0.4	将表面粗糙度 *Ra* 值为 0.4μm 外圆设计为阶梯轴，减小了磨削外圆的长度和砂轮损耗
保证质量，提高生产率	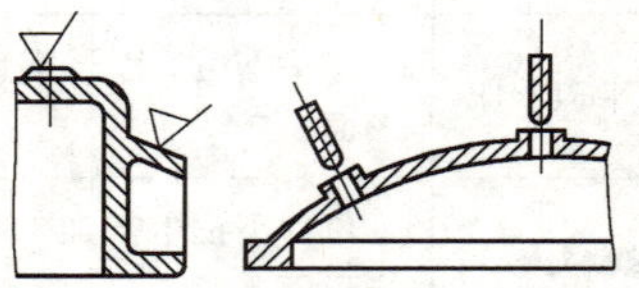	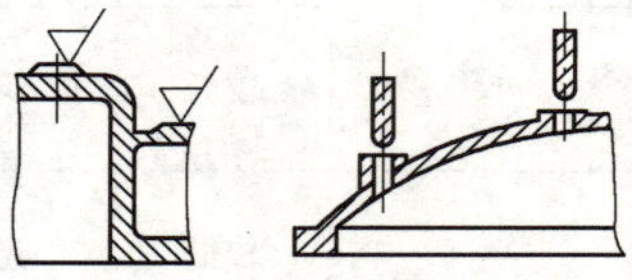	铣削两平面或立钻上钻两孔都需两次安装，改进后，可一次安装，依次铣平面或钻两孔，生产率高
改善加工条件	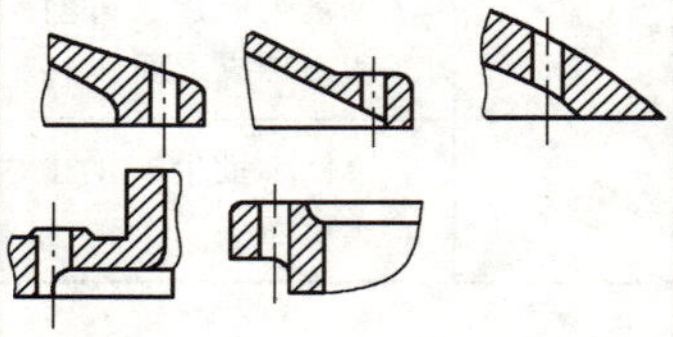	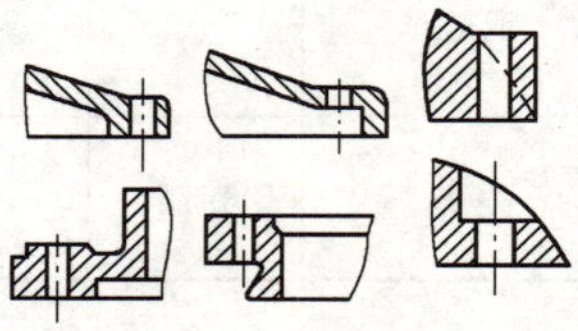	改进前钻头切入切出工件时，形成钻头单边切削，引偏钻头，使轴线歪斜，甚至造成钻头折断

表 8-9　零件结构装配工艺性示例

	改进前	改进后	说　明
减少不必要配合面，使装配准确可靠	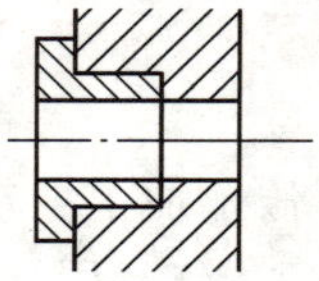	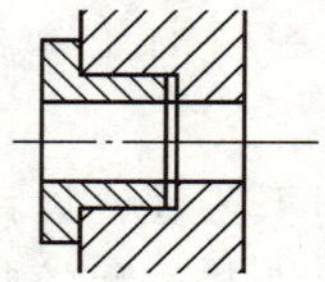	改进前两件在轴向有两对配合表面，不得不提高孔深和台阶套长度的加工精度
	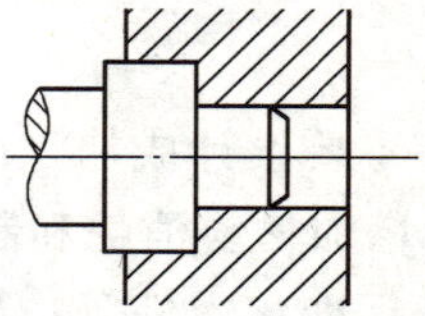	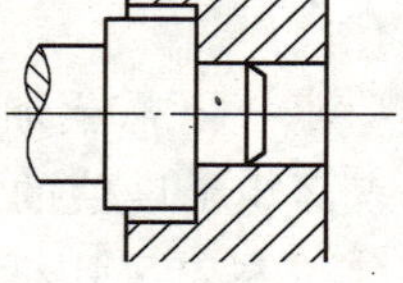	改进前两件在径向有两对配合表面。不得不提高阶梯轴外圆和阶梯孔的精度。改进后结构合理
	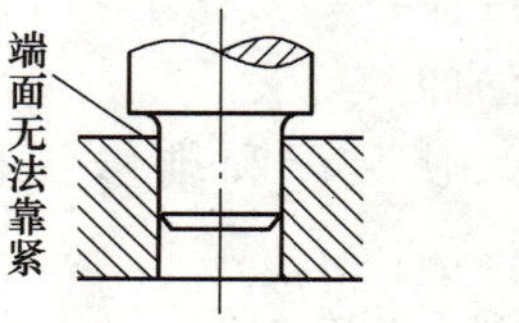 端面无法靠紧	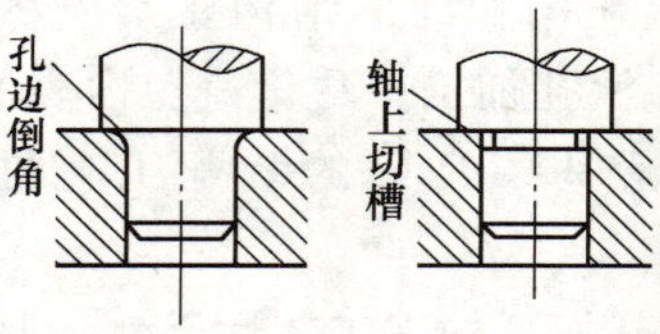 孔边倒角　轴上切槽	改进前轴肩和孔的端面无法贴紧，应在孔端设倒角或在轴肩根部切槽，见改进后的图

（续）

	改进前	改进后	说　明
预留拆装工艺结构，便于装配	距离过小		改进前螺钉位置距机壁太近，无法使用扳手。改进后，扳手活动空间增大，便于拧紧或松开螺钉
		L	改进前空间小于螺钉长度，无法装入螺钉
			改进前连接机体和底座的螺栓安装困难，若结构允许，可在底座上设计出装螺栓的工艺孔，或在底座上加工螺纹孔，用螺柱连接

8.3 数控加工技术

科学技术的快速发展与人们更高的生活需求，对产品制造提出了高精度、高复杂性的要求。在航空航天、造船和军工生产等领域，需要加工的零件多具有精度高、形状复杂、批量小、经常变动等特点。而现代产品形态多为非规则曲面形式，且更新换代不断加快，这对机床设备不仅提出了精度与效率的要求，同时也提出了通用性与灵活性的要求。如图 8-27 所示形状复杂、质量要求高的零件使用传统机床加工时，不仅劳动强度大，效率低，而且难以保证加工精度，有些零件甚至无法加工。伴随计算机技术、网络技术的发展，现代工业制造产生了数控加工技术。

图 8-27　数控加工复杂零件

8.3.1　数控加工原理与设备组成

1. 数控加工原理

数字控制（Numerical Control，NC）是目前高度发展和广泛应用的一种自动控制技术，是用数字化信号对机床各运动部件在加工过程中的活动进行控制的方法，简称为数控（NC）。所谓数控机床是用数控装置或电子计算机进行程序控制的一种高效能自动化机床，通过数控系统处理数字编码程序，控制机床的动作来加工零件。其中计算机数控机床由于主要功能基本上全部由软件来实现，不同的数控机床只需编制不同软件，而硬件基本可以通用，所以应用日益广泛，此类数控机床简称为 CNC 机床。

数控机床加工时，按加工零件的要求，把加工所需的机床运动部件的动作顺序、速度、位移量及各种辅助功能，用数控装置能接受的代码表示出来，记载在特定信息载体上，通过信息载体输入数控装置，数控装置根据这些代码（指令信息）进行处理和运算，发出各种指令，控制机床的伺服系统和执行元件动作，自动完成预先规定的工作循环。

数控机床的自动控制包括：刀具和工件之间相对运动的程序控制；主轴转速、进给速度的变换，更换刀具和开关冷却系统等辅助功能的控制；机床有关工作部件相对位移量和相对位移关系的坐标控制。

尽管零件的轮廓形状千变万化，但大多由直线和圆弧组成，而各种复杂的曲线也可以用直线或圆弧近似替代。数控机床的加工方法就是利用逼近轮廓的方法（插补法）来加工工件，可加工出各种复杂的曲面。

2. 数控机床的组成

数控机床主要由控制介质、数控装置、伺服系统、机床本体等几部分组成，如图8-28所示。

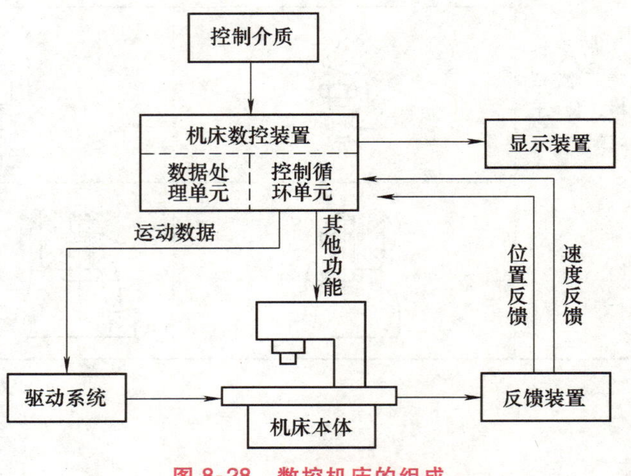

图8-28　数控机床的组成

（1）机床本体　数控机床的主体，包括床身、立柱、主轴、进给机构等机械部件以及保证数控机床运行所必需的配套部件，如液压和气动装置、冷却装置、排屑装置、数控转台、数控分度头、刀具等。

（2）控制介质　也称信息载体，是用于记载各种加工信息的媒体，多为磁盘、存储盘或其他载体。由信号输出装置把控制介质上的指令信息转换为数控装置能识别和处理的电信号，并传送到数控装置中去。

（3）数控装置　通常由输入装置、控制器、运算器、输出装置四部分组成。输入装置接受来自信息载体的各种指令信息，经译码后将控制指令送入控制器，再将数据送到运算器，作为运算和控制的原始依据。控制器接受输入装置送来的控制指令、控制运算器与输出装置实现对机床各种操作的控制。例如，机床主轴的转速和进给速度的变换、刀具的更换等。运算器接受控制器的指令，将输入的数据信息进行处理，将结果不断输送到输出装置，输出装置根据控制器的指令，将运算器处理结果以脉冲的形式经放大或转换成模拟电压量之后，输送到伺服系统。

（4）伺服系统　由伺服驱动装置和进给传动装置组成，是数控系统的执行部分。由机床上的执行部件和机械传动部件组成数控机床的进给伺服系统和主轴伺服系统。数控装置每发出一个脉冲，伺服系统就驱动机床运动部件沿某一坐标轴进给一定位移量。在加工过程中，伺服系统严格按照指令信息，驱动机床部件以确定的速度、方向和位移量移动，实现加工过程的自动循环。

8.3.2　数控加工设备分类

1. 按机床运动轨迹分类

按机床运动轨迹分类可分为点位控制、点位直线控制和轮廓控制数控机床。

点位控制数控机床的数控装置只能控制机床运动部件从一个点精确移到另一个点，而点与点之间运动的轨迹不需要严格控制，移动部件在移动过程中不进行切削，如图8-29所示。数控钻床、镗床、压力机均采用点位控制。

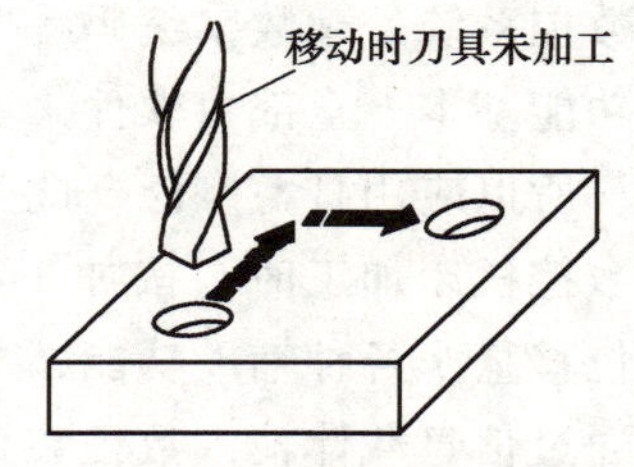

图8-29　数控钻床加工示意图

点位直线控制数控机床的数控装置不仅控制机床的移动部件从一个点准确移动到另一个点，而且保证在两点之间的运动轨迹是一条直线，移动部件在移动过程中进行切削，如图 8-30 所示。这类机床有数控车床、数控镗铣床等。

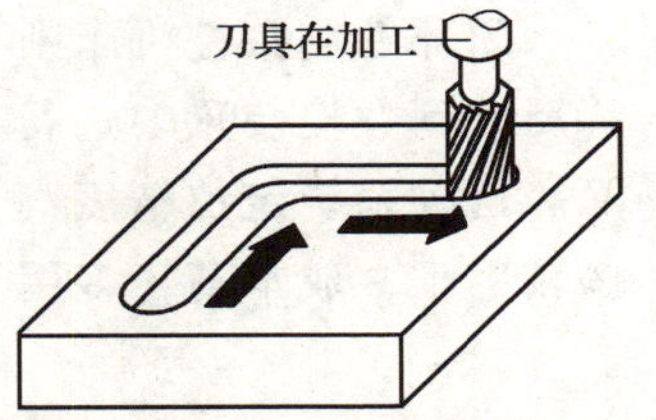

图 8-30　数控铣床加工示意图

轮廓控制数控机床的数控装置能同时对两个或两个以上的坐标轴进行严格连续控制。加工时不仅能控制机床移动部件从一个点准确移动到另一个点，而且还能控制加工过程中每点的速度与位移量，即可以控制机床移动部件的移动轨迹，用于加工各种复杂形状的工件，如图 8-31 所示。这类机床有数控车床、数控铣床、数控磨床等。

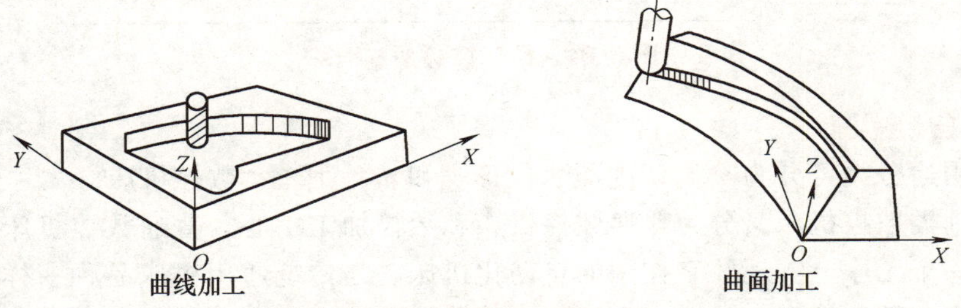

图 8-31　轮廓控制数控加工

2. 按数控系统有无检测和反馈装置分类

按数控系统有无检测和反馈装置分类可分为开环控制、半闭环控制和闭环控制数控机床。

开环控制数控机床的数控系统不带反馈检测装置。数控系统根据控制介质中的指令，经过控制运算，把一定数量的脉冲信号输送给伺服驱动装置，驱动工作台移动一定的距离。由于没有检测和反馈装置，所以对移动部件实际位移量与指令位移量不进行比较，也就不进行位移误差校正，因此该机床加工精度较低（0.02mm）。但它的优点是控制系统结构简单、工作稳定、调试维修方便、成本低。主要适用于精度要求不高的中小型机床。如图 8-32 所示为开环控制系统框图。

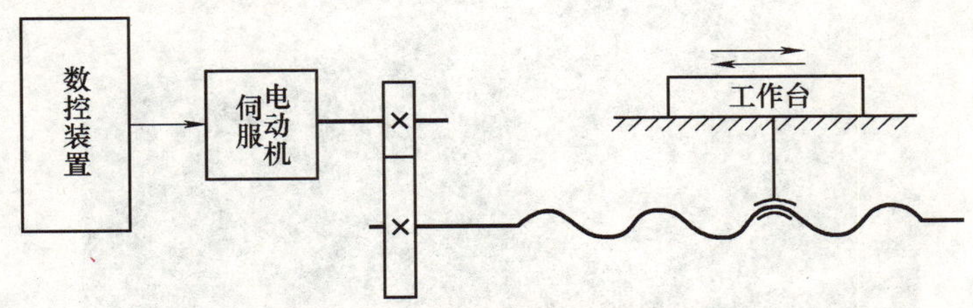

图 8-32　开环控制系统框图

半闭环控制数控机床是在开环控制系统的滚珠丝杠上安装角位移检测装置，通过检测滚珠丝杠转角间接检测移动部件的位移，然后反馈到数控装置与原输入指令位移值进行比较，用比较后的差值进行控制，使移动部件补偿一定位移，直至差值消除。由于反馈量是间接获取得到的，而非工作台的实际位移量，机床工作台未包括在闭环之内，所以称该系统为半闭环控制系统。该系统调试方便，稳定性好，目前应用较多。如图 8-33 所示为半闭环控制系统框图。

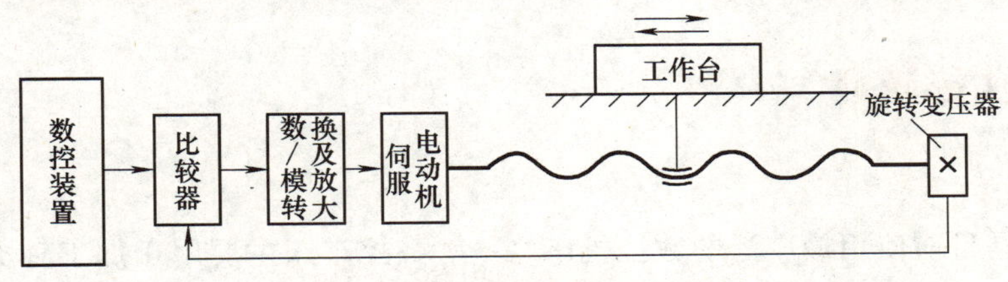

图 8-33　半闭环控制系统框图

闭环控制数控机床则在机床移动部件上安装了直线位移检测装置，将检测到的实际位移反馈到数控装置中进行比较，用比较后的差值控制移动部件做补充位移，直至差值消除。这种系统定位精度高（0.01～0.001mm），调节速度快，但机床结构较复杂，调试维修较困难，成本高，多用于高精度数控机床。如图8-34所示为闭环控制系统框图。

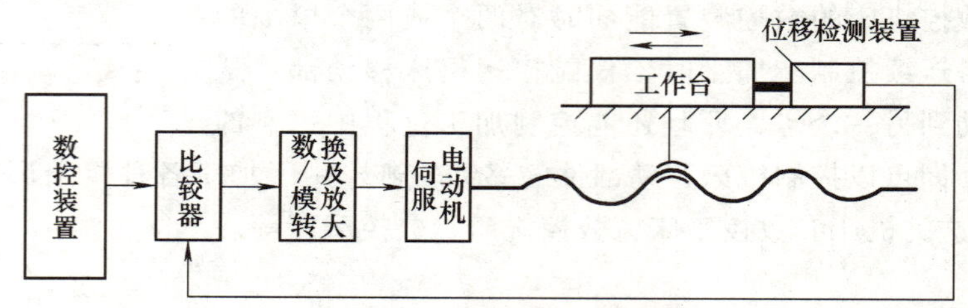

图8-34　闭环控制系统框图

3. 按工艺用途分类

按工艺用途分类可分为金属切削类、成形类和特种加工类数控机床。

金属切削类数控机床又分为普通数控机床和数控加工中心。普通数控机床指在加工工艺过程中的一个工序上实现数字控制的自动化机床。与传统通用机床品种一样，有数控车床、数控铣床、数控钻床、数控磨床等，工艺范围与普通机床相似，但能加工形状复杂的工件。

数控加工中心是带有刀具库和自动换刀装置的数控机床，加工中心的最大优点是工件一次装夹后，机床能自动更换刀具，从而对工件各加工面自动完成铣、镗、钻、扩、铰及攻螺纹等多工序加工，工序较集中，因此减少了机床的台数，有效避免了工件由于多次安装造成的定位误差，它适用于加工产品变形频繁、零件形状复杂、精度要求高、生产批量不大而生产周期短的产品，如新产品的试制等，图8-35所示的复杂零件就适合数控加工中心加工。

图8-35　复杂零件加工

金属成形数控机床有数控压力机、数控折弯机、数控弯管机等。

特种加工数控机床有数控线切割机床、数控电火花成形机床、数控激光切割机床等。

8.3.3　常见数控加工设备简介

1. 数控车床

数控车床是目前使用最广泛的数控机床之一。数控车床主要用于加工轴类、盘类等回转体零件，能完成内外圆柱面、圆锥面、成形表面、螺纹和端面等工序的切削加工，还能

加工一些复杂的回转面，如双曲面等，并能进行车槽、钻孔、扩孔、铰孔等工作。

数控车床的外形与普通车床相似，即由床身、主轴箱、刀架、进给系统、液压系统、冷却和润滑系统等部分组成。数控车床的进给系统与普通车床有质的区别，传统普通车床有进给箱和交换齿轮架，而数控车床是直接用伺服电动机通过滚珠丝杠驱动溜板和刀架实现进给运动，进给系统的结构大为简化。数控车床和普通车床的工件安装方式基本相同，为提高加工效率，数控车床多采用液压、气动和电动卡盘。

数控车床按主轴位置可分为卧式和立式两大类。

图 8-36 所示为卧式数控车床，图 8-37 所示为数控车削加工得到的零件。

图 8-36　卧式数控车床（水平导轨）

图 8-37　数控车削加工成品

数控车床按功能分为经济型数控车床、普通数控车床和车削加工中心。

（1）经济型数控车床　采用步进电动机和单片机对普通车床的进给系统进行改造后形成的简易型数控车床，成本低，但自动化程度和功能比较差，车削加工精度不高，适用于要求不高的回转类零件的车削加工。

（2）普通数控车床　根据车削加工要求进行专门设计并配备通用数控系统而形成的数控车床，数控系统功能强，自动化程度和加工精度也比较高，适用于一般回转类零件的车削加工。这种数控车床可同时控制两个坐标轴，即 X 轴和 Z 轴。

（3）车削加工中心　在普通数控车床的基础上，增加 C 轴和动力头，更高级的数控车床带有刀库，可控制 X、Z 和 C 三个坐标轴，联动控制轴可以是（X、Z）、（X、C）或（Z、C）。由于增加了 C 轴和铣削动力头，这种数控车床的加工功能大大增强，除可以进行一般车削外还可以进行径向和轴向铣削、曲面铣削、中心线不在零件回转中心的孔和径向孔的钻削等加工。车削中心可在一次装夹中完成更多的加工工序，特别适合于复杂形状回转类零件的加工。图 8-38 所示为四轴 CNC 数控车削加工中心。

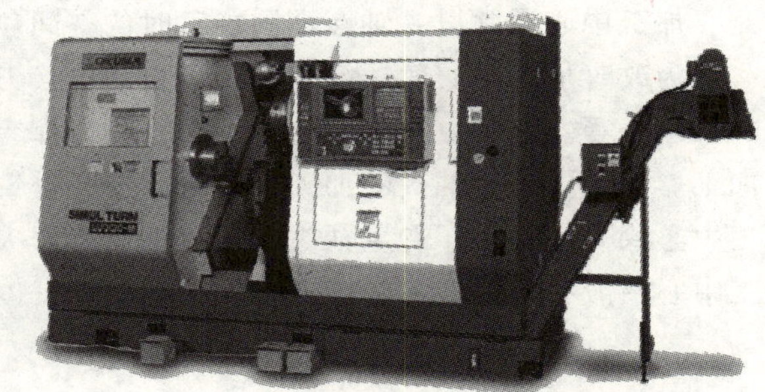
图 8-38　四轴 CNC 数控车削加工中心

2. 数控铣床

数控铣床有卧式和立式两种，能够完成直线、斜线、曲线轮廓等铣削加工；可以组成各种往复循环和框式循环；还可以加工具有复杂型面的工件，如凸轮、样板、模具、叶片、螺旋槽等。

图 8-39 所示为立式数控铣床，图 8-40 所示为数控铣床加工的零件。

3. 数控加工中心

加工中心（MC）是一种备有刀库和自动换刀装置（ATC），对工件进行多工序加工的数控机床。工件经一次装夹后，数控系统能控制机床按不同工序自动选择和更换刀具，如

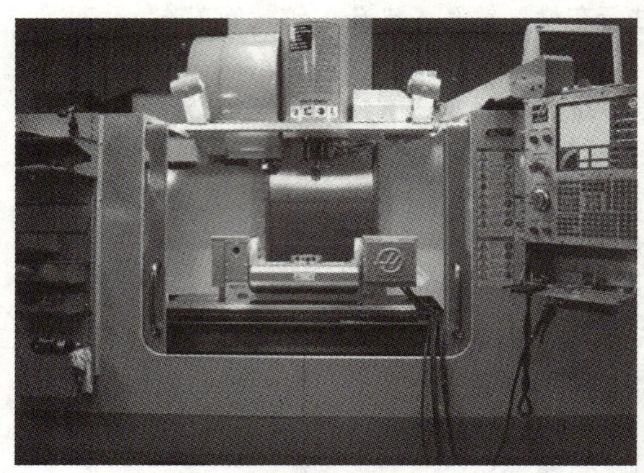

图 8-39　立式数控铣床

图 8-40　数控铣床加工的零件

图 8-41 所示；可自动改变机床主轴转速、进给量和刀具相对工件的运动轨迹以及完成其他辅助功能；依次完成工件几个面上多工序的加工。这样，减少了工件装夹、测量和机床调整时间，缩短了工件存放、搬运时间，提高了生产效率及机床的利用率，是数控机床的重要发展方向。

图 8-41　刀库自动换刀装置

加工中心通常以主轴在不同加工时的空间位置不同分为卧式、立式和万能加工中心。

为改善加工中心的功能，出现了自动更换刀库、自动更换主轴头和自动更换主轴箱的加工中心等。自动更换刀库的加工中心，刀库容量大，便于进行多工序复杂箱体类零件的加工。自动更换主轴头的加工中心可以进行卧铣、立铣、磨削和转位铣削等加工。这种加工中心除刀库外，还有主轴头库，由工业机器人或机械手进行更换。自动更换主轴箱的加工中心一般有粗加工主轴箱和精加工主轴箱，以提高加工精度和扩大加工范围。图 8-42

图 8-42　DMG60 卧式加工中心及内部部分结构

所示为德国德马吉公司生产的 DMG 60 卧式加工中心，图 8-43 所示为美国 White Sundstrand 公司生产的 OMNIMIL80 卧式加工中心，它按模块化原理设计，机床由主轴头、换刀机构和刀库、立柱、立柱底座、工作台、工作台底座等六大部件组成。

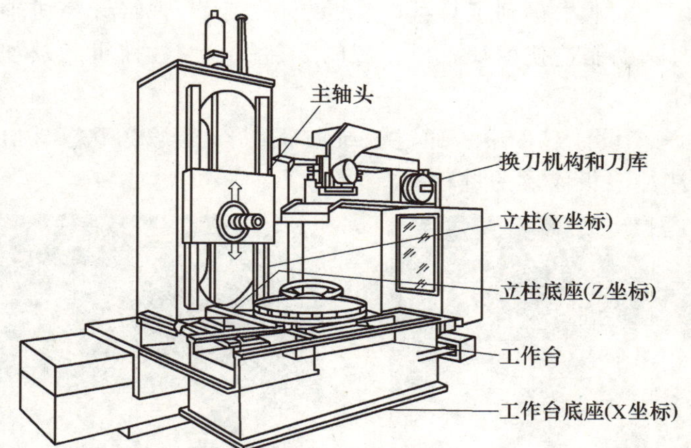

图 8-43　OMNIMIL80 卧式加工中心

高级数控加工中心一般采用五轴联动，能提供更加复杂的加工功能，可以一次装夹完成复杂零件的成形，图 8-44 所示为应用实例。

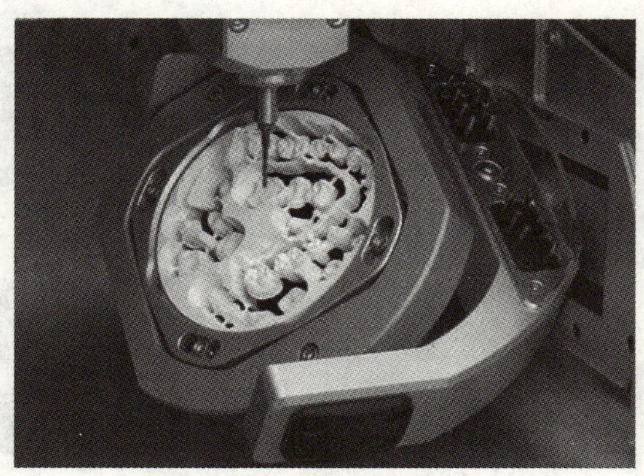

图 8-44　五轴联动

8.3.4　数控加工的特点与应用

1. 数控加工的特点

数控机床较好地解决了复杂、精密、小批多变的零件加工问题，是一种灵活、高效能的自动化机床，因此在机械加工中得到了越来越广泛的应用。主要特点有：

（1）加工精度高，质量稳定　数控机床本身精度和刚度较高，很容易保证零件尺寸的一致性，同时大大减少了通用机床加工时的人为误差。

（2）自动化程度高，工人劳动强度小　数控机床加工过程是按输入程序自动完成的，操作者只在机床旁观察和监视机床的运行情况，仅进行一些装卸工件、更换刀具等工作。

（3）生产效率高　数控机床能在一次装夹中完成多道工序的加工，免去了划线等辅助工序，缩短了加工的辅助时间。数控机床的刚度大，功率大，各道工序能选择较大的合理的切削用量，减少了通用机床的频繁停机检测时间。

（4）利于产品的更新改型　数控机床加工零件一般无须复杂的工艺装备，在产品更新改型时，只需重新编制程序就能对新零件进行加工，为单件、小批量生产以及新产品的试制提供了极大的方便。

（5）便于实现计算机辅助制造　计算机辅助设计与制造（CAD/CAM）在航空航天、汽车、船舶及其他机械工业中得到了日益广泛的应用，生产中将计算机辅助设计的产品图样及数据采用计算机辅助制造技术加工出相应的零部件，而数控机床及加工技术是计算机辅助制造系统的基础。

图 8-45 所示是汽车设计过程中，通过三维雕铣制作油泥模型芯料初坯数控成形。图 8-46 所示是硬质泡沫冲浪板成形的过程图。

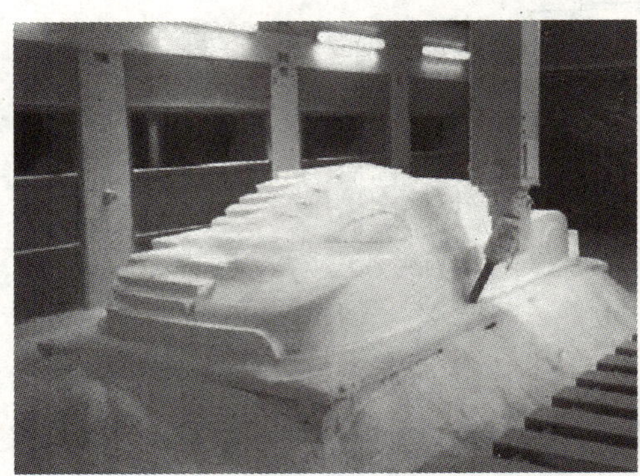

图 8-45　油泥模型芯料初坯数控成形

图 8-46　冲浪板泡沫成形

当然，数控加工也有一些不足之处，加工成本和设备费用较高，加工准备周期较长，难以适应大批量生产。此外，它在加工过程中难以调整，维修困难。

2. 数控机床的应用

数控机床通常最适合加工具有以下特点的零件：

1）多品种、小批量生产的零件。一般采用数控机床加工的合理生产批量数为 10～100 件。

2）结构复杂、精度要求高的零件。通常数控机床适于加工结构较复杂的零件，在非数控机床上加工则需昂贵工艺装备的零件。

3）加工频繁改型的零件。利用数控机床可节省大量的工装费用，使综合费用下降。

4）价值昂贵、不允许报废的关键零件。

5）需最短生产周期的急需件。

就现代工业设计而言，技术进步使得设计越来越容易被实现。大量与人们生活密切相关的产品都使用了塑料等复合材料，虽然这些塑料部件多数不能用数控设备来直接加工，但是要得到准确的部件形态及其构造，对模具开发提出了很高的要求。而这些正是数控加工设备尤其是数控车、铣加工中心的专长，图 8-47 所示是 CNC 模具加工图。

图 8-47　CNC 模具加工

如前所述，数控加工在金属机械加工领域的应用最为普及，但其原理本身同样能适用于其他材料加工工艺。因此数控加工在雕塑、家具设计、动漫形象设计中有着各自独特的延伸。图 8-48 所示是数控加工原理在家具设计中的应用，图 8-49 所示是其在雕塑工艺中的应用。

图 8-48　家具设计中的应用

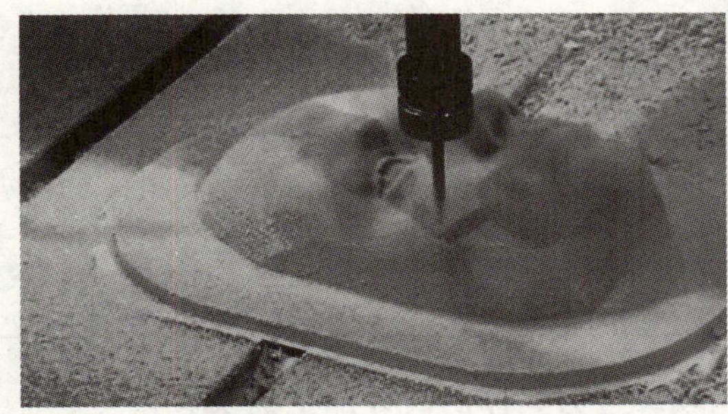

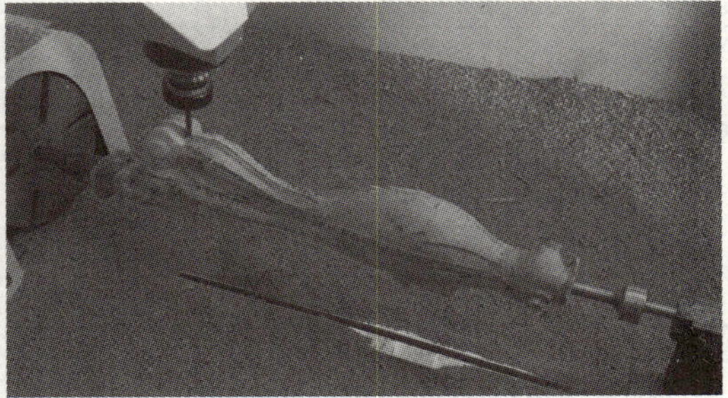

图 8-49　雕塑工艺中的应用

8.4　特种加工技术

8.4.1　特种加工技术概述

常规的机械加工是依靠刀具对工件相互作用，去除工件上多余金属以达到加工要求。要求刀具材料硬度必须大于工件硬度，而且由于加工中存在切削力，因此无论刀具或工件都必须具有一定的刚度和强度才能保证加工的顺利进行。但随着生产和科技发展的需要，许多工业部门要求尖端科技产品向高精度、高速、高压、大功率、小型化等方向发展，它们越来越多地使用各种硬质难熔或有特殊物理、力学性能的材料，而常规的切削加工方法则无法实现。而且这些产品中有些零部件精密细小、结构复杂，尺寸、形状、位置和表面粗糙度等几何精度要求很高。如零件上的微孔、异形孔、窄缝、精密细杆、弹性元件，各类模具上的特殊型腔、孔槽等，采用常规切削方法加工已难以满足要求。为了解决这些加工困难，人们不断探索研究新的加工方法，特种加工就是在这种前提下产生和发展起来的。

特种加工是指那些不属于常规加工工艺范畴且主要是利用电能、光能、声能、热能、化学能等去除材料的加工方法。特种加工机理不同于一般金属切削加工，不产生宏观切屑，不产生强烈的弹、塑性变形，因此可获得很低的表面粗糙度值，其残余应力、冷作硬化、热影响度等也远比一般金属切削加工小。特种加工的工具与被加工零件基本不接触，加工时不受工件强度和硬度制约，所以可加工超硬脆材料和精密微细零件，甚至工具材料的硬度可低于工件材料的硬度。同时特种加工的能量易于控制和转换，故加工范围广，适应性强。

一般按能量来源和作用原理来区分，特种加工有以下几种不同类型，见表8-10。

表8-10 常用特种加工方法分类

特种加工方法		能量来源及形式	作用原理	英文缩写
电火花加工	电火花成形加工	电能、热能	熔化、气化	EDM
	电火花线切割加工	电能、热能	熔化、气化	WEDM
电化学加工	电解加工	电化学能	金属离子阳极溶解	ECM(ELM)
	电解磨削	电化学、机械能	阳极溶解、磨削	EGM(ECG)
	电解研磨	电化学、机械能	阳极溶解、研磨	ECH
	电铸	电化学能	金属离子阴极沉积	EFM
	涂镀	电化学能	金属离子阴极沉积	EPM
激光加工	激光切割、打孔	光能、热能	熔化、气化	LBM
	激光打标	光能、热能	熔化、气化	LBM
	激光处理、表面改性	光能、热能	熔化、相变	LBT
电子束加工	切割、打孔、焊接	电能、热能	熔化、气化	EBM
离子束加工	蚀刻、镀覆、注入	电能、动能	原子撞击	IBM
等离子弧加工	切割(喷镀)	电能、热能	熔化、气化(涂覆)	PAM
超声加工	切割、打孔、雕刻	声能、机械能	磨料高频撞击	USM
化学加工	化学铣削	化学能	腐蚀	CHM
	化学抛光	化学能	腐蚀	CHP
	光刻	光、化学能	光化学腐蚀	PCM

表8-11为几种常用特种加工方法的综合比较，可为具体的设计加工提供参考。

表8-11 常用特种加工方法综合比较

加工方法	可加工材料	工具损耗率(%)(最低/平均)	材料去除率/$mm^3 \cdot min^{-1}$(平均/最高)	尺寸精度/mm(平均/最高)	表面粗糙度 $Ra/\mu m$(平均/最高)	主要适用范围
电火花	任何导电材料，如硬质合金、耐热钢、不锈钢、淬火钢、钛合金等	0.1/10	30/3000	0.03/0.003	10/0.04	从数微米的孔、槽到数米的超大型模具、工件等。如圆孔、方孔、异形孔、深孔、微孔、弯孔、螺纹孔以及冲模、锻模、压铸模、塑料模、拉丝模，还可刻字、表面强化、涂覆加工
电火花线切割		较小(可补偿)	20/200 mm^2/min	0.02/0.002	5/0.32	切割各种冲模、塑料模、粉末冶金模等二维及三维直纹面组成的模具及零件。可直接切割各种样板、磁钢、硅钢片冲片。也常用于钼、钨、半导体材料或贵重金属的切割

（续）

加工方法	可加工材料	工具损耗率（%）（最低/平均）	材料去除率 $/mm^3\cdot min^{-1}$（平均/最高）	尺寸精度 /mm（平均/最高）	表面粗糙度 $Ra/\mu m$（平均/最高）	主要适用范围
电解	任何导电材料，如硬质合金、耐热钢、不锈钢、淬火钢、钛合金等	不损耗	100/10000	0.1/0.01	1.25/0.16	从细小零件到1t的超大型工件及模具。如仪表微型小轴、齿轮上的毛刺，蜗轮叶片、炮管膛线，螺旋花键孔、各种异形孔，锻造模、铸造模，以及抛光、去毛刺等
电解磨削		1/50	1/100	0.02/0.001	1.25/0.04	难加工材料的磨削。如硬质合金刀具、量具、轧辊、小孔、深孔、细长杆磨削，以及超精光整研磨、珩磨
超声	任何脆性材料	0.1/10	1/50	0.03/0.005	0.63/0.16	加工、切割脆硬材料。如玻璃、石英、宝石、金刚石、半导体单晶锗、硅等。可加工型孔、型腔、小孔、深孔、切割等
激光	任何材料	不损耗	瞬时去除率很高，受功率限制，平均去除率不高	0.01/0.001	10/1.25	精密加工小孔、窄缝及成形切割、刻蚀。如金刚石拉丝模、钟表宝石轴承、化纤喷丝孔镍、不锈钢板上打小孔，切割钢板、石棉、纺织品、纸张，还可焊接、热处理
电子束						在各种难加工材料上打微孔、切缝、蚀刻，曝光以及焊接等，现常用于制造中、大规模集成电路微电子器件
离子束			很低	/0.01μm	/0.01	对零件表面进行超精密、超微量加工、抛光、蚀刻、掺杂、镀覆等
水射流切割	钢铁、石材	无损耗	>300	0.2/0.1	20/5	下料、成形切割、剪裁

单纯从材料去除率看，特种加工一般要低于常规的切削方法。因此，在现阶段的机械加工领域中，还是以常规的切削加工为主，特种加工主要用于难切削材料的加工、微细加工、特殊复杂形状及高精度和有特殊质量要求的加工。

8.4.2　电火花加工

1. 电火花加工原理与设备组成

电火花加工是一种利用电、热能量进行加工的方法。电火花加工的原理是基于工件和工具之间不断产生脉冲性的火花放电，产生的局部、瞬时高温把金属蚀除，以达到对零件的尺寸和表面预定要求的加工方法，也称放电加工或电蚀加工。

电火花加工原理如图8-50所示，电火花加工时，工具和工件作为电极分别与脉冲电源的两极连接，自动进给调节装置使工具和工件间保持一个很小的放电间隙，一般为0.01~0.02mm，在两者之间加上直流100V左右的脉冲电压。由于工具和工件的表面不是绝对光滑，而是呈微观的凸凹不平形状，故两表面各点之间的实际间隙是大小不等的。当脉冲电压由低升高时，使实际间隙最小处或绝缘强度最低处被击穿，产生火花放电。在微小的区域内由放电产生的瞬时高温使工件和工具表面的材料产生程度不同的熔化和汽化现象。与此同时，在放电处的绝缘液体也被局部加热，迅速汽化，体积膨胀，随之产生很高的压力，将已经熔化、汽化的材料从工件和工具的表面蚀除，在二者表面形成一微小的凹坑。放电结束，工作液恢复绝缘性能后，第二个脉冲又在工具和工件的表面之间新的最小间隙处重复上述过程。如此循环，直至工件的形状尺寸和表面质量达到所规定的技术要求。

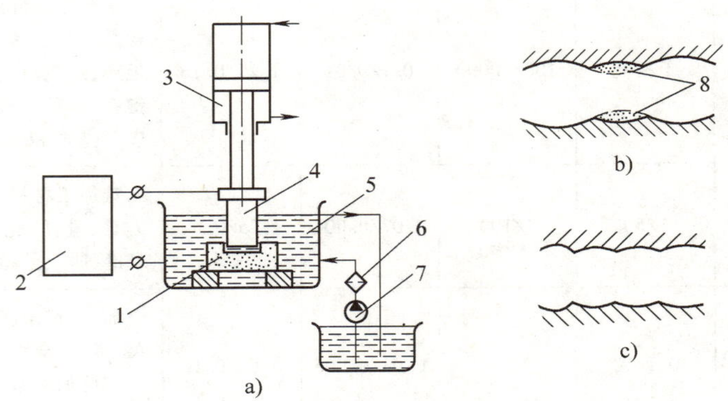

图 8-50　电火花加工原理示意图

a）电火花加工原理示意　b）、c）电火花加工表面局部放大图
1—工件　2—脉冲电源　3—自动进给调节装置　4—工具
5—工作液　6—过滤器　7—工作液泵　8—被蚀除的材料

根据电火花加工原理设计制造的电火花加工机床主要由四个部分组成，即脉冲电源、间隙自动调节系统、机床本体及工作液过滤循环系统。图 8-51 所示为三菱产电火花成形机。

为使电蚀产物在间隙中及时排除，工作液过滤循环系统采用强迫循环，并过滤，以保持工作液的清洁，防止因工作液中电蚀产物过多而引起短路和电弧。

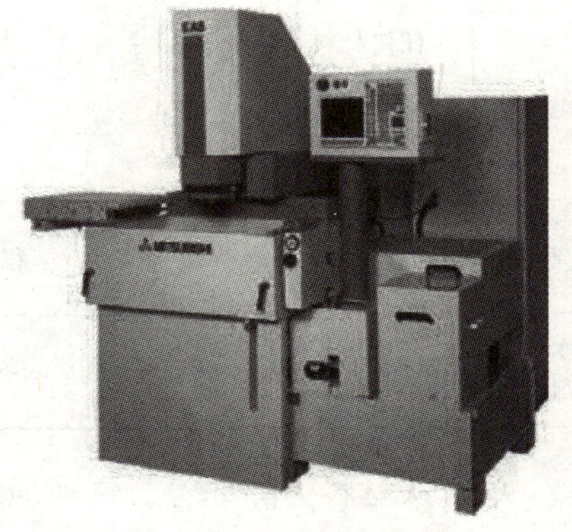

图 8-51　三菱产电火花成形机

2. 电火花加工的特点

1）能加工任何导电材料。电火花加工中材料去除是靠放电时的电热作用实现的，材料的可加工性主要取决于材料的导电性及热学特性。

2）适合加工低刚度工件及微细加工。由于可以将工具电极的形状复制到工件上，因此特别适合复杂表面工件的加工。

3）电火花加工的表面由无数小坑和硬凸边组成，其硬度比机械加工表面硬度高，且有利于保护润滑油，在相同表面粗糙度下其表面润滑性和耐磨性也比机械加工表面好，特别适用于模具制造。

4）然而，一般电火花加工的速度较慢。

3. 电火花加工方法及应用

（1）电火花穿孔　穿孔加工是电火花加工中应用最广的一种，常用于加工型孔（圆孔、方孔、多边形孔、异形孔）、曲线孔、小孔、微孔等，例如冷冲模、拉丝模、挤压模、喷嘴、喷丝头上的各种型孔和小孔。

穿孔的尺寸精度主要靠工具电极的尺寸和火花放电的间隙来保证，电极的截面轮廓尺寸要比预定加工的型孔尺寸均匀缩小一个加工间隙，其尺寸精度要比工件高一级，一般不低于 IT7 级，表面粗糙度值要比工件小，Ra 值小于 1.25μm，且直线度、平面度和平行度在 100 mm 长度上不大于 0.01mm。

（2）电火花型腔加工　电火花型腔加工包括锻模、压铸模、挤压模、胶木模、塑料模

等。型腔加工比较困难，主要因为是不通孔加工，金属蚀除量大，工作液循环和电蚀产物排除条件差，工具电极损耗后无法靠进给补偿；其次是加工面积变化大，并且由于型腔复杂，电极损耗不均匀，对加工精度影响很大，因此型腔加工生产率低，质量难保证。为了提高型腔的加工精度，在电极方面，要使用耐蚀性高的纯铜和石墨作电极。此外，一些小型塑料模具的表面磨砂处理也使用电火花加工。图 8-52 所示为电火花加工的模具型腔。

图 8-52　电火花型腔加工

8.4.3　电火花线切割加工

1. 线切割加工的原理与设备组成

电火花线切割加工简称线切割加工，图 8-53 所示为原理图。电火花线切割加工是利用一根运动的细金属丝（ϕ0.02~0.3mm 的钼丝或铜丝）作工具电极，在工件与金属丝间通以脉冲电流，靠火花放电对工件进行切割加工。

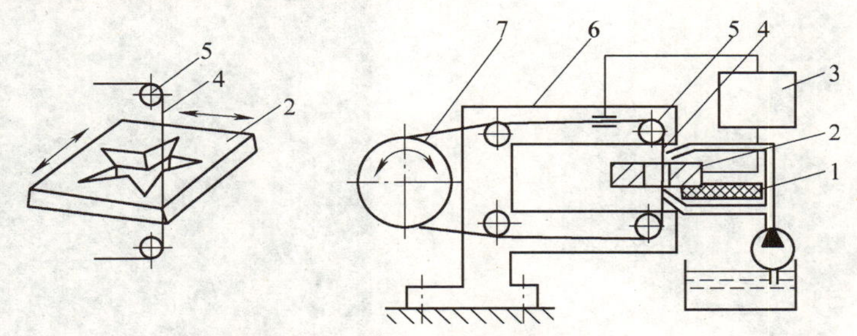

图 8-53　电火花线切割原理图

1—绝缘底板　2—工件　3—脉冲电源　4—电极丝　5—导向轮　6—支架　7—贮丝

线切割加工设备由机床本体、脉冲电源、控制系统、工作液循环系统和机床附件等部分组成。控制系统按要求自动控制电极丝相对工件的运动轨迹和进给速度，实现工件的形状和尺寸加工。控制系统包括两方面：①轨迹控制，精确控制电极丝相对工件的运动轨迹；②加工控制，包括对伺服进给速度、电源装置、走丝机构、工作液系统等操作控制以及自诊断、安全失效、信息显示等。目前 95%以上线切割机床已发展成 CNC 数控，图 8-54 所示为北京凝华 NHS 系列线切割机床。

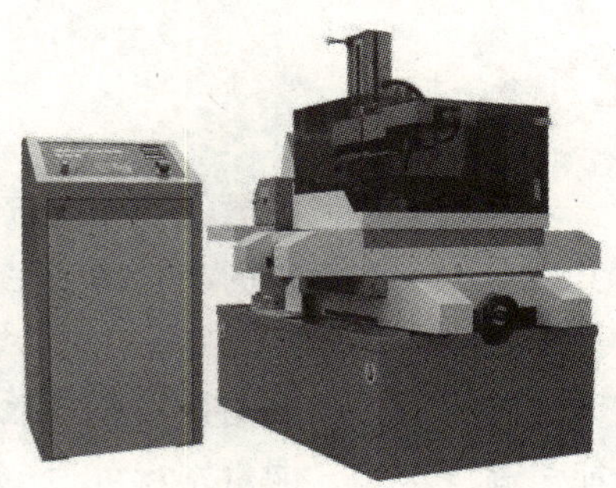

图 8-54　NHS 系列线切割机床

2. 线切割加工的特点

线切割加工可以加工一切导电金属，其加工机理、表面粗糙度、材料的可加工性等与电火花加工相似，加工生产率更高、加工成本低，其特点如下：

1）省掉了成形工具电极，大大降低了电极设计、制造费用，缩短了生产准备时间。

2）电蚀余量小，蚀除金属量少，适用于加工和切割稀有、贵重金属。

3）工具电极损耗很小，加工精度高。

4）加工小孔、小槽、窄缝、凸凹模可一次完成，可以多个工件叠起来加工，能获得一致的尺寸。

5）便于实现自动控制。

3. 线切割加工的应用

线切割加工主要应用于以下几个方面。

（1）加工模具　适用于各种形状的冲模。只需一次编程就可以切割凸模、凸模固定板、凹模及卸料板等。模具配合间隙、加工精度通常都能达到 10～20μm（快走丝机）和 2～5μm（慢走丝机）的要求。此外，还可加工挤压模、粉末冶金模、弯曲模、塑压模等，也可加工带锥度的模具。

（2）加工电火花成形加工用的电极　用线切割加工一般穿孔加工用的电极、带锥度型腔加工用的电极以及铜钨、银钨合金之类材料的电极特别经济，同时也适用于加工微细复杂形状的电极。

（3）加工零件　在试制新产品时，可用线切割在坯料上直接割出零件，另外，修改设计、变更加工程序比较方便，加工薄件时还可多片叠在一起加工。在零件制造方面，可用于加工品种多、数量少的零件，特殊难加工材料的零件，材料试验样件，各种型孔、型面、特殊齿轮、凸轮、样板、成形刀具。有些具有锥度切割的线切割机床，可以加工出“天圆地方”等上下异形面的零件。同时还可进行微细加工、异形槽的加工等。图 8-55 所示是部分线切割加工零件。

图 8-55　线切割加工零件

8.4.4　激光加工

激光是一种在激光器中受辐射产生的光源，它不仅具有普通光的反射、折射、衍射等共性，还具有极高的亮度和能量密度，极好的单色性、方向性和相干性。

1. 激光加工原理和设备组成

由于激光的方向性好，发散角很小，透镜聚焦后，可以得到直径很小的焦点，焦点处能量高度集中，能量密度可达 $10^7 \sim 10^{10}$W/cm²，温度可达上万摄氏度，而金属材料达到沸点所需能量密度为 $10^5 \sim 10^6$W/cm²。激光加工就是将这种高能量密度的激光束照射到工件表面，导致光斑处的材料瞬间熔化、汽化、膨胀，使熔融物爆炸式地喷射出来，高速喷射产生的反冲压力又在工件内部形成一个方向性很强的冲击波。工件材料就是在高温熔融和冲击波的作用下，被蚀除部分物质形成一个带锥度的小孔，这样多次照射就可完成预定的加工。

激光加工设备由激光发生器、电源、光学系统和机械系统等部分组成。激光器是激光加工的重要设备，它把电能转变成光能，产生激光束。激光器电源为激光器提供所需要的能量及控制功能。光学系统包括激光聚焦系统和观察瞄准系统，能将光束聚焦并能观察和

调整焦点位置，并将加工位置显示在投影仪上等。机械系统主要包括床身、能在三坐标范围内移动的工作台及机电控制系统等。图 8-56 所示为激光加工打标机。

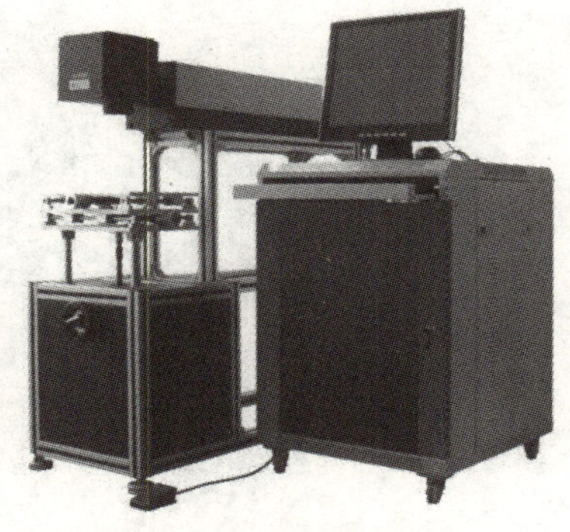
图 8-56　激光加工打标机

2. 激光加工的特点

激光加工具有以下特点：

1）能量密度高，应用广泛。激光加工几乎能加工所有的材料，如各种金属材料、陶瓷、石英、金刚石等，反射率或透射率高的工件进行打毛或色化处理后，仍可加工。

2）加工速度快，效率高，可控性好，容易实现自动化。

3）能透过空气、惰性气体或透明体对工件进行加工。因此，可通过由玻璃等制成的窗口对被封闭零件进行加工，在真空环境下也可加工。

4）激光光斑大小可以聚焦到微米级，输出功率可调节，因此可用于精密微细加工。

3. 激光加工的应用

（1）激光打孔　利用激光打微型小孔，目前已广泛应用于金刚石拉丝模、钟表仪器的宝石轴承、陶瓷与玻璃等无机非金属材料和硬质合金、不锈钢等金属材料的小孔加工等方面。激光打孔的效率非常高，激光打孔能加工的最小孔径在 0.01mm 左右，表面粗糙度 Ra 值可达 0.16~0.08μm。图 8-57 所示为激光打孔加工产品的例图。

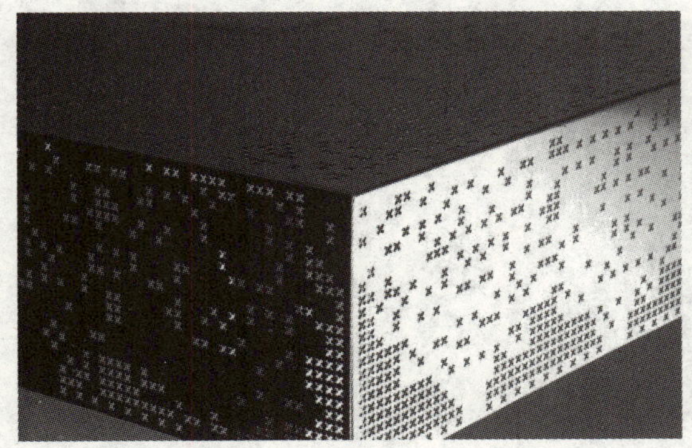

图 8-57　激光打孔实例

（2）激光切割　激光切割原理和激光打孔原理基本相同。不同的是，工件与激光束要相对移动，一般都是移动工件。如果是直线切割，还可借助柱面透镜将激光束聚焦成线，以提高切割速度。激光切割大都采用重复频率较高的脉冲激光器或连续输出的激光器。

激光可用于切割各种各样的材料，由于激光对被切割材料不产生机械冲击和压力，故适宜切割玻璃、陶瓷和半导体等既硬又脆的材料。再加上激光光斑小、切缝窄且便于自动控制，所以更适宜对细小部件做各种精密切割。例如应用于切割硅片，还有化学纤维喷丝头的 Y 形、十字形等型孔加工，精密零件的窄缝切割与划线以及雕刻等。图 8-58 所示是激光切割应用于零件加工和工艺品制作，图 8-59 所示是玻璃工艺品的激光雕刻，俗称“镭雕”。

激光加工还可应用于激光焊接、激光热处理、激光微雕和激光存储等方面。图 8-60 所示为激光焊接在汽车工业中的应用，图 8-61 所示是激光雕刻技术加工的部分产品实例。

图 8-58　激光切割应用实例

图 8-59　玻璃工艺品的激光雕刻

图 8-60　激光焊接在汽车工业中的应用

图 8-61　激光雕刻技术加工的部分产品实例

8.4.5　光化学腐蚀加工

光化学腐蚀加工简称光化学加工，是光学照相制版和光刻相结合的一种精密微细加工技术。它是用照相感光来确定工件表面要蚀除的图形、线条，因此可以加工出非常精细的文字图案，目前已在工艺美术、机械工业和电子工业中获得应用。

1. 照相制版的原理和工艺

照相制版是把所需的图像摄影到照相底片上，经过光化学反应，将图像复制到涂有感光胶的铜板或锌板上，再经过坚膜固化处理，使感光胶具有一定的耐蚀能力，最后经过化学腐蚀即可获得所需图形的金属板。照相制版是印刷工业的关键工艺，利用它可以加工一些机械加工难以解决的具有复杂图形的薄板、薄片或在金属表面上刻蚀图案、花纹等。

照相制版的工艺流程如图 8-62 所示。

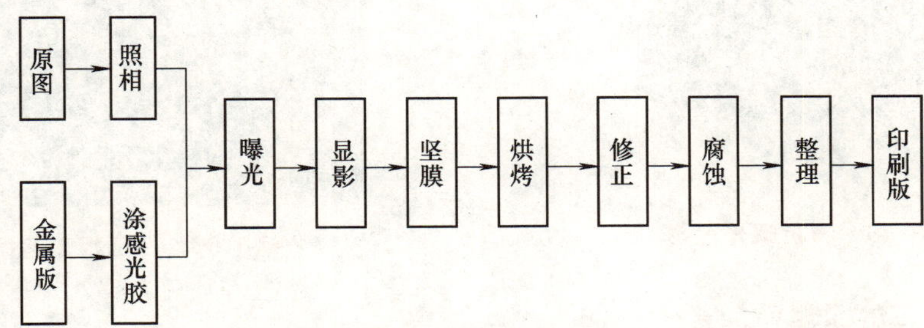

图 8-62　照相制版工艺流程

（1）原图和照相　原图是将所需图形按照一定比例放大描绘在纸上或刻在玻璃上，然后通过照相，将原图按需要缩小在照相底片上，照相底片一般采用涂有卤化银的感光版。

（2）金属版和感光胶涂覆　金属版多采用微晶锌板和纯铜板，要求具有一定的硬度和耐磨性，表面光整，无杂质、氧化层、油垢等，以增强对感光胶膜的吸附能力。常用感光胶有聚乙烯醇、明胶等。

（3）曝光、显影和坚膜　曝光是将原图照相底片紧紧密合在已涂覆感光胶的金属板上，通过紫外光照射，使金属板上的感光胶膜按图像感光。照相底片上的不透光部分，由于挡住了光线照射，胶膜不参与光化学反应，仍是水溶性的，照相底片的上的透光部分，由于参与了化学反应，使胶膜变成不溶于水的络合物，然后经过显影，把未感光的胶膜用水冲洗掉，使胶膜呈现清晰的图像。其原理如图 8-63 所示。为提高显影后胶膜的耐蚀性，还要将制版放在坚膜液中进行处理。

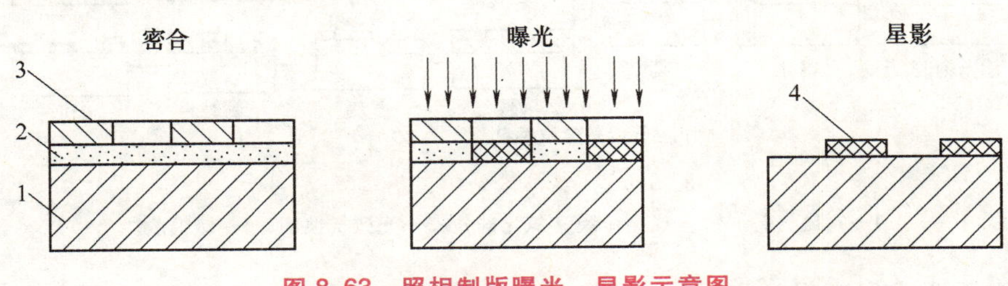

图 8-63　照相制版曝光、显影示意图

1—金属板　2—感光膜　3—照相底片　4—成像胶膜

（4）固化和腐蚀　经过感光坚膜后的胶膜，耐蚀能力仍不强，必须进一步固化。固膜后的金属板放在腐蚀液中进行腐蚀，即可获得所需图像，其原理如图 8-64 所示。

图 8-65 所示是正在制作曝光显影过程中的铜板，图 8-66 所示是利用这种技术制成的工艺品。

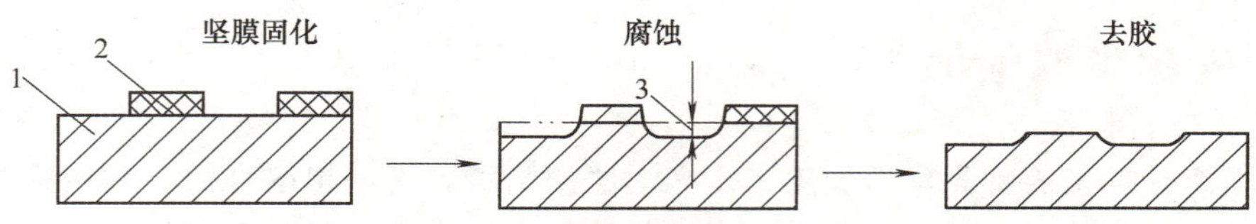

图 8-64　照相制版腐蚀原理示意图

1—显影后的金属片　2—成像胶膜　3—腐蚀深度

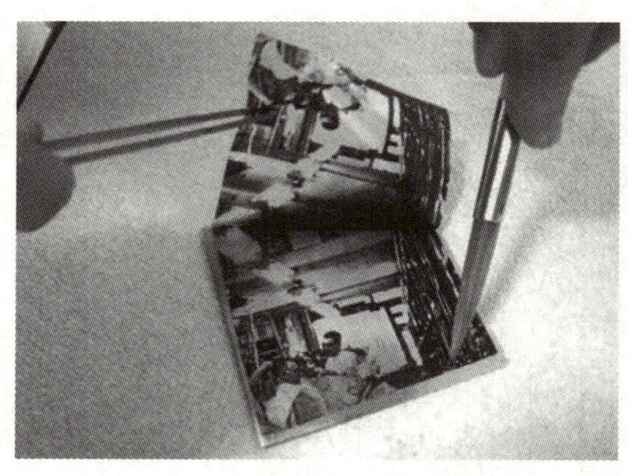

图 8-65　铜板曝光显影

图 8-66　凹凸板工艺品

2. 光刻加工的原理和工艺

光刻是利用光致抗蚀剂的光化学反应特点，将掩模版上的图形精确印制在涂有光致抗蚀剂的衬底表面，再利用光致抗蚀剂的耐蚀特性，对衬底表面进行腐蚀，可获得极为复杂的精细图形。

图 8-67 所示为光刻的主要工艺过程。图 8-68 所示为半导体光刻工艺过程示意图。

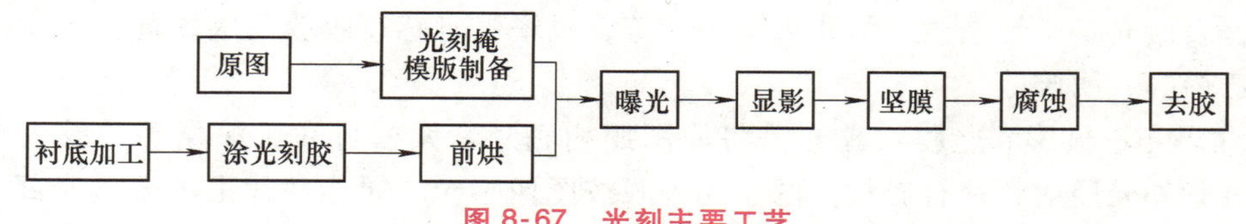

图 8-67　光刻主要工艺

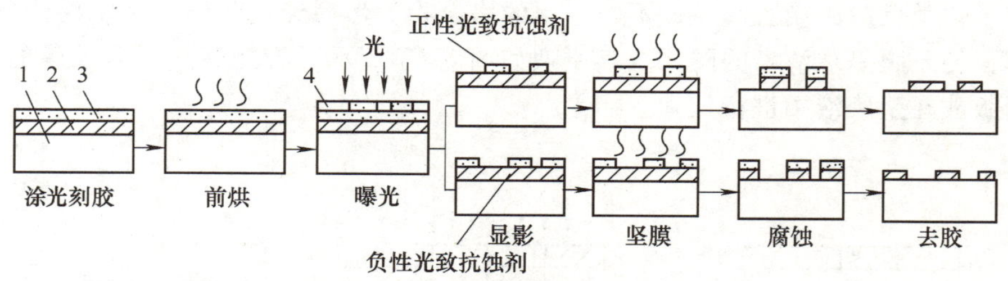

图 8-68　半导体光刻工艺过程

1—衬底（硅）　2—光刻薄膜（氧化硅）　3—光致抗蚀剂　4—掩模版

首先在透明或半透明的聚酯基板上，涂覆一层醋酸乙烯树脂系的红色可剥性薄膜，然后把所需的图形按一定比例放大，用绘图机刻制可剥性薄膜，去除不需要的部分薄膜制成原图。

在半导体集成电路的光刻中，为了获得精确的掩模版，需要先利用初缩照相机把原图缩小制成初缩版，然后采用分步重复照相机将初缩精缩，使图形进一步缩小从而获得尺寸精确的照相底版。再把照相底版用接触复印法，将图形印制到涂有光刻胶的高纯度铬薄膜

板上，腐蚀后获得金属薄膜图形掩膜版。

然后在衬底上涂覆光致抗蚀剂，光致抗蚀剂是一种对光敏感的有机高分子溶液，根据其光化学特点，可分为正性和负性两类。接下来进行曝光，一般采用紫外光，波长约为0.4μm。随着电子工业的发展，对精度要求更高的精细图形进行光刻时，其最细的线条宽度要求到1μm以下，紫外光已不能满足要求，需采用电子束、离子束或X射线等。电子束曝光可以刻出宽度为0.25μm的细线条。

接下来对带有光致抗蚀剂层的衬底表面进行腐蚀。不同的光刻材料，需采用不同的腐蚀液。腐蚀的方法有多种，如化学腐蚀、电解腐蚀、离子腐蚀等，其中采用化学溶液腐蚀较为常用。最后，还要去除腐蚀后残留在衬底表面的抗蚀胶膜。

光刻的尺寸精度可达到0.01~0.005mm，是半导体器件和集成电路制造中的关键工艺之一，特别是对大规模集成电路、超大规模集成电路的制造和发展，起了极大的推动作用。

利用光刻原理还可制造一些精密产品的零部件，如刻线尺、刻度盘、光栅、细孔金属网板、电路布线板等。图8-69所示为应用光刻技术制作的PCB电路板及装饰蚀刻片。

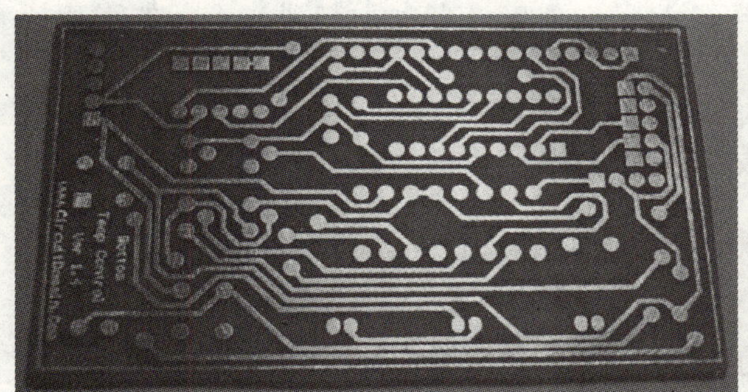
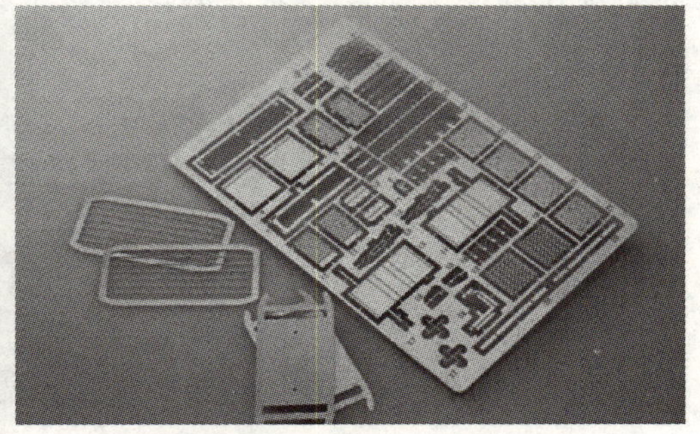

图8-69　应用光刻技术制作的PCB电路板及装饰蚀刻片

8.4.6　其他特种加工方法

1. 电子束加工

（1）电子束加工原理及设备组成　在真空条件下，利用聚焦后能量密度极高（10^6~10^9W/cm^2）的电子束，以极高的速度冲击到工件表面极小的面积上，如图8-70所示。在极短的时间（几分之一微秒）内，其能量的大部分转变为热能，使被冲击部分的工件材料达到几千摄氏度以上的高温，从而引起材料的局部熔化或汽化。

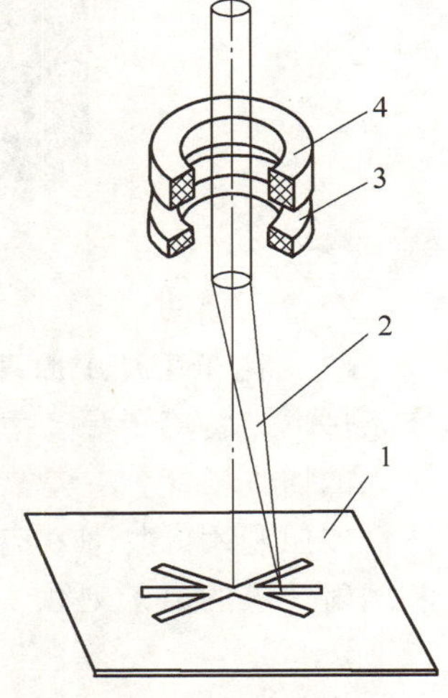

图8-70　电子束加工原理

1—工件　2—电子束　3—偏转线圈　4—电磁透镜

通过控制电子束能量密度的大小和能量注入时间，可以达到不同的加工目的：如使材料局部加热就可进行电子束热处理；使材料局部熔化可进行电子束焊接；提高电子束能量密度，使材料熔化和汽化，就可进行打孔、切割等加工；利用较低能量密度的电子束轰击有机高分子材料时产生化学变化的原理，进行电子束光刻加工。

（2）电子束加工的特点

1）由于电子束能够非常微细地聚焦，所以加工面积可以很小，能加工微孔、窄缝、半导体集成电路等，是一种精密微细加工方法。

2）加工材料范围很广，对脆性、韧性、导体、非导体及半导体材料都可加工。

3）通过磁场或电场对电子束的强度、位置、聚焦等进行控制，整个加工过程便于实现自动化。

4）由于电子束加工是在真空中进行，因而产生污染少，加工表面在高温时也不易氧化，特别适用于加工易氧化的金属及合金材料，以及纯度要求极高的半导体材料。

（3）电子束加工应用　电子束加工按其功率密度和能量注入时间的不同，可用于打孔、切割、刻蚀、焊接和光刻加工等。

1）高速打孔。高速打孔可在工件运动中进行，例如在0.01mm厚的不锈钢上加工直径0.2mm的孔，速度为3000孔/s。玻璃纤维喷丝头要打6000个直径0.8mm、深度3mm的孔，用电子束打孔可达20孔/s。

2）加工型孔及特殊表面。电子束可以用来切割各种复杂型面，切口宽度为6~3μm，边缘表面粗糙度 Ra 值可控制在±0.5μm。

3）刻蚀。在微电子器件生产中，为了制造多层固体组件，可利用电子束在陶瓷或半导体材料上刻出许多微细沟槽和孔，如在硅片上刻出宽2.5μm、深0.25μm的细槽。电子束刻蚀还可用于制版，在铜制印滚筒上按色调深浅刻出许多大小与深浅不一的沟槽或凹坑。

4）焊接。电子束的能量密度高，焊接速度快，焊缝深而窄，工件热影响区小，变形小。电子束焊接一般不用焊条，焊接过程在真空中进行，因此焊缝化学成分纯净，焊接接头的强度往往高于母材。

电子束焊接可以焊接难熔金属，如钽、铌、钼等，也可焊接钛、锆、铀等化学性能活泼的金属。电子束焊接还能焊接一般焊接方法难以完成的异种金属焊接。

图8-71所示是应用电子束焊接加工的某工件材料表面微观放大图片。

图8-71　电子束焊接加工表面放大图

2. 离子束加工

（1）离子束加工原理与设备组成　离子束加工原理和电子束加工基本类似，也是在真空条件下，将离子源产生的离子束加速聚焦，使之撞击到工件表面。离子束比电子束具有更大的撞击动能，它是靠微观机械撞击能量而不是靠动能转化为热能来加工。

按照利用的物理效应和达到目的的不同，离子束加工可以分为四类，即利用离子撞击和溅射效应的离子刻蚀、离子溅射沉积和离子镀，以及利用注入效应的离子注入，如图8-72所示。

离子束加工装置与电子束加工装置类似，它也包括离子源、真空系统、控制系统和电源等部分，主要的不同部分是离子源系统。

（2）离子束加工特点　由于离子束可以通过电子光学系统进行聚焦扫描，离子束轰击

材料是逐层去除原子的，离子束流密度及离子能量可以精确控制，所以离子刻蚀可以达到毫微米即纳米，级的加工精度。离子镀膜可以控制在亚微米级精度，离子注入的深度和浓度也可以精确控制。因此，离子束加工是所有特种加工方法中最精密、最细微的加工方法。

离子束加工在高真空中进行，适用于对易氧化金属、合金和高纯度半导体材料的加工。

（3）离子束加工的应用

1）刻蚀加工。离子刻蚀是从工件上去除材料，是一个撞击溅射过程。当离子束轰击工件，入射离子的动量传递到工件表面的原子，传递能量超过了原子间的键合力时，原子就从工件表面撞击溅射出来，达到刻蚀的目的。

离子刻蚀用于加工陀螺仪空气轴承和动压马达上的沟槽，分辨率高，精度、重复一致性好。加工非球面透镜能达到其他方法不能达到的精度。离子束刻蚀还能刻蚀高精度的图形，如集成电路、声表面波器件、磁泡器件、光电器件和光集成器件等微电子学器件亚微米图形。

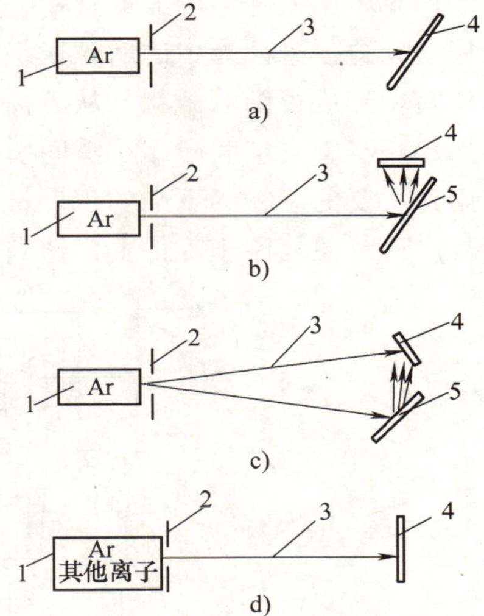

图 8-72 各类离子束加工示意图

a）离子刻蚀 b）离子溅射沉积 c）离子镀 d）离子注入
1—离子源 2—吸极（吸收电子，引出离子） 3—离子束 4—工件 5—靶材

2）镀膜加工。离子镀膜加工有溅射沉积和离子镀两种。离子镀时，工件不仅接受靶材溅射来的原子，同时还受到离子的轰击，这使离子镀具有许多独特的优点。离子镀膜附着力强、膜层不易脱落。用离子镀对工件镀膜时，其绕射性好，使基板的所有暴露表面均能被镀覆。离子镀的可镀材料广泛，可在金属或非金属表面上镀制金属或非金属材料，各种合金、化合物、某些合成材料、半导体材料、高熔点材料均可镀覆。离子镀技术已用于镀制润滑膜、耐热膜、耐蚀膜、耐磨膜、装饰膜和电气膜等。如在表壳或表带上镀氮化钛膜，这种氮化钛膜呈金黄色，它的反射率与18K金镀膜相近，其耐磨性和耐蚀性大大优于镀金膜和不锈钢，其价格仅为黄金的1/60。离子镀装饰膜还用于工艺美术品的首饰、景泰蓝等，以及金笔套、餐具等的修饰，其膜厚仅1.5~2μm。

3）离子注入加工。离子注入是向工件表面直接注入离子，它不受热力学限制，可以注入任何离子，且注入量可以精确控制，注入的离子固溶在工件材料中，质量分数可达10%~40%，注入深度可达1μm甚至更深。

离子注入在半导体方面的应用，在国内外都很普遍，它是用硼、磷等“杂质”离子注入半导体，用以改变导电形式，是制作半导体器件和大面积集成电路的重要手段。

图 8-73 彩色离子镀膜金属环

离子注入改善金属表面性能方面的应用正在形成一个新型的领域。利用离子注入可以改变金属表面的物理化学性能，制得新的合金，从而改善金属表面的耐蚀性能、抗疲劳性能、润滑性能和耐磨性能等。图 8-73 所示是应用离子镀的两件金属成品。

3. 超声加工原理及应用

超声加工是利用工具头作超声振动，通过悬浮液中磨料的高速轰击进行加工的方法，如图 8-74 所示。由超声波发生器将交流电转变为超声频电振荡，由换能器转换成超声频纵向机械振动，此时的振幅很小，不能直接用于加工，再由变幅棒把振幅放大到0.05~

0.1mm。加工时，在工具头和工件之间不断注入磨料悬浮液，变幅棒驱动工具端面做超声振动，迫使悬浮液中的磨粒以很大的速度不断撞击、抛磨被加工表面，把工件加工区域的材料粉碎成很细的微粒，从工件上脱落。同时，磨料的高速、高频冲击还造成加工间隙的局部真空，真空间隙缩小瞬间引起极强的液压冲击波也加强了加工过程，其中磨料冲击作用是主要的。粉碎下来的工件材料被悬浮液带走，工具不断进给使加工继续进行，最后工具的形状便复印于工件上，达到尺寸加工的目的。

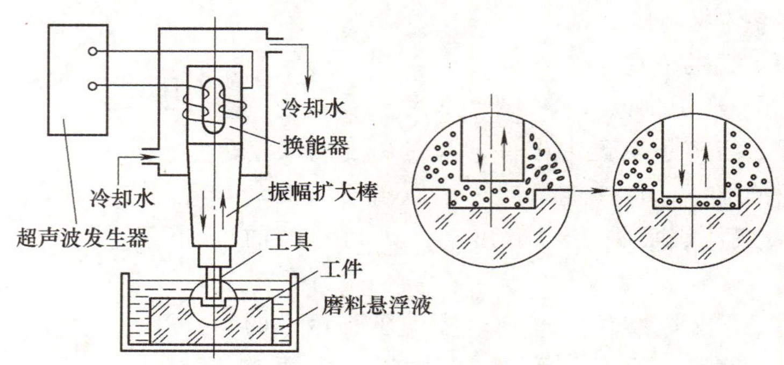

图 8-74　超声加工原理图

超声加工适合加工各种脆硬非金属材料，如玻璃、陶瓷、半导体、石英、锗、硅、石墨、玛瑙、宝石、金刚石等。超声加工热影响小，可加工形状复杂的型腔、型孔、薄壁零件、窄缝、小孔等，且能获得较好的表面质量，一般加工精度可达 0.01～0.02mm，表面粗糙度 Ra 值可达 0.8～0.1μm。

为了提高生产率，降低刀具损耗，常将超声振动和其他加工方法结合进行复合加工。如切削加工中引入超声振动可以降低切削力，改善表面质量，延长刀具寿命和提高加工速度。超声切削已应用于车、磨、铣、钻、刨、扩孔、攻螺纹、拉削和超精加工中。

4. 水切割加工

水切割，又称水刀切割，是一种利用高压水流切割材料的加工方式。水切割加工的基本原理比较简单。从加压泵将水加压开始，通过高压管，然后从切割喷头射出来，利用接近甚至超过声速的射流冲击工件材料表面达到切割材料的目的。与一般的喷水切割相比，还有部分水切割设备在射流中加入砂粒等磨料，以起到增大切削能力、磨削切割表面的双重作用。所以简单而言，水切割可分成无砂切割和有砂切割两种，图 8-75 是加砂的磨料切割机喷嘴的半剖图。

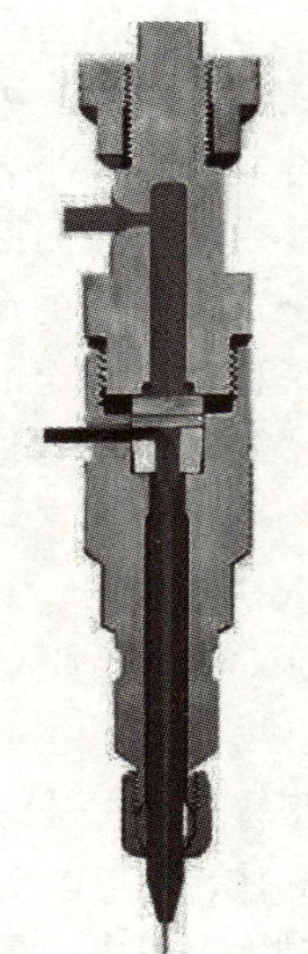

图 8-75　磨料切割喷嘴半剖图

水切割设备与数控技术的结合，使得水刀喷嘴在计算机的控制下能任意移动位置切割材料，雕琢工件，同时因为这种加工方式受材料质地影响小，使得在加工领域也有广泛应用。

水切割设备一般按压力不同分为高压型和低压型，通常以 100MPa 为界限。100MPa 以上为高压型，100MPa 以下为低压型。而 200MPa 以上为超高压型。100MPa 以下低压型水切割可应用于特种行业，如危化、石油、煤矿、爆炸危险物处理等方面。而 200MPa 以上的水切割则主要应用在机械加工行业。

超高压水刀可切割各种厚、坚硬程度的材料，如不锈钢、铝、铜、钢铁、大理石、合金金属、玻璃、塑料、陶瓷、磁砖及各种材料。通常具有复杂图案、厚、难切、易碎与怕热的材料，适合应用水刀切割加工方式。

水切割加工精度通常为0.1~0.25mm，受机器精度、切割工件的大小及厚度等综合因素影响。切隙宽度同样需视切割工作材质大、小厚薄与所使用的喷嘴而定。一般而言，加砂切割的切口约为1.0~1.2mm。

水切割加工的主要特点有：

1）可切割范围广，能加工各种高硬度的材料，如玻璃、陶瓷、不锈钢等，或比较柔软的材料，如皮革、橡胶、纸尿布等；是一些复合材料、易碎瓷材料复杂加工的唯一手段。

2）属于冷切割，不产生热变形或热效应，适合加工对热影响敏感的材料，比如钛金属。

3）环保无污染，不产生有毒气体及粉尘。

4）切割质量好，采用磨料砂的水刀切割，切口光滑、无熔渣，不会产生粗糙边缘，并且因为细致光滑的切口，能减少材料耗费。

5）无须更换刀具，一个喷嘴就可以加工不同类型的材料和形状，可一次完成钻孔、切割、成形工作，能大量节约成本和时间。

6）CNC编程迅速，可以数控成形各种复杂图案。

图8-76所示为利用水切割加工零件的图片，可见比激光切割相比能获得更优秀的边缘和更大的加工材料厚度。图8-77所示是水切割加工工艺品和装饰石材。

图8-76　水切割零件加工图

图8-77　水切割加工工艺品和装饰石材

复习思考题

8-1　什么叫生产工艺流程？

8-2　铣削加工的特点是什么？

8-3　数控机床有哪些不同的分类？

8-4　数控加工中心与普通数控机床的差别是什么？

8-5　特种加工与切削加工相比有何特点？

8-6　激光加工在现代产品中的应用有哪些？

materials & technics

第9章

逆向工程与快速成形技术

- 9.1 逆向工程
- 9.2 快速成形技术

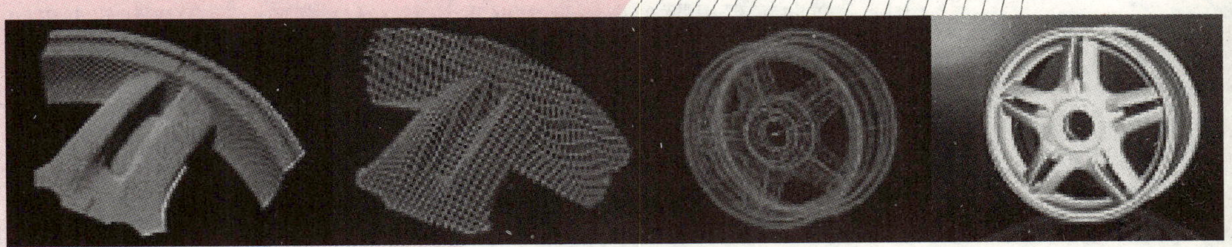

9.1　逆向工程

1. 逆向工程原理

工业设计正朝数字化和网络化方向迈进，CAD技术已成为产品设计人员进行研究开发的重要工具，其中三维造型技术已被制造业广泛应用于产品造型及模具设计、方案评审、自动化加工制造及管理维护等方面。在实际开发制造过程中，设计人员接收的技术资料可能是各种数据类型的三维模型，但很多时候，这些资料是产品的实物模型，甚至可能连一张可以参考的图样也不存在，这就为后续工作中采用先进设计和制造技术带来了很大的障碍。设计人员必须通过各种测量手段及三维几何建模方法，将原有实物（产品原型或油泥模型）转化为计算机上的三维数字模型，这就应用到逆向工程技术。所谓逆向工程技术（Reverse Engineering，RE，也称为反求工程、反向工程），是指用一定的测量手段对实物或模型进行测量，根据测量数据通过三维几何建模方法重构实物的CAD模型的过程。逆向工程技术综合了三维测量、计算机辅助设计、快速成形等高新技术。逆向工程是从产品原型出发，进而获取产品的三维数字模型，使得能够进一步利用CAD/CAE/CAM等先进技术对其进行处理。一般来说，产品逆向工程包括形状反求、工艺反求和材料反求等方面。

逆向工程是一系列分析方法和应用技术的结合，是数字化与快速响应制造大趋势下的一项重要技术，是CAD领域中一个相对独立的范畴。目前有关逆向工程的研究和应用大多针对实物模型几何形状的反求，逆向工程是根据已有实物模型的坐标测量数据重新建立实物的数字化模型，而后进行分析加工等。这里的实物模型可以是机械产品、人体、动植物、艺术品等。通过实物模型产生数字化模型，可以充分利用数字化的优势，提高设计、制造、分析的质量和效率，并适应智能化、集成化、并行化、网络化的产品设计制造过程中的信息存储与交换。

逆向工程将现代坐标测量设备作为产品设计的前置输入装置和原型或产品制造后的检测手段，与RPM（快速原型制造）、CAD/CAM相结合并形成产品设计制造系统，将有效提高产品的快速响应能力，丰富几何造型方法和产品设计手段，应用逆向工程技术为应用现代设计方法和快速原型制造等技术提供了很好的支持。

逆向工程技术与传统的正向设计存在很大差别。传统的产品设计一般需要经过如图9-1所示的设计过程。

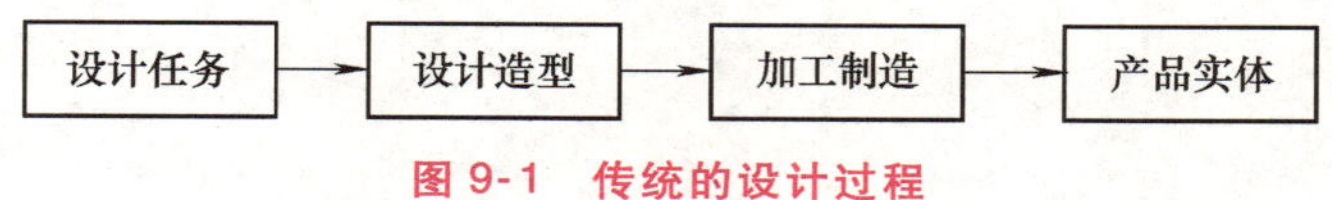

图9-1　传统的设计过程

逆向工程则是从产品原型出发，进而获取产品的三维数字模型，它的工程系统流程如图9-2所示，与图9-1的不同之处在于设计起点不同，相应的设计自由度和设计要求也不相同。逆向工程根据实物测量数据重构其CAD模型，运用现代设计理论、方法和技术对模型进行再设计，并与现代快速制造技术有机结合最终制造出产品。它是交叉学科融合的成果，涉及计算机视觉学、计算机图形学、现代测量方法等学科。图9-3为逆向工程建模过程示意图。

2. 逆向工程方法

作为一种新的工业设计概念，逆向工程综合了三维测量、计算机辅助设计、快速成形

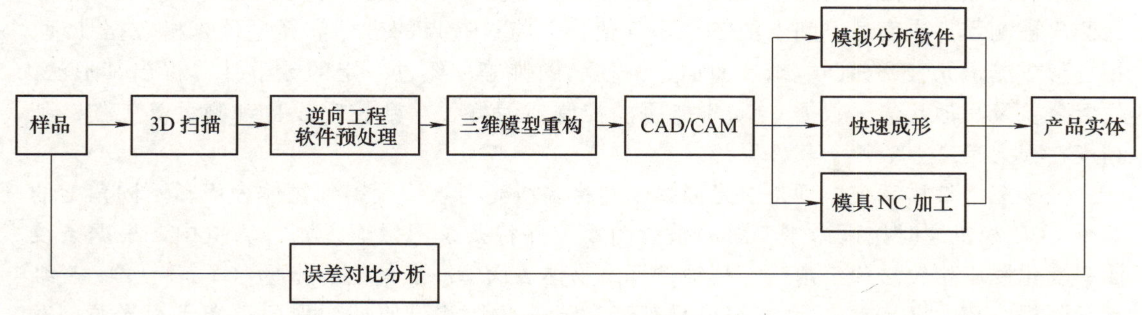

图 9-2　逆向工程系统流程图

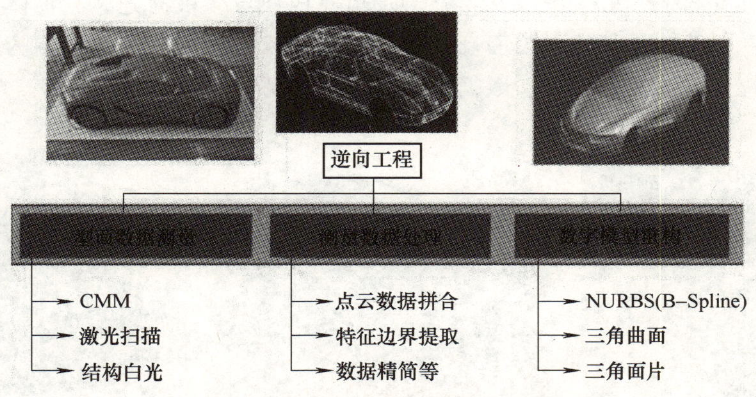

图 9-3　逆向工程建模过程示意图

等高新技术，对样品、模型进行高速精确的激光或光学扫描，得到其三维轮廓数据，结合专门的逆向工程软件进行三维设计重构，生成实体，通过快速成形及硅胶复模，实现小批量生产和快速投放、验证市场，为抢占商机、赢得市场，节省了大量宝贵的时间，并且有效地避免了风险，缩短了工业设计的周期。采用逆向工程不是简单的仿形，它可以在原件的基础上，利用原件的技术架构重新进行正向设计，为快速创新提供条件。逆向工程具有与传统设计制造过程截然不同的设计流程。传统正向设计从概念设计到最终形成 CAD 模型是一个从无到有的过程，而逆向工程对现有零件原形（或油泥模型等）数字化再形成 CAD 模型，是一个推理、逼近的创新过程。

（1）快速准确测量出实物零件或模型的三维轮廓坐标数据（数据采集）　逆向设计时，需要从设计对象中提取三维数据信息，即利用测量装置采集实物/模型表面数据。坐标测量技术和众多学科都有紧密的联系，如光学、机械、电子、计算机视觉、计算机图形学、图像处理、模式识别等，其应用领域极为广阔，也是实现逆向工程的基础。

常用三维数据测量方式可分为接触式三坐标、非接触式激光扫描测量以及工业用断层扫描测量等方式。接触式测量时，测头与被测物体直接接触，获取数据信息，常采用三坐标测量机（Coordinate Measuring Machine，CMM），如图 9-4 所示；或关节臂三坐标测量机进行测量，如图 9-5 所示。也有一些是在数控铣床或机器人末端安装测量部件，接触被测物体的表面完成数据采集工作。非接触式测量方法则采用声、光、电或磁等现象进行测量，测量时与物体表面无机械接触。非接触式测量仪器有固定式的激光扫描抄数机，如图 9-6 所示；便携式光学三维扫描仪，如图 9-7 所示；手持式三维激光扫描仪，如图 9-8 所示等。

三坐标测量机主要用于零件加工精度的精密测量，如尺寸、形状和位置精度等。其原理是任何形状都是由空间点组成，因此所有几何量的测量都可以归结为空间点的测量。精确采集空间点坐标是评定任何几何形状的基础。将被测零件放入它允许的测量空间，精确地测出被测零件表面各空间点的三个坐标值，并将这些点的坐标值经过计算机数据处理，拟合形成测量元素，如圆、球、曲面、圆柱、圆锥等，经过一定的数学计算得出其形状、位置公差及其他几何量数据。CMM 能手动控制或编好程序数控完成自动测量等工作，其精度在很大程度上依赖于软件系统。

光学三维扫描系统原理是由光栅发生器将多组光栅条纹投影到物体表面，不同角度的两个 CCD 相机同时拍摄物体表面的条纹图案，并将条纹图像输入到计算机中，根据条纹曲率变化利用相位法和三角法等精确计算出物体表面每一点的空间坐标（X、Y、Z）三维点云数据（Point Cloud）。激光扫描是基于激光三角法测量原理，采用激光作为光源，发射具有规则几何形状的激光束照射到被测物体上，并沿样品表面连续扫描。被测表面形成的漫反射光点（光带），再利用 CCD 接受漫反射光成像点，根据光源、物体表面反射点和成像点之间的三角关系，计算出表面反射点的三维坐标，即可得出被控点的空间坐标。光学三维扫描系统具有测量速度快、数据点密集、精度高的特点。

图 9-4　接触式三坐标测量机

图 9-5　接触式关节臂三坐标测量机

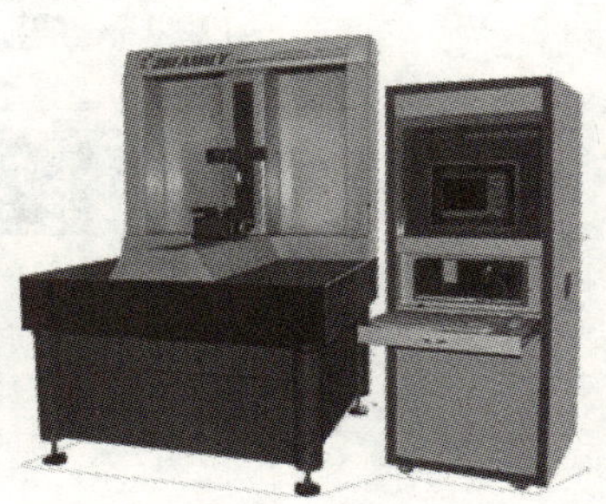
图 9-6　固定式激光扫描抄数机

图 9-7　光学三维扫描仪

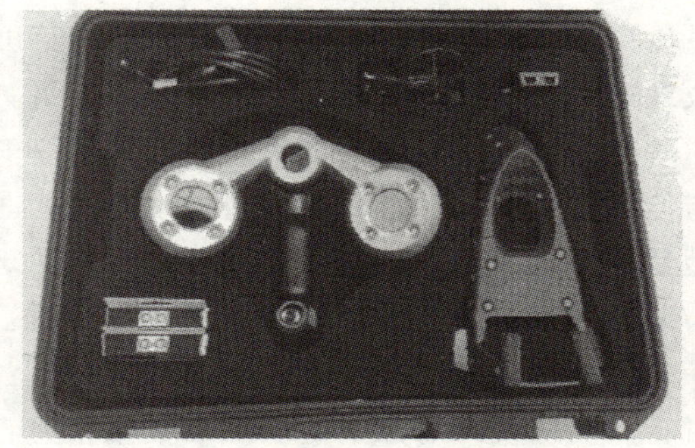
图 9-8　手持式三维激光扫描仪

接触式测量的优点是：

1）准确性及可靠性高，精度可达 0.002mm。

2）对被测物体的材质和反射特性无特殊要求，不受工件表面颜色及曲率的影响。

接触式测量的缺点是：

1）测量速度慢。

2）不能对软质材料和超薄物件进行测量，而且对细微部分的测量受限制等。

非接触式测量的优点是：

1）测量速度快，可快速扫描各种复杂物体表面的三维数据，如光学式在 4s 内可获得 130 万点云数据。

2）能对软质材料和超薄物件进行测量。

3）测量零件不像接触式设备受工作台限制，可获得大尺寸的零件数据，多次、分块扫描的数据能自动并接。

4）体积小、重量轻，便于携带到不同地点进行扫描。

非接触式测量的缺点是：

1）测量精度没有接触式高，一般为0.015~0.05mm。

2）受工件表面颜色及曲率影响大。

下面以手持式三维激光扫描仪为例介绍数据采集过程。图9-9为仪器主机，图9-10为对花盆进行扫描，扫描后获得的点云数据可保存为IGS文件格式，图9-11为用Imageware软件打开扫描获得的花盆IGS文件格式的三维图，图9-12为最后在Pro/E中完成的三维造型。

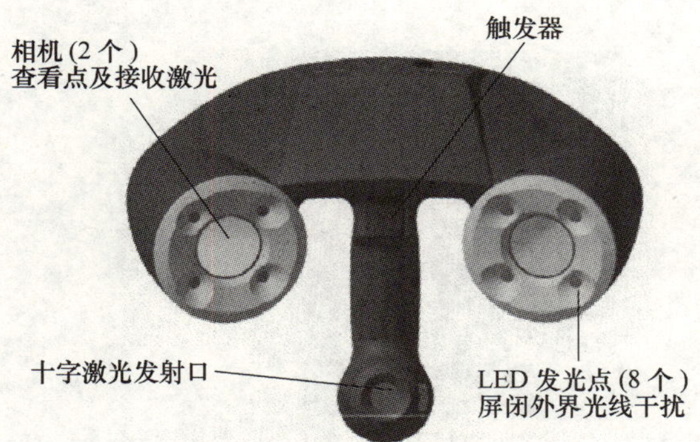

图9-9　手持式三维激光扫描仪主机

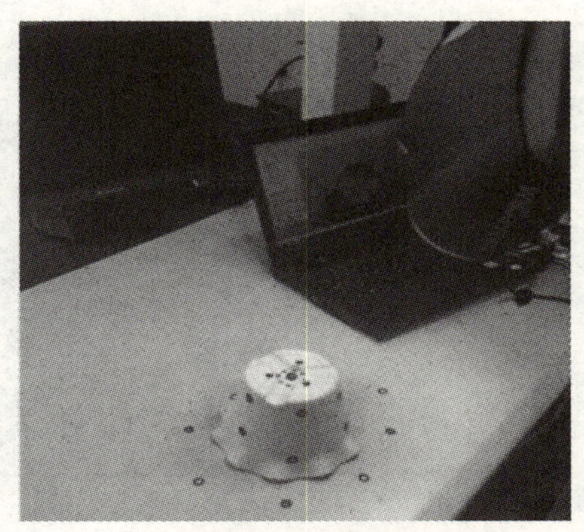

图9-10　手持式三维激光扫描仪扫描花盆

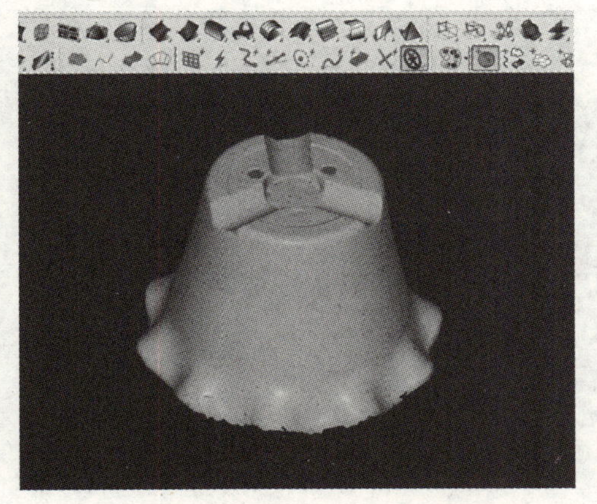

图9-11　扫描获得的花盆三维数据图

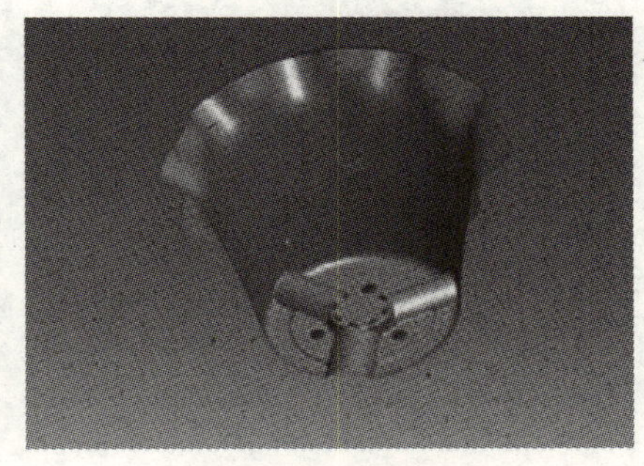

图9-12　在Pro/E中完成的三维造型

近年来，由于非接触式测量可对软质、薄形、有复杂外部形状和大尺寸的工件进行测量，还可对易碎、易变形的形体及精细花纹进行扫描，所以发展很快，为实现从实物→建立数学模型→CAD/CAE/CAM一体化提供了良好的硬件条件。测量对象和测量目的的不同，决定了测量过程和测量方法的不同。在实际三坐标测量采集数据时，应根据测量对象的特点以及设计工作的要求确定合适的扫描方法，并选择相应的扫描设备。例如，材质为硬质且形状较为简单、容易定位的物体，可使用接触式测量方法，对橡胶、油泥、人体头像或超薄物体进行扫描时，则需采用非接触式测量方法。图9-13、图9-14和图9-15为扫描获得表面数据的一些实例。

（2）根据三维轮廓数据重构曲面并建立CAD模型（重构曲面模型）　曲线、曲面拟合是逆向工程的另一个核心技术，即用处理的数据重构曲面模型，从而实现对零件的分析

a)　　b)　　c)

图 9-13　非接触扫描实例

a）雕塑　b）酒瓶　c）机械产品部件

a)

b)

图 9-14　植物树叶扫描

a）现实中的树叶　b）扫描结果

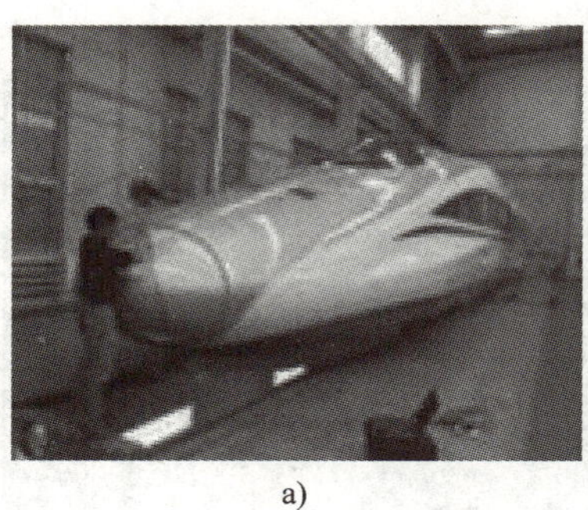

a)

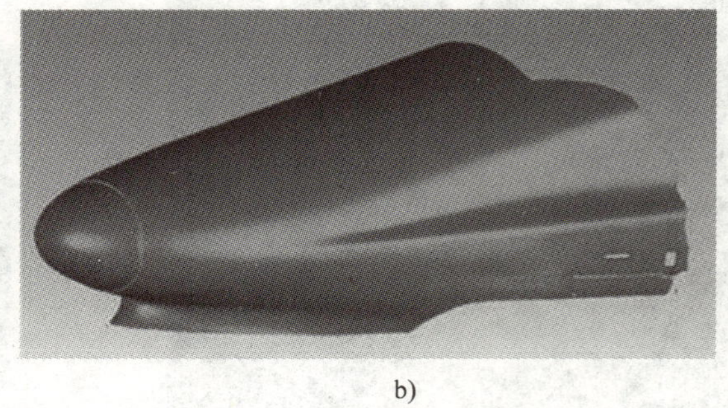

b)

图 9-15　动车头扫描

a）动车头扫描　b）扫描结果

和加工。曲面重建是根据测量得到的反映几何形体特征的一系列离散数据，在计算机上获得形体曲线曲面方程或直接建立 CAD 模型的过程。建立的 CAD 模型，还可以进行体积和面积等物理特性的计算分析、修改等。目前，处理大量点云的步骤是先处理数据点、从数据点提取曲线、由曲线构建线框模型、曲面重构。图 9-16 为 RE 流程图，图 9-17 所示为实物→数据采集→数据处理→三维造型这一过程。

目前常用的通用逆向工程软件有 Imageware、Surfacer、Geomagic 等，此外，一些大型参数化 CAD 软件也为逆向工程提供了设计模块。例如 Pro/E、UG、SolidWorks、Rhino 等软件也可以接受点云数据进行三维实体模型重构，如图 9-18、图 9-19 及上述图 9-11、图 9-12。

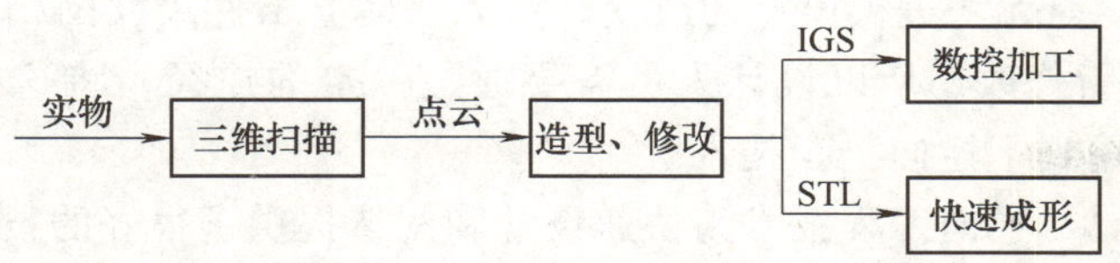

图 9-16　RE 流程图

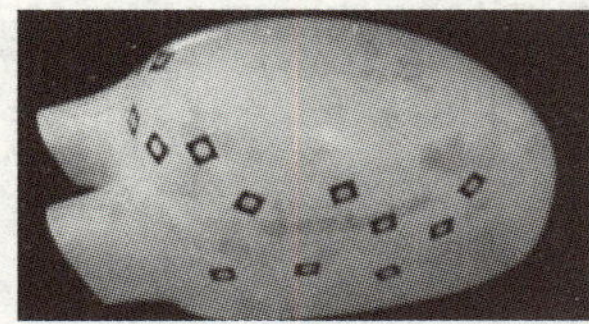  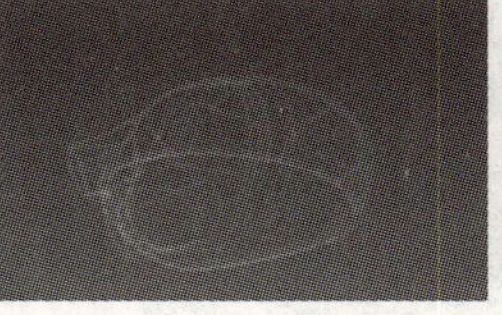 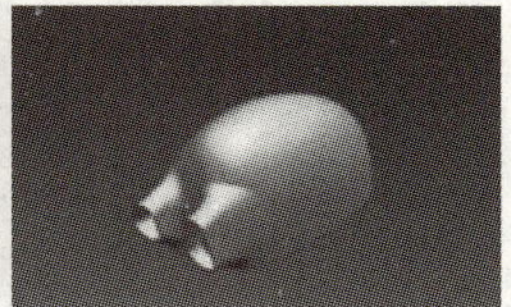

图 9-17　实物→数据采集→数据处理→三维造型过程

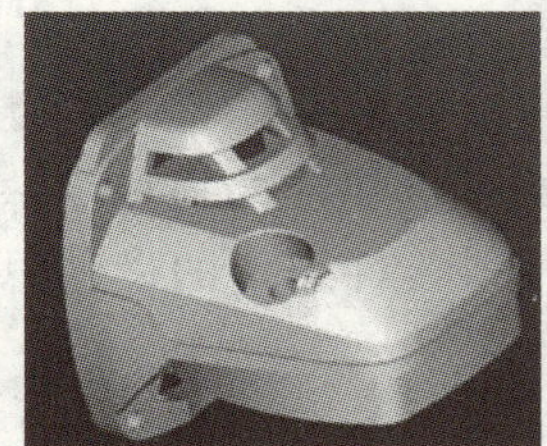  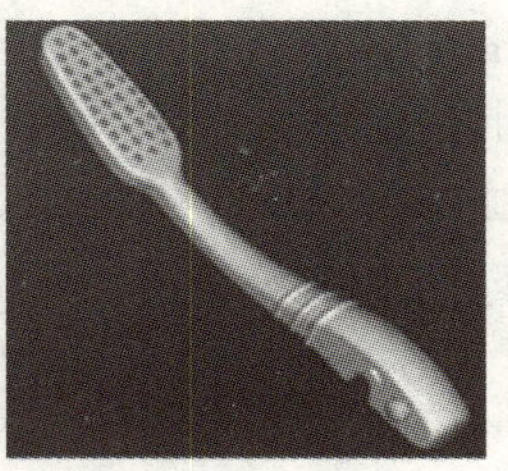

图 9-18　基于三维激光扫描技术设计的零件三维图

图 9-19　用 UG 软件设计的产品三维效果图

3. 逆向工程的应用

逆向工程最早应用于汽车、飞机等制造业，产品表面多为自由曲面，难以用精确的数学模型描述。设计时首先按照一定的比例制作实物模型，然后进行设计分析和设计评价并进行修改，直至满足各方面的要求，最后测量模型，依次进行产品的试制。

早期受条件的限制，采用传统手工测量的方法对模型进行测量，存在效率低、拟合精度差、对测绘人员要求高的缺点，在一定程度上制约了逆向工程的应用和发展。从 20 世纪 60 年代开始，随着计算机技术、CAD/CAM 技术及高精度坐标测量机的不断发展，数据采集可以借助坐标测量机自动或半自动完成，提高了测量效率和精度，使逆向工程技术在实践中获得了十分广泛的应用。逆向工程的应用主要有以下几方面：

(1) 产品仿制　在实际开发制造过程中，设计人员接收的技术资料可能不是各种数据类型的三维模型，很多时候，是从厂家得到产品的样品或实物模型，传统的机械仿制技术，一般是采用靠模铣，在仿制工程中只能等比例复制。采用数控仿型铣后，虽然可以进行不同比例的缩放，但无法进行设计的改变，更无法建立工件尺寸图档，因而无法用现有的 CAD 软件对其进行修改，所以设计人员需要通过一定的途径，将这些实物信息转化为 CAD 模型，这就应用到了逆向工程技术。

（2）新产品设计 逆向工程技术为快速设计和制造提供了很好的技术支持，它已成为工业设计信息传递重要而简洁的途径之一。随着工业技术的发展以及经济环境的改善，消费者对产品的要求越来越高。为赢得市场竞争，不仅要求产品在功能上要先进，而且在产品外观上也要美观。而在造型中针对产品外形的美观化设计，已不是传统训练下的机械工程师所能胜任的。一些具有美工背景的设计师们可利用 CAD 技术构想出创新的美观外形，再以不同方式制造出样件，最后再以三维尺寸测量的方式测量样件建立曲面模型。例如汽车外型设计广泛采用真实比例的木制或泥塑模型来评估设计的美学效果和流体风动试验，此时需用逆向工程的设计方法。

（3）旧产品改进 在工业设计中，很多新产品的设计都是从旧产品的改进开始。为了用 CAD 软件对原设计进行改进，首先要有原产品的 CAD 模型，然后在原产品的基础上进行改进设计。

（4）损坏或磨损产品的还原 对于修复破损的艺术品或缺乏供应的损坏零件等，此时不需要对整个零件原型进行复制，而是借助逆向工程技术抽取零件原形的设计思想，指导新的设计，这是由实物逆向推理出设计思想的一种渐近过程。

（5）数字化模型的检测 例如检验产品的变形分析、焊接质量等，特别对于有复杂曲面外形的零件，可以扫描实际制造出的零件，用获得的数据与 CAD 模型进行比较分析，则可得出各部分的误差。图 9-20 为逆向工程应用示意图，图 9-21 为扫描点云数据与 CAD 模型比较结果，不同颜色表示误差大小。

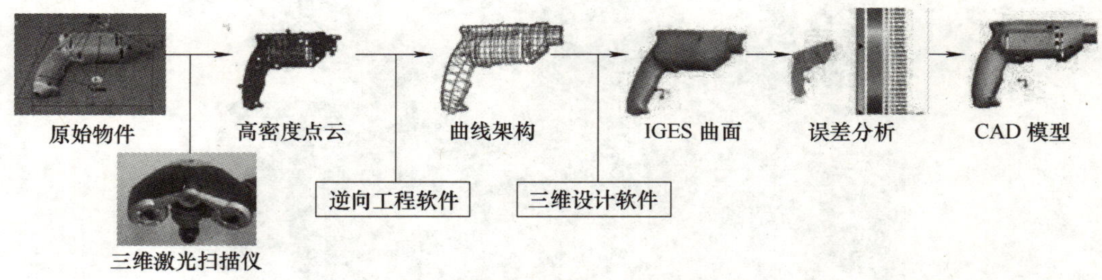

图 9-20 逆向工程应用示意图

（6）设计需要通过实验测试才能定型的工件模型时，通常采用逆向工程的方法 比如航空航天领域，为了满足产品对空气动力学等的要求，首先要求在初始设计模型的基础上经过各种性能测试（如风洞实验等）建立符合要求的产品模型，这类零件一般具有复杂的自由曲面外形，最终的实验模型将成为设计这类零件及反求其模具的依据。

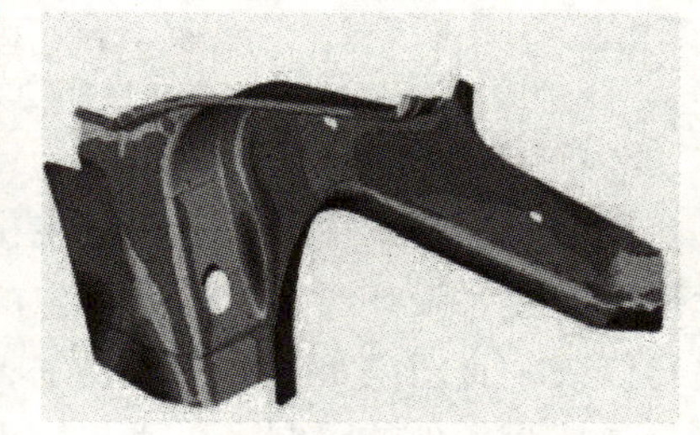

图 9-21 点云与 CAD 模型比对结果

（7）其他应用 产品的单件、小批量生产和用户对产品各自不同的一些特殊要求，也需要根据模型制作产品。例如具有个人特征的太空服、头盔、假肢等。此外，在计算机图形和动画建模、工艺美术、虚拟现实和医学仿真等领域，也经常需要根据实物快速建立三维几何模型，即要用到逆向工程技术。

4. 逆向工程应用实例

以塑料油壶制造为例说明逆向工程的应用。

（1）油壶三维数据获取　图 9-22 为装油用的塑料油壶样件实体照片，油壶容量 3.5L，材料为聚氯乙烯，吹塑成形，形状较复杂，多为不规则曲面。由于油壶外形由多曲面构成，采用常规方法无法测量，所以零件原型的最初数字化采用激光扫描机。图 9-23 为油壶三维激光扫描采集的数据点云图。

图 9-22　油壶样件实体照片

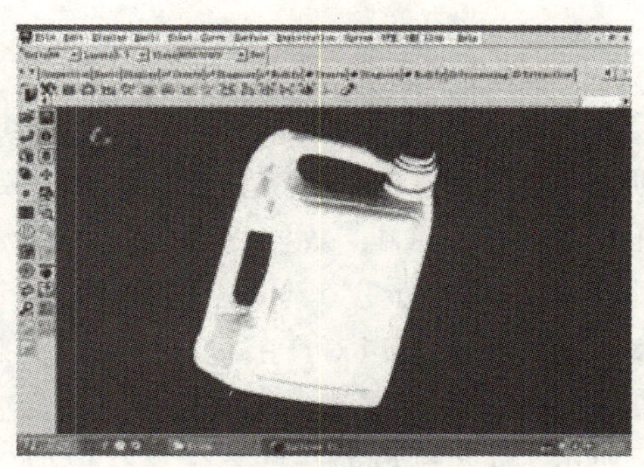

图 9-23　油壶三维激光扫描采集的数据点云图

（2）数据处理及三维模型的重构　由三维激光扫描机获得的数据可利用 Imageware、Surfacer、Geomagic 等软件进行三角网络计算、修补等，形成由油壶模型扫描数据构成的外形面模型，若由两次测量数据所构成的实体模型，在两个面拼合时，只需分别在两个面上选取若干个位置相近的点，则面与面就会自动拼合成一整体。由逆向工程设计软件提取线框模型，转换成 IGES 格式文件，再到三维 CAD 软件（如 Pro/E、SolidWorks、UG、Rhino 等）中进行再设计。图 9-24 即为在 Imageware 软件中处理、提取出线框特征保存为 IGES 文件后，用 Pro/E 打开的线框实体模型。

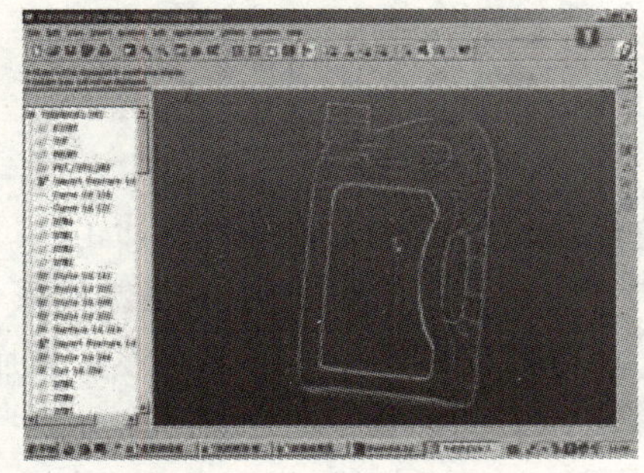

图 9-24　在 Pro/E 中设计的油壶线框实体模型

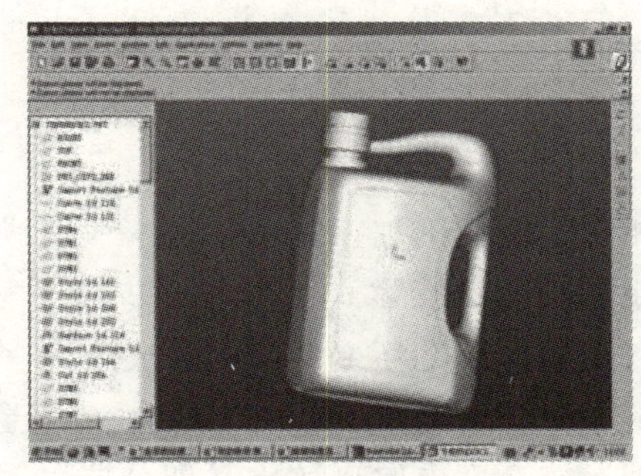

图 9-25　在 Pro/E 中生成的油壶实体模型

在 Pro/E 中打开经 Imageware 处理的 IGES 文件，在修改和再设计的基础上进行曲面重构，生成曲面模型，再由曲面模型生成实体模型，图 9-25 为在 Pro/E 中生成的油壶实体模型。生成的实体模型可供用户参考和修改，也可生成 STL 数据经曲面断层处理后，采用快速成形技术制作出一个实物供用户认可。

（3）吹塑模具加工及油壶挤出-吹塑成形　随着 CAD/CAM 软件和数控加工技术的发展，塑料模具制造发生了很大变化，时间越来越短、质量越来越高、形状越来越复杂。在 Pro/E 中完成实体模型设计后，可根据需要加放所需的收缩余量和脱模斜度等，还可使用软件中塑料模具设计模块完成模具设计，最后生成 IGES 文件数据，再传输给 CAM 软件（如 MasterCAM 等），进行刀具路径设定，产生数控代码，最后传送到加工中心将模具型腔加工出来。图 9-26 为采用逆向工程技术和通过挤出-吹塑成形工艺制造的塑料油壶。

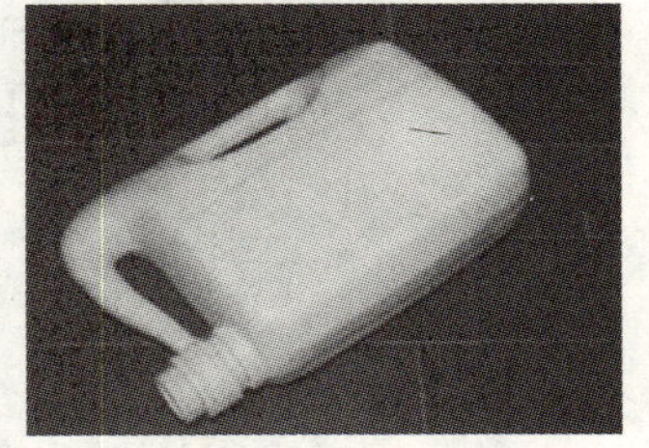

图 9-26　采用逆向工程技术和通过挤出-吹塑成形工艺制造的塑料油壶

9.2　快速成形技术

1. 快速成形技术概述

快速成形技术（Rapid Prototyping，RP，又称快速原型制造技术）是 20 世纪 80 年代后期发展起来的，被认为是近 20 年来制造领域的一次重大突破。快速成形技术综合了机械工程、CAD/CAM、数控技术、激光技术及材料科学技术，可以自动、直接、快速、精确地将设计思想转变为具有一定功能的原型或直接制造出零件。原型的制造甚至可以在办公室进行，从而可以对产品设计进行快速评估、修改和功能试验，大大缩短了产品的研制周期。特别是可以制造一些形状复杂（包括内部），常规机械加工无法加工的零件，图 9-27所示为 RP 制造的一些复杂形状模型。

a)

b)

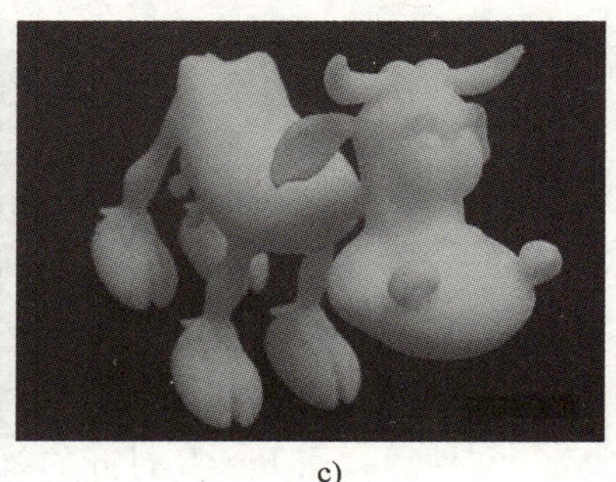
c)

图 9-27　采用 RP 制造的复杂形状模型

a）DNA 结构　b）建筑模型　c）工艺品

相对传统切削加工制造技术，快速成形基于一种全新的制造概念——增材加工法。它不同于传统的在模膛（型腔）内成形——“受迫成形”，如铸、锻、挤压和注塑成形等；也不同于切削掉毛坯上的余量而成形——“去除成形”，如车、铣、钻等；而是逐步添加材料成形——“添加成形”。它的基本原理是：根据计算机辅助设计所产生的零件三维数据进行处理，按高度方向离散化（即分层），用每一层的层面信息控制成形机对层面进行加工，当一层制作完后，再制造新的一层，这样层层堆积、重复进行，体积不断增加，直至整个零件加工完毕，相当于由许多二维体叠加成一个三维体。快速成形工艺过程如图9-28所示。与传统材料加工技术相比，快速成形具有以下鲜明特点：

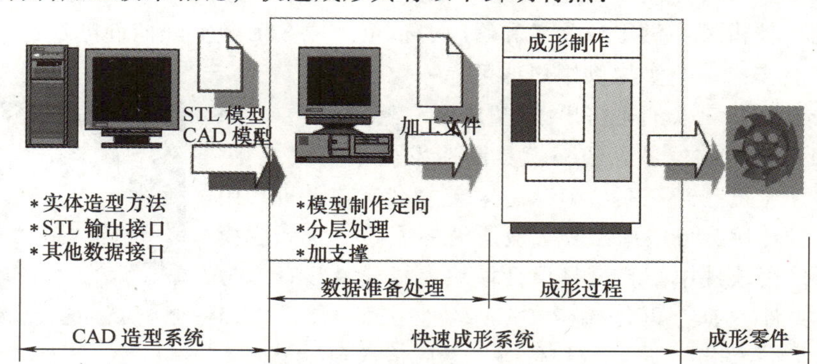

图 9-28　快速成形工艺过程示意图

1）数字化制造。

2）高度柔性和适应性，可以制造任意复杂形状的零件。

3）直接 CAD 模型驱动，和使用打印机一样方便快捷。

4）快速，从 CAD 设计到原型（或零件）加工完毕，只需几十分钟至几十小时。

5）材料类型丰富多样，包括树脂、纸、工程蜡、工程塑料（ABS 等）、陶瓷粉、金属粉、型砂等，可以在航空、机械、家电、建筑、医疗、工业设计等各个领域得到应用。

2. 快速成形技术方法与工艺

目前国内外的快速成形方法主要有：SLA（Stereo Lithography Apparatus，光固化成形法，又称树脂型）、LOM（Laminated Object Manufacturing，叠层法，又称切纸型）、SLS（Selective Laser Sintering，激光烧结法，又称烧粉型）、FDM（Fused Deposition Modeling，熔融挤压成形法，又称喷丝型）、3DP（Three Dimension Printing，三维打印法，又称粘粉型）。下面对这些典型方法的原理、特点和应用等分别进行阐述。

（1）光固化成形法　光固化成形法是最早出现的快速成形工艺。其原理是基于液态光敏树脂的光聚合原理。这种液态材料在一定波长和强度紫外光的照射下能迅速发生光聚合反应，相对分子质量急剧增大，材料从液态转变成固态。图 9-29 为光固化工艺原理图。其液槽中盛满液态光固化树脂，紫外激光束在偏转镜的作用下，在液体表面上扫描，扫描的轨迹及紫外激光的有无均由计算机控制，光点扫描到的地方液体就固化。成形开始时，工作平台在液面下一个确定的深度，液面始终处于紫外激光的焦平面，聚焦后的光斑在液面上按计算机的指令逐点扫描即逐点固化。当一层扫描完成后，未被照射的地方仍是液态树脂。然后升降台带动平台下降一层高度，已成形的层面上又布满一层树脂，刮平器将粘度较大的树脂液面刮平，然后再进行下一层的扫描，新固化的一层牢固地粘在前一层上，如此重复直到整个零件制造完毕，得到一个三维实体原型。

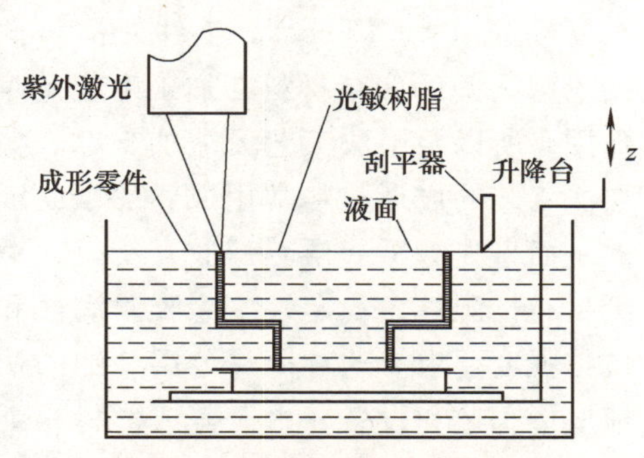

图 9-29　光固化工艺原理图

光固化成形法是目前 RP 技术领域中研究最多的方法，也是技术最为成熟的方法。该工艺成形的零件精度较高。通过改进截面扫描方式和树脂成形性能，使该工艺的精度达到 0.1mm，同时表面质量好、原材料利用率将近 100%，能制造形状特别复杂（如空心零件）、特别精细（如首饰、工艺品等）的零件。光敏树脂液相固化成形的应用有很多方面：可直接制作各种树脂功能件，用作结构验证和功能测试；可制作比较精细和复杂的零件；可制造出有透明效果的零件；制作出来的原型件还可快速翻制各种模具，如硅橡胶模、塑料模、陶瓷模、合金模、电铸模、环氧树脂模和气化模等。光固化工艺制作的零件后续可打磨，以将堆积的痕迹去除。光固化制造的零件常需要在紫外光的固化箱中二次固化，以保证零件的强度。由于激光头寿命有限且价格高，所以，光固化的设备费和运行费都高。图 9-30 为光固化成形设备，图 9-31 为光固化成形制造的样件。

（2）叠层法　叠层法工艺采用薄片材料，如纸、塑料和金属薄膜等。片材表面事先涂覆上一层热熔胶。成形时，用 CO_2 激光器在刚粘接的新层上切割出零件截面轮廓和工件外框，并在截面轮廓与外框之间多余的区域内切割出上下对齐的网格；激光切割完成后，工作台带动已成形的工件下降，与带状片材（料带）分离；供料机构转动收料轴和供料轴，带动料带移动，使新层移动到加工区域；工作台上升到加工平面；热压辊热压，工件的层数增加一层，高度增加一个料厚；再在新层上切割截面轮廓。如此反复，直至零件的所有截面切割粘接完成，得到三维实体零件，工艺原理如图 9-32 所示。

图 9-30　光固化成形设备

图 9-31　光固化成形制造的样件

叠层法工艺只需在片材上切割出零件截面的轮廓，而不用扫描整个截面。因此易于制造大型、实体零件，零件的精度较高（<0.15mm）。工件外框与截面轮廓之间的多余材料在加工中起支撑作用，所以叠层法工艺无需加支撑。叠层法工艺的成形材料常用成卷的纸，纸的一面事先涂覆一层热熔胶，所以，对纸材有抗湿性、稳定性、涂胶浸润性和抗拉强度要求。这种薄片分层叠加的快速成形工艺和设备，由于其成形材料纸张较便宜，运行成本和设备投资较低，故获得了一定的应用，可以用来制作汽车发动机曲轴、连杆、各类箱体、盖板等零部件的原形样件。但叠层法使用的材料品种单一、不适宜做薄壁原型，受湿度影响容易变形，强度差，材料利用率很低，无法制造内部有空腔的制品。此外 CO_2 激光器的使用寿命约为 1 万 h，二次投入大，所以近年来应用较少。图 9-33 为叠层法成形设备，图 9-34 为叠层法成形制造的电话机样件。

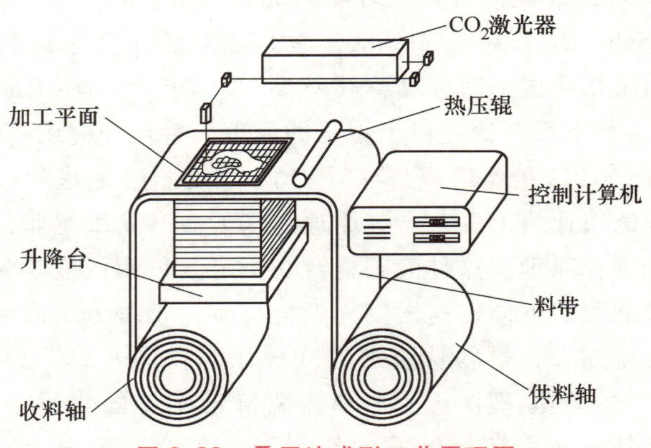

图 9-32　叠层法成形工艺原理图

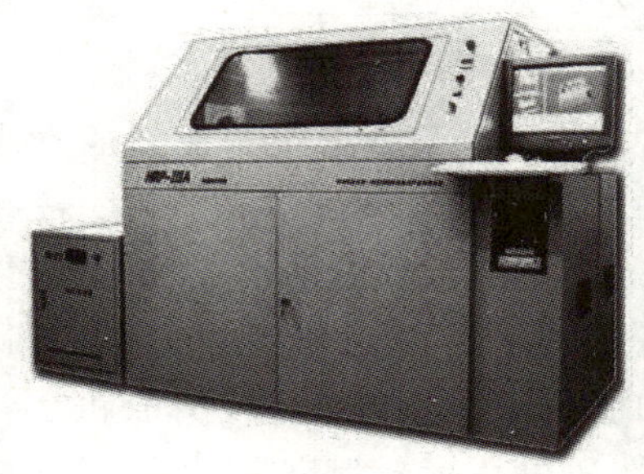

图 9-33　叠层法成形设备

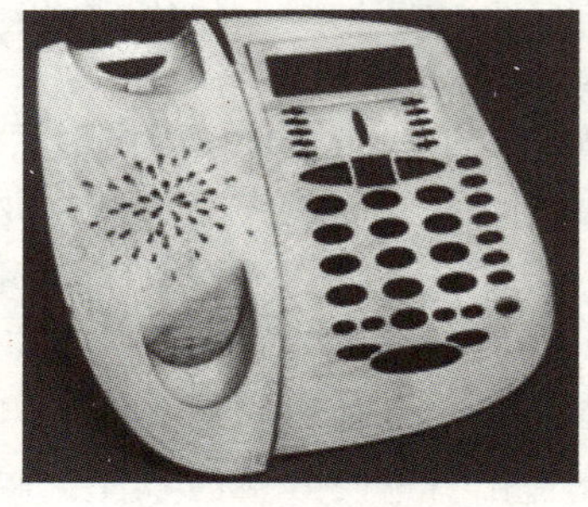

图 9-34　叠层法成形制造的电话机样件

（3）激光烧结法　激光烧结工艺是利用粉末材料（金属材料粉末或非金属材料粉末）在激光照射下烧结而达到粘结的原理，在计算机控制下层层堆积成形。如图 9-35 所示，采用 CO_2 激光器作为能源，在工作台上均匀铺上一层很薄（0.1~0.2mm）的粉末，激光束在计算机控制下按照零件分层轮廓有选择性地进行烧结，一层完成后再进行下一层烧结。全部烧结完后去掉多余的粉末，再进行打磨、烘干等处理便获得零件。

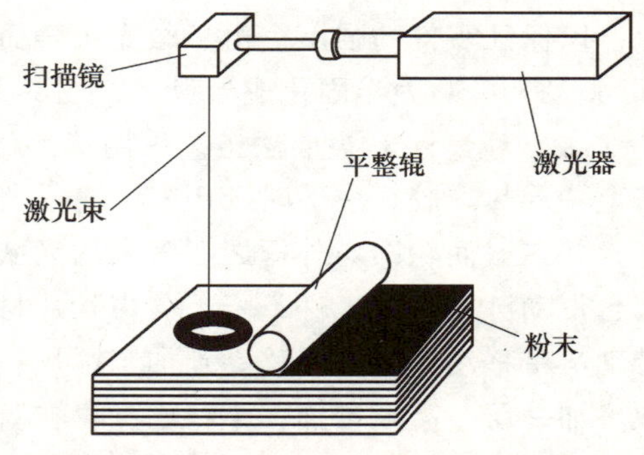

图 9-35　激光烧结成形工艺原理图

激光烧结工艺的特点是材料适应面广，不仅能制造塑料零件，还能制造陶瓷、石蜡等材料的零件。特别是可以直接制造金属零件，这使激光烧结工艺颇具吸引力。另一特点是激光烧结工艺无需加支撑，因为没有被烧结的粉末起到了支撑的作用。因此可以烧结制造空心、多层缕空的复杂零件。激光烧结烧结成形所用的材料，最初采用蜡粉及高分子塑料粉，现在利用金属或陶瓷粉进行粘接或烧结的工艺也已达到实用阶段。任何受热粘结的粉末都有被用做激光烧结原材料的可能性，原则上包括塑料、陶瓷、金属粉末及其复合粉。近年来为了提高原型的强度，激光烧结工艺材料的研究转向金属和陶瓷，已应用在制造飞机、航空发动机的零部件，这也正是激光烧结工艺优越于光固化成形法、叠层法工艺之处。激光烧结工艺还可以采用其他粉末，比如聚碳酸酯粉末，当烧结环境温度控制在聚碳酸酯软化点附近时，其线胀系数较小，进行激光烧结后，被烧结的聚碳酸酯材料翘曲较小，具有很好的工艺性能，其精度可达到 0.1 mm。

激光粉末烧结的应用范围与光固化成形工艺类似，可直接制作各种高分子粉末材料的功能件，用作结构验证和功能测试，并可用于装配样机。制件可直接作精密铸造用的蜡模和砂型、型芯，制作出来的原型件可快速翻制各种模具，如硅橡胶模、金属模、陶瓷模、环氧树脂模和汽化模等。图 9-36 为激光烧结成形设备，图 9-37 为激光烧结法制造的金属样件。

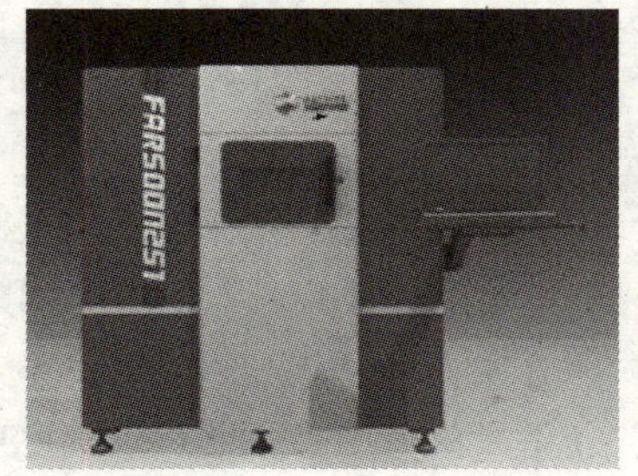

图 9-36 激光烧结成形设备

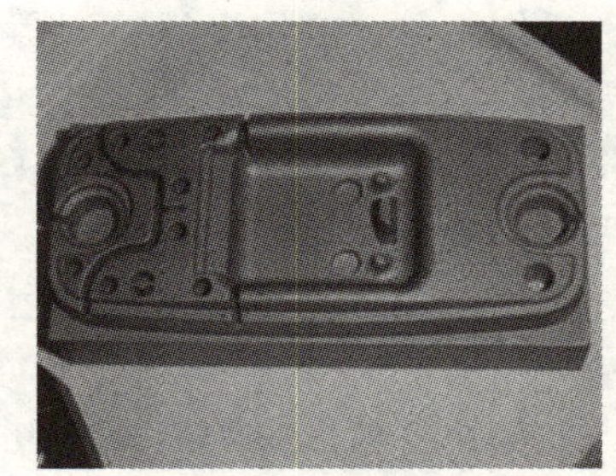

图 9-37 激光烧结法制造的金属样件

(4) 熔融挤压成形法 熔融挤压成形工艺是利用热塑性塑料的热熔性、粘结性，在计算机控制下层层堆积成形。熔融挤压成形法的原理是材料先抽成丝状，通过送丝机构送进喷头，在喷头内被加热熔化，喷头沿零件截面轮廓和填充轨迹运动，同时将熔化的材料挤出，材料迅速固化，并与周围的材料粘结，层层堆积成形。图9-38为熔融挤压成形原理图。该方法不用激光，因此使用、维护简单，成本较低。用石腊成形的零件原型，可以直接用于熔模铸造，用 ABS 工程塑料制造的原型因具有较高强度而在产品设计、测试与评估等方面得到广泛应用。由于以熔融挤压成形工艺为代表的熔融材料堆积成形工艺具有一些显著优点，所以该工艺发展极为迅速。

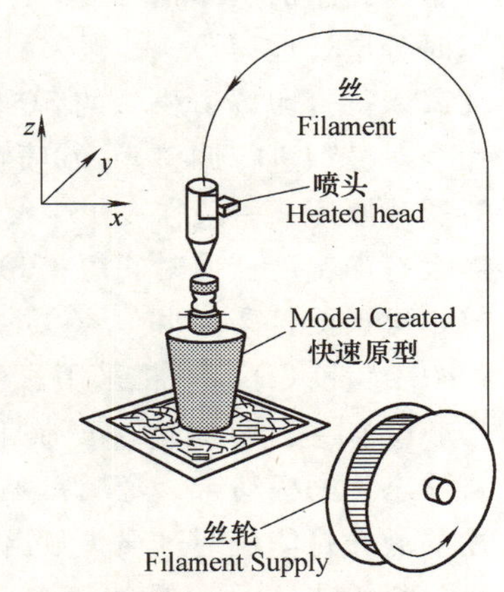

图 9-38 熔融挤压工艺原理图

熔融挤压成形设备的优点是其是国内外现有快速成形设备中运行成本最低的。此种工艺设备无需激光器，省掉二次投入的大量费用。此种工艺的特点是既可以将零件的壁做成网状结构，也可以将其做成实体结构。这样当零件壁内是网格结构时可以节省大量材料。由于原材料为经过改性适合 3D 打印的 ABS 塑料，或 PLA（聚乳酸，PolyLactice Acid，是一种生物降解绿色环保塑料）等，所以 1kg 材料可以制作大量原型。且原材料的品种多，原材料的更换只需要将丝盘更换即可，操作方便，利于用户根据不同的零件选择不同的材料。熔融挤压成形的零件成形样件强度好、易于装配，且在产品设计、测试与评估等方面得到广泛应用。图 9-39 为熔融挤压成形设备，图 9-40 为熔融挤压成形制造的样件。FDM 工艺的一大优点是可以成形任意复杂程度的零件，经常用于成形具有很复杂的内腔、孔等零件，其成形精度可以达到 0.15mm。

图 9-39　熔融挤压成形设备

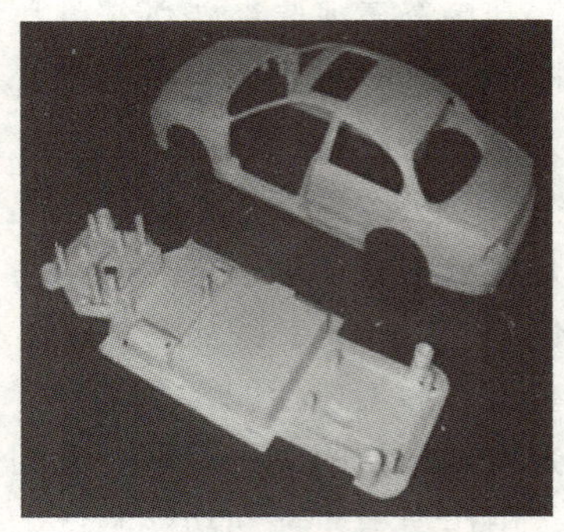

图 9-40　熔融挤压成形制造的样件

近年来，FDM 还在生命科学和医学领域得到发展应用。研究出的生物 3D 打印机（3D-Bioprinter）具有低温工作台、无菌化等特殊功能，打印用的材料为生物材料、水凝胶材料和活细胞等，应用于组织工程、药物开发、再生医学等生物医学领域。在 FDM 基础上发展的三维绘图打印技术（3D plotting）则与 FDM 不同，三维绘图打印不是连续微流挤出材料，而是采用微滴喷射技术（这点有些类似激光打印机），按需喷射出热塑性塑料堆积出零件，其精度高于 FDM。

随着科技进步，FDM 在设备和打印技术方面也发展很快，已实现多色打印，小型、低价格（小于 1 万元）桌面式 3D 打印机（FDM 原理）的出现，如图 9-41 所示，具有打印成本低、速度快、精度高的优点，为 3D 打印技术推广应用发挥了重要作用。桌面 3D 打印机典型操作步骤为：①在 Pro/E、Rhino 等三维设计软件中设计零件三维模型（所画图须完整、封闭的实体）；②保存为 3D 打印所需的 STL 文件格式（STL 文件格式适用于 3D 打印时分层处理需要，一般 CAD 软件都有此功能）；③启动 3D 打印机程序进入操作界面；④载入待打印 STL 格式的 3D 模型；⑤调整模型（可通过菜单栏上的旋转、移动、缩放等命令对模型进行调整）；⑥喷嘴与工作台位置调整，打印平台预热；⑦设置打印参数（设置层片厚度，一般在 0.15~0.4mm 可调，支撑设置等），厚度小打印精度高但时间长，厚度大打印精度低但时间短；⑧预估打印（根据打印零件设定的尺寸大小、厚度和支撑设置等，可预测打印时间）；⑨开始打印（喷头加热，温度达到约 260℃ 后，开始打印）。图 9-42表示该 3D 打印机采用彩色丝料打印零件。

（5）三维打印法　三维打印法工艺与激光烧结法工艺类似，采用粉末材料成形，如石膏粉末、陶瓷粉末，金属粉末。不同的是材料粉末不是通过烧结连接起来，而是类似办公用的激光打印机通过喷头喷出墨水，只是这里喷头喷出的是粘接剂，将零件截面“印刷”在材料粉末上面。具体工艺过程如下：上一层粘结完毕后，成形箱下降一个层厚距离（0.013~0.1mm 可调），供粉桶上升一高度，推出若干粉末，并被铺粉辊推到成形箱，铺平并被压实；喷头在计算机的控制下，按下一建造截面的成形数据，有选择地喷射粘结剂建造层面；铺粉辊铺粉时多余的粉末被集粉装置收集。如此周而复始地送粉、铺粉和喷射粘结剂，最终完成一个三维粉体的粘结，如图 9-43 所示。未被喷射粘结剂的地方为干粉，在成形过程中起支撑作用，这样当成形结束后，干粉比较容易去除。该工艺的特点是成形速度快，成形材料价格低，适合做桌面型的快速成形设备，并且可以在粘结剂中添加颜料，制作彩色三维实物，这是该工艺最具竞争力的特点之一。彩色原型能使交流更加有效，还能用于应力分析和热力分析，显示产品标签，能够更准确地反映最终产品的外观。

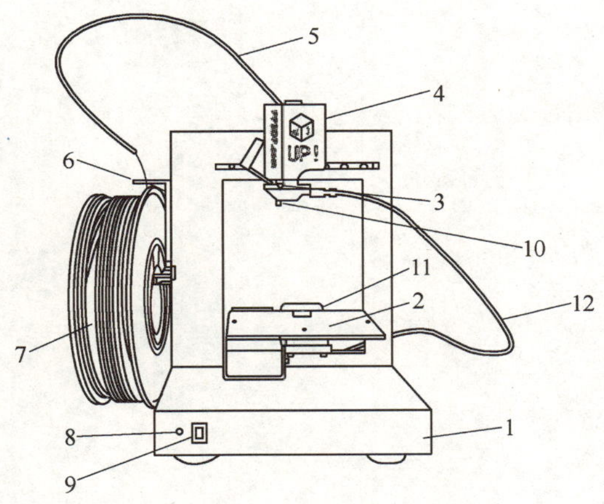

图 9-41　小型桌面 3D 打印机

1—基座　2—打印平台　3—喷嘴　4—喷头　5—丝管
6—材料挂轴　7—丝材　8—信号灯　9—初始化按钮
10—水平校准器　11—自动对高块　12—3.5mm 双头线

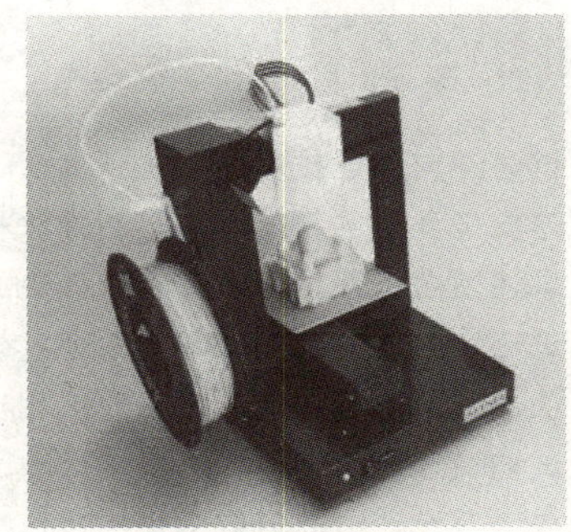

图 9-42　桌面 3D 打印机采用彩色丝料打印零件

图 9-44 为三维打印设备，其成形精度可以达到 0.15mm，图 9-45 为三维打印法制造的彩色房屋模型。三维打印法的不足是成形件的强度较低。表 9-1 为上述几种不同的 RP 工艺的比较。

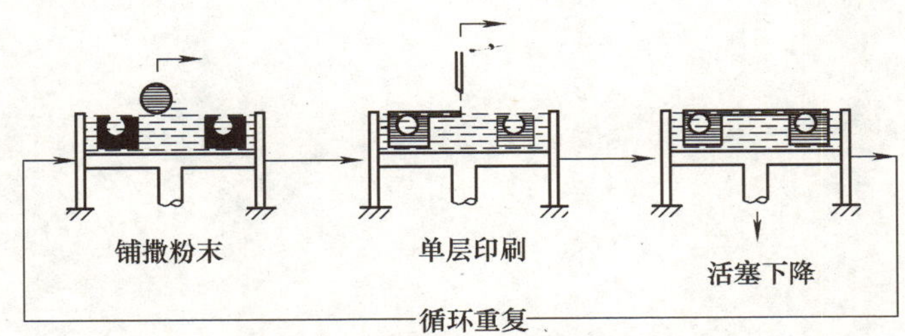

图 9-43　三维打印法工艺原理图

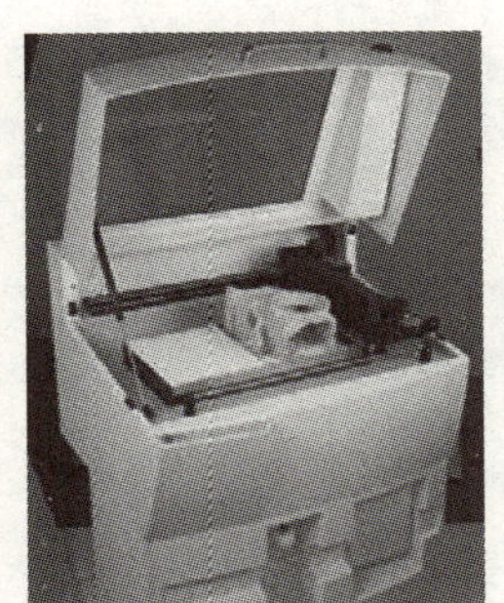

图 9-44　三维打印设备

图 9-45　三维打印法制造的彩色房屋模型

表 9-1　不同 RP 工艺比较

RP 工艺	精度	表面质量	材料成本	材料利用率	运行成本	生产效率	设备费用	适用范围
SLA	好	优	较贵	接近 100%	较高	高	贵	广
LOM	一般	较差	较便宜	10%~30%	较低	一般	较便宜	窄
SLS	一般	一般	较贵	接近 100%	较高	一般	较贵	较广
FDM	一般	一般	便宜	接近 100%	低	较低	较便宜	较广
3DP	一般	一般	较便宜	接近 100%	较低	高	较贵	较广

复习思考题

9-1　试述逆向工程技术的方法。

9-2　逆向工程技术与传统的复制方法相比有哪些优点？

9-3　试述逆向工程技术在工业设计中的应用。

9-4　试述快速成形制造的基本原理。

9-5　快速成形制造与传统机械加工相比有哪些优点？

9-6　试述快速成形制造在工业设计中的应用。

9-7　在工业设计中如何应用快速成形技术？

materials & technics

第10章 新材料、新技术与新工艺

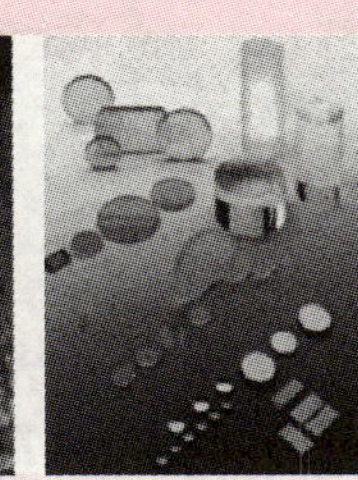
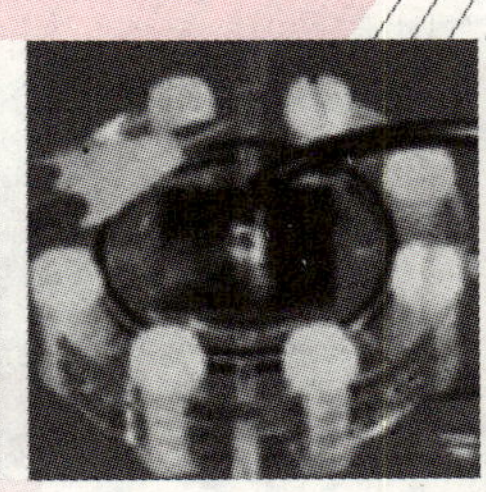
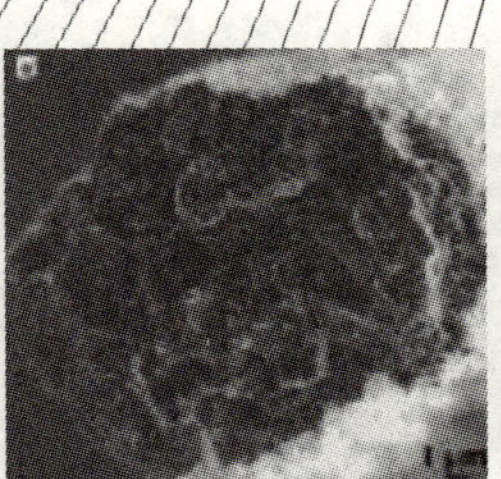

10.1　新材料

新材料是指那些新出现或已在发展中、具有传统材料所不具备的优异性能和特殊功能的材料。新材料与传统材料之间并没有截然的分界，新材料是在传统材料基础上发展而成的，传统材料经过组成、结构设计和工艺上的改进，从而提高材料性能或出现新的特性都可发展成为新材料。新材料作为高新技术的基础和先导，应用范围非常广泛，它同信息技术、生物技术一起成为21世纪最重要和最具发展潜力的领域。同传统材料一样，新材料可以从结构组成、功能和应用领域等多种不同角度对其进行分类，不同的分类之间相互交叉和嵌套，目前，新材料一般按应用领域和研究热点进行分类，主要有：电子信息材料、新能源材料、纳米材料、先进复合材料、先进陶瓷材料、生态环境材料、新型功能材料（含高温超导材料、磁性材料、金刚石薄膜、功能高分子材料等）、生物医用材料、高性能结构材料、智能材料、新型建筑及化工新材料等。

1. 电子信息材料

电子信息材料是指在微电子、光电子技术和新型元器件基础产品领域中所用的材料，主要包括以单晶硅为代表的半导体微电子材料，图10-1所示为制造集成电路用的硅晶圆片及制造的芯片；以激光晶体为代表的光电子材料；以介质陶瓷和热敏陶瓷为代表的电子陶瓷材料；以钕铁硼（NdFeB）永磁材料为代表的磁性材料；光纤通信材料；以磁存储和光盘存储为主的数据存储材料；压电晶体与薄膜材料；以储氢材料和锂离子嵌入材料为代表的绿色电池材料等。这些基础材料及其产品支撑着通信、计算机、信息家电与网络技术等现代信息产业的发展。电子信息材料的总体发展趋势是向着大尺寸、高均匀性、高完整性以及薄膜化、多功能化和集成化方向发展。当前的研究热点和技术前沿包括以柔性晶体管、光子晶体、碳纳米管、石墨烯、SiC、GaN、ZnSe等半导体材料为代表的第三代半导体材料、有机显示材料以及各种纳米电子材料等。高分子材料将在高性能结构材料、信息记录材料、功能膜及非线性光学材料等方面发挥越来越重要的作用，液晶材料将在液晶平板显示、生物膜理论、液晶温度传感器、液晶压力传感器、分析化学中得到广泛应用。

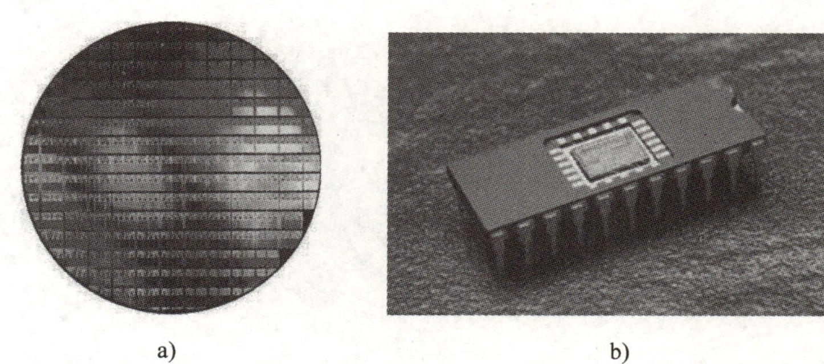

a)　　　b)

图10-1　硅晶圆片及制造的芯片

a）硅晶圆片　b）芯片

2. 新能源材料

新能源和可再生清洁能源技术是21世纪世界经济发展中最具有决定性影响的五个技术领域之一，新能源包括太阳能、生物能、核能、风能、地热、海洋能等一次能源以及二

次能源中的氢能等。新能源材料则是指实现新能源的转化和利用以及发展新能源技术所要用到的关键材料。主要包括以储氢电极合金材料为代表的镍氢电池材料、嵌锂碳负极，以 $LiCoO_2$ 正极为代表的锂离子电池材料、燃料电池材料，以硅半导体材料为代表的太阳能电池材料，以及以铀、氘、氚为代表的反应堆核能材料等。当前的研究热点和技术前沿包括高能储氢材料、聚合物电池材料、中温固体氧化物燃料电池电解质材料、燃料电池材料、多晶薄膜材料等。图 10-2 所示为安装在建筑物上的太阳能电池板。

图 10-2　安装在建筑物上的太阳能电池板

3. 纳米材料

纳米材料是指由尺寸小于 100nm（0.1~100nm）的超细颗粒构成的具有小尺寸效应的零维、一维、二维、三维材料的总称。纳米材料的概念形成于 20 世纪 80 年代中期，由于纳米材料具有特异的光、电、磁、热、力学等性能，纳米技术迅速渗透到材料的各个领域，成为当前世界科学研究的热点。按物理形态分，纳米材料大致可分为纳米粉末、纳米纤维、纳米膜、纳米块体和纳米相分离液体等五类。尽管目前实现工业化生产的纳米材料还不多，基本上还处于实验室的研究阶段，大规模应用还要一段时间，但毫无疑问，以纳米材料为代表的纳米科技必将对经济和社会发展产生重大的影响。当前的研究热点和技术前沿包括：以碳纳米管为代表的纳米组装材料；纳米陶瓷和纳米复合材料等高性能纳米结构材料；纳米涂层材料的设计与合成；单电子晶体管、纳米激光器和纳米开关等纳米电子器件的研制；超高密度信息存储材料等。

4. 先进复合材料

复合材料按用途主要可分为结构复合材料和功能复合材料两大类。结构复合材料主要作为承力结构使用，由能承受载荷的增强体组元（如玻璃、陶瓷、碳素、高聚物、金属、天然纤维、织物、晶须、片材和颗粒等）与能连接增强体同时又起传力作用的基体组元（如树脂、金属、陶瓷、玻璃、碳和水泥等）构成。图 10-3 所示为采用复合材料制造的风力发电机桨叶。功能复合材料是指除力学性能以外还提供其他物理、化学、生物等性能的复合材料。包括压电、导电、雷达隐身、永磁、光致变色、吸声、阻燃、生物自吸收等种类繁多的复合材料，具有广阔的发展前途。未来的功能复合材料的比例将超过结构复合材料，成为复合材料发展的主流。未来复合材料的研究方向主要集中在纳米复合材料、仿生复合材料和发展多功能、机敏、智能复合材料等领域。

图 10-3　采用复合材料制造的风力发电机桨叶

5. 生态环境材料

生态环境材料是人类在认识到生态环境保护的重要战略意义和世界各国纷纷走可持续发展道路的背景下提出来的，是材料科学与工程研究发展的必然趋势。一般认为，生态环境材料是具有满意的使用性能，同时又被赋予优异的环境协调性的材料。这类材料的特点是消耗的资源和能源少，对生态和环境污染小，再生利用率高，而且从材料制造、使用、废弃直到再生循环利用的整个寿命过程，都与生态环境相协调。主要包括：环境相容材料，如纯天然材料（木材、石材等）、仿生物材料（人工骨、人工器脏等）、绿色包装材料（绿色包装袋、包装容器）、生态建材（无毒装饰材料等）、环境降解材料（生物降解塑料等）和环境工程材料，如环境修复材料、环境净化材料（分子筛、离子筛材料）、环境替代材料（无磷洗衣粉助剂）等。生态环境材料的研究热点和发展方向包括再生聚合物（塑料）的设计、材料环境协调性评价的理论体系、降低材料环境负荷的新工艺、新技术和新方法等。

6. 生物医用材料

生物医用材料是一类用于诊断、治疗或替换人体组织、器官或增进其功能的新型高技术材料，是材料科学技术中的一个正在发展的新领域，不仅技术含量和经济价值高，而且与患者生命和健康密切相关。近 10 多年以来，生物医用材料及制品市场一直保持 20%左右的增长率。生物医用材料按材料组成和性质分为医用金属材料、医用有机高分子材料、生物陶瓷材料和生物医学复合材料等。金属、陶瓷、有机高分子及其复合材料是应用最广的生物医用材料。按应用生物医用材料又可分为可降解与吸收材料、组织工程材料与人工器官、控制释放材料、仿生智能材料等。如采用可吸收材料，用 3D 打印技术制造的人工骨，通过成骨细胞因子的作用，患者的缺损骨会自行生长，而植入的“人造骨”会慢慢降解、吸收，直至消失，被自身生长骨替代。图 10-4 为采用 3D 打印技术制造的人体器官。

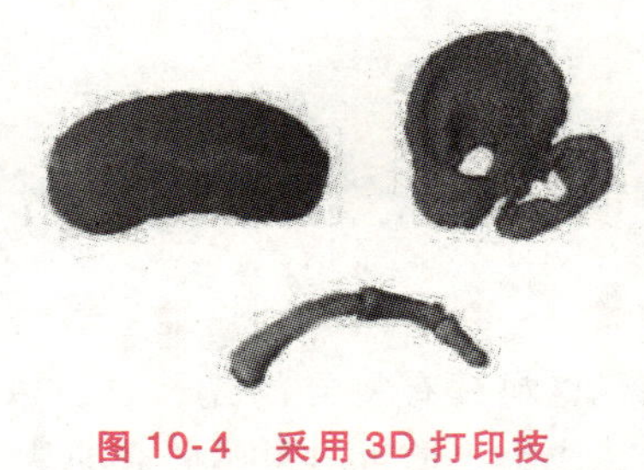

图 10-4　采用 3D 打印技术制造的人体器官

生物医用材料的研究和发展方向主要为：

1）改进和发展生物医用材料的生物相容性评价。

2）研究新的降解材料。

3）研究具有全面生理功能的人工器官和组织材料。

4）研究新的药物载体材料。

5）材料表面改性的研究。

7. 智能材料

智能材料是模仿生命系统，能感知环境变化并能实时改变自身的一种或多种性能参数，作出所期望的、能与变化后的环境相适应的复合材料或材料的复合。智能材料是一种集材料与结构、智能处理、执行系统、控制系统和传感系统于一体的复杂的材料体系。它的设计与合成几乎横跨所有的高技术学科领域。构成智能材料的基本材料组元有压电材料、形状记忆材料、光导纤维、电（磁）流变液、磁致伸缩材料和智能高分子材料等。智能材料的出现将使人类文明进入一个新的高度，但目前距离实用阶段还有一定的距离。今后的研究重点为：①智能材料概念设计的仿生学理论研究；②材料智能特性及智能评价体系的研究；③耗散结构理论应用于智能材料的研究；④机敏材料的复合—集成原理及设计理论；⑤智能结构集成的非线性理论；⑥仿人工智能控制理论。

8. 高性能结构材料

结构材料指以力学性能为主的工程材料，它是国民经济中应用最为广泛的材料，从日

用品、建筑到汽车、军舰、飞机、卫星和火箭等，均以某种形式的结构框架获得其外形、大小和强度。钢铁、非铁合金等传统材料都属于此类。高性能结构材料一般指具有更高的强度、硬度、塑性、韧性等力学性能，并适应特殊环境要求的结构材料。包括新型金属材料、高性能结构陶瓷材料和高分子材料等。图 10-5 所示为我国先进的歼-10B 第三代战机，其发动机、机体等部件，采用了许多高性能结构材料制造而成。当前高性能结构材料的研究热点包括：高温合金、新型铝合金和镁合金、高温结构陶瓷材料和高分子材料等。

图 10-5　我国先进的歼-10B 战机

9. 功能材料

功能材料是指表现出除力学性能以外的电、磁、光、生物、化学等特殊性质的材料。除前面介绍过的信息、能源、纳米、生物医用等材料外，新型功能材料主要还包括高温超导材料、磁性材料、金刚石薄膜、功能高分子材料等。当前的研究热点包括：纳米功能材料、纳米晶稀土永磁和稀土储氢合金材料、大块非晶材料、高温超导材料、磁性形状记忆合金材料、磁性高分子材料及金刚石薄膜的制备技术等。

图 10-6　采用新型建筑材料的苏通长江大桥

10. 新型建筑材料

新型建筑材料主要包括新型墙体材料、化学建材、新型保温隔热材料、建筑装饰装修材料等。其中化学建材包括建筑塑料、建筑涂料、建筑防水、密封材料、隔热保温材料、隔声材料、特种陶瓷、建筑胶粘剂等。图 10-6 为在桥墩、斜拉钢绳、桥面沥青等采用了新型建筑材料建成的苏通长江大桥。

11. 先进陶瓷材料

先进陶瓷材料是指采用特殊的无机化合物为原料，用先进的制备工艺技术制造的性能优异的产品。根据工程技术对产品使用性能的要求，制造的产品可以具有压电、铁电、导电、半导体、磁性等或具有高强、高韧、高硬、耐磨、耐蚀、耐高温、高热导、绝热和良好生物相容性等优异性能。先进陶瓷材料一般分为结构陶瓷、陶瓷基复合材料和功能陶瓷三类。大部分功能陶瓷在电子工业中的应用十分广泛，通常也称为电子陶瓷材料。如用于制造芯片的陶瓷绝缘材料、陶瓷基板材料、陶瓷封装材料以及用于制造电子器件的电容器陶瓷、压电陶瓷、铁氧体磁性材料等。当前的研究热点包括陶瓷材料的强韧化技术、纳米陶瓷材料的制备合成技术、先进结构陶瓷材料体系的设计以及电子陶瓷材料的高匀、超细技术。图 10-7 是外层为耐高温陶瓷材料的神舟号飞船返回舱，能够经受重返大气层时表面高达 1600℃ 的高温。

图 10-7　外层为陶瓷材料的神舟飞船返回舱

10.2 新技术

新技术泛指根据生产实践经验和自然科学原理而发展成的各种新的工艺操作方法与技能，或者在原有技术上的改进与革新。新技术是在产品生产过程中采用新的技术原理、新的设计构思及新的工艺装备等，对提高生产效率、降低生产成本、改善生产环境、提高产品质量以及节能降耗等某一方面较原技术有明显改进，并对提高经济效益具有一定作用的技术。如现代制造技术中的快速成形技术、逆向工程技术及绿色制造技术等就是新技术。现代制造技术是传统制造技术不断吸收机械、电子、信息、材料、能源及现代管理技术的最新成果，将其综合应用于制造全过程，实现优质、高效、低能、清洁、灵活生产，取得理想技术经济效果的制造技术总称。而新产品是指在一定区域或行业范围内具有先进性、新颖性和适用性的民用工业产品、技术，是指采用新技术原理、新设计构思研制生产的全新产品，或在结构、材质、工艺等某一方面有所突破或比原产品有明显改进，从而显著提高产品性能或扩大使用功能，并对提高经济效益具有一定作用的产品。从市场营销的角度看，凡是企业向市场提供的过去没有生产过的产品也都叫新产品。

图 10-8　自动驾驶汽车

如汽车自动驾驶技术（图 10-8），不仅能在高速、狭小城市街道中自如穿梭，也可以在弯曲的山路上疾驰，还可以在停车场上找车位、收费站自动停车。更为惊奇的是，还曾精确地完成了驾驶桩考。4D 打印技术，就是在传统 3D 打印的概念中加入了时间元素，被打印物体可以随着时间的推移而在形态上发生自我调整，打印过程不再是创造过程的终结，而仅仅是一个开始。眼球追踪屏幕技术，用眼球来操纵手机屏幕，用户可利用眼球运动来滚动页面。当软件探测到用户眼睛已注视手机屏幕可视文本的最末端时，将自动滚屏，显示下一页面。计算机应用软件能探测眼球运动，并根据这样的运动来滚动移动设备，包括手机、智能手机和平板电脑的显示屏，帮助用户缩放、居中及打开窗口等。弯曲手机技术，屏幕会弯曲，它的显示器采用有机发光二极管作为材料，并用塑料取代玻璃作为表层。可弯曲的智能手机相比现在所用的智能手机重量更轻、更耐用和便于携带。以下介绍在工业设计中常需考虑的绿色产品及相关绿色制造技术。

1. 绿色产品

绿色产品就是在其生命过程（设计、制造、使用和销毁过程）中，符合特定的环境保护和人类健康的要求，对生态环境无害或危害极小，资源利用率最高，能源消耗最低的产品。未来市场竞争的深化，焦点不仅是产品的质量、寿命、功能和价格，而同时是更加关心产品对环境带来的不良影响。

绿色产品的特征是：小型化（少用材料）、多功能（一物多用）、使用安全和方便（对健康无害）、可回收利用（减少废弃物和污染）。

产品的“绿色度”是衡量产品满足上述特征的程度，目前还不能定量地加以描述。但是，绿色度将是未来产品设计主要考虑的因素，它包括：

（1）制造过程的绿色度　材料的选用与管理以及制造过程和工艺都要利于环境保护和

工人健康，废弃物和污染排放少，节约资源，减少能耗。

（2）使用过程的绿色度 产品在使用过程中能耗低，使用方便，不对使用者造成不便和危害，不产生新的环境污染。

（3）回收处理的绿色度 产品在使用寿命完结或废弃淘汰时易于降解或销毁。

2. 绿色制造技术

制造业是创造财富的主要产业，但同时又是大量消耗人类社会有限资源，并且是污染环境的主要根源。20世纪70年代以来，工业污染所导致的全球性环境恶化达到了前所未有的程度，整个地球面临资源短缺、环境恶化、生态系统失衡的全球性危机。20世纪的100年消耗掉了几千年甚至上亿年才能形成的自然资源。工业界已逐渐认识到，工业生产对环境质量的损害不仅严重影响了企业形象，而且不利于市场竞争，直接制约着企业的发展。可持续发展的制造业应是以不损害当前生态环境和不危害子孙后代的生存环境为前提，应是最有效地利用自然资源（能源和材料），使用可再生能源和最低限度产生废弃物和排放污染物，以更清洁的工艺制造绿色产品的产业。一种干净而有效的工业经济，应是能够模仿自然界具有材料再循环利用能力，同时又产生最少废弃物的经济。

绿色制造是综合考虑环境影响和资源利用效率的现代制造模式，其目标是使产品从设计、制造、包装、运输、使用到报废处理的整个生命周期内，废弃资源和有害排放物最少，即对环境的负面影响最小，对健康无害，资源利用率最高。

绿色制造的核心内容是：用绿色材料、绿色能源，经过绿色的生产过程（绿色设计、绿色工艺技术、绿色生产设备、绿色包装、绿色管理等）生产出绿色产品。

实现绿色制造的途径有三条：一是改变观念，树立良好的环境保护意识，并体现在具体行动上，可通过加强立法、宣传教育来实现；二是针对具体产品的环境问题，采取技术措施，即采用绿色设计、绿色制造工艺、产品绿色程度的评价机制等解决所出现的问题；三是加强管理，利用市场机制和法律手段，促进绿色技术、绿色产品的发展和延伸。

10.3 新工艺

工艺的定义为：工艺是劳动者利用生产工具对各种原材料、半成品进行增值加工或处理，最终使之成为产品的方法和过程。新工艺就是新的方法或程序。机械制造工艺是将各种原材料、半成品加工成机械产品的方法和过程，是机械工业的基础技术之一。机械制造工艺的内涵可以用图10-9机械制造工艺流程图来表示。

从图10-9可见，机械制造工艺流程主要由原材料和能源供应、毛坯和零件成形、零件机械加工、材料改性与处理、装配与包装、搬运与储存、检测与质量监控、自动控制装置与系统八个工艺环节组成。按其功能不同，主要分为三类：①直接改变工件的形状、尺寸、性能以及决定零件相互位置关系的加工过程，如毛坯制造、机械加工、热处理、表面处理、装配等，它们直接创造附加价值；②搬运、储存、包装等辅助工艺过程，它们间接创造附加价值；③如检测、自动控制等，并不独立构成工艺过程，而是通过提高前两类工艺过程的技术水平及质量来发挥作用。新工艺则是在原有工艺基础上进行改进或新研发出的方法、过程或流程。

新材料、新技术和新工艺往往是相互关联而不严谨区分的，往往一项新产品中包含着新技术和新工艺。无论是飞机、高铁、高楼、大桥、汽车、超级工程和大国重器，还

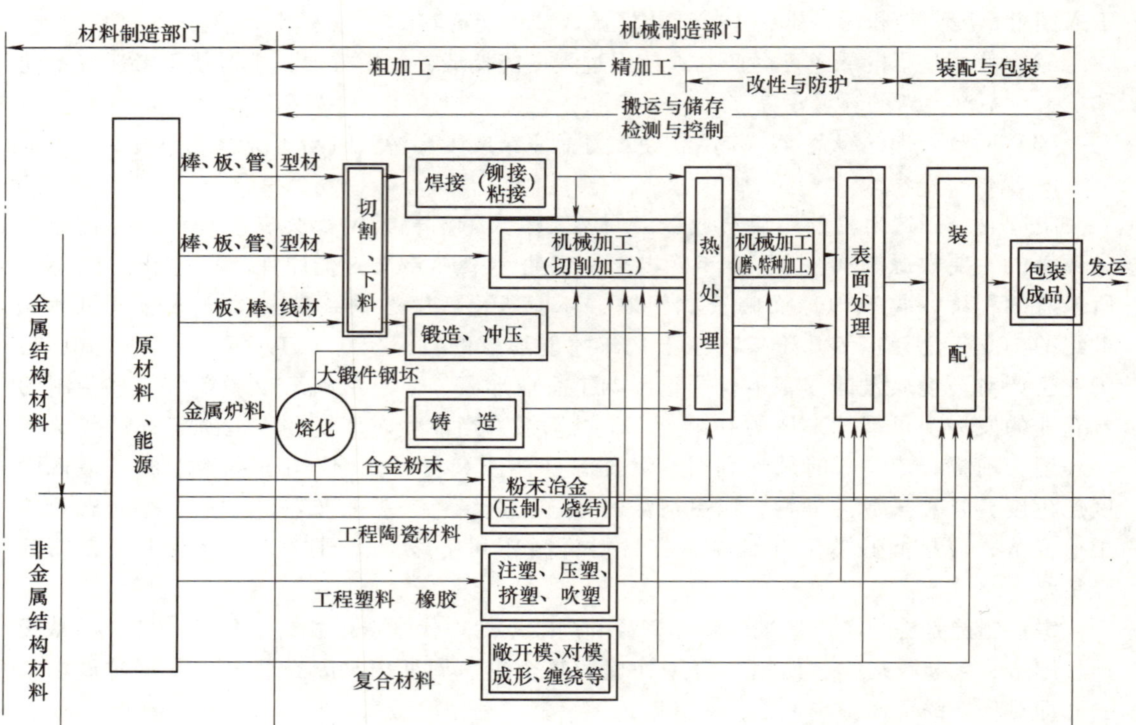

图 10-9　机械制造工艺流程图

是数码电器、日常用品，可以说各行各业各领域，“三新”无处不在，无时不在。作为一名工业产品造型设计师，应注意关心和把握这些科技发展的最新成果和动向，并应用到造型设计中，使自己设计出的产品实现“三好”，即好用、好看、好造。以下是一硅橡胶模具快速制造的例子，硅橡胶模及塑料件的制作过程图 10-10 所示。其工艺流程为：

用三维设计软件设计产品三维模型（或油泥模型通过激光扫描仪获得数据后，逆向重构三维模型）→转成 STL 格式文件→用 3D 打印机生产出原型件作为母件（或其他实物样品直接作为母件，如图 10-10a 所示）→采用硫化的有机硅橡胶进行真空浇注、烘干、固化（硅橡胶真空浇注机如图 10-11 所示），之后沿分型面切开硅橡胶，取出母件，即得硅橡胶模具（图 10-10b）→再应用制成的快速硅橡胶模具可翻制出塑料件（图 10-10c）。由于硅橡胶本身具有良好的柔性和弹性，用硅橡胶模具可以轻易翻制出结构复杂、花纹精细的零件。一个快速硅橡胶模具根据所翻制产品的复杂程度有不同的使用寿命，一般情况下达 40 件以上，可以满足小批量和试生产的需要。

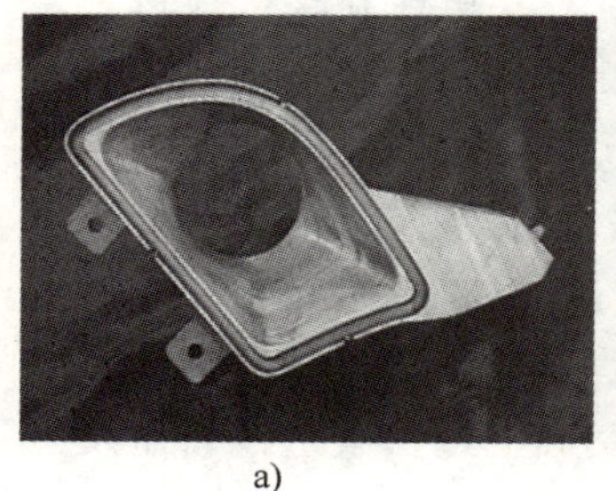
a)

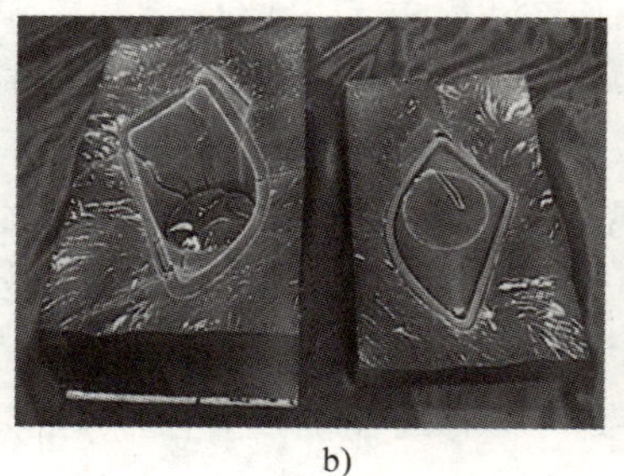
b)

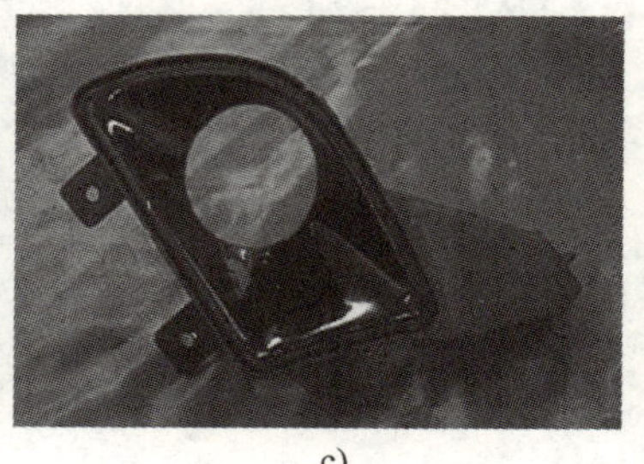
c)

图 10-10　硅橡胶模及塑料件的制作

a）RP 样件　b）由 RP 样件制作的硅橡胶模　c）由硅橡胶模翻制的塑料件

图 10-11　硅橡胶真空浇注机

复习思考题

10-1　什么是新材料？主要有哪些领域？举例说明它们在国民经济和国防建设中的作用。

10-2　举例说明什么是新技术和新工艺？

10-3　简述绿色制造的目的。

10-4　简述新材料、新技术和新工艺对工业设计的作用。

materials & technics

第11章

产品造型材料与工艺实例

11.1 2008 北京奥运会火炬

1. 造型设计

国际奥林匹克委员会历来重视奥运会火炬的设计，每次火炬的揭晓都成为世界关注的焦点。自 1936 年奥运会火炬诞生以来，它就成为奥运会主办国历史和文化的载体。2008 年北京奥组委对于火炬有三点要求：一是要能够反映当代中国风采和中国人的精神面貌；二是利于电视转播；三是要有特色，放到瑞士洛桑奥林匹克博物馆与历届奥运会火炬在一起，能够醒目而易于辨认。

由联想创新设计中心设计的“祥云”火炬正好符合了这三点要求，使它从全球 388 个竞标方案中脱颖而出，获选 2008 北京奥运火炬。北京奥运会火炬的主题元素包括代表传统的云纹符号，代表中国四大发明的纸以及承载千年中国印象的漆红。其最初的设计理念来自蕴含“渊源共生，和谐共融”的中国传统“云纹”符号，通过“天地自然，人本内在，宽容豁达”的东方精神，借祥云之势，传播祥和文化，传递东方文明。北京奥运会火炬以漆红为主体色，红色祥云图纹在亮银底色下从火炬正中部向上升腾。和谐而鲜明的设计，不仅强烈体现出中国传统艺术与现代设计的交融，而且与北京奥运会的主景观保持了完美的一致。

火炬在外形设计中融合了四大元素——云纹、漆红、人本和科技。“祥云”火炬在整体上采用了类似纸卷和画轴极富中国特色的别致造型，纸是中国古代四大发明之一，通过丝绸之路传到西方，用卷轴的创意最能体现中国文化的精髓，又能与火炬精神相契合，并且这种造型简洁大方。将中国古代四大发明之一的纸，融入奥运火炬设计中，在西方文化中也能够得到很好的诠释。整个火炬是由长度相等的两段拼接而成，这一方面体现了中国传统美学中对称平衡的观念，同时便于安装火炬芯、换气罐等。火炬主体以银红两色为主，上半部以银色为基色，立体浮雕为漆红色的祥云花纹，预示“祥云升腾”。印有奥运五环标志、会徽“中国印”及“Beijing2008”等 LOGO。

火炬把手部分，则喷涂了漆红色的橡胶漆。这种红色并不是普通的红，而是采用了源于汉代、具有中国传统文化特色的“漆红”，它具有饱和的色彩度、色调沉稳而又明快。图 11-1 展示了 2008 北京奥运会火炬及设计理念。奥运会火炬的大小手感如何，对火炬手的传递活动有着很大的影响。如果火炬太重，火炬手很可能拿不了多久手就会发酸。而“祥云”的“体重”只有 985g，这在历届奥运会火炬中是偏轻的。火炬全长 72cm，下端握柄横截面尺寸为 4cm×5cm，非常适宜手握和传递，透露出人文关怀和很好的人机工程。

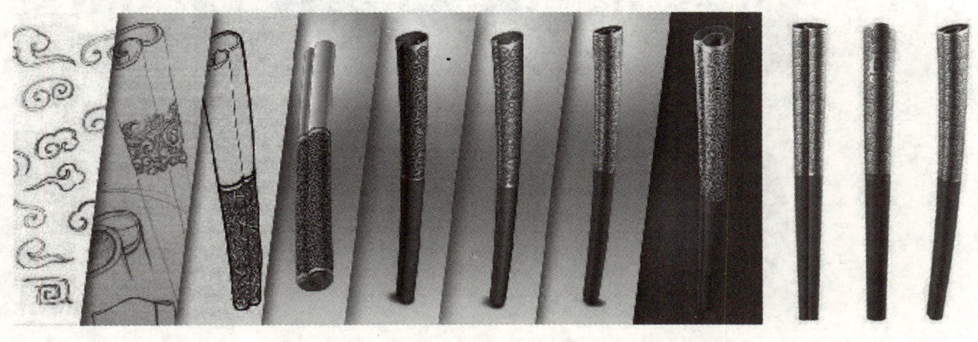

图 11-1 2008 北京奥运会火炬及设计理念

火炬由上、下两个外壳、燃烧器和燃料罐四个部分组成，燃烧器采用了两种完全不同的燃烧系统，一种是在全球和全国各地传递的地面火炬，另一种则是成功点亮地球第三极的珠峰火炬。燃烧器设计借鉴了火箭发动机技术，多项技术世界首创，申请了十几项专利。采用了预燃和主燃“双火焰”结构，燃烧稳定可靠，抗风雨能力很强，即使上层的主火焰熄灭，下层的预燃火焰仍能立即将其重新点燃。

2. 材料设计

根据火炬使用条件，对外壳材料提出如下要求：重量轻、有一定强度、成形工艺性好、材料质感好、耐蚀和有一定的耐高低温度性能（燃烧的火焰和珠峰地区-40℃）。塑料和不锈钢不能同时满足上述要求，最终选用高质量的铝合金，满足重量、强度、防锈、耐一定的高低温、成形工艺性好的要求。

下部把手为了防滑和美观，同时手握上去不会有冰冷感，而是传递给人一种温暖亲切的感觉，考虑涂皮革漆，最终选用一种特殊的金属表面高触感橡胶漆。

“漆红”具有饱和色彩度，色调沉稳而又明快。由于特制的橡胶漆在刚喷上和干了之后的颜色还会有差别，为了调制出这种特别的红色，前后总共进行了 3 轮调色，用了 18 块色板。云纹的红颜色则考虑在表面处理时解决。

燃料罐选用耐压和塑性好的铝合金材料，可承受 14MPa 压强。燃料为环保性好的丙烷，燃烧后生成二氧化碳和水，火炬外形制作材料属可回收材料。

3. 工艺设计

火炬外壳成形的难度在于：①设计为异形结构，火炬口成桃形（实际是一个放大的云纹），外观过渡流畅且有弧度；②在异形壳体外表做出立体云纹，这对蚀刻和着色都有非常大的难度；③壳体壁厚仅 0.8mm，这给中间连接件的设计以及上下壳体配合造成很大的困难。

其工艺的复杂性和难度都是设计人员以前从未遇到过的，经过反复研究和试验，异形结构成形采用冲压工艺，由于是弯形自由曲面，所以在模具设计制造上应用了从模型到模具的逆向工程技术，用模具实现轻薄高品质铝合金锥体曲面一次整体成型。立体云纹采用了蚀刻方法，防腐和染色采用双色阳极氧化着色工艺，使防腐、着色和增加表面硬度结合在一起。下半段把手上的橡胶漆，采用了喷涂工艺涂覆。

图 11-2 为经压延、立体蚀纹，双色氧化着色以及橡胶漆喷涂工艺加工后的火炬铝合金外壳。燃料罐由整块材料冷拉深直接成形，壁厚小于 1mm。燃料罐与稳压装置以螺纹接口方式连接，不仅定位精确，而且密封和更换方便。

图 11-2　2008 北京奥运火炬铝合金外壳

4. 小结

2008 北京奥运会火炬设计成功的关键因素之一是该设计中心构建了一个多专业协同创新平台，设计团队由跨越工业设计、平面设计、材料工程、机械工程、人类学和社会学等十大学科专业人员组成，并历时一年多合作完成。在奥运会火炬设计的创作过程中，工程师不断给工业设计师提出各种建议，帮助工业设计师更好地把设计和工艺结合起来，去实现创意。从 2008 奥运火炬设计和制造可以看出，设计人员不仅要美学、工业造型功底深厚，而且对材料和制造工艺也要有足够的了解。北京奥运会火炬不仅体现了中国文化的哲学理念，同时也象征着科技奥运、人文奥运和绿色奥运的和谐统一。所以，北京奥运会火炬堪称是一系列先进设计理念和工艺、美术、工业设计、材料设计、工艺设计完美结合的典范。

11.2　法拉利 458 Italia 跑车

法拉利 458 Italia 是一款高性能跑车，于 2009 年 9 月在法兰克福车展上首次亮相。法拉利 458 Italia 采用全新设计理念，在涉及汽车功能的众多领域融合了大量源自赛道驾驶的技术创新，包括发动机、底盘、车辆动力和电子系统、空气动力学特性以及驾驶者操控界面。

1. 外观造型设计

与此前推出的高性能赛车相比，这款采用中后置发动机的 8 缸双门跑车，堪称名副其实的推陈出新之作。凭借源自赛道驾驶的技术创新，458 Italia 沿袭了法拉利的一贯传统，确保了极致的驾驶乐趣。

“纯粹、简单、高效、轻盈” 成为 458 Italia 外观设计的基本主题，同时明确地表示出了法拉利的家族身份。由意大利著名的 Pininfarina 汽车设计工作室设计的外形融合了多款法拉利经典跑车的因素：车身侧面夸张的两段鱼跃式腰线明显来自法拉利 Enzo 线条；前脸整体则更加接近法拉利 F430 车型；延伸至大灯的前轮凸出的翼子板则有着法拉利 California 车型的影子。除此以外，其整体造型却完全颠覆了过去法拉利跑车给人的既有印象，充满了未来感，如图 11-3 所示。

图 11-3　法拉利 458 Italia

（1）车体　法拉利 458 Italia 的车体结构很低，这种感觉来自于超大车轮与车体的衔接差距、来自于明显被收紧的车体结构、来自于实际的车体离地高度设计，也来自于起伏明显的车身线条设计。法拉利 458 Italia 的长宽高分别为：4527mm×1937mm×1213mm，配合 2650mm 的轴距及 1380kg 的净重，令绝佳的车体轻量化工程与出色的空气效力完美结

合，如图 11-4 所示。

图 11-4 法拉利 458 Italia 车体

（2）车头 法拉利 458 Italia 车头的最大亮点就是那两道宛如利刃一般的直列式 LED 头灯组。为了兼顾阻力与下压力，在下方两侧进气坝内还设计了 2 片小型气动弹性效应风翼，利用精密的空气动力学设计，让飞翼仅靠风动的物理特性就能改变角度，并随着速度改变形状，如图 11-5 所示。

图 11-5 法拉利 458 Italia 车头

（3）车尾 法拉利 458 Italia 的车尾设计沿袭了一系列经典法拉利车型的精华：两侧刻意隆起的圆形组合尾灯来自于 2002 年发行、限量生产 399 辆的法拉利 Enzo；外露的三根中置排气尾管概念则是来自 1987 年上市的法拉利 F40，反映出蕴藏在 458 Italia 动感外形下的凶悍本质；左右两侧能提升车尾下压力的碳纤维底盘分流器则是移植自法拉利 FXX，实现了功能与外观的完美结合，如图 11-6 所示。

图 11-6 法拉利 458 Italia 车尾

(4) 内饰　法拉利 458 Italia 内饰中最有特点的是，几乎 80%常用设备的操作位置都不在能够想象到的地方：变速箱没有档杆，转向柱上也没有灯光和雨刷控制杆，取而代之的是变成简单的被集成在碳纤维方向盘上的按钮，设计师极具巧思地把方向灯、雨刷和超车灯的开关分别设计在方向盘的 3 点钟与 9 点钟位置周围。至于 458 Italia 的方向盘造型，则是维持了法拉利的一贯设计风格：红色的法拉利启动键位于左下方、操控模式旋钮则位于对应着的右下方，且均设计在两侧手指可及之处。这些设计的目的就是能够让人更加专注于驾驶，如图 11-7 所示。

图 11-7　法拉利 458 Italia 内饰

2. 材料与工艺

(1) 轻量化处理　由于采用全新铝质车底盘，车身的重量在 F430 的基础上减少了 70kg，将法拉利 458 Italia 整车的重量控制在 1380kg 以内，对于一辆超跑而言，70kg 的差异在车辆提速、制动等方面都有着明显的优势。来自航空领域的铝材、碳纤维和生产技术降低了车身重量并将性能提升到极致。与 F430 相比，底盘的扭转刚度提高了 15%，抗弯强度提高了 5%。458 Italia 不仅前/后保险杆、车尾分流器等处均换上了重量更轻的碳纤维制品，后视镜、座椅结构、空气滤清器集气箱与上盖等部位，也都是以碳纤维打造，并将前/后下防倾杆、下摇臂、减振筒及弹簧与轮圈螺帽等，改以铝合金或钛合金材质，轻量化做得相当彻底。

(2) 新材料与技术的应用　通过压铸技术、尽量减少部件数量，并且在发动机舱配备可拆卸组件等方式来提高产品质量以及最大程度地减少售后服务的时间。该车的发动机采用中后置设计，这是一种为了实现 9000r/min 的最大转速而设计的，并首次应用于公路汽车。它采用了近乎平直的短进气管来减少损耗，并借助能够改变歧管几何结构的系统在整个转速范围内优化充气效率。为了达到这一目的，该发动机在 2 个增压室的中间部分并用了 3 个气动节流阀，以便在任何转速下均能达到最佳扭矩值。发动机部件的设计借鉴了赛车技术，在活塞裙上涂了石墨涂层，进一步减少了内部摩擦。底盘采用的技术也被应用到铝质车身、车门、前盖板和发动机罩上。

配备 4 活塞铝质卡钳的 CCM 制动盘已成为所有法拉利车型的标配，458 Italia 也不例外。与传统的铸铁制动盘相比，碳-陶瓷复合材料制动盘的重量降低了 5kg。超大直径的陶瓷材料通风打孔制动盘配合 8 活塞制动卡钳，可以在关键时刻进行紧急制动。令车能在 100～0km/h 的制动距离仅需 32.5m，而在此过程中产生的高热则由轮毂的超大散热间隙以及制动铝制卡钳和制动盘内的散热孔道轻松化解。

(3) 先进的喷涂工艺　法拉利烤漆厂的先进性在业界是数一数二的，并且它的环保性很高。因为它使用以水作为稀释剂、不含有机溶剂的水性油漆，这种涂料不含苯、甲苯、二甲苯、甲醛、有毒金属等，无毒、无刺激气味，对人体无害，不污染环境，更重要的是多余的涂料几乎都可以收集后再利用。

在烤漆之前，车身都要经过防腐处理。车身喷漆空间严格封闭，以预防气流，避免车漆微小分子流动，以致可能导致喷漆不匀称。往车身上喷涂第一层称为底漆，这种特殊混合物有助于真正的车漆附着在车身上。底漆是一层微尘，颗粒细如痱子粉，底漆之所以附着在车体上，是因为车体先前覆盖的电荷，而这种电荷可以将底漆微尘吸附在车身上。然后，车身上才会被喷上一层层液态油漆。在车离开烤漆厂之前，每部车都要经过严格的品质检测，烤漆表面任何缺陷都需经过抛光再重新检测。车漆厚度由超声波测量，误差不得超过0.001mm，否则表面颜色就不均匀。如果缺陷无法以抛光消除，车体便送回去重新烤漆。法拉利 458 Italia 喷涂工艺过程如图 11-8 所示。

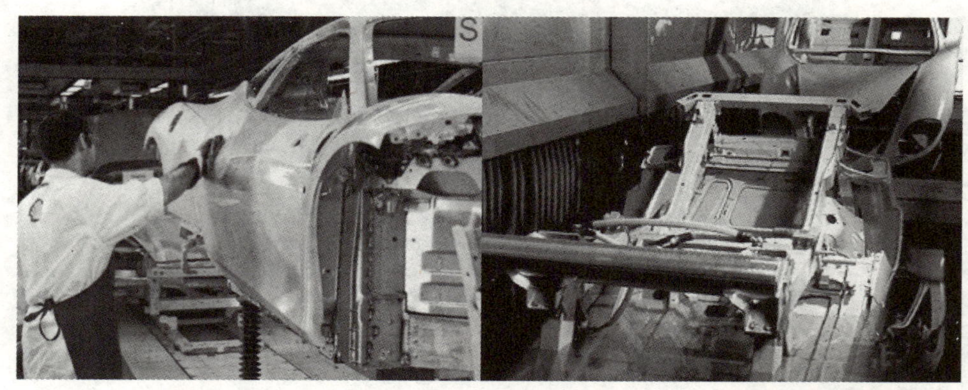

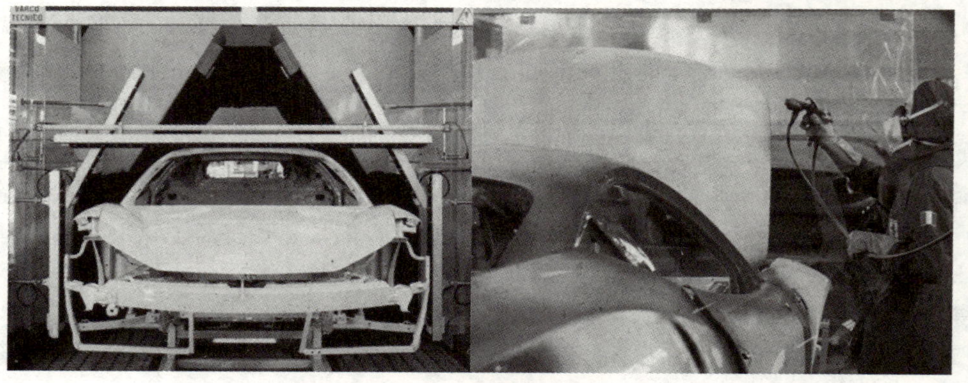

图 11-8 法拉利 458 Italia 喷涂工艺过程

（4）精致的手工打造 法拉利 458 Italia 的每个真皮部件都是手工完成的，法拉利的皮匠师们特选优质牛皮来包裹座椅、仪表盘、方向盘、档把和中控台等（图 11-6）。采用电脑控制的激光束准确切割皮革，这样就可以避免任何瑕疵。然后，技师们完全靠手工、针线、个人技艺将法拉利 458 Italia 超级跑车的内部装饰得和外观一样炫目、精美。平均每部法拉利 458 Italia 的真皮内饰要费时 30h 才能完工。

3. 小结

中置后驱的 V8 跑车是法拉利传统，历史上享有盛名的经典车型也不在少数。法拉利 458 Italia 将技术创新、风尚创意与激情澎湃完美融合，而这一切也正是意大利举世闻名的民族特质。正基于此，法拉利公司董事长卢卡·迪·蒙特泽莫罗（LucadiMontezemolo）在给该车命名时，除了有代表发动机排量和气缸数的传统型号数字之外，还将其国名 Italia 加入了名称之中。法拉利 458 Italia 是卓越技术和完美设计相结合的成果，无愧于“意大利制造”的标签。

11.3 赫尔曼米勒公司的 Mirra 椅设计

赫尔曼米勒（Herman Miller）是一家领先的全球办公家具生产商，到 2020 年之前的未来愿景为：零生态足迹、零填埋垃圾、零危险废物、空气和水的零排放、100%可再生能源、进行所有产品的从摇篮到摇篮设计、所有建筑物至少获得 LEED（Leadership in Energy and Environmental Design，是一个评价绿色建筑的工具）银级认证。

1. 米勒办公椅的概念与产品

米勒椅子是由位于德国柏林的工作室 7.5 团队、一群怀有创新热情并热衷于用户体验的的工程人才来合作设计的。米勒椅子（Mirra）的概念关键词包含自然（Natural）、简易舒适并符合人机工程学（Effortless Comfort and Ergonomic Support）、友好型（Friendly）、多彩通用易用的（Colorful，Versatile and Easy to Use）、责任的（Responsible）、符合可持续设计的模型（A Model for Sustainable Design）。

米勒椅设计团队如图 11-9 所示。

米勒椅获得专利商标 Triflex™ 的靠背，许多调节器可控制，可以轻松操作。这种一体的柔软座位靠背可以随使用者的体型、身高、动作来弯曲并适应，无论你在电脑前是端坐还是前倾，都为腰线以下的背部提供了贴合的自然支持。米勒椅为了保证背部的移动，位于 Triflex™ 背部有各种几何形状为胸椎、腰椎、骶骨创造了弯曲区域。米勒椅的全靠背型贴合设计如图 11-10 所示。

图 11-9 米勒椅的研发团队

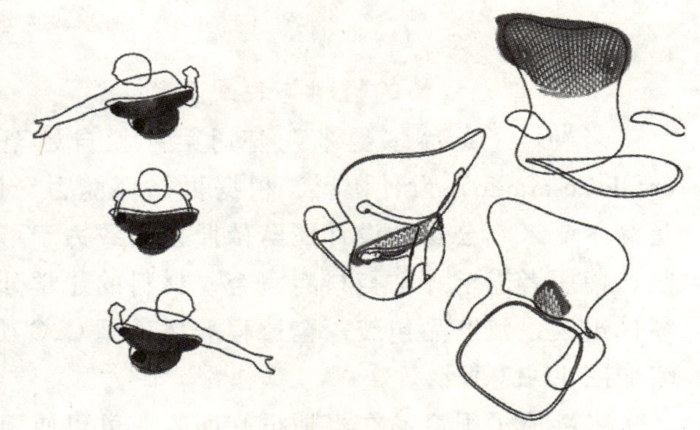

图 11-10 米勒椅的全靠背型贴合设计

已获专利商标的和谐倾斜是以脚踝、膝盖和臀部为身体的枢轴点，这样人可以通过任意角度的倾斜来轻松自然地移动身体，根据坐者的重量优化倾斜弹簧的张力。也就是说，不管身体尺寸的大小，都只需要更小的力量来斜倚在米勒椅子上。米勒的和谐倾斜让每一个人在改变姿势时，可以保持平衡和平稳移动，米勒椅使用 AireWeave™ 这一专利透气材料，当人坐下来时，会与人的动作相适应。米勒椅子的座位悬浮设计以及 AireWeave 符合人的身体轮廓，因此可以平均分散人的全身重量，如图 11-11 所示。

米勒椅子有多种座位以及后背进行组合搭配，商标 Foam-free Latitude™ 的椅背可提供多种颜色的座套，从而增加了可选择性。Mirra 的审美范围要求椅子同当地人的颜色喜好以及文化相

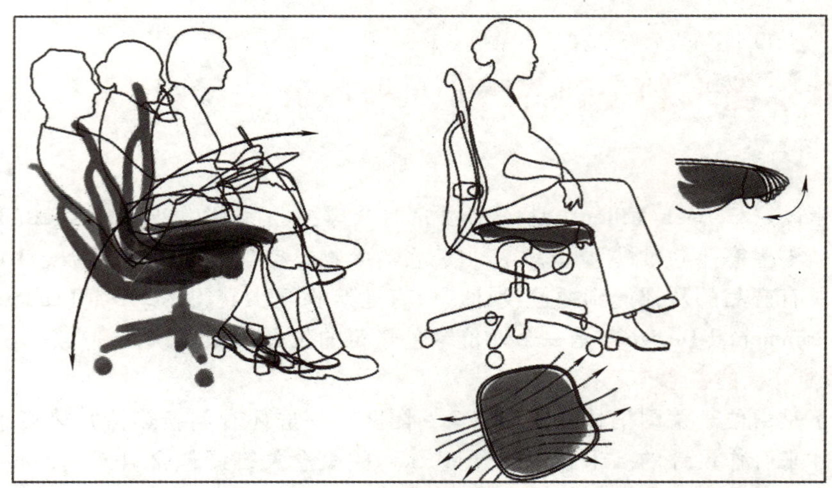

图 11-11　米勒椅的平衡移动与座位悬浮设计

一致，在不影响人体工程学舒适度的情况下，创造具有大众化的吸引力，如图 11-12 所示。

图 11-12　米勒椅子的多种组合搭配

2. 米勒办公椅的材料与装配工艺

米勒椅子是赫尔曼米勒公司第一款自始至终遵循麦克唐纳的从摇篮到摇篮（C2C，cradle-to-cradle）设计协议，根据再循环能力、可再生能力和降低毒性来设计的产品，这是赫尔曼米勒公司的设计团队依照公司致力于可持续这一宗旨而进行的。在产品的拆卸回收、使用者需求评估与材料审查、材料的化学分析与设计以及材料选择、制造过程审查与零件组装以及产品包装等全过程严格遵循 C2C 协议，米勒椅子材料与装配工艺的全过程策略如图 11-13 所示。

米勒椅子很容易在当地拆卸回收，可以使用简单的工具在 15min 内完成拆卸，椅子座位的 96%是可以回收利用的，42%的组件可以回收，维度织物座套 100%可以回收，并且米勒椅子不含 PVC。米勒椅的产品组件如图 11-14 所示。

3. 小结

从 1976 年 Herman Miller 生产出椅子，将人体工程学运用到办公椅子的设计中，经历了诸多变革，从金属到环保材质开始，95%的物料可循环再用，使人在获得绝对舒服的使用体验时还能为环保出一份力。

作为人体工学与舒适度巅峰之作，米勒椅允许单独调整靠背的弹性和柔韧度。当完成这些调整后再次坐下，会惊讶地发现米勒椅似乎就是人身体的一部分，无论怎么变化姿势它都能提供恰到好处的支撑。

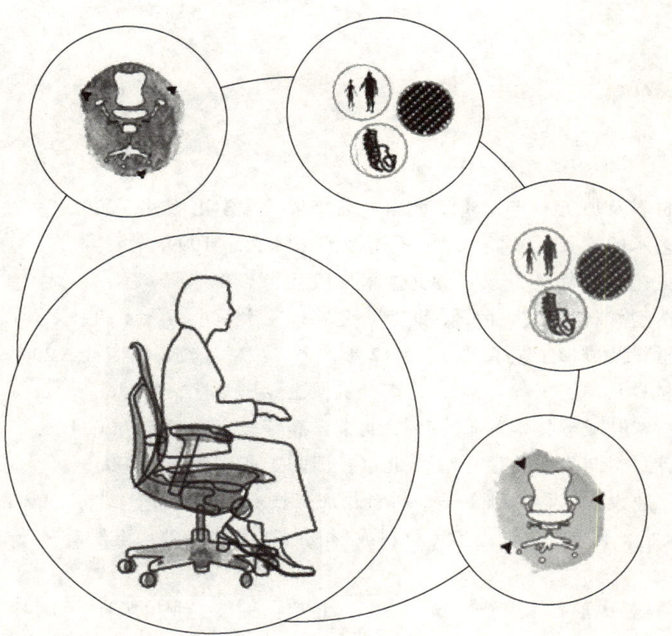

图 11-13 米勒椅子材料与装配工艺的全过程策略

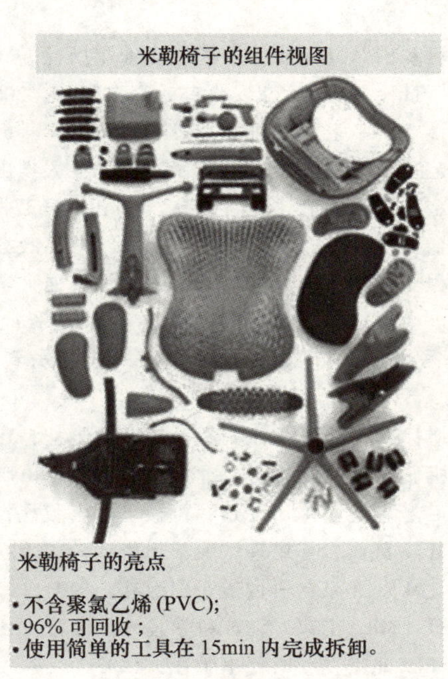

图 11-14 米勒椅的产品组件

独有的美观和亲近融合的外观，古典和现代的双重影响塑造了米勒椅独有的亲和外观，使其可以随处安置。

参考文献

[1] 江湘芸. 设计材料及加工工艺 [M]. 北京：北京理工大学出版社，2002.

[2] 赵江洪. 设计艺术的含义 [M]. 长沙：湖南大学出版社，1999.

[3] 郑建启. 材料工艺学 [M]. 武汉：湖北美术出版社，2002.

[4] 程能林. 产品造型材料与工艺 [M]. 北京：北京理工大学出版社，1991.

[5] 王纪安. 工程材料及成形工艺基础 [M]. 2 版. 北京：高等教育出版社，2004.

[6] 梁耀能. 工程材料及加工工程 [M]. 北京：机械工业出版社，2005.

[7] 鞠鲁粤. 工程材料与成形技术基础 [M]. 北京：高等教育出版社，2004.

[8] 高岩. 工业设计材料与表面处理 [M]. 北京：国防工业出版社，2005.

[9] 赵英新，等. 工业设计工程基础 I ——材料及加工技术基础 [M]. 北京：高等教育出版社，2006.

[10] 孙康宁，程素娟，孙宏飞. 现代工程材料成形及制造工艺基础：上册 [M]. 北京：机械工业出版社，2002.

[11] 施江澜，等. 材料成形技术基础 [M]. 3 版. 北京：机械工业出版社，2014.

[12] 王章忠，等. 机械工程材料 [M]. 3 版. 北京：机械工业出版社，2007.

[13] 戴枝荣，张远明. 工程材料及机械制造基础（I）——工程材料. [M]. 2 版. 北京：高等教育出版社，2006.

[14] 徐人平，等. 工业设计工程基础 [M]. 北京：机械工业出版社，2003.

[15] 邓文英，等. 金属工艺学 [M]. 4 版. 北京：高等教育出版社，2000.

[16] 刘会霞. 金属工艺学 [M]. 北京：机械工业出版社，2001.

[17] 翟封祥，等. 材料成形工艺基础 [M]. 哈尔滨：哈尔滨工业大学出版社，2003.

[18] 戴金辉，葛兆明. 无机非金属材料概论 [M]. 哈尔滨：哈尔滨工业大学出版社，1999.

[19] 殷风仕，姜学波，等. 非金属材料学 [M]. 北京：机械工业出版社，1998.

[20] 齐宝森，王成国. 机械工程非金属材料 [M]. 上海：上海交通大学出版社，1996.

[21] 方昆凡. 工程材料手册（非金属材料卷）[M]. 北京：北京出版社，2000.

[22] 中国第一汽车集团公司编写组. 机械工程材料手册（非金属材料）[M]. 北京：机械工业出版社，1999.

[23] 张允华，等. 最新国际铸造标准 [M]. 北京：机械工业出版社，1998.

[24] 曾晔昌，等. 工程材料及机械制造基础 [M]. 北京：机械工业出版社，1994.

[25] 杨慧智. 工程材料及成形工艺基础 [M]. 北京：机械工业出版社，2000.

[26] 沈其文. 材料成形基础 [M]. 武汉：华中理工大学出版社，1999.

[27] 丁松聚，等. 冷冲模设计 [M]. 北京：机械工业出版社，1994.

[28] 朱玉义. 焊工实用技术手册 [M]. 南京：江苏科学技术出版社，1999.

[29] 李子东. 实用胶粘技术 [M]. 北京：新时代出版社，1992.

[30] 田锡唐. 焊接结构 [M]. 北京：机械工业出版社，1982.

[31] 任福东. 热加工工艺基础 [M]. 北京：机械工业出版社，1997.

[32] 张锡. 设计材料与加工工艺 [M]. 北京：化学工业出版社，2004.

[33] 克里斯·莱夫特瑞. 欧美工业设计 5 大材料顶尖创意 陶瓷 [M]. 顾源，译. 上海：上海人民美术出版社，2006.

[34] 克里斯·莱夫特瑞. 欧美工业设计 5 大材料顶尖创意 玻璃 [M]. 董源，陈亮，译. 上海：上海人民美术出版社，2006.

[35] 克里斯·莱夫特瑞. 欧美工业设计 5 大材料顶尖创意 金属 [M]. 张港霞，译. 上海：上海人民美术出版社，2006.

[36] 克里斯·莱夫特瑞. 欧美工业设计 5 大材料顶尖创意 木材 [M]. 朱文秋，译. 上海：上海人民美术出版社，2006.

[37] 方子良. 机械加工工艺学［M］. 上海：上海交通大学出版社，1999.
[38] 柳秉毅. 金工实习［M］. 北京：机械工业出版社，2002.
[39] 张亮峰. 机械加工工艺基础与实习［M］. 北京：高等教育出版社，1999.
[40] 张辽远. 现代加工技术［M］. 北京：机械工业出版社，2002.
[41] 傅建军. 模具制造工艺［M］. 北京：机械工业出版社，2006.
[42] 刘晋春，赵家齐，赵万生. 特种加工［M］. 北京：机械工业出版社. 2004.
[43] 刘之生，黄纯颖. 反求工程技术［M］. 北京：机械工业出版社，2001.
[44] 卢清萍. 快速原型制造技术［M］. 北京：高等教育出版社，2001.
[45] 童幸生，徐翔，胡建华. 材料成形及机械制造工艺基础［M］. 武汉：华中科技大学出版社，2002.
[46] 黄天佑，都东，方刚. 材料加工工艺［M］. 北京：清华大学出版社，2004.
[47] 叶久新，王群. 塑料制品成形及模具设计［M］. 长沙：湖南科学技术出版社，2004.
[48] 刘新佳，姜银方，蔡郭生. 材料成形工艺基础［M］. 北京：化学工业出版社，2006.
[49] 党新安，葛正浩，等. 非金属制品的成型与设计［M］. 北京：化学工业出版社，2003.
[50] 梅尔·拜厄斯. 50 款椅子——设计与材料的革新［M］. 劳红娟，译. 北京：中国轻工业出版社，2000.
[51] 梅尔·拜厄斯. 50 款桌子——设计与材料的革新［M］. 劳红娟，译. 北京：中国轻工业出版社，2000.
[52] 梅尔·拜厄斯. 50 款产品——设计与材料的革新［M］. 劳红娟，译. 北京：中国轻工业出版社，2000.
[53] 梅尔·拜厄斯. 50 款灯具——设计与材料的革新［M］. 劳红娟，译. 北京：中国轻工业出版社，2000.
[54] 梅尔·拜厄斯. 50 款体育用品——设计与材料的革新［M］. 劳红娟，译. 北京：中国轻工业出版社，2000.
[55] 殷凤仕，姜学波，等. 非金属材料学［M］. 北京：机械工业出版社，1998.
[56] 杜丽娟. 工程材料成形技术基础［M］. 北京：电子工业出版社，2003.
[57] 刘瑞霞. 日用塑料制品与加工［M］. 北京：科学技术文献出版社，2003.
[58] 王峰. 设计材料基础［M］. 上海：上海人民美术出版社，2006.
[59] 吉姆·莱斯科. 工业设计——材料与加工手册［M］. 李乐山，译：北京：中国水利水电出版社，2005.
[60] 柳秉毅. 材料成形工艺基础［M］. 北京：高等教育出版社，2005.
[61] 方亮，程羽，王雅生. 材料成形技术基础［M］. 北京：高等教育出版社，2004.
[62] 张子成，邢继纲. 塑料产品设计［M］. 北京：国防工业出版社，2006.
[63] 戈晓岚，赵占西. 工程材料及其成形基础［M］. 北京：高等教育出版社，2012.